IWAN BUNIN

Das Leben Arsenjews

IWAN BUNIN

Das Leben Arsenjews

Titel des Originals: Жизнь Арсеньева

Aus dem Russischen übertragen von Georg Schwarz

ISBN 2-8302-1068-9
(Erschienen beim Hanser Verlag: ISBN 3-446-13156-6)

17 048 020 (19)

Erstes Buch

I

„Dinge und Taten, so nicht aufgeschrieben werden, fallen in Dunkel und sinken ins Grab des Vergessens, wogegen die aufgeschriebenen gleichsam weiterleben ...“

Ich bin vor einem halben Jahrhundert im zentralen Rußland, auf dem Lande, im väterlichen Gutshaus zur Welt gekommen.

Wir haben kein Gefühl für unseren Anfang und unser Ende. Und ich bedauere sehr, daß man mir gesagt hat, wann eigentlich ich geboren bin. Wäre das nicht geschehen, ich hätte jetzt nicht den geringsten Begriff von meinem Alter – zumal ich seine Bürde noch keineswegs spüre – und wäre also von dem Gedanken befreit, ich habe in zehn oder zwanzig Jahren zu sterben. Wäre ich aber auf einer unbewohnten Insel geboren und lebte auf ihr, ich hätte nicht die geringste Ahnung von der Existenz des Todes. „Wär das ein Glück!“ möchte ich hinzufügen. Aber wer weiß? Vielleicht auch ein großes Unglück. Und stimmt es denn, daß ich's nicht ahnen würde? Ist uns das Gefühl des Sterbenmüssens nicht angeboren? Wenn aber nicht, wenn ich es nicht ahnte, liebte ich das Leben dann so wie dereinst und jetzt?

Über den Stamm der Arsenjews, über ihre Herkunft ist mir so gut wie nichts bekannt. Was wissen wir überhaupt von uns? Ich weiß nur, daß unser Geschlecht im Wappenverzeichnis zu denen zählt, „deren Herkunft sich im Dunkel der Zeiten verliert". Ich weiß nur, daß es „ein angesehenes, wenn auch verarmtes" Geschlecht war und daß ich diesen Adel der Herkunft mein Leben lang fühlte, stolz auf ihn war und mich freute, nicht zu denen zu gehören, die weder einen Stammbaum besitzen noch ihre Herkunft kennen. Die Kirche ruft am Pfingstmontag in der Liturgie dazu auf, „aller Dahingeschiedenen zu gedenken". Sie richtet an diesem Tag das schöne, von tiefem Sinn erfüllte Gebet gen Himmel: „Nimm auf, o Gott, all deine Knechte im Frieden deines Thrones und im Schoße Abrahams – alle, die dir bis auf den heutigen Tag ehrlich gedient haben, von Adam bis zu unseren Vätern und Brüdern, Freunden und Anverwandten."

Ist hier nur zufällig vom Dienen, vom Gottesdienst die Rede? Und ist es denn nicht eine Freude, seine Verbundenheit, seine Zusammengehörigkeit mit „unseren Vätern und Ahnen, Freunden und Anverwandten" zu fühlen, die ihrerseits diesen Dienst verrichteten? Unsere Vorfahren bekannten sich zur Lehre „vom reinen, ununterbrochenen Weg des Vaters allen Seins", das von den sterblichen Eltern auf ihre sterblichen Kinder übergeht – in einem unsterblichen, „ununterbrochenen" Leben, zum Glauben daran, daß es der Wille des Lamms sei, die Reinheit, die Beständigkeit des Bluts und der Herkunft zu wahren, auf daß dieser „Weg" nicht „besudelt", das heißt nicht unterbrochen werde, auf daß sich das Blut mit jeder neuen Geburt immer mehr reinige und die Annäherung an ihn, die Verwandtschaft mit ihm, dem alleinigen Vater alles Bestehenden, weiter zunehme.

Gewiß hat es unter meinen Vorfahren nicht wenig schlechte Menschen gegeben. Und dennoch haben sie Generation um Generation einander ermahnt, ihr Blut rein zu erhalten: Erweise dich deines Adels in allem würdig! Und wie soll ich die Gefühle wiedergeben, mit denen ich gelegentlich unser Stammeswappen betrachte? Ritterrüstung, Harnisch und ein Helm mit Straußenfedern. Darunter ein

Schild. Auf himmelblauem Grund in seiner Mitte ein Fingerring, das Emblem der Treue und Unverbrüchlichkeit, auf das von oben und von unten her die Spitzen dreier Degen mit kreuzförmigen Griffen zustreben.

Im Lande, das an die Stelle meiner Heimat trat, gibt es viele Städte, die jener ähneln, welche mir Asyl gewährte, die einst berühmt waren, heute jedoch verödet und verarmt sind und in Alltäglichkeit dahinvegetieren. Dennoch wird dieses Dahinvegetieren – und das nicht ohne Grund – immer von einem grauen Turm aus der Zeit der Kreuzfahrer, von einer riesigen Kathedrale mit einem unschätzbaren Portal beherrscht, das seit Jahrhunderten eine Wache von Heiligenskulpturen hütet, und schließlich von einem Hahn ganz oben auf dem Kreuz, dem hohen Herold des Herrn, der uns zur Himmelsstatt ruft.

2

Das erste, woran ich mich erinnere, ist dermaßen belanglos, daß man stutzt. Ich sehe ein großes, von spätsommerlicher Sonne erhelltes Fenster vor mir, sehe ihren trockenen Glanz über der Anhöhe, die man durch das nach Süden gehende Fenster erblickt... Das ist alles, ein einziger Moment! Warum ist mein Bewußtsein gerade an diesem Tage und zu dieser Stunde, gerade da und aus einem so nichtigen Anlaß aufgeflammt, daß die Gedächtnistätigkeit einsetzen konnte? Und warum erlosch sie gleich darauf aufs neue und für lange Zeit?

An meine frühe Kindheit denke ich mit Wehmut zurück. Die frühe Kindheit hat immer etwas Trauriges an sich: die stille Welt, in der die noch nicht recht zum Leben erwachte, all und jedem noch fremde, scheue und zarte Seele vom Leben träumt, ist dürftig. Eine goldene, glückliche Zeit? Nein, es ist ein unglücklicher, krankhaft-empfindlicher, bemitleidenswerter Lebensabschnitt!

War meine frühe Kindheit vielleicht infolge gewisser persönlicher Umstände traurig? Sagen wir darum, weil ich in großer Abgeschiedenheit aufwuchs? Nichts als Felder ringsum, und mitten darin ein einsames Gutsgehöft. Im Winter ein endloses Meer von Schnee, im Sommer ein Meer von Getreide, Gräsern und Blumen ... Dazu die ewige Stille dieser Felder, ihr rätselhaftes Schweigen ... Aber trauert in dieser Stille, in dieser Einsamkeit nicht auch irgendein Murmeltier, irgendeine Lerche? Nein, sie fragen nach nichts, wundern sich über nichts, ahnen nichts von jener verborgenen Seele, die der Mensch in der ihn umgebenden Welt immer zu spüren glaubt; sie kennen weder den Ruf der Ferne, noch haben sie einen Begriff vom Lauf der Zeit. Während ich all das schon damals kannte. Die Himmelswölbung, die Endlosigkeit der Felder vermittelten mir schon damals den Begriff von etwas, das gleichsam über sie hinauswies, erweckten in mir die Sehnsucht, den Traum nach etwas, das mir noch fehlte, rührten mich durch eine unverständliche Liebe und Zärtlichkeit, Gott weiß, zu wem und wozu.

Was stellten für mich die Menschen zu jener Zeit dar? Unser Gutsgehöft nannte sich noch Vorwerk – Vorwerk Kamenka; als unser eigentliches Gut galt das jenseits des Don, wo sich mein Vater oft längere Zeit aufhielt, während die Wirtschaft auf dem Vorwerk bescheiden und auch das Gesinde nicht eben zahlreich war. Immerhin gab es Menschen, und es spielte sich eine Art Leben ab. Da waren Hunde, Pferde, Schafe und Kühe, Knechte und ein Kutscher, der Dorfälteste, Küchenmägde und Viehwärterinnen, Kindermädchen und Vater und Mutter, die Brüder, die bereits das Gymnasium besuchten, und die Schwester Olja, die noch in der Wiege schaukelte ... Warum also haften nur Augenblicke völliger Einsamkeit in meinem Gedächtnis? Da neigt sich zum Beispiel ein Sommertag seinem Ende zu. Die Sonne ist schon hinter dem Haus und dem Garten, der weite, leere Gutshof liegt längst im Schatten, und ich ruhe allein (ganz allein auf der Welt) in seinem grünen, erkaltenden Gras und starre zum bodenlosen blauen Himmel hinauf wie in jemandes wunderbare, vertraute Augen, wie in den väterlichen Schoß. Hoch, sehr hoch droben in diesem konkaven blauen Abgrund segelt eine weiße Wolke dahin, rundet sich, verändert allmählich ihre Umrisse und zergeht ... Ach, welch Sehnsucht wekkende Schönheit! Könnte man sich doch auf dieser Wolke niederlassen und dahintreiben, in dieser beängstigenden Höhe dahinsegeln in der grenzenlosen Weite unter der Himmelskuppel, in der Nähe Gottes und der weißgeflügelten Engel, die irgendwo dort oben in jener erhabenen Welt beheimatet sind! Dann befinde ich mich auf einmal außerhalb des Gutshofs auf den Feldern. Der Abend erscheint hier nicht anders – nur funkelt hier noch die niedrig stehende Sonne, aber ich bin immer noch einsam auf der Welt. Ringsum, wo man auch hinschaut, von Ähren strotzender Roggen oder Hafer und darin, im Dickicht der geneigten Halme, das verborgene Leben der Wachteln. Im Augenblick schweigen sie noch, aber auch alles andere ist still, höchstens, daß ein rotbrauner Getreidekäfer, der sich in den Ähren verfangen hat, ärgerlich zu summen anhebt. Ich befreie ihn und betrachte ihn neugierig und verwundert: was stellt er dar, wer ist er, dieser rotbraune Käfer, wo lebt er, wohin war er unterwegs und wozu, was denkt und empfindet er? Er ist schlecht gelaunt und brummig: er wendet sich hin und her zwischen meinen Fingern, raschelt mit den harten Flügeldecken, unter denen hervor etwas Strohgelbes, äußerst Feines und Durchscheinendes sichtbar wird; plötzlich öffnen sich die schildartigen Flügel, auch das Strohgelbe darunter entfaltet sich – und wie wunderbar schön! Der Käfer erhebt sich in die Luft, summt nun bereits vergnügt und erleichtert und verläßt mich für immer; er verliert sich im Himmel und bereichert mich durch ein neues Gefühl: das Weh eines Abschieds ...

Oder ich sehe mich im Haus, auch das an einem Sommerabend, und wiederum in völliger Einsamkeit. Die Sonne ist hinter dem verstummten Garten untergegangen und hat den menschenleeren Saal, das menschenleere Empfangszimmer verlassen, wo sie den ganzen Tag so freundlich funkelte: jetzt schimmert nur noch ihr letzter roter Strahl einsam in der Ecke auf dem Parkett, zwischen den hohen Beinen eines altmodischen Tischchens – mein Gott, wie quälend ist seine stumme und traurige Schönheit! Am späten Abend aber, wenn der Garten bereits in seiner geheimnisvollen Schwärze zu den Fenstern hereinlugt, während ich im dunklen Schlafzimmer in meinem Kinderbettchen liege, schaut immerfort ein stiller Stern auf mich herab ... Was will er von mir? Was versucht er mir ohne Worte zu sagen, wohin lockt er mich, wozu ermahnt er mich?

3

Allmählich fand meine Kindheit Verbindung zum Leben; in meinem Gedächtnis zeichnen sich nun schon einige Gesichter ab, gewisse Bilder des Gutshoflebens, gewisse Ereignisse.

Unter diesen Ereignissen steht meine früheste Reise an erster Stelle; sie war weiter und ungewöhnlicher als alle, die ich später unternommen habe. Vater und Mutter machten sich in jenes Gelobte Land auf, das sich Stadt nannte, und nahmen mich mit. Hier empfand ich zum erstenmal die Wonne der Verwirklichung eines Traums, zugleich aber auch die Angst, er werde sich aus irgendeinem Grunde nicht erfüllen. Ich erinnere mich noch heute, welche Ungeduld mich befiel, während ich mitten auf dem Hof in der heißen Sonne stand und auf die Reisekutsche starrte, die man gleich morgens aus dem Wagenschuppen gerollt hatte: Wann würde man endlich anspannen, wann würden die Reisevorbereitungen beendet sein? Ich erinnere mich, daß wir eine ganze Ewigkeit unterwegs waren, daß die Felder, irgendwelche Schluchten, Dorfstraßen und Kreuzungen kein Ende nahmen und sich folgendes dabei ereignete: In einer Erdschlucht – es ging bereits auf den Abend zu, und wir befanden uns in einer verlassenen Gegend –, in einer Erdschlucht also, die von dichtem, krausem, dunkelgrünem jungem Eichengestrüpp überwuchert war, sahen wir auf dem gegenüberliegenden Abhang einen „Räuber" mit einem Beil im Gürtel daherkommen, den vielleicht geheimnisvollsten und schrecklichsten Bauern, den ich nicht nur bis dahin, sondern zeit meines Lebens erblickt habe. An die Einfahrt in die Stadt kann ich mich nicht erinnern. Wie gut erinnere ich mich dafür an das Erwachen in ihr! Ich hing über einem Abgrund, über einer schmalen Schlucht zwischen riesigen Häusern, wie ich bis dahin keine gesehen hatte; das Funkeln der Fensterscheiben und Aushängeschilder in der Sonne blendete mich, während sich ein wunderbares musikalisches Durcheinander über mich und die Welt ergoß: das Läuten und Dröhnen vom Glockenturm der Erzengel-Michael-Kathedrale, die alles durch eine Erhabenheit, eine Pracht übertraf, von der selbst der Petersdom in Rom nicht im entferntesten geträumt hätte, und obendrein so riesenhaft war, daß mich danach nicht einmal die Cheopspyramide in Verwunderung versetzen konnte.

Als das Erstaunlichste in der Stadt erwies sich indessen die Stiefelwichse. Ich habe über all die Dinge, die ich in meinem späteren Leben zu sehen bekam – und das waren weiß Gott nicht wenige! –, nie solche Begeisterung, solches Frohlocken empfunden wie über das Schächtelchen Schuhwichse, das ich auf dem Markt dieser Stadt in Händen hielt. Das runde Schächtelchen bestand aus gewöhnlichem Bast, aber was war das für ein Bast, und mit welch unvergleichlichem Geschick war er zu einem Schächtelchen verarbeitet! Dazu die Wichse selbst! Schwarz und dick, mit mattem Glanz und berauschendem Spritgeruch. Danach erlebte ich zwei weitere große Freuden: Man kaufte für mich Stiefelchen mit roten Saffianstulpen, über die sich der Kutscher – und das blieb mir für immer in Erinnerung – äußerte: „Akkurat das nenne ich ein Stiefelchen!“, dazu eine aus Lederriemen geflochtene Peitsche mit einer Pfeife im Griff ... Mit welcher Seligkeit, mit welcher Wonne tastete ich sowohl über den Saffian als auch über die elastische, biegsame Riemenpeitsche! Als ich zu Hause in meinem Bettchen lag, verging ich regelrecht vor Glück darüber, daß neben ihm meine neuen Stiefelchen standen und unter dem Kopfkissen die Riemenpeitsche verborgen war. Dabei schaute mein Lieblingsstern aus der Höhe zum Fenster herein und sagte zu mir: Jetzt ist alles gut, etwas Besseres gibt es nicht auf der Welt, und mehr braucht man auch nicht.

Diese Reise, die mir zum erstenmal die Freuden des irdischen Daseins eröffnete, vermittelte mir einen weiteren tiefen Eindruck. Das geschah auf der Heimfahrt. Wir verließen die Stadt am späten Nachmittag und kamen durch eine lange und breite Straße, die mir im Vergleich zu der, in der unser Gasthof und die Erzengel-Michael-Kathedrale lagen, denn doch ein wenig ärmlich erschien. Wir überquerten einen weitläufigen Platz, und plötzlich öffnete sich in der Ferne der Blick in die mir vertraute Umwelt – auf die Felder, auf ländliche Unberührtheit und Weite. Unser Weg führte uns geradeaus nach Westen, auf die untergehende Sonne zu; und auf einmal sah ich, daß noch ein anderer Mensch zu der Sonne und zu den Feldern blickte: unmittelbar am Stadtrand stand ein ungewöhnlich hohes und großes, ungewöhnlich trostloses gelbes Gebäude, das keinerlei Ähnlichkeit mit denen besaß, die ich bislang gesehen hatte. Es wies zahllose Fenster auf, jedes mit einem Eisengitter versehen, und war von einer hohen Steinmauer umgeben; das riesige Tor erschien völlig unzugänglich; hinter einem der Fenstergitter aber stand ein Mann in einer grauen Tuchjacke, mit einer schirmlosen grauen Mütze auf dem Kopf, ein Mann mit gedunsenem gelbem Gesicht, in dem sich etwas so Kompliziertes und Bedrükkendes spiegelte, wie ich es noch nie auf einem menschlichen Antlitz erblickt hatte: eine Mischung von tiefstem Kummer und Leid, ja stumpfsinniger Fügung, zugleich mit einem leidenschaftlichen, düsteren Traum ... Natürlich erklärte man mir, was dieses Haus darstellte und wer jener Mensch war; ausgerechnet von meinem Vater und meiner Mutter mußte ich erfahren, daß es eine besondere Art Menschen gab, die man Gefängnisinsassen, Zuchthäusler, Diebe und Mörder nannte. Doch die Erkenntnisse, die wir in unserem kurzen Leben erwerben, sind allzu dürftig – es gibt andere, unermeßlich reichere: die angeborenen. Für die Gefühle, die das Fenstergitter und das Gesicht jenes Mannes in mir hervorriefen, reichten die elterlichen Erläuterungen nicht aus: ich selber ertastete, ich selber erriet mit Hilfe meiner Ahnung seine besondere, grausige Seelenlage. Der Bauer, der sich mit einem Beil im Gürtel durch das Eichenjungholz in der Erdschlucht schlich, war grausig gewesen. Aber da handelte es sich – ich zweifelte keinen Augenblick daran – um einen Räuber, um etwas äußerst Gruseliges, zugleich aber auch Märchenhaftes und Bannendes. Während dieser Gefängnisinsasse und dieses Gitter ...

4

Die weiteren Erinnerungen an meine ersten Erdenjahre sind alltäglicher und zusammenhangloser; ich wiederhole – was wissen wir schon, was bewahren wir im Gedächtnis, wir, die wir uns manchmal mit Mühe und Not des vergangenen Tages erinnern!

Meine kindliche Seele gewöhnte sich allmählich an ihre neue Heimstatt und fand an ihr bereits viel Reizvolles, Erfreuliches; sie lernte es, die Schönheit der Natur ohne

Schmerz aufzunehmen, die Menschen auseinanderzuhalten und ihnen unterschiedliche, mehr oder weniger bewußte Gefühle entgegenzubringen.

Die Welt blieb für mich immer noch auf den Gutshof, das Haus und die nächsten Angehörigen beschränkt. Den Vater zum Beispiel, seine mir so vertraute Existenz, hatte ich nicht nur bemerkt und erfühlt, sondern auch einigermaßen erkannt, ihn, den Starken, Aufrechten und Sorglosen, gelegentlich zwar Aufbrausenden, aber auch ungewöhnlich Versöhnlichen und Großmütigen, der böse, nachtragende Menschen nicht ausstehen konnte. Er interessierte mich allmählich, und ich erfuhr denn auch einiges über ihn: so, daß er nie etwas tat, seine Tage vielmehr in jenem glückseligen Müßiggang verbrachte, der damals nicht nur für die Lebensweise des Landadels, sondern überhaupt für den Russen bezeichnend war; daß er vor dem Mittagessen immer sehr lebhaft wurde und sich bei Tisch vergnügt zeigte; daß er nach dem Mittagsschlaf gern am offenen Fenster saß, ein betörend zischendes und hinreißend in der Nase kitzelndes säuerliches Sodawasser trank und mich dann immer plötzlich erwischte, auf den Schoß nahm, herzte und küßte, um mich gleich danach ebenso plötzlich wieder abzusetzen – er litt nichts, was zu lange dauerte! Ich verspürte nicht nur Zuneigung, sondern gelegentlich auch freudige Zärtlichkeit zu ihm, er gefiel mir bereits und entsprach meinem sich allmählich herausbildenden Geschmack – durch sein draufgängerisches Äußeres und die Aufrichtigkeit seines wechselhaften Charakters, am meisten jedoch wohl dadurch, daß er an einem Krieg in einem gewissen Sewastopol teilgenommen hatte und heute ein Jäger und erstaunlicher Schütze war (er traf ein in die Luft geworfenes Zwanzigkopekenstück ohne Fehl); außerdem spielte er so schön, so ergreifend und, wo es angebracht war, auch so gekonnt und mitreißend allerlei alte, aus glücklichen Großväterzeiten stammende Lieder auf der Gitarre.

Schließlich wurde ich mir auch des Vorhandenseins unserer Kinderwärterin, der Nähe dieser großen, stattlichen und herrschsüchtigen Frau zu unserem Kinderzimmer bewußt, die, wenn sie sich auch ständig als unsere Dienstmagd bezeichnete, in Wirklichkeit zur Familie gehörte und sich – und das recht häufig – mit meiner Mutter zankte, nur weil ihre gegenseitige Liebe und das Bedürfnis, nach dem Streit ein paar Tränen zu vergießen und sich schließlich zu versöhnen, dies unbedingt notwendig machte. Meine Brüder waren keineswegs Altersgefährten von mir, sie lebten schon damals ihr eigenes Leben und hielten sich nur während der Ferien bei uns auf; dafür hatte ich zwei Schwestern, deren Existenz ich mir schließlich ebenfalls bewußt wurde, wenn auch auf unterschiedliche Weise, wobei ich mich aber mit beiden gleich eng verbunden fühlte; ich schloß die lachlustige, blauäugige Nadja, die nun die Nachfolge in der Wiege angetreten hatte, zärtlich in mein Herz und lernte, ohne es recht zu merken, all meine Spiele und meinen Zeitvertreib, meine Freuden und mein Leid mit der schwarzäugigen Olja teilen, einem Mädchen, das ebenso hitzig und aufbrausend war wie unser Vater, aber auch ebenso gutmütig und empfindsam wie er; sie wurde sehr bald mein treuer Freund. Was meine Mutter betrifft, so nahm ich sie selbstverständlich als erste wahr und verstand sie vor allen anderen. Sie stellte für mich ein einzigartiges Wesen unter all den anderen dar, untrennbar mit meinem eigenen verbunden; ich bemerkte, erfühlte sie zum erstenmal vermutlich zum gleichen Zeitpunkt, da ich meiner selbst gewahr wurde.

Mit meiner Mutter verbindet sich die bitterste Liebe meines Lebens. Alles und alle, die wir lieben, sind für uns ein Kreuz – was kostet uns allein die ewige Angst, den Geliebten oder die Geliebte zu verlieren! Und ich trug seit meiner frühesten Kindheit an der schweren Last meiner unverbrüchlichen Liebe zu ihr, die mir das Leben geschenkt und meine Seele mit ebendiesem Kreuz belastet hatte, und das um so mehr, als sie kraft der Liebe, aus der ihre ganze Seele bestand, zugleich die Verkörperung des Herzeleids war: wieviel Tränen habe ich als Kind in ihren Augen gesehen, wieviel traurige Lieder aus ihrem Munde gehört!

Möge sie, die Einsame, für immer von aller Welt Vergessene, in Frieden in unserer fernen Heimat ruhen; gesegnet sei ihr Name in alle Ewigkeit! Ist es sie, dieselbe, deren augenloser Schädel, deren graue Gebeine jetzt im Friedhofsrain irgendeines gottverlassenen Städtchens ruhen, auf dem Grunde eines nun schon namenlosen Grabes; ist es wahrhaftig sie, dieselbe, die mich einst in ihren Armen gewiegt hat? „So sind auch meine Wege höher denn eure Wege und meine Gedanken denn eure Gedanken."

5

Die Einsamkeit meiner frühen Kindheit fand allmählich ihr Ende. Ich erinnere mich: Eines Nachts im Herbst wurde ich wach und erblickte im Zimmer ein gedämpftes, geheimnisvolles Licht, hinter dem großen, unverhangenen Fenster den bleichen und traurigen Herbstmond, der hoch, sehr hoch über dem weiten Gutshof stand und dank seiner Traurigkeit und Einsamkeit von einer so wehmütigen, so unirdischen Schönheit war, daß auch mein Herz von unsagbar süßen und schwermütigen Gefühlen befallen wurde, denselben vermutlich, die auch er, dieser bleiche Herbstmond, empfand. Aber ich wußte schon, ich erinnerte mich daran, daß ich nicht allein auf der Welt war und im Arbeitszimmer meines Vaters schlief – ich brach in Tränen aus, rief nach ihm und weckte ihn . . . Die Menschen traten nach und nach in mein Leben und wurden zu seinem untrennbaren Bestandteil.

Ich hatte bereits erkannt, daß es neben dem Sommer auch den Herbst, den Winter und das Frühjahr gab, Jahreszeiten, in denen man nur gelegentlich aus dem Hause durfte. Dennoch prägten sie sich mir zunächst nicht ein – im kindlichen Gemüt haftet vor allem das Helle, Sonnige, und ich erinnere mich heute, wenn man von dieser Herbstnacht absieht, nur noch an zwei, drei düstere Bilder, aber auch das einzig, weil sie so ungewöhnlich waren: an einen Winterabend mit einem schrecklichen, zugleich zauberhaften Schneesturm draußen, hinter den Wänden – schrecklich darum, weil alle behaupteten, so gehe es jedesmal am Tage der Vierzig Märtyrer zu, zauberhaft aber deshalb, weil man sich, je ärger der Wind an den Wänden rüttelte, desto geborgener in der Wärme und Behaglichkeit hinter ihnen fühlte; dann an einen Wintermorgen, an dem sich etwas nun wirklich Bemerkenswertes zutrug: Als wir erwachten, wurden wir eines sonderbaren Halblichts im Hause gewahr, erkannten, daß uns die Sicht zum Hof durch etwas Weißliches und unwahrscheinlich Riesenhaftes versperrt war, das das Haus überragte, und begriffen, es handelte sich um Schnee, der uns über Nacht verweht hatte und aus dem uns die Gutsknechte den ganzen folgenden Tag herausschaufeln mußten; und schließlich an einen trüben Apriltag, an dem auf unserem Hof plötzlich ein Mann in einem dürftigen Jäckchen auftauchte, völlig zerzaust und vornübergeneigt in dem Wind, der ihn, den Unglücklichen und Krummbeinigen, vorantrieb, ihn, der mit der einen Hand kläglich die Mütze sicherte, während er mit der anderen notdürftig das Jäckchen über der Brust zusammenhielt ... Im Ganzen jedoch stellt sich mir meine frühe Kindheit, ich wiederhole, aus lauter Sonnentagen bestehend dar, deren Freuden ich zuerst fast ständig mit Olja, später mit den Bauernkindern aus Wysselki teilte, einem Weiler, der aus wenigen Höfen bestand und hinter dem, eine Werst von uns entfernten, Prowal lag.

Es waren ärmliche Freuden, ebenso ärmlich wie die, die mir die Schuhwichse und die kleine Peitsche bereitet hatten. (Alle menschlichen Freuden sind ärmlich, jemand in unserem Inneren flößt uns gelegentlich bitteres Mitleid mit uns selber ein.) Wo war ich geboren, wo wuchs ich auf, was hatte ich gesehen? Weder Berge noch Flüsse, weder Seen noch Wälder – allenfalls Sträucher in den Erdschluchten, hier und da einen Streifen mit Bäumen und nur ganz selten richtigen Wald, so den Sakas oder irgendeine Dubrowka; ansonsten nur Felder, nichts als Felder, einen uferlosen Ozean von Getreide. Es war nicht der Süden, nicht die Steppe, in der Herden mit Zehntausenden von Schafen weideten, wo man bis zu einer Stunde brauchte, um durch ein Kosakendorf zu fahren und über die weißen Häuser, die Sauberkeit, die Bevölkerungsdichte und den Wohlstand zu staunen. Es war erst der Steppenrand, wo es weiter nichts gab als wellige Felder, Erdklüfte und Anhöhen und nicht allzu ergiebige, meist steinige Weiden, wo die kleinen Dörfer mitsamt den in Bastschuhen umherwandelnden Bewohnern von Gott verlassen erschienen – so genügsam, so urtümlich einfach, so verwandt mit ihren Buschweiden und ihrem Stroh kamen sie einem vor. Da wuchs ich denn in diesem abgeschiedenen und doch so wunderschönen Landstrich mit seinen langen Sommertagen auf und sah: brütender Mittag, weiße Wolken ziehen am blauen Himmel dahin, es weht ein bald warmer, bald sehr heißer Wind, der die Sonnenglut und die Gerüche der verschiedenen Getreidearten und Gräser noch verstärkt, während draußen auf den Feldern, hinter unseren alten Getreidespeichern – sie waren so alt, daß ihre dicken Strohdächer auf den ersten Blick fest wie aus Stein gefügt wirkten und die Balkenwände sich mit der Zeit verfärbt hatten –, daß also da draußen ein Übermaß an Hitze, Glanz und funkelndem Licht herrschte und unaufhörlich mattsilbrige Wellen über das uferlose Roggenmeer dahinwogten. Sie schimmerten in vielen Farben, selber erfreut über ihre Dichte und Fülle, und immerfort liefen Wolkenschatten über sie hin . . .

Dann erwies sich, daß es auf unserem von dichtem,

krausem Gras überwucherten Hof einen uralten Steintrog gab, unter dem man sich wunderbar verstecken konnte, wobei man die Schuhe auszog und barfuß mit weißen Füßchen (sie gefielen einem sogar selber) auf diesem krausen grünen Rasen umherlief, der oben heiß war von der Sonne, weiter unten jedoch ziemlich kühl. Unter den Speichern aber fanden sich Bilsenkrautbüsche, von deren Beeren Olja und ich eines Tages so viele aßen, daß man uns kuhwarme Milch eintrichtern mußte: es brummte recht seltsam in unseren Schädeln, während in unserer Seele und unseren Körpern nicht nur der Wunsch, sondern auch das Gefühl der unbedingten Möglichkeit überhandnahm, sich in die Luft zu schwingen und davonzufliegen, wohin man gerade wollte. Und unter ebendiesen Speichern entdeckten wir auch unzählige Nester von großen samtschwarzen, goldgesprenkelten Hummeln, die wir unter der Erde an ihrem dumpfen, bedrohlich wütenden Summen erkannten. Und wieviel eßbare Wurzeln, wieviel süß schmeckende Halme und Körner wir im Gemüsegarten, im Umkreis der Getreidedarren, der Tenne und hinter dem Gesindehaus fanden, an dessen Rückseite das Getreide und die Gräser unmittelbar grenzten!

6

Hinter dem Gesindehaus und längs der Mauern des Viehhofs wucherten riesige Kletten und hohe Nesseln – himbeerfarbene mit stachligen Kronen und irgend etwas Fahlgrünes, das sich Hirschpetersilie nannte; all das hatte sein besonderes Aussehen, seine Farbe, seinen Geruch und Geschmack. Ein Hirtenjunge, den wir schließlich auch noch bemerkten, erwies sich als äußerst interessant: sein Hanfhemdchen und die kurzen Hosen bestanden aus lauter Löchern; Beine, Arme und Gesicht waren ausgedörrt, von der Sonne verbrannt und schelferten sich, die Lippen waren wund, weil er ewig bald säuerliche Roggenbrotkrusten, bald Klette oder eben jene Hirschpetersilie kaute, die regelrecht die Lippen zerfraß, während seine scharfen Augen durchtrieben umherschweiften, sah er doch die Unverantwortlichkeit unserer Freundschaft mit ihm durchaus ein, auch dessen, daß er uns dazu ermunterte, Gott weiß was zu essen. Wie reizvoll war jedoch diese unverantwortliche Freundschaft! Wie verlockend all das, was er uns vertraulich, stockend und sich alle Augenblicke umschauend, beibrachte! Außerdem konnte er bewundernswert mit seiner langen Peitsche knallen und lachte teuflisch, wenn auch wir es versuchten und uns dabei mit dem Peitschenende schmerzhaft die Ohren verbrannten ...

Eine Fülle an Eßbarem, das die Erde hervorbringt, gab es indessen zwischen dem Viehhof und dem Pferdestall und im Gemüsegarten. Man konnte sich wie der Hirtenjunge mit einem gesalzenen Schwarzbrotkanten versehen und sich die langen grünen Zwiebelstengel mit ihren körnigen grauen Samenspitzen zu Gemüte führen – ebenso wie rote Radieschen, weißen Rettich und die kleinen, rauh anzufühlenden und von Buckeln übersäten Gurken, nach denen man so angenehm raschelnd unter den endlosen Ranken suchen mußte, die sich über die bröckligen Beete hinzogen. Warum taten wir das, hatten wir etwa Hunger? Nein, natürlich nicht; doch wir fanden damit, ohne uns dessen bewußt zu sein, zu unserer Erde und nahmen an all dem Sinnenbestimmten und Greifbaren teil, aus dem die Welt nun einmal besteht. Ich erinnere mich: die Sonne brannte immer heißer auf das Gras und den steinernen Trog im Hof herab, die Luft wurde immer schwüler und trüber, die Wolken drängten immer langsamer, aber auch immer dichter aufeinander zu und überzogen sich allmählich mit einem brennenden Himbeerrot, huben hoch droben, in hallender Höhe, zunächst noch leise zu grollen an, um bald darauf regelrecht zu dröhnen, dröhnend über die Erde hinzuziehen und sich in gewaltigen Donnerschlägen zu entladen, immer gewichtiger, großartiger, majestätischer ... Oh, wie ich schon damals diese göttliche Majestät der Welt und die Herrlichkeit dessen fühlte, der über ihr waltete, sie erschaffen und mit einer solchen Fülle und Kraft des Dinglichen ausgestattet hatte! Danach trat Finsternis ein, oder es blitzte, es gab Sturm und Platzregen nebst prasselndem Hagelschlag, alles ringsum geriet durcheinander, schoß hin und her, zitterte und bebte und glaubte unterzugehen; bei uns im Hause schloß man die Fenster, zündete die wächserne „Passionskerze" vor den fast schwarzen Ikonen mit ihren alten Silberverkleidungen an, bekreuzigte sich und wiederholte in einem fort: „Heilig, heilig, heilig ist der Herr Zebaoth!" Welche Erleichterung trat dafür ein, wenn alles vorüber war und sich beruhigte, wenn man aus tiefster Brust die unbeschreiblich erquikkende feuchte Frische der von Nässe übersättigten Felder einatmete, die Fenster aufstieß und Vater, der am Fenster seines Arbeitszimmers saß und zu der Wolke blickte, die immer noch die Sonne verdeckte und als schwarze Wand im Osten hinter dem Gemüsegarten verharrte, wenn also Vater mich ausschickte, da draußen einen möglichst großen Rettich herauszuziehen und ihm zu bringen! Es hat in meinem Leben nur wenige Augenblicke gegeben wie den, da ich über das vom Wasser überschwemmte Steppengras hineilte, den Rettich aus der Erde zog und gierig in sein Wurzelende mitsamt dem dicken bläulichen Schlamm biß, der an ihm klebte ...

Später, als wir allmählich wagemutiger wurden, lernten wir auch den Viehhof, den Pferdestall, die Wagenremise, die Dreschtenne, den Prowal und Wysselki kennen. Die Welt weitete sich immer mehr, uns aber fesselten immer noch weniger die Menschen und das menschliche Leben als vor allem Pflanzen und Tiere; die liebsten Stellen blieben für uns die, wo man niemanden zu Gesicht bekam, besonders in den Nachmittagsstunden, wenn alles schlief. Der Garten war heiter und grün, aber schon zu bekannt;

uns lockten nur noch die Dickichte, die dichten Gehölze, die Vogelnester (besonders, wenn in ihnen, diesen aus Reisig geflochtenen und mit dem oder jenem Weichen und Warmen gepolsterten Schälchen, etwas Buntes saß und uns mit wachsamen, kaum körnchengroßen schwarzen Augen beobachtete) und die Himbeersträucher, deren Beeren uns, frisch gepflückt, viel besser schmeckten als jene, die wir nach dem Mittagessen mit Milch und Zucker vorgesetzt bekamen. Es blieben also noch der Viehhof, der Pferdestall, die Wagenremise, die Tenne und der Prowal.

7

All das hatte seinen eigenen Reiz.

Auf dem Viehhof, der tagsüber immer leer stand, kreischte voll trägem Unwillen das Tor, wenn wir es mit allen unseren schwachen Kräften aufstießen; es stank dort scharf und säuerlich, aber unwiderstehlich verlockend nach Jauche und Schweinestall.

Im Pferdestall fristeten die Gäule ihr Dasein, das im Stillstehen und im lauten Kauen von Heu oder Hafer bestand. Wann und wie schliefen sie? Der Kutscher behauptete, daß auch sie sich gelegentlich zum Schlafen hinlegten. Aber das konnte man sich nur schwer, ja nur mit Angst und Bangen vorstellen – Pferde strecken sich doch recht schwerfällig und ungeschickt aus. Das geschah offenbar nur in tiefster Nacht, während sie sich den ganzen Tag über in den Ständen aufrecht hielten und den Hafer mit ihren Zähnen zu Milch zermahlten, am Heu herumzupften und es sich mit weichen Lippen einverleibten; sie waren alle schön und stark, hatten seidig schimmernde Kruppen, über die man mit dem größten Vergnügen hinstrich, harthaarige, bis an die Erde reichende Schweife, feminine Mähnen und große violette Augen, mit denen sie gelegentlich drohend und seltsam zu einem hinschielten und an das

Schreckliche erinnerten, von dem uns der Kutscher erzählte: alle Pferde hätten einmal im Jahr ihren Tag, den Tag der beiden Heiligen Flor und Laurus, an dem sie einen Menschen zu töten bestrebt seien – als Rache für ihre Versklavung durch ihn, für ihr Pferdedasein, das in der ständigen Erwartung des Anschirrens bestand, in der Erfüllung ihrer seltsamen Bestimmung auf dieser Welt – immer nur einen Wagen zu ziehen, immer nur zu traben. Auch hier roch es durchdringend nach Mist, aber ganz anders als auf dem Viehhof, weil es sich hier um einen ganz anderen Mist handelte und sein Geruch sich mit dem der Pferdekörper, dem des Pferdegeschirrs, des faulenden Heus und einigem anderen vermischte, das nur dem Pferdestall eigen ist.

In der Wagenremise aber standen eine Reitdroschke, eine Reisekutsche und das alttestamentarische großväterliche Wägelchen; all das verband sich für uns mit Träumen von weiten Reisen; das „Heck" der Kutsche enthielt einen außerordentlich reizvollen und geheimnisvollen Reisekasten, während das großväterliche Wägelchen allein schon durch seine altertümliche Schwerfälligkeit, die heimliche Gegenwart von etwas Großväterlichem fesselte, das der Welt erhalten geblieben war und nichts Heutigem glich. Immerfort schossen Schwalben gleich schwarzen Pfeilen hin und her, bald aus der Remise in die blaue Himmelsweite hinaus, bald wieder zum Scheunentor herein, unter das Dach, wo sie ihre Kalknester bauten, die sich dank ihrer Festigkeit, Wölbung und kunstvollen Modellierung so schrecklich angenehm anfühlten. Heute geht es mir öfter durch den Kopf: Da wirst du also einmal sterben und den Himmel, die Bäume, die Vögel und mancherlei anderes nie wieder sehen, an das du dich so gewöhnt hast und von dem Abschied zu nehmen dir so schwerfallen wird. Der Abschied von den Schwalben wird mir besonders weh tun: welch liebe, einschmeichelnde, reine Schönheit, welche Eleganz bei diesen unseren Hausfreunden mit ihrem blitzartigen Durch-die-Luft-Schießen, ihrem rosig weißen Brustgefieder, dem schwarzblauen Köpfchen, den ebenfalls schwarzblauen langen und spitzen, über Kreuz zusammenzufaltenden Flügeln und dem unentwegt glücklichen Gezwitscher! Das Tor zur Wagenremise stand immer offen, nichts hinderte uns daran, jederzeit einzutreten, den Plappertaschen stundenlang zu lauschen und davon zu träumen, eine von ihnen einzufangen, uns rittlings auf eine Reitdroschke zu schwingen, in die Reisekutsche oder in Großvaters Wägelchen zu klettern, darin auf- und abzuschnellen und davonzufahren, weit, weit weg ... Warum lockt es den Menschen von Kind an in die Ferne, die Weite, die Tiefe und Höhe, ins Ungewisse, ja Gefahrvolle, dahin, wo man sein Leben aufs Spiel setzen und es sogar irgend jemand oder irgend etwas zuliebe aufopfern kann? Wie wäre das möglich, wenn unser Los nur aus dem bestünde, was da ist, was „uns von Gott gegeben ist" – aus weiter nichts als dieser Erde, aus weiter nichts als diesem Leben? Offenbar hat uns Gott weit mehr zugedacht. Wenn ich mich an die Märchen erinnere, die ich in meiner Kindheit las oder hörte, fühle ich bis auf den heutigen Tag, daß das Fesselndste an ihnen immer das Fremdartige und Ungewöhnliche war. „In einem Königreich und unbekannten Lande ... irgendwo am äußersten Weltenrande ... lebte hinter Bergen, Tälern und blauen Meeren ... in allen Ehren die Königin unter den Jungfrauen, Wassilissa die Allweise ..."

Die Getreidedarre aber wirkte auf fesselnde Art beängstigend durch ihre grauen Strohmassen, die unheilverkündende Leere und Weite, durch das Halbdunkel, das in ihr herrschte, und dadurch, daß man, sofern es einem gelang, unter dem Tor hindurchzuschlüpfen, sich nicht satt daran hören konnte, wie der Wind über sie hinging, über sie hin raschelte und sie umwehte; dort drinnen hing in einem Winkel ein verstaubtes, geweihtes Brettchen, aber man erzählte sich, nachts käme gelegentlich dennoch der

Teufel herbeigeflogen, und diese Verbindung des Teufels mit dem für ihn so bedrohlichen Brettchen flößte besonders unheimliche Gedanken ein. Der Prowal lag ein Ende weiter, hinter der Getreidedarre, hinter der Tenne, einer eingestürzten weiteren Darre und einem Hirsefeld. Er stellte eine nicht gerade große, aber sehr tiefe Erdschlucht dar, mit steilen Hängen und ebendem berühmten „Prowal" auf seinem Grunde, der allmählich von hohem Steppengras überwuchert wurde. Er war für mich der ödeste Flekken, den es auf Erden gab. Welch gesegnete Einsamkeit! Ich glaube, ich hätte am liebsten mein Leben lang in dieser Erdschlucht gesessen, irgend jemand bemitleidet und geliebt. Welch sowohl dem Äußeren als auch dem Namen nach bezaubernde Blume blühte im dichten, hohen Gras an den Hängen – die himbeerfarbene Rose von Jericho mit ihrem klebrigen braunen Stengel! Und wie traurig und zärtlich klang im Steppengras das kurze Liedchen der Ammer . . .

8

Danach wird meine Kindheit abwechslungsreicher. Ich nehme immer mehr vom Leben unseres Gutshofs wahr, laufe immer häufiger nach Wysselki und bin schon in Roshdestwo, in Nowossjolki und in Baturino, bei Großmutter, gewesen.

Im Herrenhaus erwacht mit Sonnenaufgang, beim ersten Vogelgezwitscher im Garten, der Vater. Überzeugt, daß alle mit ihm zugleich zu erwachen haben, hustet er laut und ruft nach dem Samowar. Auch wir werden wach, freuen uns über den sonnigen Morgen – an andere will oder kann ich mich einfach nicht erinnern –, und ich verspüre den ungeduldigen Wunsch, in den Kirschgarten zu eilen und die von uns so begehrten Kirschen zu pflücken, auch von den Vögeln angepickte und von der Sonne angedörrte. Auf dem Viehhof knarren zu dieser Stunde morgendlich und neuartig die Tore, durch die man unter Peitschenknallen, Gebrüll oder Gequietsche die Kühe, die Schweine, die grau gelockte, geschlossene, wogende Schafherde auf die morgendlich saftigen Weiden treibt, zugleich die Pferde zum Tränken an den Feldteich; die Erde dröhnt vom Stampfen ihres kraftvollen, geschlossenen Rudels, während im Gesindehaus und in der Herrschaftsküche bereits orangerote Flammen in den Herden züngeln und die Arbeit der Wirtschafterinnen beginnt, der zuzuschauen und die zu schnuppern sich die Hunde vor den Fenstern und an den Schwellen drängen, von denen sie oft genug unter Gewinsel zurückprallen ... Nach dem Morgentee fährt der Vater hier und da mit mir in der Renndroschke über die Felder, wo, je nach der Jahreszeit, entweder gepflügt wird, das heißt Bauern, barfüßig und ohne Mütze, hin und her schaukelnd und in den weichen Furchen immerfort danebentretend, einherstampfen und sowohl sich selbst als auch den dumpf knarrenden Holzpflug, an dessen Schar sich die grauen Erdschollen hochschieben, dem sich ins Zeug legenden Gaul anzupassen bemüht sind; oder unübersehbare Scharen von Dorfmädeln bald Hirse-, bald Kartoffelfelder jäten, Auge und Ohr erfreuend durch ihre bunte Kleidung, durch ihre Munterkeit, ihr Lachen und ihre Lieder; oder auch, wenn bei glühender Hitze gemäht wird, die Mäher, breitbeinig und mit eingeknickten Knien, die dichte Wand des heißen gelben Roggens umlegen, mit schweißgeschwärztem Rücken, offener Hemdbrust und von einem Riemchen zusammengehaltenem Haar, gefolgt von den Weibern mit ihren Harken, die – vorgeneigt, vornübergebeugt –, mit den stachligen, ährenreichen, von der Sonne erhitzten Roggenhalmen ringen, sie mit den Knien pressen und fest zusammenbinden ... Welch unbeschreiblich bezaubernder Laut – das Schärfen einer Sense, über deren glänzende Schneide bald auf der einen, bald auf der anderen Seite geschickt ein kleiner, mit Wasser befeuchteter, mit Sand aufgerauhter Spaten hin- und hergeführt wird! Immer findet sich unter den Mähern einer, der die anderen mitreißt und ihnen weismacht, er hätte beinahe ein ganzes Wachtelnest umgemäht, beinahe eine Wachtel gefangen, beinahe eine Schlange mittendurch gesäbelt. Von den Weibern aber weiß ich bereits, daß sie die Garben manchmal auch nachts binden, sofern der Mond scheint – am Tage ist es so trocken, daß die Körner zu Boden rieseln –, und ich fühle den poetischen Reiz dieser nächtlichen Arbeit . . .

Ob ich mich an viele derartige Tage erinnere? An sehr, sehr wenige; der Morgen zum Beispiel, der mir jetzt vorschwebt, setzt sich aus abgerissenen, zeitlich weit auseinanderliegenden Bildern zusammen, die in meinem Gedächtnis auftauchen und vorüberflimmern. Die Mittagsstunde bei uns stellt sich mir in der Erinnerung so dar: heiße Sonne, anregende Küchengerüche und der genießerische Vorgeschmack des Mittagessens bei allen, die von den Feldern zurückkehren – bei Vater, bei dem wettergebräunten Dorfältesten mit dem krausen roten Bart, der rasch und kräftig schaukelnd auf seinem Paßgänger geritten kommt, bei den Gutsknechten, die gemäht haben und nun das mitsamt den Blumen auf den Feldrainen gemähte Gras einfahren, mit einer Fuhre, auf der die funkelnden Sensen liegen, und schließlich bei denen, die die im Teich gebadeten, spiegelglatt glänzenden Pferde herbeitreiben, an deren dunklen Mähnen und Schweifen das Wasser hinuntertrieft. Zu einer solchen Mittagsstunde erblickte ich eines Tages meinen Bruder Nikolai, auch ihn auf einer Gras- und Blumenfuhre, auf der er mit Saschka, einem Bauernmädel aus Nowossjolki, von den Feldern zurückkehrte. Ich hatte schon dies und das über die beiden vom Hausgesinde gehört, was ich indessen nicht recht verstand, was aber aus irgendeinem Grunde mein Herz berührte. Als ich sie jetzt nebeneinander auf der Fuhre sah, spürte ich plötzlich mit heimlichem Entzücken, wie schön, wie jung, wie glücklich sie waren. Sie saß, schmalgesichtig, mager, hochaufgeschossen und dennoch fast noch ein kleines Mädel, mit einem Krug in den Händen, vom Bruder abgewandt da, mit nackten, von der Fuhre baumelnden Beinen und gesenkten Wimpern; er hielt – eine weiße Schirmmütze auf dem Kopf, in einem batistenen Russenhemd mit aufgeknöpftem seitlichem Kragenschlitz, braungebrannt, blitzsauber und jung – die Zügel in den Händen, blickte sie mit strahlenden Augen an und redete auf sie ein, wobei er ihr freudig und verliebt zulächelte.

9

Ich komme zu den Besuchen der Mittagsmesse in Roshdestwo.

Da war alles ungewöhnlich und feiertäglich: der Kutscher in gelbem Seidenhemd und ärmellosem Rock auf dem Bock der mit drei Pferden bespannten Kutsche; der Vater mit frisch rasiertem Kinn und in städtischer Kleidung, die Adligenmütze auf dem Kopf, unter deren rotem Schirm sich die noch feuchten, auf altmodische Art aus den Schläfen zu den Augenbrauen gekämmten schwärzlichen Haarsträhnen hinzogen, und die Mutter in einem hübschen leichten Kleid mit zahllosen Rüschen; dazu ich, Pomade im Haar und in einem Seidenhemdchen, Leib und Seele voll feiertäglicher Spannung.

Draußen auf den Feldern ist es schon heiß und stickig, der Weg durch das hohe, regungslose Getreide ist schmal und staubt, der Kutscher überholt als Herrschaftsdiener, der er ist, die Bauern und Bäuerinnen, die ebenfalls feiertäglich herausgeputzt sind und ins Kirchdorf streben. Im Kirchdorf aber stockt einem angenehm das Herz bei der Talfahrt über einen ungewöhnlich steilen und steinigen Hang, über all die Neuheit und den Reichtum der Eindrücke; hier sind die Bauernhöfe weitläufig und zeugen von Wohlstand: auf den Tennen uralte Eichen, dazu Bienenstöcke, freundliche, aber selbstbewußte Eigentümer (stattliche, großgewachsene „Einzelhöfer"); unten im Tal aber schlängelt sich im Schatten hoher, von lärmenden Saatkrähen bevölkerter Buschweiden ein tiefes schwarzes Flüßchen entlang, von dem der kühle Geruch ebendieser Weiden und der Feuchte der Niederung, in der sie gedeihen, aufsteigt. Auf der gegenüberliegenden Anhöhe, die man erreicht, nachdem man die in den hellen Fluten beinahe versunkene Steinbrücke passiert hat, auf der Allmende vor der Kirche ein buntes Menschengewimmel: Bauernmädel, Bäuerinnen, gebeugte, grabreife Greise in sauberen Kitteln, mit backtopfartigen Hüten auf den Köpfen. In der Kirche Gedränge, von Gerüchen erfüllte Hitze, bedingt durch ebendieses Gedränge, die brennenden Kerzen und die Sonne, die sich durch die Kuppel ergießt; dazu der heimliche Stolz: wir sind die ersten, wir haben so schön, so gekonnt und würdevoll gebetet, daß uns der Priester das nach Kupfer riechende Kreuz vor all den anderen zum Kusse hinhält und sich liebedienerisch verneigt ... Nach der Mittagsmesse ruhten wir uns beim alten Danilo aus, einem freundlichen, grau gelockten Waldschrat mit braunem, an einen riesigen Korken erinnernden Hals, tranken Tee und aßen warme Pfannkuchen mit Honig aus einer bis an den Rand gefüllten Holzschale; ich werde nie im Leben vergessen, daß er – und eben das kränkte mich und blieb für immer in meinem Gedächtnis haften –, daß er, also der Waldschrat, mit seinen schwarzen, steifen Fingern plötzlich nach einem Stück halbflüssigen, zergehenden, bernsteinfarbenen Wabenhonig griff und ihn mir in den Mund stopfte ...

Ich wußte bereits, wir waren verarmt – mein Vater hatte während der Krim-Kampagne allerlei „vertan" und in Tambow, wo er sich danach eine Weile aufhielt, verspielt, er war eben schrecklich sorglos, versuchte sich des öfteren vergeblich Angst zu machen und behauptete, das Letzte, was wir noch besäßen, könne jeden Augenblick „unter den Hammer" kommen; das Gut am Don war bereits beinahe so weit und gehörte gar nicht mehr uns; dennoch bewahre ich von jenen Tagen ein Gefühl der Geborgenheit, ja des Wohlergehens. Und ich werde nie die fröhlichen Mittagsstunden in unserem Hause, die Vielzahl der üppigen, nahrhaften Gerichte vergessen, ebensowenig wie das Grün, das Licht und den Schatten im Garten, hinter den geöffneten Fenstern, die Vielzahl der Dienerschaft, der durch die Tür ins Haus drängenden Wind- und Hetzhunde sowie der zahllosen Fliegen und prächtigen Schmetterlinge ... Ich weiß noch, wie süß der ganze Gutshof in den langen Nachmittagsstunden schlummerte ... Und ich vergesse auch nicht die abendlichen Spaziergänge mit meinen Brüdern, die mich allmählich schon mitnahmen, ebensowenig wie ihre von jugendlicher Begeisterung erfüllten Gespräche. Ich erinnere mich einer wunderbaren Mondnacht, erinnere mich, wie unbeschreiblich schön, durchsichtig und hell der südliche Himmelsrand unter dem Monde wirkte, wie am mondbeschienenen Firmament einige wenige Sterne flimmerten und die Brüder sich unterhielten, daß dies Welten seien wie unsere, aber unbekannte, vielleicht auch glücklichere und schönere als die unsere, auf denen wahrscheinlich auch wir einmal weilen würden ... Vater schlief in solchen Nächten nicht im Hause, sondern auf einem Bauernwagen draußen vor den Fenstern auf dem Hof; man stattete den Wagen mit einer Lage Heu aus und deckte darüber das Bettzeug. Mir schien, er müsse es da warm haben im Mondschein, der sich über ihn ergoß und sich golden in den Fensterscheiben spiegelte; es müsse das höchste Glück sein, so zu schlafen und im Schlafe dieses Licht, den Frieden und die Schönheit der ländlichen Nacht, der umgebenden heimatlichen Felder und seines angestammten Landsitzes zu spüren.

Ein einziger Vorfall trübte diese glückliche Zeitspanne, eine schlimme, grausige Begebenheit. Eines Abends kamen

Hirtenjungen in den Gutshof geeilt, die die Arbeitspferde von den Feldern hereintrieben und riefen, Senka sei in vollem Galopp zusammen mit seinem Gaul in den Prowal abgestürzt, auf dessen Grund hinab, in jenes schreckliche Dickicht, unter dem sich, wie man behauptete, eine Art Schlammstrudel befand. Die Gutsknechte, die Brüder, der Vater stürzten davon, um ihn herauszuholen und zu retten; das ganze Gehöft verstummte vor Angst und Schrecken und fragte sich, ob das gelingen werde. Doch die Sonne ging unter, es dunkelte und wurde Nacht, eine Kunde „von dort" aber gab es immer noch nicht; als sie dann zurückkehrten, wurde es noch stiller: beide waren umgekommen, Senka und das Pferd. Ich bewahre noch die schrecklichen Worte im Gedächtnis, man müsse unverzüglich den Polizeihauptmann benachrichtigen und jemanden hinschicken, der den „Leichnam" bewache. Warum erschienen mir diese völlig neuen Worte so beängstigend? Hatte ich sie schon irgendwann gehört?

10

Die Menschen sind dem Tod gegenüber keineswegs gleichermaßen empfindlich. Manche verbringen ihr ganzes Leben in seinem Zeichen und haben für ihn von frühester Kindheit an ein überspitztes Gefühl (meist bedingt durch ein ebenso überspitztes Lebensgefühl). Der Protopope Awwakum berichtet von seiner Kindheit und sagt: „Ich aber, als ich eines Tages beim Nachbarn ein verendetes Vieh sah, erhob mich gleich in der Nacht darauf vom Lager und barmte vor dem Heiligenbild ob meiner Seele, mich an den Tod erinnernd, der ja auch mir beschieden war ..." Zu diesen Menschen gehöre auch ich.

Ich hörte in meiner frühen Kindheit mit besonderer Empfindlichkeit von den dunklen und bösen Kräften erzählen, die es auf Erden gibt, zugleich von den „Verewigten“, die ihnen bis zu einem gewissen Grade verwandt sind. So erfuhr ich, wenn von meinem „verewigten“ Onkel, meinem „verewigten“ Großvater die Rede war, daß die „Verewigten“ sich irgendwo „im Jenseits“ befänden, und handelte mir dabei unangenehme und nicht recht verständliche Eindrücke ein, die Angst vor dunklen Stuben, vor dem Dachboden, der tiefen Nacht, den Teufeln und den Gespenstern, mit anderen Worten ebenjenen „Verewigten“, die nachts erwachten und ruhelos herumgeisterten.

Wie und wann gelangte ich zum Glauben an Gott, zu einem Begriff von ihm, zum Gefühl für ihn? Ich nehme an, zugleich mit dem Begriff des Todes. Der Tod hing, o weh, irgendwie mit ihm zusammen (auch mit dem Lämpchen vor den geschwärzten Ikonen mit ihren silbernen oder vergoldeten Beschlägen im Schlafzimmer meiner Mutter). Das galt aber auch für die Unsterblichkeit. Gott lebte im Himmel, in unvorstellbarer Höhe und Macht, in jenem unfaßbaren Blau über uns, unendlich weit von der Erde entfernt: all das nahm ich in meinen frühesten Tagen in mir auf, ebenso wie den Umstand, daß jeder von uns, dem Tode zum Trotz, in der Brust eine Seele bewahrt und diese Seele unsterblich ist. Dennoch blieb der Tod eben der Tod, und ich wußte bereits und fühlte manchmal angsterfüllt, daß alle auf dieser Erde sterben mußten – im allgemeinen zwar keineswegs so bald, aber gelegentlich auch ganz plötzlich, auf der Stelle, insonderheit zu Beginn der Großen Fasten. Bei uns im Hause wurde dann alles am späten Abend plötzlich sehr sanftmütig, verneigte sich voreinander und bat einander um Vergebung, alle nahmen gleichsam voneinander Abschied, als glaubten und befürchteten sie allen Ernstes, diese Nacht könne unsere letzte auf Erden sein. Auch ich dachte nicht anders und legte mich jedesmal mit schwerem Herzen zu Bett, all das im Sinn, was von dieser schicksalhaften Nacht über uns hereinbrechen konnte. So das Jüngste Gericht, die irgendwie bedrohliche Wiederkunft Christi und, was am schlimmsten war, „die Auferstehung der Toten". Danach aber begannen die „Großen Fasten" – volle sechs Wochen der Abkehr vom Leben und all seinen Freuden. Es folgte die Karwoche, in der selbst der Erlöser als verstorben galt . . .

Auch in der Karwoche, während der Vorbereitungen auf das Fest, trauerte man, fastete man womöglich noch strenger und bereitete sich durch Kirchenbesuche auf den Empfang des Abendmahls vor – selbst Vater gab sich alle Mühe zu trauern und zu fasten; ich wußte schon, daß man am Karfreitag vor dem Altar in der Kirche von Roshdestwo etwas errichten würde, das sich die Aufbahrung Christi nannte und mir, der das noch nie gesehen hatte, von Mutter und der Kinderfrau so schrecklich als eine Art Nachahmung des Sarges Christi dargestellt wurde. Karsamstagsabend aber blitzte unser Haus vor Sauberkeit, sowohl innerer als auch äußerer, einer angenehmen, beglückenden Sauberkeit, die in all ihrer Wohlanständigkeit still auf den großen Feiertag Christi wartete. Und schließlich brach der Feiertag an – in der Nacht vom Sonnabend zum Sonntag vollzog sich in aller Welt ein erstaunlicher Umschwung. Christus hatte den Tod überwunden und über ihn triumphiert. Zum Frühgottesdienst nahm man uns zwar noch nicht mit; dennoch erwachten wir mit dem Gefühl dieses wohltuenden Umbruchs. Und uns wollte scheinen, es dürfe künftig keinerlei Kummer mehr geben. Doch er war da, selbst in den Ostertagen. Gegen Abend hörte man auf den stillen, rosa schimmernden lenzlichen Feldern entferntes Singen, das immer näher kam und mit freudiger Beharrlichkeit wiederholte: „Christus ist auferstanden von den Toten." Eine Weile danach tauchten diese „Christusjünger" auf, barhäuptige junge Burschen in weißen, gegürteten Hemden, die ein riesiges Kreuz trugen, dazu Bauernmädel mit weißen Tüchern um den Kopf – sie hielten Heiligenbilder aus der Kirche in sauberen Handtüchern in Händen. Sie alle kamen mit triumphierendem Gesang daher, betraten den Hof und verstummten am Eingang zum

Haus, freudig erregt im Bewußtsein, ihre Pflicht redlich erfüllt zu haben, und gaben uns allen, als Gleiche unter Gleichen, einen geschwisterlichen Kuß, mit weichen, warmen, äußerst angenehmen jungen Lippen, und schafften das Kreuz und die Ikonen vorsichtig ins Haus, in den Saal, wo im zarten Halblicht des lenzlichen Abendrots in der Ehrenecke das Öllämpchen glomm; sie stellten die Ikonen auf die unter dem Lämpchen zusammengeschobenen Tische, auf die neuen, wunderhübschen Tischdecken, das Kreuz aber in ein Kornmaß mit Roggen. Wie schön all das war! Aber leider auch traurig, ja einigermaßen unheimlich. Alles erschien zwar schön und beruhigend, das Öllämpchen glomm in dem lenzlichen, grün schimmernden Dämmerlicht so sanft und friedlich. Und dennoch enthielt all das auch etwas Kirchliches, Gottnahes und wiederum mit dem Gedanken an Tod und Trauer Verbundenes. Ich habe wiederholt beobachtet, mit welch enthusiastischer Zerknirschung meine Mutter, wenn sie sich im Saal allein glaubte, jener Ecke zugewandt betete und auf den Knien vor dem Öllämpchen, dem Kreuz und den Ikonen lag. Worüber trauerte sie? Worüber härmte sie sich ihr Leben lang, selbst dann, wenn nicht der geringste Grund vorhanden zu sein schien, warum grämte sie sich, betete nachts stundenlang vor den Heiligenbildern und weinte gelegentlich an den schönsten Sommertagen, während sie am Fenster saß und auf die Felder blickte? Sie tat es, weil ihre Seele von Liebe zu all und jedem erfüllt war, besonders zu uns, ihren nächsten Angehörigen und Blutsverwandten, aber auch darum, weil alles verging, unwiederbringlich vorüberging, weil es Abschiede, Krankheiten, Kummer, unerfüllbare Träume und nicht zu verwirklichende Hoffnungen gab, unausdrückbare oder unausgedrückt gebliebene Gefühle und . . . und den Tod . . .

Nicht Senka vermittelte mir den Begriff vom Tode. Den hatte ich schon vorher mitbekommen und bis zu einem gewissen Grade erahnt. Dennoch verdanke ich ihm, daß ich den Tod zum erstenmal wirklich erlebte, seine Realität, die Tatsache, daß er auch uns betroffen hatte. Ich empfand damals zum erstenmal, daß er die Welt mitunter wie eine Wolke die Sonne verfinstern, plötzlich all unsere „Belange und Angelegenheiten" entwerten, uns des Interesses an ihnen, des Gefühls der Gesetzmäßigkeit und des Sinnes ihrer Existenz berauben und alles mit Trübsal und Öde überziehen kann. Er tauchte an jenem denkwürdigen Abend hinter der Getreidedarre, hinter der Tenne hervor auf, aus der Richtung des Prowal. Und noch lange, lange danach glaubte ich, daß etwas sehr Düsteres, Bedrückendes und sogar Abstoßendes aus jener Gegend auf mich zukam; alles, worüber ich nachdachte, was ich sah, blieb für mich mit Senka und mit der nutzlosen Frage verbunden: Was denn nun nach seinem tödlichen Sturz aus ihm geworden, was er jetzt war und warum er gerade an diesem Abend umkommen mußte?

II

Die Tage fügten sich zu Wochen und Monaten, der Herbst löste den Sommer ab, der Winter den Herbst, das Frühjahr den Winter. Doch was kann ich dazu sagen? Nur etwas recht Allgemeines – daß ich damals unmerklich in ein bewußtes Leben eintrat.

Ich erinnere mich: Eines Tages stürzte ich ins Schlafzimmer meiner Mutter und erblickte mich in einem nicht allzu großen Pfeilerspiegel (er befand sich gegenüber der Tür und hatte einen ovalen Nußholzrahmen); ich stand einen Augenblick still: da starrte mich verwundert, ja einigermaßen erschrocken ein ziemlich hochaufgeschossener, gutgewachsener und überschlanker Junge an – in braunem Russenhemd, schwarzen Pluderhosen aus Lüster und abgewetzten, aber geschickt gefertigten Stiefelchen aus Ziegenleder. Natürlich hatte ich mich auch schon vorher oft im Spiegel gesehen, es aber nicht im Gedächtnis bewahrt und kaum beachtet. Warum also tat ich es jetzt? Offenbar, weil ich erstaunt, sogar ein wenig überrascht war über die Veränderung, die sich an mir vollzogen hatte – in kurzer Zeit, vielleicht in einem einzigen Sommer, wie das ja vorkommt – und deren ich plötzlich gewahr wurde. Ich weiß nicht mit Sicherheit zu sagen, wann, zu welcher Jahreszeit und in welchem Alter das geschah. Ich nehme an, es war im Herbst – nach der Bräune des Jungen zu urteilen, die, wie ich mich erinnere, im Spiegel schon etwas bläßlich wirkte, so, wie sie ist, wenn die Haut allmählich die Farbe verliert –, und ich zählte damals wohl sieben Jahre; darüber hinaus weiß ich mit einiger Bestimmtheit nur zu sagen, daß mir der Junge gefiel – dank seiner Schlankheit, dem von der Sonne so schön gebleichten Haar und dem lebhaften Gesichtsausdruck; auch weil er in einigermaßen erschrockene Verwunderung verfiel. Aus welchem Grunde? Offenbar, weil er plötzlich gleich einem Unbeteiligten das Einnehmende an sich entdeckte – diese Feststellung hatte, ich weiß nicht warum, sogar etwas Betrübendes für mich –, dazu den schon ziemlich hohen Wuchs, die Magerkeit und den lebhaften, gescheiten Ausdruck: kurz und gut, ich erkannte, ich war kein Kind mehr, und fühlte undeutlich, daß sich in meinem Leben eine Wendung abzeichnete, vielleicht sogar zum Schlechten ...

Und so war es denn auch. Damals hörten meine Erinnerungen auf, vorwiegend glücklich zu sein, was an und für sich schon einiges bedeutete, und fiel mit gewissen, wiederum völlig neuen und wahrhaftig nicht eben leichten Erkenntnissen, Gedanken und Gefühlen zusammen, die ich auf dieser Erde erworben hatte. Bald darauf lernte ich einen auf seine Art bemerkenswerten Menschen kennen, der in mein Leben trat und mein Hauslehrer wurde. Ich überstand meine erste schwere Krankheit und erlebte einen neuen Tod – den Nadjas; danach den meiner Großmutter ...

12

Der Mann im dürftigen Jäckchen, der an einem eisigen, unfreundlichen Tag im Frühjahr in unserem Gutshof aufgetaucht war, fand sich erneut ein – wann, weiß ich nicht mehr, jedenfalls fand er sich wieder ein. Und er erwies sich tatsächlich als unglücklicher Mensch, allerdings auf ganz besondere Art, das heißt nicht einfach als unglücklich, sondern als jemand, der sein Unglück willentlich heraufbeschworen hatte und es sozusagen mit Genuß ertrug; kurzum – es zeigte sich, daß er zu jener schauderhaften Kategorie russischer Menschen gehörte, die ich natürlich erst später, in reifem Alter, wirklich verstanden habe. Er hieß Baskakow, entstammte einer reichen und vornehmen Familie, war klug und begabt und hätte demzufolge nicht schlechter, ja sogar besser leben können als andere. Indessen war er nicht ohne Grund hager, hielt sich geduckt, hatte eine Hakennase und ein so finsteres Gesicht wie der Leibhaftige – so pflegte man von ihm zu sagen; sein Charakter grenzte an Irrsinn, er verließ noch als Lyzeist das Elternhaus unter Verwünschungen nach einem Streit mit dem Vater, geriet nach dessen Tod bei der Aufteilung des Erbes in solche Wut, daß er das Testament in Fetzen riß, dem Bruder ins Gesicht spie und rief, „wenn sich das so verhält", dann wolle er von einer Teilung nichts wissen und nehme keinen Groschen für sich in Anspruch, worauf er erneut, und nun schon für immer, die Tür des väterlichen Hauses hinter sich zuwarf. Damit begann denn auch sein Stromerdasein: Er konnte sich an keiner Stelle, in keinem Hause einleben, nicht einmal für wenige Monate. Auch bei uns hielt er es nicht lange aus; bald nach seinem erstmaligen Auftauchen in unserem Gehöft wären er und Vater beinahe mit Dolchen aufeinander losgegangen. Nach seinem zweiten Erscheinen geschah jedoch ein Wunder: Baskakow erklärte nach einer Weile, er habe die Absicht, für immer bei uns zu bleiben, und verbrachte denn auch volle drei Jahre bei uns, die ganze Zeit bis zu meiner Aufnahme in das Gymnasium. Er gab sogar zu, er habe uns alle, obwohl er den Menschen im allgemeinen verächtlich und voller Haß gegenüberstehe, ins Herz geschlossen, besonders mich. Er wurde mein Hauslehrer und Erzieher, und auch ich gewann ihn nach einiger Zeit sehr lieb, was den Quell von allerlei sehr komplizierten und starken Gefühlen bildete, die sich aus dieser Nähe zu ihm für mich ergaben.

Die übersteigerte Empfänglichkeit, die ich nicht nur von Vater und Mutter, sondern auch von Groß- und Urgroßeltern geerbt hatte, von all jenen höchst eigenwilligen Menschen, aus denen sich die gebildete russische Gesellschaft einst zusammensetzte, besaß ich von Geburt an. Baskakow trug zu ihrer Entwicklung in außerordentlichem Maße bei. Als Erzieher und Lehrer im üblichen Sinne des Wortes taugte er nicht das geringste. Er lehrte mich zwar rasch schreiben und in russischer Übersetzung den Don Quichote lesen, der sich neben anderen Zufallsbüchern im Hause fand, was aber weiter zu tun war, wußte er nicht so genau, und es interessierte ihn auch nicht allzusehr. Mit meiner Mutter, der er übrigens höchst respektvoll und feinfühlig begegnete, sprach er meist französisch. Mutter schlug ihm vor, mich noch französisch zu lehren. Auch das brachte er sehr bald und mit viel Lust und Liebe zuwege, wagte sich aber auch wiederum nicht weiter, sondern empfahl, in der Stadt Schulbücher zu kaufen, die ich durchackern müßte, um in die unterste Klasse des Gymnasiums aufgenommen zu werden; und er ließ mich einfach büffeln und auswendig lernen. Sein großer Einfluß auf mich wirkte sich in etwas ganz anderem aus. Im allgemeinen war er sehr verschlossen und menschenscheu, konnte manchmal aber auch ungewöhnlich heiter, nett, liebenswürdig, gesprächig und geistreich sein, ja geradezu brillieren, und war unerschöpflich im meisterhaften Erzählen. Größtenteils jedoch schwieg er sich irgendwie giftig aus, dachte immerfort über etwas nach, lächelte hämisch, brummte böse vor sich hin und durchmaß mit raschen wiegenden Schritten auf seinen dünnen, krummen Beinen unaufhörlich Haus und Hof. Jeden Versuch, ihn zu solcher Stunde anzusprechen, schnitt er durch eine kurze, gallige Liebenswürdigkeit oder Grobheit ab. Aber auch da war er wie umgewandelt, wenn er mich erblickte. Er eilte sogleich auf mich zu, legte den Arm um meine Schulter und führte mich aufs Feld oder in den Garten, ließ sich in einer Ecke mit mir nieder und erzählte etwas oder las mir etwas vor, wobei er die widersprüchlichsten Gefühle und Vorstellungen in mir weckte.

Er wußte, um es noch einmal zu sagen, wunderbar zu erzählen, indem er alles durch Mimik, Gestik, durch rasches Umstellen der Stimme unterstützte. Man konnte auch hingerissen sein, wenn er vorlas, wobei er nach seiner Gewohnheit immer das linke Auge zukniff und das Buch in ziemlichem Abstand vor sich hielt. Die Gegensätzlichkeit der Gefühle und Vorstellungen aber, die er in mir weckte, rührte daher, daß er bei seinen Erzählungen ohne Rücksicht auf mein Alter meist wohl das Bitterste und Qualvollste auswählte, das er erlebt hatte, all das, was von der Gemeinheit und Grausamkeit der Menschen zeugte, zum Vorlesen dagegen etwas Heroisches, Erhabenes, die schönen und edlen Leidenschaften der menschlichen Seele Berührendes, und ich entbrannte, während ich ihm zuhörte, voll Empörung über die Menschen und einer qualvollen Zärtlichkeit zu ihm, der so viel durch sie ausgestanden hatte, oder ich verging oder erstarb vor freudiger Bewegung. Er hatte kurzsichtige, ständig gerötete, irgendwie funkelnd braune Krebsaugen, während der Gesichtsausdruck durch seine Angespanntheit betroffen machte. Und immer, wenn er auf und ab ging oder, besser gesagt, hin und her lief, flatterten sein trockenes, graumeliertes Haar und die Schöße seines unvermeidlichen, unwahrscheinlich altmodischen, dürftigen Rocks. „Da ich niemandem auf der Tasche zu liegen wünsche" – das war so eine Art Tick bei ihm –, rauchte er (und zwar unaufhörlich) nur Machorka, schlief im Sommer in einem Speicher und im Winter in der Lakaienstube, die aber mangels Lakaien keine mehr war; was indessen die Ernährung betraf, schien er fest davon überzeugt zu sein, sie stelle ein reines Vorurteil dar: Bei Tisch hielt er sich ausschließlich an Wodka, Senf und Essig. Alle fragten sich, ehrlich verwundert, wovon er denn eigentlich lebe ...

Er erzählte mir, welch harte Zusammenstöße er mit „all den Halunken" erlebt habe, erzählte von Moskau, wo er einst zur Schule gegangen war, und von den düsteren, von Bären bevölkerten Wäldern jenseits der Wolga, wo er sich einige Zeit herumgetrieben hatte. Wir lasen gemeinsam den „Don Quichote", die Zeitschrift „Der Weltenbummler", irgendein Buch, das sich „Die Erde und die Menschen" nannte, den „Robinson" ... Er malte Aquarelle und riß mich durch seinen Traum mit, ein Maler zu werden. Ich zitterte bei einem bloßen Blick auf den Farbkasten an allen Gliedern, bekleckste von morgens bis abends allerlei Papier, indes ich stundenlang herumstand und jene wunderbare, in Lila übergehende Himmelsbläue anstarrte, die man an einem heißen Sommertag, gegen die Sonne gesehen, hinter den Wipfeln der Bäume beobachten konnte und die sich gleichsam in dieser Bläue badete; und ich wurde für immer von tiefstem Gefühl für den wahrhaft göttlichen Sinn und die Symbolik sowohl der irdischen als auch der himmlischen Farben durchdrungen. Ziehe ich die Bilanz all dessen, was mir das Leben gegeben hat, dann erkenne ich, daß das zum Wichtigsten gehörte. Dieses ins Violett spielenden Blaus, das durch Laub und Zweige hindurchschimmert, werde ich mich noch in meiner Todesstunde erinnern.

13

Im Arbeitszimmer meines Vaters hing ein alter Jagddolch an der Wand. Ich sah, wie der Vater die weiße Klinge gelegentlich aus der Scheide zog und mit dem Saum seines gesteppten Hausrocks polierte. Welch vollüstige Begeisterung befiel mich beim bloßen Berühren dieses glatten, kalten, scharfen Stahls! Ich hätte ihn am liebsten ans Herz gedrückt und geküßt, um ihn danach in etwas Lebendiges zu stoßen, bis an das Heft zu versenken. Auch Vaters Rasiermesser bestand aus Stahl und war noch schärfer, aber von ihm nahm ich keine Notiz. Der Anblick einer stählernen Stich- oder Hiebwaffe erregt mich jedoch bis auf den heutigen Tag; woher habe ich das, woher stammen diese Gefühle? Ich war in meiner Kindheit gutmütig und zärtlich, und dennoch brachte ich eines Tages in einem regelrechten Blutrausch eine junge Saatkrähe mit gebrochenem Flügel um. Ich erinnere mich, der Hof war leer, und auch das Haus stand still und verlassen, da erblickte ich plötzlich einen großen, tiefschwarzen Vogel, der irgendwohin eilte und seitlich, ungeschickt, mit gespreiztem, hängendem Flügel über das Gras auf die Speicher zuhüpfte. Ich stürzte in das Arbeitszimmer meines Vaters, ergriff den Dolch und sprang aus dem Fenster. Die Saatkrähe stand, als ich sie einholte, plötzlich still, stürzte, Schrecken in den wild funkelnden Augen, beiseite, drückte sich an die Erde und zischte oder krächzte mich wütend mit erhobenem, geöffnetem Schnabel an, offenbar zu einem Kampf auf Leben und Tod entschlossen ... Diese Tötung, die erste meines Lebens, empfand ich als regelrechtes Ereignis: Ich lief tagelang wie geistesgestört umher und flehte im stillen nicht nur Gott, sondern auch die ganze Welt an, mir meine gemeine Sünde um meiner Seelenqual willen zu vergeben. Dennoch hatte ich diese unglückselige Saatkrähe, die sich so verzweifelt wehrte und mir die Hände blutig hackte, umgebracht, sogar mit einer grauenhaften Lust am Töten!

Und wie oft kletterten Baskalow und ich zum Hausboden hinauf, wo, der Überlieferung zufolge, ein groß- oder urgroßväterlicher Säbel herumliegen mußte! Wir stolperten eine steile Treppe hinauf, geduckt und im Halbdunkeln. Genauso ging es dann weiter – über Balken oder Träger, Asche und Kehrichthaufen. Es war, wie auf Dachböden üblich, warm und stickig und roch nach erkaltetem Rauch, nach Ruß und Öfen. Draußen waren der Himmel, die Sonne, die weite Welt, während hier Halbdunkel und etwas Bedrückendes, Einschläferndes herrschten. Der Wind, der über den Feldern wehte, ging ungehindert über das Dach dahin, doch sein Rauschen hörte sich hier eher dumpf an und irgendwie anders – verhext, ja unheildrohend. Der Dämmerschein hellte sich nach und nach auf, wir umgingen den gemauerten Querzug und die Ableitung zum Schornstein und irrten bei dem spärlichen Licht, das durch die Dachluke fiel, hin und her, sahen unter den Dachbalken, den schrägen, staubigen Dachsparren nach und wühlten in der bald grauen, bald violetten Asche – je nach dem Lichteinfall, in dem sie lag. Hätte sich dieser legendäre Säbel doch angefunden! Ich glaube, ich wäre vor Glück erstickt. Wozu indessen brauchte ich ihn? Wieso empfand ich diese leidenschaftliche, unsinnige Liebe zu ihm?

Im übrigen war ja auch alles andere auf dieser Welt sinnlos; man wußte nicht, wozu es da war, und das empfand ich bereits.

Wir ruhten uns nach der ergebnislosen Suche ermüdet aus. Der seltsame Mann, der mich dabei unterstützte, sein Leben aus unerfindlichem Grunde ruiniert hatte und sinnlos vergeudete, der einzige Mensch, der meine ziellosen Träume und Leidenschaften verstand, setzte sich auf einen Tragbalken und drehte sich eine dicke Zigarette, wobei er seinen Gedanken nachhing und etwas vor sich hin murmelte, während ich an der Dachluke stand und Umschau hielt. Jetzt war es auf dem Dachboden beinah ganz hell, besonders an der Luke, und das Rauschen des Windes erschien nicht mehr so unheilverkündend. Dennoch blieben wir hier auf uns gestellt, genauso wie das Gutsgehöft auf sich, und ich sah es mitsamt seinem friedlich dahinfließenden Leben als Unbeteiligter vor mir. Geradeaus zeichneten sich im Sonnenschein die verschiedenartigen, bald blaß-, bald sattgrünen Baumwipfel des Gartens ab, auf die hinunterzuschauen einem so seltsam vorkam. Sie hallten wider vom munteren Gezwitscher der Spatzen, waren innen schattig und glitzerten außen gläsern in der Sonne; ich starrte zu ihnen hin und fragte mich: Wozu das alles? Offenbar nur, weil es so schön ist. Hinter dem Garten und den Feldern aber blaute gleich einem fernen Wald am Horizont Baturino, wo – niemand wußte, warum – seit achtzig Jahren meine Großmutter mütterlicherseits auf ihrem altväterlichen Gutsgehöft, in einem Haus mit steilem Dach und bunten Fensterscheiben lebte. Weiter links ging alles im Sonnengeflimmer unter; dort, hinter den Wiesen, lag Nowossjolki, das heißt, dort zogen sich Weidengehölze, Gemüsegärten, dürftige Tennen und eine Reihe kümmerlicher Bauernhütten an einer langen Dorfstraße hin. Warum gab es dort Hühner, Kälber, Hunde, Wasser und Scheunen, dickbäuchige Kleinkinder, Weiber mit Haaren auf den Zähnen, hübsche Mädel und zerlumpte, griesgrämige Bauern? Und warum machte sich mein Bruder Nikolai so ziemlich jeden Tag dorthin zu Saschka auf? Doch wohl nur darum, weil er ihr so gern ins freundliche, bescheidene Gesicht und in den reizenden runden Ausschnitt des weißen Baumwollhemdes sah und ihren schlanken Wuchs und die nackten Beine bewunderte ... Jener Ausschnitt gefiel auch mir, erweckte auch bei mir ein schmachtendes Gefühl: ich hätte gern etwas mit ihm angefangen, wußte aber nicht, was eigentlich und wozu.

Nun, in jenen Tagen fesselte mich vor allem der angeblich auf dem Dachboden versteckte Säbel. Dennoch erinnere ich mich hin und wieder auch Saschkas, der gegenüber ich eines Tages, als sie aus irgendeinem Anlaß bei uns im Gutsgehöft erschien, mit gesenktem Kopf auf den Treppenstufen vor dem Haus stand und schüchtern auf meine Mutter einredete, plötzlich etwas besonders Wonniges und Schmachtendes empfand – das erste Aufblitzen des unverständlichsten aller menschlichen Gefühle . . .

14

Der Don Quichote, an dem ich lesen lernte, die Bilder in diesem Buch und die Erzählungen Baskalows über die Zeiten der Ritter brachten mich völlig um den Verstand. All diese Burgen, zinnenbewehrten Mauern und Türme, Zugbrücken, Harnische, Schwerter und Armbrüste, Schlachten oder Turniere wollten mir nicht aus dem Sinn. Ich träumte von der Erhebung in den Ritterstand, vom Degenschlag – er war schicksalhaft wie das erste Abendmahl –, dem Degenschlag auf die Schulter des niederknieenden Jünglings mit dem frei flutenden Haar, und ich fühlte, wie es mir kalt über den Rücken lief. In A. K. Tolstois Briefen gibt es folgende Zeilen: „Wie schön ist es doch auf der Wartburg! Dort gibt es sogar Instrumente aus dem zwölften Jahrhundert. Und so, wie dir das Herz in deiner asiatischen Umwelt klopft, klopfte es mir in dieser Welt der Ritter; ich bin sicher, daß ich einst zu ihr gehörte." Ich glaube, auch ich zählte einst zu ihr. Habe ich doch im Laufe meines Lebens viele der berühmtesten Burgen Europas besucht und mich in ihnen umgetan, wobei ich mich immer wieder darüber wunderte, wieso ich, als ich noch ein Kind war und mich nicht allzusehr von einem beliebigen Bengel aus Wysselki unterschied, beim Anschauen der Bilder in jenem Buch oder wenn ich dem halbverrückten, Machorka rauchenden, heimatlosen Stromer lauschte, das einstige Leben in diesen Burgen so richtig nachfühlen und mir so genau vorstellen konnte. Ja, auch ich habe irgendwann dieser Welt angehört und bin sogar ein flammender Katholik gewesen. Weder die Akropolis noch Baalbek, weder Theben noch Paestum, weder die Hagia Sophia noch die alten Kirchen in einem russischen Kreml oder einer Stadtburg lassen sich für mich bis auf den heutigen Tag mit den gotischen Domen vergleichen. Wie tief war ich von der Orgel erschüttert, als ich (in jugendlichem Alter) zum erstenmal eine katholische Kirche betrat, auch wenn es nur eine in Witebsk war! Mir schien, es könne keine wunderbareren Töne auf Erden geben als dieses drohende, knirschende Hallen, Donnern und Dröhnen, bei dem – ihm zum Trotz – die Stimmen der Engel im gähnend weit offenen Himmel klagten oder frohlockten.

Auf den Don Quichote aber folgten Meere, Fregatten, Robinson, die Welt der Ozeane und der Tropen. Dieser Welt nun hatte ich ohne Zweifel einstmals angehört. Die Bilder im „Robinson" und im „Weltenbummler", zugleich auch eine große vergilbte Weltkarte mit der weitläufigen Leere der südlichen Meere und den in ihnen eingestreuten Pünktchen der polynesischen Inseln zogen mich ein für allemal in ihren Bann. Die schmalen Pirogen, die nackten Männer mit ihren Bögen und Schleudern, die Kokospalmenwälder, ihre riesigen Blätter und eine urtümliche Hütte unter ihnen – all das erschien mir so bekannt, so vertraut, als hätte ich diese Hütte gerade erst verlassen, erst gestern in der paradiesischen Stille einer verträumten Nachmittagsstunde vor ihr gesessen. Welch süße, berükkende Visionen, welch echtes Heimweh erlebte ich beim Anblick dieser Bilder! Pierre Loti erzählt von all dem „Erregenden und Wundersamen", das für ihn in seiner Kindheit im Wort „Kolonien" enthalten war. Aber er sagt auch noch folgendes: „Die kleine Antoinette besaß eine Menge Sachen aus den Kolonien: einen Papagei, Vögel aller Farbschattierungen in einer Voliere, Muscheln und Insekten. Im Schrank ihrer Mutter habe ich eine seltsame Halskette aus stark duftenden Samenkörnern gesehen.

Auf dem Dachboden lagen Felle von wilden Tieren, merkwürdige Säcke und Kisten, auf denen man noch die Namen von Städten auf den Antillen entzifferte ..."* Wie hätte es in Kamenka Ähnliches geben können?

In dem Buch „Die Erde und die Menschen" gab es farbige Bilder. Ich erinnere mich vor allem an zwei: auf dem einen sah man eine Dattelpalme, ein Kamel und eine ägyptische Pyramide, auf dem anderen eine schlanke, sehr hohe Kokospalme, den nach hinten zu absinkenden Rücken einer langhalsigen gefleckten Giraffe, die ihr weiblich anmutendes, schieläugiges Köpfchen mit der schmalen, stachelförmigen Zunge nach deren gefiederter Krone reckte, und einem zum Sprung geduckten, langmähnigen Löwen, der durch die Luft auf den Giraffenhals zustrebte. All das – sowohl das Kamel, die Dattelpalme und die Pyramide als auch die Giraffe unter der Kokospalme und den Löwen – erblickte man auf dem Hintergrund von zwei ins Auge fallenden Farben: des unwahrscheinlich leuchtenden, satten, gleichmäßigen Himmelsblaus und des grellgelben Sandes. Und, mein Gott, wieviel trockene Hitze, wieviel Sonne sah ich nicht nur auf diesen Bildern, sondern spürte ich auch mit allen Fasern meines Ichs, während ich auf dieses Blau, auf dieses Ockergelb starrte und in wahrhaft paradiesischer Freude verging! Selbst auf den Feldern um Tambow, selbst unter dem Tambower Himmel erinnerte ich mich mit einer so ungewöhnlichen Intensität all dessen, was ich in meinem einstigen, unendlich weit zurückliegenden Dasein erlebt hatte, daß mir später – in Ägypten, in Nubien, in den Tropen – nichts anderes übrigblieb, als mir zu sagen: Ja, sicher, all das ist genau so, wie es mir damas erschien, als ich mich vor dreißig Jahren daran „erinnerte"!

* Das aus Pierre Lotis „Roman eines Kindes" stammende Zitat wurde von Bunin in französischer Sprache wiedergegeben.

15

Puschkin beeindruckte mich mit seinem zauberhaften Prolog zum „Ruslan“:

Ein Eichbaum ragt am Meeresstrande,
an goldner Kette festgemacht . . .

Man sollte meinen, welche Bagatelle: Ein paar gute, meinetwegen sogar schöne, ja selten schöne Verse! Und dennoch gingen sie für immer in mein Leben ein und bildeten eine der höchsten Freuden, die mir auf dieser Erde zuteil wurden. Man sollte meinen, was für eine Ungereimtheit: ein Meeresstrand, den es nie und nirgendwo gegeben hat, ein „gelehrter“ Kater, der mir nichts, dir nichts an diesem Strande auftaucht und – unerfindlich, wieso – an eine Eiche gekettet ist, ein Waldschrat, Nymphen und „Tierspuren, seltsame, erscheinen auf fremdem, unbetretnem Pfad“. Aber offenbar kommt es hier gerade darauf an, daß es sich um einen Jokus, um Ungereimtheiten, um nie Dagewesenes handelt, und nicht um Vernünftiges, Existentes; die Wirkung besteht gerade darin, daß auch der Dichter selbst von jemand verzaubert worden ist, von jemand Übergeschnapptem, Berauschtem und in solchen Angelegenheiten „Gelehrtem“: was sind allein schon die Zauberei der unablässig im Kreise verlaufenden Bewegung wert („. . . kreist rund um seinen Stamm im Sande ein weiser Kater Tag und Nacht“), die „fremden Pfade“, „Tierspuren, seltsame“ – wohlgemerkt nur die Spuren, nicht die Tiere selbst! –, jene Einfachheit, Genauigkeit und Farbigkeit des Anfangs (der Meeresstrand, der Eichbaum, die goldene Kette), auf die allerlei Traumhaftes, die Sinne Täuschendes, Vieldeutiges und Verwirrendes folgt, etwas Verschwommenes und immerfort Wechselndes, das an die Morgennebel, an die Wolken über einem unzugänglichen nordischen Landstrich und an die finsteren Wälder an jener verhexten Meeresbucht erinnert:

Durch Wald und Sumpf Gespenster jagen;
und wenn die Wellen donnernd schlagen
im Frührot auf den Ufersand,
da mag den Bart der Meergott zeigen,
da sieht man dreißig Recken steigen
geharnischt an den öden Strand.*

Bei Gogol beeindruckten mich besonders die „Gutsbesitzer aus alter Zeit“ und „Schreckliche Rache“. Welch unvergeßliche Zeilen! Wie wunderbar klingen sie bis auf den heutigen Tag in mir fort, nachdem sie bereits in meiner Kindheit unwiderruflich Besitz von mir ergriffen hatten und zu all jenem Wichtigsten zählten, das „meine Lebenssubstanz“ ausmachte, wie sich Gogol ausdrücken würde. Diese „singenden Türen“, dieser „herrliche, verschwenderische Regen“, der auf den Garten „niederrauscht“, diese verwilderten Kater, die hinter dem Garten im Walde hausen, dessen „uralte Stämme von üppigen Haselnußsträuchern überwuchert sind, die an zottige Taubenpfoten erinnern“. Und erst die „Schreckliche Rache“**!

„Kiews Vorstadt lärmte und dröhnte: Der alte Kosakenhauptmann Gorobez feierte die Hochzeit seines Sohnes. Viele Menschen waren zu ihm zu Gast gekommen.“

„Auch der Duzbruder des Kosakenhauptmanns, Danilo Burulbasch, war zusammen mit seiner jungen Frau Katerina und seinem einjährigen Sohn vom anderen Ufer des Dnepr gekommen ...“ – „Die Gäste staunten über das weiße Gesicht seiner Frau Katerina, über die Brauen, die schwarz waren wie deutscher Samt, über den prächtigen Sarafan und über die Stiefel mit den silbernen Absatzbeschlägen; doch am meisten wunderten sich die Gäste darüber, daß ihr alter Vater nicht mitgekommen war ...“

* Nachgedichtet von Martin Remané.

** Alle Zitate aus der „Schrecklichen Rache“ sind in der Übersetzung von Michael Pfeiffer wiedergegeben.

Und weiter:

„Sanftes Licht ergießt sich über die Erde – der Mond ist hinter dem Berg hervorgekommen. Wie mit einem wertvollen schneeweißen Damaszener-Schleier überzieht er das bergige Ufer des Dnepr, und die Schatten weichen noch tiefer in das Kieferndickicht zurück. Mitten auf dem Dnepr schwimmt ein eichenes Boot. Vorn hocken zwei Burschen; die schwarzen Kosakenmützen sitzen schief auf ihren Köpfen, und unter den Rudern fliegen, als würde man mit einem Feuerstein Funken schlagen, Spritzer nach allen Seiten."

Oder Katerina unterhält sich leise mit ihrem Mann, wobei sie mit einem Tüchlein über das Gesicht des in ihren Armen schlafenden Kindes wischt: „Auf das Tuch hatte sie mit roter Seide Blätter und Beeren gestickt" (genau solche, wie ich sie noch heute vor mir sehe, an die ich mich erinnere und die ich mein Leben lang so gemocht habe). Oder: „Katerina schwieg und blickte auf das träge dahinfließende Wasser; der Wind kräuselte es, und der ganze Dnepr schimmerte silbern wie ein Wolfsfell in der Nacht."

Ich muß wiederum staunen: Wie konnte ich damals, in Kamenka, all diese Bilder so deutlich vor mir sehen? Und wieso wußte meine kindliche Seele schon so genau zu unterscheiden oder zu erraten, was gut und was schlecht, was besser und was schlechter, was für sie brauchbar oder unbrauchbar war? Dem einen gegenüber blieb ich kühl und vergaß es bald, anderes nahm ich voller Begeisterung, ja mit Leidenschaft auf und verankerte, bewahrte es für immer in meinem Gedächtnis; und ich ging dabei meistens mit erstaunlicher Sicherheit des Geschmacks oder des Instinkts vor.

„Alle stiegen aus dem Boot. Hinter dem Berg war ein Strohdach zu sehen. Danilos Vaterhaus. Dahinter ragte noch ein Berg auf, und dann kam schon das weite Feld, auf dem man hundert Werst weit gehen konnte, ohne auf einen einzigen Kosaken zu treffen."

Ja, das war es, was ich brauchte!

„Danilos Weiler liegt zwischen zwei Bergen, in einem engen Tal, das sich bis zum Dnepr hinzieht. Sein Haus ist nicht groß, es sieht aus wie das eines einfachen Kosaken und hat nur eine Stube..." – „An den Wänden ziehen sich oben eichene Bretter entlang. Auf ihnen stehen dicht nebeneinander Schüsseln und Töpfe für die Speisen. Unter ihnen befinden sich auch Silberpokale und mit Gold eingefaßte Becher – Geschenke oder auch Beutegut. Darunter hängen wertvolle Musketen, Säbel, Hakenbüchsen und Lanzen ..." – „Unten stehen an der Wand glattgehobelte Eichenbänke. Neben ihnen, vor der Ofenbank, hängt an Stricken, die durch einen Ring an der Decke gezogen sind, die Wiege. In der ganzen Stube ist der Boden glattgestampft und mit Lehm verschmiert. Auf den Eichenbänken schläft Danilo mit seiner Frau und auf der Ofenbank die alte Magd. Das kleine Kind spielt und schläft in der Wiege. Die Burschen schlafen auf dem nackten Boden ..."

Unvergleichlich vor allem der Epilog:

„Unter Stephan, dem Fürsten von Siebenbürgen – der Fürst von Siebenbürgen war auch König von Polen – lebten zwei Kosaken: Iwan und Petro ..."

Die „Schreckliche Rache" weckte jenes erhabene Gefühl in mir, das jeder Seele mitgegeben ist und in Ewigkeit fortleben wird – das Gefühl der geheiligten Gesetzmäßigkeit der Vergeltung, der geheiligten Notwendigkeit des schließlichen Triumphes des Guten über das Böse und der äußersten Erbarmungslosigkeit, mit der das Böse bestraft wird, wenn seine Stunde geschlagen hat. Dieses Gefühl bedeutet die unerschütterliche Sehnsucht nach Gott, bedeutet den Glauben an ihn. Der Augenblick seines Triumphes und der gerechten Strafe, die er verhängt, versetzt den Menschen in wollüstiges Zittern und Beben und entlädt sich in einem scheinbar schadenfrohen Begeisterungssturm, der aber in Wirklichkeit nur einen Ausbruch unserer grenzenlosen Liebe zu Gott und unserem Nächsten darstellt.

16

So begannen meine Knabenjahre, in denen ich besonders intensiv nicht das wirkliche, mich umgebende Leben aufnahm, sondern eines, in das es sich für mich verwandelte, am häufigsten jedoch in ein erfundenes.

Das wirkliche Leben war dürftig.

Ich wiederhole: Ich bin in einer Landschaft geboren und aufgewachsen, die allein aus Feldern bestand, einer Landschaft, die sich ein Westeuropäer nicht einmal vorstellen kann. Mich umgab eine ungeheure, durch nichts unterbrochene, grenzenlose Weite: wo, in der Tat, hörte unser Landbesitz auf, und wo begannen die endlosen Felder, mit denen er zusammenfloß? Einerlei, ich bekam jedenfalls nur Felder und den Himmel zu sehen.

Die Kolonien! Ich kannte nur den „Kolonialwarenladen" in Roshdestwo. Für mich bestand das Koloniale aus Zimt, mit dem man in der Karwoche die Osterspeise „Pas-cha" würzte, aus den glitzernden schwarzen Johannisbrotschoten, deren widerlich süßen Geschmack ich auf dem Jahrmarkt in Roshdestwo kennenlernte, und aus den Etiketts des Jerez (oder Madeira) auf den Flaschen in den feinen Drahtnetzen, von denen sich immer mehr im Hause ansammelten, weil Vater wieder immer häufiger ins Glas schaute. In Roshdestwo erblickte ich aber auch höchste Prachtentfaltung – in der Kirche. Für ein Auge, das nur Getreide, Gräser, Dorfstraßen, geteerte Bauernwagen, rauchfanglose Bauernhütten, Bastschuhe und Hanfhemden kannte, für ein Ohr, das an Stille, allenfalls an Lerchengetriller, Krähenpiepen und Hühnergackern gewöhnt war, mußten die ragende Kuppelwölbung mit dem strengen, grauhaarigen Zebaoth, der die Hände über die fliederfarbenen Wolkengebilde und seine wogenden, wehenden Gewänder breitete, der goldene Ikonostas, die Heiligenbilder mit ihren goldenen Beschlägen, die heiß und hell gleich einem Lagerfeuer flammenden, schief und üppig vor dem

Fest aufgestellten und einander zum Schmelzen bringenden dünnen Wachskerzen, der laute und unharmonische Gesang des Geistlichen und des Diakons, die Ausrufe und Lesungen in einer erhabenen, nicht mehr so recht verständlichen Sprache, die Verneigungen und der aus den geschickt geschwenkten, mit silbernen Ketten klirrenden Räuchergefäßen aufsteigende dichte Weihrauch – all das also mußte prächtig und königlich wirken und die Seele in feierliche Verzückung versetzen.

Zudem wuchs ich inmitten einer äußersten Verarmung des Landadels auf, einer Armseligkeit, die der Westeuropäer nie und nimmer verstehen wird, weil ihm die russische Leidenschaft für jede Art der Selbstvernichtung fremd ist. Diese Leidenschaft war nicht nur dem Adel eigen. Warum in der Tat führte der russische Bauer ein Bettlerdasein, obwohl er bei der großen Weite seines Grund und Bodens immerhin einen Reichtum besaß, von dem der Bauer in Westeuropa nicht einmal träumen konnte, warum rechtfertigte er seinen Müßiggang, seine Verschlafenheit, seine Verträumtheit, kurz die ganze Schlamperei nur damit, daß man seinem Nachbarn, dem ohnehin mit jedem Jahr immer mehr verarmenden Gutsbesitzer, nicht einen weiteren Fußbreit Land abzwacken wollte, um es ihm zu geben? Warum wurde das gierige Raffen der Kaufleute immer wieder durch wilde Orgien der Verschwendung abgelöst – unter Flüchen gegen dieses Raffen, unter bitteren, trunkenen Tränen über ihr fluchwürdiges Dasein, unter Fieberträumen, aus freiem Willen ein Hiob, ein Landstreicher, ein Habenichts, ein irrer Gottesnarr zu werden? Und warum überhaupt mußte geschehen, was mit Rußland geschah, das vor unseren Augen in so verhext kurzer Frist zugrunde ging?

Unter meinen Verwandten und denen, die mir nahestanden, konnte man allenfalls noch meine Mutter verstehen – mit ihren Tränen, ihrer Wehmut, ihrem Fasten und Beten, mit ihrer Begierde nach Lebensentsagung: Ihre Seele befand sich in ständiger, hoher Anspannung, das Reich Gottes gehörte für sie nicht zu dieser Welt, und sie glaubte mit allen Fasern ihres Seins, daß das liebe, kurze und traurige Erdenleben nur eine Vorbereitung sei auf ein anderes, ewiges, glückseliges. Alle anderen aber, das heißt unsere liederlichen Nachbarn, die Verwandten, mein Vater und Baskakow? Was Baskakow aus seinem Leben gemacht hatte, habe ich schon erzählt. Und was hatte unser quicklebendiger, starker, edelmütiger, aber gleich einem Vogel am Himmel sorgloser Vater mit sich und seinem Wohlstand angefangen? Und wir selber, die jungen Erben des einstigen Ruhms unseres Arsenjewschen Geschlechts und der kärglichen Reste seines ehemaligen Reichtums? Mein Bruder Nikolai verließ um Saschkas und des Zaubers des ländlichen Lebens willen das Gymnasium. Mein Bruder Georgi verbrachte seine Ferientage mit der Lektüre all dieser Lawrows und Tschernyschewskis. Und mit welchen Aussichten ich heranwuchs, mag man nach folgendem ermessen: Nikolai versuchte eines Tages, mir meine Zukunft vorauszusagen. Nun ja, meinte er in scherzhaftem Ton, wir sind natürlich endgültig ruiniert, und du wirst dir, wenn du erwachsen bist, eine Stelle suchen, zum Dienst gehen, heiraten, Kinder in die Welt setzen, dies und das zusammensparen und ein Häuschen kaufen. Und ich fühlte plötzlich all das Entsetzliche, die ganze Minderwertigkeit einer solchen Zukunft so deutlich, daß ich in Schluchzen ausbrach.

17

Im letzten Jahr unseres Lebens in Kamenka überstand ich die erste schwere Krankheit; ich lernte jenen erstaunlichen Zustand kennen, den man gewöhnlich einfach eine schwere Krankheit nennt und der in Wirklichkeit gleichsam eine Wanderung durch gewisse jenseitige Gefilde darstellt. Ich erkrankte im Spätherbst. Was ging mit mir vor? Ich verspürte eine plötzliche Schwächung meiner seelischen und körperlichen Kräfte, die wundersame Veränderung, die sich in solchen Stunden in allen fünf menschlichen Sinnen vollzieht – im Sehen, im Geschmack, im Gehör, im Geruchs- und im Tastsinn; ich erfuhr den überraschenden Verlust des Willens zum Leben, das heißt des Wunsches, mich zu bewegen, zu essen und zu trinken, mich zu freuen oder Kummer zu empfinden und sogar jemand zu lieben, nicht einmal die, die meinem Herzen besonders teuer waren; danach kamen ganze Tage und Nächte einer Art Nicht-Existierens, das nur gelegentlich durch Träume und Gesichte unterbrochen wurde, meist widerwärtige, unsinnig wirre, die gleichsam die ganze physische Unvollkommenheit der Welt in sich vereinten, jene Unvollkommenheit, die im Zerfallen, im wütenden Ringen mit sich selbst, in allerlei Fieberhaftem, lichterloh Flammendem unterging (was ohne Zweifel zu den menschlichen Vorstellungen von den Höllenqualen beigetragen hat). Ach, wie gut erinnere ich mich jener Minuten, da ich gelegentlich schon halbwegs zu mir kam und meine Mutter bald in Gestalt eines riesigen Gespenstes vor mir sah, bald statt in ihrem Schlafzimmer in einer dunklen und düsteren Getreidedarre erblickte, wo im flammenden Licht einer Kerze, die am Kopfende ihres Bettes auf dem Fußboden stand, Tausende von widerwärtigen Gestalten und Gesichtern, Tieren oder Pflanzen zitterten oder vorüberflimmerten. Von welch überirdischer Klarheit, Stille und Rührung war meine Seele noch lange nach der Rückkehr von dieser Höllenfahrt auf die Erde erfüllt, der Rückkehr in ihr einfaches, liebes und schon so bekanntes Jammertal! Ich aß in jenen Tagen aus irgendeinem Grunde mit besonderem Genuß Schwarzbrot, das man mir aus ländlicher Einfalt zu essen gab und an dem mich allein der Geruch in Begeisterung versetzte.

Dann starb Nadja – etwa zwei Monate nach meiner Erkrankung, nach dem Dreikönigsfest. Zwischen Weihnachten und dem Dreikönigsfest herrschte bei uns Fröhlichkeit. Vater trank, und jeden Tag ging es hoch her – das Haus war voller Gäste. Mutter fühlte sich glücklich: Die größte Freude für sie war immer die Zeit, da sich unsere ganze Familie zusammenfand, wenn also mein Bruder Georgi zu den Weihnachtsferien nach Hause kam; und das hatte er getan. Mitten in diesem fröhlichen Durcheinander erkrankte Nadja, die bis dahin munter auf ihren kräftigen Beinchen im ganzen Haus herumgestapft war und alle mit ihren blauen Augen, ihren Jauchzern und ihrem Lachen entzückt hatte. Die Feiertage waren vorüber, die Gäste hatten sich allmählich verzogen, und auch mein Bruder war abgereist, während sie immerfort bewußtlos dalag und fieberte und sich im Kinderzimmer nichts ändern wollte: verhängte Fenster, Halbdunkel, das Glimmen des Öllämpchens vor der Ikone... Warum hatte Gott gerade sie, die Freude des ganzen Hauses, dazu ausersehen? Alles war niedergeschlagen und bedrückt, dennoch hatte niemand geahnt, daß diese Niedergeschlagenheit eines späten Abends so plötzlich mit einem Aufschrei der Kinderwärterin enden werde, die die Tür zum Speisezimmer aufriß mit der niederschmetternden Nachricht, Nadja liege im Sterben. Ja, diese erschütternden Worte – „liegt im Sterben" – hörte ich zum erstenmal an einem späten Winterabend, in der Einöde dunkler verschneiter Felder, in einem einsamen Gutsgehöft! In der Nacht aber, als sich die grenzenlose, irrsinnige Verwirrung legte, die das ganze Haus ergriffen hatte, sah ich: Im Saal war im Grabesschimmer des Öllämpchens vor dem Heiligenbild auf einem Tisch eine starre, hübsche Puppe mit einem blutleeren, ausdruckslosen Gesichtchen und nicht ganz fest geschlossenen schwarzen Wimpern aufgebahrt... Eine magischere Nacht hat es in meinem Leben nicht gegeben.

Im Frühjahr aber verstarb Großmutter. Es war zur Zeit der schönsten Maientage; Mutter saß in einem schwarzen

Kleid, abgemagert und blaß, am offenen Fenster. Plötzlich preschte hinter den Speichern ein wildfremder, berittener Bauer hervor und rief ihr fröhlich etwas zu. Mutter riß die Augen auf und klatschte mit einem leisen, scheinbar ebenfalls freudigen Ausruf mit der Hand auf das Fensterbrett. Das Leben des Gutshofs war plötzlich aufs neue jäh unterbrochen. Wiederum gab es allenthalben ein mir bereits bekanntes, irgendwie besonderes Durcheinander; die Gutsknechte beeilten sich, die Pferde anzuspannen, Vater und Mutter, die passende Kleidung anzulegen ... Uns Kinder nahmen sie, Gott sei Dank, nicht mit ...

18

Nadjas Tod, der erste, den ich mit eigenen Augen sah, beraubte mich für lange Zeit des Lebensgefühls, das ich gerade erst kennengelernt hatte. Ich verstand auf einmal, daß auch ich sterblich war, daß auch mir jeden Augenblick jenes Unerhörte, Schreckliche zustoßen konnte, das Nadja zugestoßen war, und daß überhaupt alles Lebendige, Irdische, Stoffliche und Körperliche dem Untergang, der Verwesung, jener schwarzvioletten Verfärbung unterlag, die Nadjas Lippen zur Stunde der Beerdigung überzogen hatte. Und meine in Angst und Schrecken versetzte und gleichsam geschändete und beleidigte Seele wandte sich um Hilfe, um Rettung an Gott. All mein Denken und Trachten ging sehr bald in ein einziges, heimliches Flehen über, in ein immerwährendes stummes Gebet, er möge mich verschonen und mir den Weg aus der Düsternis des Todes weisen, die sich für mich über die ganze Welt verbreitet hatte. Mutter betete verzückt Tag und Nacht. Auch die Kinderfrau verwies mich auf dieselbe Zuflucht. „Man muß eifriger beten, mein Kind! Wie haben die Heiligen, die Gottesknechte, gebetet, wie haben sie gefastet und sich kasteit! Um Nadenka zu weinen ist Sünde, man muß sich für sie freuen", sagte sie unter Tränen. „Sie ist jetzt im Paradies, bei den Engeln . . ."

Damit betrat ich eine weitere, mir neue und wundersame Welt: Ich las gierig und ohne genug zu bekommen, die Groschenhefte vom Leben der Heiligen oder Märtyrer, die mir der Schuhmacher Pawel aus Wysselki mitbrachte; er fuhr des öfteren in die Stadt, um sich mit Ware für sein Handwerk zu versorgen. In Pawels Häuschen roch es ständig nach Leder und säuerlichem Leim, auch nach Feuchtigkeit und Moder. Dieser Modergeruch verband sich mir für allzeit mit den dünnen, in großer Schrift gedruckten Heftchen, die ich damals mit so krankhafter Verzückung immer wieder las. Dieser Geruch wurde mir sogar für allezeit lieb, weil er mich lebhaft an jenen seltsamen Winter erinnerte: meine halbverrückten, verzückt-bitteren Träume von den Martern der ersten Christen, von blutjungen Mädchen, die in irgendwelchen Arenen für Wagenrennen von wilden Tieren zerrissen wurden, von keuschen, lilienschönen, von erbarmungslosen Vätern enthaupteten Königstöchtern, von der glutheißen Jordanwüste, wo, ihre Nacktheit allein durch das bis an die Erde reichende Haar verdeckend und ihre irdische Buhlerei abbittend, Maria die Ägyterin lebte, von den Kiewer Klosterhöhlen, in denen Scharen von Märtyrern ruhten, die sich lebendig begraben ließen, um Tränen zu vergießen und sich unablässigen, zermürbenden Gebeten im unterirdischen Dämmerschein zu widmen, der des Nachts von allerlei Schrecklichem, von allerlei Versuchungen und teuflischem Hohn erfüllt wurde . . . Ich existierte nur noch von der innerlichen Betrachtung dieser Bilder und Gestalten, entsagte dem häuslichen Leben, zog mich in meine märchenhaftheilige Welt zurück und berauschte mich an meinen grämlichen Freuden, dem sehnsüchtigen Verlangen nach Leiden, nach Ermattung und Selbstkasteiung. Ich hoffte sehnlichst, dereinst dem Chorus der Märtyrer zugezählt zu werden, lag stundenlang auf den Knien, wobei ich mich zu diesem Zweck in ein leeres Zimmer schlich, fertigte aus Strickenden eine Art härenes Gewand für mich, trank nur noch Wasser und aß nur noch Schwarzbrot.

Das hielt den ganzen Winter an. Gegen Frühjahr gab sich das nach und nach – ganz von selbst. Es kamen sonnige Tage, die Doppelfenster erwärmten sich, und zum Leben erwachte Fliegen krochen über sie hin: Da hielt es schwer, sich vom Niederknien und Am-Boden-Wälzen nicht ablenken zu lassen – das brachte nicht mehr die frühere, volle und aufrichtige Gebetsverzückung. Es kam der April, und eines besonders freundlichen Tages entfernte man unter Gepolter die in der Sonne funkelnden Winterrahmen, versetzte das ganze Haus in Unruhe und Unordnung, verstreute überall vertrockneten Kitt und Werg, riß die Sommerscheiben ins Freie auf, dem erneuten jungen Leben entgegen, und ein zarter Geruch von Feldern und Erde, von ihrer weichen Feuchte drang in die Stube, zugleich mit ihm das wichtigtuerische, schmachtende Rufen der längst zurückgekehrten Saatkrähen ... Abends türmten sich im feuerroten, still und langsam verglimmenden Westen phantastische blaue Abendwolken und stimmten am Feldteich die Frösche ein schläfriges, verträumtes, beruhigendes Quaken an in der allmählich herabsinkenden lenzlichen Dunkelheit, die für die Nacht segenspendenden warmen Regen verhieß ... Und wiederum schloß mich die uns ewig verleitende Erde zärtlich, aber nachdrücklich in ihre mütterlichen Arme.

19

Im August jenes Jahres trug ich bereits ein blaues Schirmmützchen mit einem silbernen Abzeichen am Rand. Einen Aljoscha, der weiter nichts war als der Aljoscha, gab es nicht mehr – statt seiner aber einen Arsenjew Alexej, Schüler der ersten Klasse des Knabengymnasiums.

Gegen Sommer schien von den körperlichen und seelischen Leiden, die ich im Winter ausgestanden hatte, keine Spur mehr übriggeblieben zu sein. Ich war ruhig und guter Dinge – in vollster Übereinstimmung mit dem sonnigen, trockenen Wetter, das in jenem Jahr den ganzen Sommer über anhielt, und mit der heiteren Stimmung, die in unserem Hause herrschte. Nadja hatte sich, selbst für meine Mutter und die Kinderfrau, bereits in eine schöne Erinnerung verwandelt, in die Vorstellung von einem kindlichengelhaften Wesen, das irgendwo dort oben, in der ewigen Himmelsstatt weilte und sich darüber freute; meine Mutter und die Kinderfrau härmten sich zwar noch um sie und sprachen oft von ihr, aber schon anders als früher, manchmal sogar mit einem Lächeln; sie weinten noch gelegentlich, aber nicht mehr wie früher. Großmutter jedoch war einfach vergessen; ja, ihr Tod bildete eine Ursache der heiteren Stimmung in unserem Hause; erstens gehörte Baturino jetzt uns, was unsere Lage wesentlich verbesserte, und zweitens stand für den Herbst eine Übersiedlung dorthin bevor, worüber sich insgeheim alle freuten, wie sich der Mensch nun einmal über die Veränderung seiner Umgebung freut und sie mit der Hoffnung auf etwas Gutes oder einfach mit der unbewußten Erinnerung an die vergangenen Tage seines Herumvagabundierens verbindet.

Nach den Schilderungen meiner Mutter entwarf ich mir ein lebhaftes Bild all dessen, was in Baturino ihrer harrte, als sie und Vater so eilig angaloppiert kamen: ein Maientag, ein von altertümlichen Diensten umgebener, behaglicher Hof, ein ebenso altertümliches Gutshaus mit hölzernen Säulen an beiden Eingängen, mit dunkelblauen und purpurroten Oberlichtern an den Fenstern des Saales und darunter auf zwei zusammengerückten, mit Heu und einem Bettuch bedeckten Tischen, die schräg auf den Ikonenwinkel zuliefen, eine bleiche alte Frau mit einem weißen, in Zacken auslaufenden Häubchen und über der Brust gefalteten durchsichtigen Händen; an ihrem Kopfende stand eine „Schwarzbeere", eine saubere ältere Nonne, die, ohne die langen Wimpern zu heben, mit monotoner, mahnender, hoher und seltsamer Stimme Gebete las, einer Stimme, die Vater mit feindseligem Spott seraphisch nannte ... An diesen Ausdruck mußte ich oft zurückdenken, und ich fühlte dann jedesmal, wenn auch nur vage, all das Unheimliche, Bestechende, zugleich aber auch irgendwie Unangenehme daran heraus. Unangenehm war das ganze Bild, das mir vor Augen stand. Aber nur unangenehm, nicht mehr. Und dieses Unangenehme wurde auch noch durch den angenehmen, wenn auch sündigen Gedanken mehr als aufgewogen, der uns allen immerfort durch den Kopf ging: daß Großmutters wunderschönes Gehöft jetzt uns gehörte, daß ich zu meinem ersten Ferienaufenthalt bereits dorthin kommen würde – nun schon, Gott geb's, als Schüler der zweiten Klasse – und Vater mir aus Großmutters Pferdebestand eine junge Reitstute aussuchen und schenken werde, die mich so lieb gewinnen würde, daß sie, sobald ich pfiff, zu mir gelaufen käme, einerlei, wohin.

In jenem Sommer schreckte mich oft ein Vorgefühl der Trennung von Mutter, von Olja, Baskakow und überhaupt dem angestammten Nest, befiel mich die Angst vor einem einsamen, ungewissen Leben unter fremden Stadtbewohnern, die Angst vor dem, was man Gymnasium nannte, mitsamt den dazugehörigen strengen, ja erbarmungslosen, uniformierten Lehrern; bei einem bloßen Blick auf Mutter oder Baskakow krampfte sich mir das Herz zusammen, aber ich sagte mir dann gleich vergnügt, das liege noch in weiter Ferne, und wandte mich ebenso freudig all dem Verlockenden zu, das mich erwartete: ich würde also das Gymnasium besuchen, eine Uniform tragen und in der Stadt leben, würde Schulkameraden haben und einen unter ihnen zu meinem treuen Freund erwählen. Vor allem ermunterte und verlockte mich mit den Aussichten auf dieses neue Leben mein Bruder Georgi, der mir als einzigartiges Wesen erschien: Er wirkte damals erstaunlich schön dank seiner jugendlichen Magerkeit und Frische, der Klarheit seiner hohen Stirn, den strahlenden Augen, dem dunklen Rot seiner Wangen; und er war auch nicht mehr irgendwer, sondern bereits Student der Moskauer Kaiserlichen Universität, nachdem er dasselbe Gymnasium, in welches einzutreten ich im Begriff stand, mit einer Goldmedaille absolviert hatte.

Anfang August fuhr man mich schließlich zu den Aufnahmeprüfungen in die Stadt. Als die Reisekutsche vor dem Hause ratterte, verfärbten sich die Gesichter meiner Mutter, der Kinderfrau und Baskakows; Olja brach in Tränen aus, während Vater und meine Brüder sich mit verlegenem Lächeln anblickten. „Nun, setzen wir uns", sagte entschlossen mein Vater, und alle ließen sich bedrückt nieder. „Alsdann, mit Gott", fügte er einen Augenblick darauf noch energischer hinzu, und alle bekreuzigten sich und standen auf. Mir wurden vor Angst die Knie weich, und ich bekreuzigte mich so hastig und mit solchem Eifer, daß meine Mutter unter Tränen auf mich zustürzte, mich abküßte und ihrerseits bekreuzigte. Doch ich hatte mich bereits gefangen und dachte mir, während sie noch weinte: Vielleicht falle ich mit Gottes Hilfe durch . . .

O weh, ich bestand die Prüfung. Ich war drei Jahre lang auf diesen entscheidenden Tag vorbereitet worden, und dabei ließ man mich nur fünfundfünfzig mit dreißig multiplizieren, dann erzählen, wer die Amalekiter waren, deutlich und in schöner Schrift hinmalen „Der Schnee ist weiß, aber nicht schmackhaft" und auswendig hersagen „Im Osten zog schon das Morgenrot auf . . ." Hier ließ man mich nicht mal zu Ende rezitieren; kaum war ich bis zum Erwachen der Herden „auf den weichen Weiden" gekommen, als ich unterbrochen wurde: dem Lehrer (er war rothaarig, trug eine goldgefaßte Brille und hatte geblähte Nasenflügel) war dieses Erwachen wohl allzugut bekannt, und er warf rasch ein: „Na wunderbar, genug, genug, ich sehe, du kannst das auswendig . . ."

Ja, mein Bruder hatte recht behalten; es war tatsächlich nichts „gar zu Schreckliches“ dabeigewesen. Alles verlief bedeutend einfacher, als ich erwartet hatte, und endete überraschend schnell, flüchtig und nichtssagend. Und was hatte ich dabei für einen Rubikon überschritten!

Der märchenhafte Weg in die Stadt, in der ich mich seit meiner ersten Reise nicht mehr aufgehalten hatte, die Stadt selbst, die mir damals so magisch vorgekommen war, alles erschien mir jetzt ganz anders als einst und hatte nichts Zauberhaftes mehr. Den Gasthof nahe der Erzengel-Michael-Kathedrale fand ich recht unansehnlich, das hinter einer hohen Mauer, in der Tiefe eines weiträumigen, gepflasterten Hofs gelegene dreistöckige Gymnasiumsgebäude kam mir durchaus bekannt vor, obwohl ich noch nie im Leben ein so riesiges, sauberes und hallendes Gebäude betreten hatte. Als nicht allzu bemerkenswert, nicht allzu furchtgebietend erwiesen sich auch die Lehrer mit ihrem teils feuerroten, teils pechschwarzen Haar und den mit goldenen Knöpfen besetzten Fräcken, nicht einmal der an eine Hyäne erinnernde Direktor.

Man erklärte mir und Vater unmittelbar nach der Prüfung, daß ich aufgenommen sei, aber noch bis zum ersten September Ferien habe. Vater fiel ein Stein vom Herzen; er hatte sich entsetzlich gelangweilt, während er im „Lehrerzimmer“ saß, wo man meine Kenntnisse prüfte; und ein Stein vom Herzen fiel erst recht mir. Alles war großartig verlaufen: Ich hatte bestanden, und ganze drei Wochen Freiheit lagen vor mir! Man sollte meinen, ich, der ich von Geburt an bis zu diesem Augenblick völlige Freiheit genossen hatte, plötzlich restlos versklavt und für nur drei Wochen in die Freiheit entlassen war, hätte entsetzt sein müssen; aber nichts dergleichen – ich empfand nur eins: Gott sei Dank, noch ganze drei Wochen! Als sei kein Ende dieser drei Wochen abzusehen ...

„So, jetzt gehen wir rasch zum Schneider und essen dann

zu Mittag!" sagte Vater vergnügt, während wir das Gymnasium verließen.

Und wir suchten ein kurzbeiniges Männlein auf, das mich durch seine rasche Redeweise, die Fragezeichen darin und die anscheinend ein wenig gekränkte, verlangsamte Sprache am Ende jedes Satzes in Erstaunen setzte, zugleich durch die Gewandtheit, mit der er Maß nahm; danach betraten wir einen „Mützenvertrieb", in dem es hinter den von der Stadtsonne erwärmten, staubigen Fenstern recht stickig und eng war dank der zahllosen, unordentlich übereinandergetürmten Hutkartons, in denen der Ladenbesitzer quälend lange herumsuchen mußte und immerfort in einer unverständlichen Sprache verärgert ins Nachbarzimmer hinüberrief, zu einer Frau mit süßlich-weißem, schmachtendem Gesicht. Auch er war Jude, aber von ganz anderer Art: ein alter Mann mit langen Schläfenlocken, in einem langen schwarzen Lüsterrock, mit einem in den Nacken geschobenen Lüsterkäppchen, groß von Wuchs, dick um die Brust herum und unter den Achseln, düster und unzufrieden, mit riesigem pechschwarzem Bart, der gleich unter den Augen begann – mit einem Wort jemand, der etwas Einschüchterndes, Trauriges an sich hatte. Gerade er war es, der schließlich ein wunderhübsches blaues Schirmmützchen für mich hervorsuchte, an dessen Rand zwei silberne Zweiglein blitzten. Mit diesem Mützchen auf dem Kopf kehrte ich auch nach Hause zurück – zur allgemeinen, ja selbst zur Freude meiner Mutter, einer Freude, die man nicht recht verstand, zumal mein Vater sehr richtig meinte: „Was zum Teufel soll er mit diesen Amalekitern?"

20

Ende August zog Vater eines Tages seine Langschäfter an, legte einen Patronengürtel um, warf die Jagdtasche über die Schulter, nahm die Doppelflinte von der Wand, rief erst mich, dann seinen Liebling, die schöne kastanienbraune Dshalma, und wir machten uns am Teich entlang über die Stoppelfelder auf den Weg.

Vater trug nur ein buntes Russenhemd und eine weiße Schirmmütze auf dem Kopf, während ich trotz des heißen und trockenen Wetters meine Gymnasiumsuniform anhatte. Der große und kräftige Mann schritt rüstig aus, raschelte über die gelben Stoppeln dahin und blies den Rauch seiner Zigarette über die Schulter hinweg nach hinten, während ich mich an seine Fersen heftete und mich dabei rechts von ihm hielt, wie das die Jagdregeln verlangten, denen zu folgen mir ein großes Vergnügen war. Er feuerte Dshalma hier und da mit einem Pfiff an, und sie zog uns mit gedämpftem Eifer, aufgeregt und mit dem gestrafften Schwanz wedelnd, nichts als Witterung, Auge und Ohr, auf verzwickten Spuren eilig hinter sich her. Die Felder waren schon kahl, erschienen weitläufiger als sonst, aber noch sommerlich hell und heiter. Der schwache heiße Wind flaute gelegentlich völlig ab – dann fühlte man, wie die Sonne wärmte, hörte, wie eifrig die Grillen zirpten, wie sie gleich Uhren tickten und hämmerten, als ob sie schmiedeten – oder es wehte weiche, trockene Hitze herbei, nahm zu, strich über uns hin und wirbelte auf dem während der Feldarbeiten eingefahrenen Weg plötzlich verspielt ein Staubwölkchen auf, packte es und jagte übermütig eine Wind- oder Staubhose wie einen Kreisel vor sich her. Wir achteten sorgfältig auf Dshalma, die uns in immer der gleichen Richtung rasch hinter sich herzog und uns nach und nach immer weiter entführte. Von Zeit zu Zeit erstarrte sie, stand sprungbereit still, die rechte Vorderpfote angezogen, und klammerte sich mit dem Blick an etwas vor ihr, das wir nicht sahen. Vater zischte: „Faß ihn", sie stürzte auf das für uns Unsichtbare zu, und sogleich erhob sich, schwerfällig und ungeschlacht vor lauter Fett, eine große, stutzschwänzige Wachtel in die Luft, die aber keine fünf Schritte zu fliegen vermochte und gleich darauf, von Vaters Schuß getroffen, als lebloser Klumpen in das Stoppelfeld sank. Ich stürzte los, las sie auf und packte sie in Vaters Jagdtasche.

So durchschritten wir ein ganzes Roggenfeld, danach einen Kartoffelacker, kamen an einem lehmigen Teich vorbei, dessen Ausläufer uns, heiß und langweilig schimmernd, zu unserer Rechten begleitete, durch einen Hohlweg zwischen kahlen, vom Vieh abgeweideten Hängen. Auf ihnen hockten, gleichsam schon obdachlos und halb im Aufbruch begriffen, nachdenklich gewordene Saatkrähen. Vater schaute zu ihnen hin und meinte, da versammelten sie sich also schon auf gut herbstliche Art, um über den Abflug nach dem Süden zu beratschlagen, und mich überwältigte für einen Augenblick der Schmerz über die bevorstehende Trennung – nicht nur von dem entschwindenden Sommer, sondern auch von all den Feldern, von alledem, was mir so lieb und vertraut war an diesem einsamen, mir so ans Herz gewachsenen Landstrich, dem einzigen, was ich von dieser Welt gesehen hatte, an die stille Zuflucht, in der meine von niemandem auf der Welt zur Kenntnis oder gar wichtig genommene frühe oder auch reifere Kindheit verlaufen war.

Wir hielten uns dann mehr links und strebten auf Sakas zu, über Raine, zwischen unübersehbaren umgebrochenen schwarzen Feldern. All das gehörte noch uns, und eine der Eggen zog über die trockenen Klumpen der trockenen Schwarzerde der einjährige braune Hengst, den ich einst, als er noch von der Muttermilch lebte, geschenkt bekommen hatte, als dünnbeiniges Fohlen mit seidig gelocktem, an ein Rübchen erinnerndem Schwanz, während er nun, ohne daß man mich gefragt oder gar um Erlaubnis gebeten hätte, bereits erbarmungslos als Arbeitspferd eingesetzt wurde. Es wehte ein heißes Lüftchen, über dem Acker funkelte die zwar noch sommerliche, aber irgendwie nutzlose Augustsonne, und das schon stark herangewachsene und ziemlich hohe, wenn auch seltsam, auf Burschenart, in die Höhe geschossene Fohlen trottete schicksalergeben über ihn hin und zog an den Seilsträngen, während hinter ihm die gitterartige Egge bald nach der einen, bald nach der anderen Seite abwich, auf- und niederschnellte und die Erde mit ihren schrägen Eisenzacken zerkrümelte, begleitet von einem halbwüchsigen, in Bastschuhen daherhumpelnden Burschen, der ungeschickt die Zügelstricke hielt. Meine Blicke hafteten lange an diesem Bild, und ich verspürte aufs neue eine mir unverständliche Wehmut.

Der Sakas stellte einen ziemlich großen Wald inmitten von Feldern dar und gehörte einem halbverrückten Gutsbesitzer, der sich, von grimmigen Schäferhunden bewacht, einsam und mit aller Welt zerstritten, in seinem Gutsgehöft unweit von Roshdestwo wie in einer Festung verschanzt hatte, immerfort mit den Bauern von Roshdestwo und Nowossjolki prozessierte und sich mit ihnen durchaus nicht über den Arbeitslohn einigen konnte; und es kam oft genug vor, daß ganze Getreidefelder bei ihm ungemäht blieben oder Tausende von Garben bis in den Spätherbst hinein auf den Feldern faulten und unter dem Schnee verdarben. So war es wohl auch jetzt. Wir bewegten uns über ungemähten, gelben, vom Vieh zertretenen und zerzausten Hafer auf Sakas zu. Hier hetzte Dshalma noch mehrere Wachteln auf; ich rannte wieder hin und las sie auf; dann strebten wir weiter, umgingen Sakas auf einem dichten Hirsefeld, dessen zur Erde geneigte braune, vollkörnige Ähren seidig in der Sonne schimmerten und besonders hell und trocken, ja glasperlenartig vor unseren Füßen klirrten. Vater hatte den Kragen aufgeknöpft und war stark gerötet. „Es ist verdammt heiß, ich habe einen schrecklichen Durst“, sagte er, „gehen wir nach Sakas zum Teich!“ Und wir übersprangen einen Graben, der sich zwischen Feld und Wald hinzog, und betraten sein, des Waldes, helles, leichtes, dem August entsprechend hier und da schon gelblich verfärbtes, aber fröhliches und wunderschönes Reich.

Es gab nicht mehr viel Vögel – nur noch Scharen von Drosseln, die unter fröhlichem, gespielt-wildem Aufkreischen und sattem Glucksen dann und wann von einer Stelle zur anderen schwirrten; der Wald war nicht mehr dicht, eher geräumig, bis weit hinaus mit dem Auge durchdringbar und sonnig. Wir schritten bald unter alten Birken, bald über weite Lichtungen dahin, auf denen frei und unbehindert mächtige, weitverzweigte Eichen wuchsen, die aber längst nicht mehr so dunkel waren wie im Sommer, sondern schon kärglicher mit etwas vertrocknetem Laub geschmückt. Wir bewegten uns in ihrem bunten Schatten über das glatte, trockene Gras voran, atmeten ihren trockenen Wohlgeruch und schauten nach vorn, wo sich noch offenere, noch leuchtendere Lichtungen abzeichneten, dahinter ein kleines kanariengelbes, raschelndes Dickicht von jungem Ahorn. Als wir den Pfad betraten, der durch dieses Jungholz zum Teich führte, schwang sich plötzlich fast vor unseren Füßen aus ihrem Versteck unter buschigen Haselnußzweigen geräuschvoll eine goldschimmernde, rostbraune Waldschnepfe in die Luft. Vater war über den vorzeitigen Gast so verblüfft, daß er ganz durcheinandergeriet – er feuerte selbstverständlich sogleich, traf jedoch nicht. Nachdem er eine Weile gestaunt hatte, wieso zu dieser Jahreszeit eine Waldschnepfe aufgetaucht war, und bedauerte, sie verfehlt zu haben, trat er auf den Teich zu, legte das Gewehr aus der Hand, hockte nieder und trank aus den gehöhlten Händen . . . Dann prustete er vergnügt, wischte sich mit dem Ärmel über die Lippen, streckte sich am Ufer aus und zündete eine Zigarette an. Das Wasser im Teich war rein und klar, Waldwasser eben und damit etwas Besonderes, wie es überhaupt etwas Besonderes mit diesen einsamen Waldteichen auf sich hat, die kaum von jemand besucht werden außer von Vögeln und sonstigem Getier. In seiner lichten Bodenlosigkeit, die einer Art verzauberten Himmels glich, spiegelten sich still und versanken die Wipfel des umgebenden Eichen- und Birkenwaldes, über den unter leichtem Rascheln und Flüstern der Wind von den Feldern strich. Und Vater, der den Kopf mit dem Arm stützte, schloß die Augen und schlummerte ein. Auch Dshalma trank sich am Teich satt, stürzte sich hinein, schwamm eine kleine Strecke, wobei sie den Kopf mit den wie Klettenblätter hängenden Ohren vorsichtig über Wasser hielt, wandte sich plötzlich, offenbar erschrokken über die Tiefe unter ihr, zurück zum Ufer, sprang rasch an Land, schüttelte sich kräftig und überschüttete uns mit Spritzern. Dann saß sie, die lange rote Zunge herausgestreckt, neben Vater, sah mich fragend an oder blickte sich ungeduldig nach allen Seiten um. Ich erhob mich und schlenderte im Spaziergängerschritt unter den Bäumen dorthin, woher wir über das Haferfeld in den Wald gelangt waren.

21

Da, am Waldrand, blinkte zwischen den Stämmen unter dem Laubüberhang trocken und gelb die freie Weite der Felder, von der Wärme, Licht und die Glückseligkeit der letzten Sommertage herüberwehten. Rechter Hand tauchte hinter den Bäumen, Gott weiß woher, eine große weiße Wolke auf, die sich unregelmäßig, aber wunderschön vor dem Himmelsblau rundete, langsam dahinzog und in den Umrissen veränderte. Nachdem ich wenige Schritte zurückgelegt hatte, streckte auch ich mich auf der Erde aus, auf ihrer glatten Grasnarbe, unter den verstreut wachsenden, gleichsam um mich herum wandelnden hellen, besonnten Bäumen, im lichten Schatten zweier zusammengewachsener Birken, weißstämmiger Schwestern mit ins Grau spielenden, kleinblättrigen Laub- und Samengehängen, stützte gleichfalls den Kopf in die Hand und starrte bald auf das strahlende, leuchtend gelbe Feld, bald zu der Wolke hinauf. Vom Feld wehten linde Hitze und Trockenheit herüber, der lichte Wald raschelte und raunte, man hörte sein schläfriges, sich gleichsam entfernendes Rauschen. Dieses Rauschen nahm gelegentlich zu und verstärkte sich; dann färbte sich der netzartige Schatten bunt und geriet in Bewegung, Sonnentupfen flammten auf und funkelten auf der Erde wie in den Bäumen, deren Zweige sich bogen, sich der Helligkeit auftaten und den Blick zum Himmel freigaben.

Worüber dachte ich nach, wenn man das überhaupt nachdenken nennen kann? Nun, natürlich über das Gymnasium, über die seltsamen Leute, denen ich dort begegnet war und die sich Lehrer nannten und einer besonderen Spezies Mensch anzugehören schienen, deren einzige Bestimmung darin bestand, zu unterrichten und die Schüler ewig in Angst und Schrecken zu halten; mich befiel dann ein verständnisloses Befremden, und ich fragte mich, warum man mich der Versklavung durch sie auslieferte, warum man mich von meinem Elternhaus, von Kamenka, von diesem Wald trennte. Ich erinnerte mich des halben Fohlens, das vor die Egge gespannt war und sie über den Acker zog. Ich dachte, wenn auch verschwommen, ungefähr so: Wie trügerisch doch alles auf Erden ist! Ich hatte mir eingebildet, dieser Junghengst gehöre nur noch mir, aber jemand hatte anders über ihn verfügt wie über sein Eigentum, ohne mich auch nur zu fragen ... Nun ja, es hatte da so ein dünnbeiniges, mausgraues Fohlen gegeben, ängstlich und schreckhaft wie alle Fohlen, aber auch fröhlich und zutraulich, mit klaren Backpflaumenaugen, das nur der Mutter anhing, die es jedesmal mit zurückhaltender Freude und zärtlichem Wiehern begrüßte; ansonsten gebärdete es sich recht unabhängig und sorglos ... dieses Fohlen hatte man mir eines glücklichen Tages geschenkt, ein- für allemal zur Verfügung gestellt; und ich freute mich auch einige Zeit darüber, träumte von ihm, von unserer gemeinsamen Zukunft, von unserer Vertrautheit, die nicht nur kommen sollte, sondern bereits bestand, schon weil es mir geschenkt worden war, worauf ich es aber nach und nach vergaß – war es da verwunderlich, daß auch die anderen vergaßen, daß es mir gehörte? Schließlich hatte ich es völlig vergessen – wie ich wahrscheinlich auch Baskakow und Olja, möglicherweise selbst Vater vergessen würde, an dem ich zur Zeit so hing und mit dem auf die Jagd zu gehen ein solches Glück für mich bedeutete; ja, ganz Kolomenka, wo mir jeder Winkel vertraut und teuer war ... Es vergingen zwei Jahre – im Handumdrehen, so, als hätte es sie nicht gegeben –, und ich fragte mich, wie es diesem dummen und sorglosen Fohlen denn nun ergangen war. Es ist jetzt drei Jahre alt, sagte ich mir, aber wo ist seine einstige Freiheit, sein einstiger freier Wille geblieben? Da trottet es im Joch über den Acker und schleppt eine Egge ... Aber ist es mir nicht ebenso ergangen wie diesem Fohlen?

Was sollte ich mit den Amalekitern? Ich staunte in einem fort und war erschrocken, aber wie konnte ich mich dagegen wehren? Die Wolke schimmerte und leuchtete weiß hinter den Birken hervor und veränderte immerfort ihre Umrisse. Konnte sie sie beibehalten? Der lichte Wald regte sich, rieselte gleichsam, schien unter schläfrigem Flüstern und Rascheln gleichsam zu entschwinden ... Wohin und wozu? Und konnte man ihn aufhalten? Ich schloß die Augen und fühlte undeutlich: All das war Traum, ein wirrer Traum! Und sowohl die Stadt, die irgendwo hinter den weiten Feldern lag und in der ich nun einmal zu leben hatte, ob ich wollte oder nicht, als auch meine Zukunft in ihr und meine Vergangenheit in Kamenka, dieser heitere Spätsommertag, der sich schon dem Abend zuneigte, ich selbst, meine Gedanken, meine Sehnsüchte, meine Gefühle – all das war nur ein Traum! Ein trauriger, ein böser? Nein, trotz allem leicht und beglückend.

Gleichsam diesen Gedanken bestätigend, krachte plötzlich hinter mir ein Schuß, der über den ganzen Wald hallte, gefolgt von dem wütenden Kreischen und Gluckern eines offenbar riesigen Schwarms von aufgescheuchten Drosseln und dem irrsinnig freudigen Bellen Dshalmas; geschossen aber hatte mein inzwischen wach gewordener Vater. Und ich vergaß sogleich all meine Grübeleien und stürzte hin, so schnell mich die Beine trugen, um die erlegten, noch blutenden und warmen, angenehm nach Wild und Schießpulver riechenden Drosseln aufzulesen.

Zweites Buch

I

Am Tage, da ich Kamenka verließ, ohne zu ahnen, daß es ein Abschied für immer war, als man mich ins Gymnasium fuhr – auf der mir noch unbekannten Tschernawaer Straße –, empfand ich zum erstenmal die Poesie der in Vergessenheit geratenden Landstraßen, die allmählich in die legendäre russische Vergangenheit übergingen. Sie waren überlebt. Auch die Tschernawaer war es. Gras überwucherte die einstigen Wagenspuren; die alten Weiden, die hier und da noch links und rechts der breiten, aber vereinsamten Landstraße wuchsen, schauten einsam und traurig drein. Ich erinnere mich besonders einer, deren Stamm hohl und von einem Gewitter verwüstet worden war. Darauf hockte, schwarz schimmernd, ein schwarzköpfiger großer Rabe, und Vater erzählte mir, meine Phantasie aufs tiefste anregend, Raben würden Hunderte von Jahren alt und dieser hier stamme vielleicht noch aus den Tagen der Tataren ... Worin bestand der Zauber dessen, was er da gesagt hatte und was ich dabei empfand? In dem Gefühl für Rußland, dafür, daß es meine Heimat war? Im Gefühl der Verbundenheit mit vergangenen Zeiten, mit all dem längst Versunkenen, Gemeinsamen, das unsere Seele, unser eigenes Dasein immer wieder weitet und uns daran erinnert, daß wir an diesem Gemeinsamen teilhaben?

Mein Vater behauptete, durch diese Gegenden sei einst auf seinem Zuge aus den Wolganiederungen nach Moskau

Mamai gekommen und habe unsere Stadt so nebenher bis auf die Grundmauern zerstört, um gleich danach zu erwähnen, wir würden nun an Stanowaja vorbeikommen, einem großen Dorf, das noch vor kurzem Unterschlupf von allerlei Räubern gewesen und besonders berühmt durch einen gewissen Mitka geworden war, einen so schlimmen Mörder, daß man ihn, als man ihn endlich hatte, nicht einfach hinrichtete, sondern vierteilen ließ. Ich erinnere mich, daß gerade in diesem Augenblick zwischen Stanowaja und uns, das heißt links von der Landstraße, ein Eisenbahnzug vorüberfuhr – so etwas hatte ich bis dahin nie gesehen. Hinter uns neigte sich die Sonne und beleuchtete geflissentlich dieses uns rasch überholende, wie aufgezogene und sich in Richtung der Stadt entfernende Spielzeug – eine kleine, aber recht selbstbewußte Lokomotive, aus deren nach oben zu sich verdickendem Schornstein ein Rauchschweif wehte, gefolgt von gelben, grünen oder auch blauen Häuschen auf Rädern, die sich rasch unter ihnen drehten. Die Lokomotive, die Häuschen, die den Wunsch weckten, ein Weilchen in ihnen zu leben, ihre kleinen, in der Sonne funkelnden Fenster und dieser rasche scheinbare Leerlauf der Räder – all das war äußerst seltsam und fesselnd; dennoch erinnere ich mich noch gut, daß mich in weit stärkerem Maße anderes fesselte, dank dem, was sich in meiner Phantasie hinter der Eisenbahn abzeichnete, wo ich die Weidendickichte um das geheimnisvolle und so schreckliche Dorf Stanowaja mitsamt den Tataren, Mamai und Mitka vor mir zu sehen glaubte. Kein Zweifel, daß mich gerade an diesem Abend zum erstenmal das Bewußtsein berührte, ein Russe zu sein, das Bewußtsein, in Rußland, und nicht nur in irgendeinem Kamenka, im Kreise oder Amtsbezirk Sowieso zu leben; und ich fühlte plötzlich, was dieses Rußland war, fühlte seine Vergangenheit und seine Gegenwart, all seine unsinnigen, ja schrecklichen und dennoch irgendwie fesselnden Besonderheiten und meine Blutsverwandtschaft mit ihm.

2

Alles, was mich in früher Jugend umgab, war unrussisch.

Nehmen wir nur dieses Stanowaja! Ich bin später wiederholt in Stanowaja gewesen und habe mich überzeugt, daß es dort längst keine Räuber mehr gibt. Und dennoch konnte ich mir nie eine wirklich unbefangene Meinung über dieses Dorf bilden, ja, mir schien, seine Bewohner stünden nicht zu Unrecht im Ruf geborener Bösewichter. Dazu kam die berüchtigte „Stanowaja-Höhe". Die Landstraße führte in der Nähe von Stanowaja durch einen ziemlich tiefen Hohlweg, wir würden heute sagen – durch eine Schlucht, und diese Gegend flößte wohl jedem verspäteten Reisenden fast abergläubische Angst ein, einerlei, in welcher Jahreszeit er vorüberkam; auch ich habe in meiner Jugend, wenn ich an Stanowaja vorbeifuhr, oft genug dieses echt russische Gruseln am eigenen Leibe verspürt. Es gab an der Tschernawaer Straße viele verrufene Gegenden – solche, in denen einst zu ihrer Sternstunde aus allerlei verborgenen Klüften und vom Wasser ausgewaschenen Schluchten waghalsige Burschen an die Landstraße traten, die hellhörig das ferne Wimmern eines Glöckchens oder einfach das Rattern eines Bauernwagens in der nächtlichen Stille erlauscht hatten – die berühmteste aber blieb die „Stanowaja-Höhe". Nachts stockte einem, wenn man sich ihr näherte, unwillkürlich das Herz, und man wußte nicht, was besser war: die Pferde zu gestrecktem Galopp anzutreiben oder im Schritt zu fahren und auf jeden Laut zu achten. Immerfort schien einem: da, da waren sie, kamen ohne Eile daher wie der Wolf in der Fabel, um einem den Weg abzuschneiden, mit Hackebeilchen in den Händen, fest und tief, gleich über dem Kreuzbein, gegürtet, die Mützen in die wachsamen Augen heruntergezogen, und blieben plötzlich stehen, wobei sie gedämpft und übertrieben ruhig befahlen: „Halt mal an, Kaufmann . . ." Und was war schlimmer: diesen Befehl in der friedlichen Stille, im gedämpften Halblicht der Nacht über den sommerlichen Feldern zu hören oder beim Rauschen winterlicher Winde, die einem mit weißen Flockenwirbeln die Augen verklebten, womöglich gar unter den eisig und grell blinkenden Herbstgestirnen, in deren Dämmerschein man bis weit hinaus die ringsum dunkelnde, erstorbene Erde sah und die Räder des eigenen Wagens auf der zu Stein erstarrten Erde so beängstigend dahinpoltern hörte?

Hinter Stanowaja wurde die Landstraße von einer Chaussee gekreuzt, und hier gab es eine Wache nebst Schlagbaum; man mußte anhalten und warten, bis der Soldat des Zaren Nikolai aus seinem trauermäßig schwarzweiß gestreiften Schilderhäuschen zum Vorschein kam und einen genauso gestreiften Querbalken freigab, der sich unter Kettengerassel langsam hob (dafür hatte man dem Fiskus einen Tribut von zwei Kopeken zu entrichten, was alle Benutzer dieser Straße als Raub am hellichten Tag betrachteten). Unser Weg führte uns an der alten Beglaja-Sloboda vorbei, danach an einem unübersehbaren Sumpf mit Müll und Abfällen, der einen ausgesprochen unanständigen Namen hatte, und schließlich auf der Chaussee zwischen dem Gefängnis und dem uralten Kloster hindurch. Die Stadt selbst war stolz auf ihr Alter, und das mit gutem Recht: sie zählte tatsächlich zu den ältesten russischen Städten und lag inmitten der riesigen Schwarzerdefelder am Rande der Steppe, an jenem schicksalhaften Grenzstrich, hinter dem sich dereinst „wildes, unbekanntes Land" erstreckte; sie gehörte in den Tagen der Fürstentümer Susdal und Rjasan zu den wichtigsten Stützpunkten Rußlands, deren Bewohner – nach den Worten der Chronisten – als erste den Sturm, den Staub und die Kälte über sich ergehen lassen mußten, die die immer wieder heraufziehenden düsteren asiatischen Wolken mit sich brachten, als erste den Feuerschein der von den Feinden nachts oder am hellichten Tag gelegten Brände sahen, als erste Nachricht von dem nahenden Unheil nach Moskau gaben und auf den Schlachtfeldern für die Hauptstadt starben. Unsere Stadt hatte damals natürlich wiederholt all das erlebt, was dazu gehörte: in einem Jahrhundert war sie von einem Chan „dem Erdboden gleichgemacht" und eingeäschert worden, später von einem zweiten, einem dritten; einst hatte sie ein großer Brand verwüstet, darauf eine Hungersnot, eine Seuche oder Pestilenz ... Historische Denkmäler konnten unter solchen Umständen natürlich nicht erhalten bleiben. Immerhin spürte man allerorten ihr Alter; es äußerte sich in den festen Sitten und Gebräuchen der Kaufmannschaft und des Kleinbürgertums, im Übermut und in den Faustkämpfen der Vorstadtbewohner, der Bewohner der „Tschornaja-Sloboda", des Saretschje und der Argamatscha, die genau auf jenen gelben Felsen über dem Fluß ragt, von denen einst ein Tatarenfürst mitsamt seinem Kabardinergaul in die Tiefe gestürzt war. Und die Gerüche in dieser Stadt! Fast von der Stadtgrenze an, wo man sie zunächst noch undeutlich und aus der Ferne mit ihren zahllosen Kirchen in der riesigen Niederung funkeln sah, verspürte man bereits ihre Gerüche; zunächst roch es nach jenem Sumpf mit dem unanständigen Namen, dann nach den Gerbereien, den von der Sonne erhitzten Eisendächern, dem Basarplatz, wo an Markttagen die zum Handel mit ihren Waren herbeigeströmten Bauern lagerten, und Gott weiß wonach sonst: nach allem, was zu einer alten russischen Stadt gehörte ...

3

Das Gymnasium besuchte ich vier Jahre lang, ich war beim Kleinbürger Rostowzew in Kost und Logis, in dürftiger und ärmlicher Umgebung: in einer anderen kam man nicht unter, weil wohlhabendere Städter auf Untermieter und Kostgänger nicht angewiesen waren.

Wie niederschmetternd begann dieses Leben! Allein

durch den Umstand, daß es mein erster Abend in der Stadt war, der erste nach dem Abschied von Vater und Mutter, der erste in einer mir völlig neuen und kümmerlichen Umgebung, in zwei engen Stübchen, unter Menschen, die ich, das Herrensöhnchen, natürlich als tief unter mir stehend betrachtete, die aber dennoch plötzlich eine gewisse Macht über mich erlangten; schon das allein war für mich entsetzlich. Die Rostowzews beherbergten noch einen weiteren Untermieter und Kostgänger, einen Alters- und Klassengefährten von mir, den unehelichen Sohn eines Gutsbesitzers aus der Umgebung von Baturino, den rothaarigen Glebotschka; es gab jedoch an diesem ersten Abend noch keinerlei Kontakt zwischen ihm und mir; er saß in seiner Ecke wie ein ins Garn gegangenes kleines Tier und schwieg sich scheu und hartnäckig aus, wobei er mich mit animalischem Mißtrauen musterte; aber auch ich hatte es nicht so eilig, mich mit ihm anzufreunden oder mich ihm aufzudrängen – unter anderem darum, weil er mir nicht als ein Junge wie jeder andere erschien, sondern als einer, zu dem man vielleicht einen gewissen Abstand wahren mußte: ich hatte schon in Kamenka gewußt, daß wir gemeinsam untergebracht sein würden, und eines Tages gehört, wie ihn unsere Kinderfrau in Anbetracht seiner illegitimen Geburt mit einem häßlichen Wort bedachte. Draußen aber war es wie auf Bestellung trübe, gegen Abend begann es zu tröpfeln, die endlose, mit Kopfsteinen gepflasterte Straße, die ich durch mein kleines Fenster erblickte, war totenstill und menschenleer, während auf dem halbkahlen Baum hinter dem Zaun vor dem gegenüberliegenden Hause geduckt und angestrengt, nichts Gutes verheißend, eine Krähe krächzte und auf dem hohen Glockenturm, der hinter den staubigen Eisendächern hervor in den unwirtlichen, sich mehr und mehr verdunkelnden Himmel ragte, alle Viertelstunde etwas sang und klang – zart, wehleidig und hoffnungslos ... Vater hätte an einem solchen Abend sogleich verlangt, daß man Licht mache und den Samowar hereinbringe oder gar vorzeitig den Abendbrottisch decke – „ich kann diese verdammte Trostlosigkeit nun mal nicht ausstehen!“ Hier machte man kein Licht an und setzte sich auch nicht zu Tisch, wie sich's gerade traf – hier lagen in allem Zeit und Stunde fest. So war es auch jetzt: Licht wurde erst gemacht, als es bereits stockfinster wurde und der Herr des Hauses aus der Stadt zurückkehrte. Er war groß und schlank, hatte ein regelmäßiges, bräunliches Gesicht und einen spärlichen, hier und da von silbrigen Fäden durchzogenen schwarzen Bart, erwies sich als äußerst wortkarg, in allem sehr streng und schulmeisterlich und hielt sowohl für sich als auch für die anderen unverbrüchliche Lebensregeln bereit, eine Art ein für allemal „nicht von uns Dummköpfen, sondern von unseren Vätern und Großvätern“ festgelegten Kodex der Lebensführung, sowohl der häuslichen als auch der gesellschaftlichen. Er befaßte sich mit dem Aufkauf und Weiterverkauf von Getreide und Vieh und war aus diesem Grunde viel unterwegs. Aber selbst wenn er abwesend war, herrschte in seinem Hause, in der Familie (sie bestand aus seiner freundlichen, ruhigen Ehefrau, zwei stillen Backfischen von Töchtern mit wohlgerundeten bloßen Hälschen und einem sechzehnjährigen Sohn) unverrückbar das, was sein strenges und gesinnungsfestes Wesen bestimmt hatte: Schweigsamkeit, Ordnung, Sachlichkeit, Vorbedacht in jeder Handlung, bei jedem Wort. Jetzt, in dieser traurigen Dämmerstunde, saßen die Frau des Hauses und die Mädchen über ihre Handarbeit geneigt und warteten mit gespitzten Ohren, ob er nicht bald zum Abendessen käme. Und alle schoben sogleich ein wenig die Brauen zusammen, als draußen die Pforte klappte.

„Manja, Ksjuscha, deckt den Tisch“, sagte mit gedämpfter Stimme die Frau des Hauses, erhob sich und verschwand in der Küche.

Er trat ein, legte im kleinen Wohnungsflur die Schirmmütze und den Überzieher ab und behielt nur noch den leichten, ärmellosen grauen Hausrock an, der im Verein mit dem bestickten Russenhemd und den geschickt gefertigten kalbsledernen Stiefeln besonders deutlich sein unanfechtbares Russentum unterstrich. Er wusch sich, nachdem er seiner Frau etwas zurückhaltend Freundliches gesagt hatte, sorgfältig die Hände und schüttelte sie kräftig über dem Waschbecken unter dem kupfernen Wasserspeicher. Ksjuschka, das jüngere der beiden Mädchen, reichte ihm mit gesenktem Blick ein langes sauberes Handtuch. Er trocknete ohne Eile die Hände daran ab, warf ihr das Handtuch mit grimmigem Humor über den Kopf – sie flammte dabei freudig auf –, betrat das Wohnzimmer und bekreuzigte sich mehrmals vorschriftsmäßig und recht gefällig vor dem Heiligenbilderschrein in der Ecke . . .

Auch mein erstes Abendessen bei den Rostowzews blieb mir ein für allemal im Gedächtnis – nicht nur, weil es aus lauter für mich recht seltsamen Gerichten bestand. Zuerst gab es eine dünne Brühe, danach wurde auf einer kreisrunden hölzernen Platte grauer, rauhhäutiger Pansen gereicht, dessen Anblick und Geruch genügte, mich schaudern zu lassen, und den der Hausherr mit bloßen Händen anging und in kleine Stücke schnitt; zum Pansen gab es gesalzene Wassermelone, während der Nachtisch aus Buchweizengrütze und Milch bestand. Nicht genug, daß ich nur von der Suppe und von der Wassermelone aß – der Hausherr schielte ein paarmal zu mir herüber und bemerkte trocken: „Man muß sich an alles gewöhnen, Herrensöhnchen! Wir sind einfache russische Menschen und essen Pfefferkuchen ohne Zuckergußschnörkel; Delikatessen gibt es bei uns nicht."

Mir schien, er habe diese Worte beinahe hochmütig, betont gewichtig und belehrend vorgebracht; und hier wehte mich zum erstenmal etwas an, das ich auch weiterhin in der Stadt weiß Gott recht oft zu spüren bekam: Stolz.

4

Überhaupt schwang Stolz häufig in Rostowzews Reden mit, der Stolz worauf? Natürlich darauf, daß wir, all diese Rostowzews, Russen, echte Russen waren, die jenes besondere, einfache, bescheiden anmutende Leben führten, das aber die eigentliche russische Lebensweise war und besser als jede andere auf der Welt, ja einfach unübertreffbar, zumal sie ja nur bescheiden erschien, in Wirklichkeit aber üppiger war als irgendwo anders und eine legitime Schöpfung des echten russischen Wesens bildete; Rußland blieb nun einmal reicher, stärker, rechtschaffener und ruhmreicher als alle anderen Länder auf der Welt. Und war denn dieser Stolz nur den Rostowzews eigen? Später sah ich, daß ihn sehr viele in sich trugen, und erkenne jetzt auch etwas anderes: daß er eine Art Zeichen der Zeit war, gerade damals, und keineswegs nur in unserer Stadt!

Wo aber blieb er später, als Rußland unterging? Wieso verteidigten wir nicht all das, was wir so stolz als russisch bezeichnet hatten, von dessen Dauer und Gültigkeit wir so überzeugt schienen? Wie dem auch sei, ich weiß mit Bestimmtheit, daß ich in einer Zeit der höchsten Machtentfaltung Rußlands und eines gewaltigen russischen Selbstbewußtseins aufwuchs. Das Feld meiner noch jungenhaften Beobachtungen war natürlich nicht allzu weit, und dennoch erwies sich all das, was ich damals in mir aufnahm, ich wiederhole, als sehr bezeichnend. Ja, ich erfuhr später, daß keineswegs nur Rostowzew sich in dieser Tonart gefiel, und hörte dergleichen ergebene Reden überall – wir, so hieß es, sind einfache Menschen, bei uns trägt selbst Zar Alexander Alexandrowitsch geteerte Stiefel, und ich zweifle bis heute nicht daran, daß sie nicht nur für unsere Stadt, sondern für alle damaligen Gefühle der Russen charakteristisch waren. Natürlich gab es in der Äußerung dieser Gefühle auch viel Scheinheiligkeit – so zum Beispiel, wenn jeder Leierkastenmann, sobald er von fern eine

Kirche erblickte, die Mütze abnahm, sich bekreuzigte und bis zur Erde verneigte; dabei kamen aus seinem Leierkasten oft genug Worte, die dem Leben nicht im geringsten entsprachen, und ein Gefühl wurde nicht selten von einem anderen, entgegengesetzten abgelöst; aber welches herrschte denn nun vor?

Rostowzew zeigte eines Tages auf den Fensterrahmen, an dem er mit Kreide Vermerke gemacht hatte.

„Was sollen die Wechsel? Das ist nichts für einen Russen. In alten Zeiten hatte man von so etwas nie gehört, und der Kaufmann hielt, was ihm der oder jener schuldete, so wie ich hier, mit gewöhnlicher Kreide auf dem Tür- oder Fensterrahmen fest. Hatte der Schuldner den Zahlungstermin zum erstenmal überschritten, dann wurde er höflich erinnert; geschah es ein zweitesmal, bekam er eine Verwarnung: He, du, paß auf, daß du es nicht zum drittenmal vergißt, sonst lösche ich die Notiz einfach aus. Dann bist du aber blamiert!"

Solche wie ihn gab es natürlich nicht viele. Nach der Art seiner Geschäfte war er ein „Kulak", was er aber natürlich nicht wahrhaben wollte und auch nicht gelten zu lassen brauchte: er bezeichnete sich mit gutem Recht einfach als Geschäftsmann, da er weder mit den sonstigen Kulaken noch mit den anderen Bürgern unserer Stadt zu vergleichen war. Er fand sich gelegentlich bei uns, seinen Pensionären, ein und erkundigte sich plötzlich mit kaum merkbarem Spott: „Hat man euch heute auch Verse aufgegeben?"

Wir erwiderten: „Ja."

„Und was für welche?"

Wir leierten herunter:

„Zur gewohnten Stunde
schimmert der Mond des Nachts
draußen auf seiner Runde,
durch der Eisblumen Pracht . . ."

„Nun, da stimmt doch etwas nicht", meinte er. „‚Zur gewohnten Stunde / schimmert der Mond des Nachts' – das will mir nicht recht einleuchten."

Auch uns erschien es irgendwie ungereimt. Wir wußten nichts darauf zu erwidern, und er erkundigte sich aufs neue: „Und was sonst?"

„Sonst haben wir noch aufbekommen:

Den Schatten der uralten Eiche
schloß das Vögelchen in sein Herz,
denn die vom Sturm geknickten Zweige
gewährten ihm Obdach,
Erholung vom Schmerz."

„Nun, das hört sich schon angenehmer und netter an. Aber jetzt sagt mir mal das von der Mitternachtsmesse und von dem ‚hohen Himmelszelt' auf!"

Und ich begann verlegen:

„Komm zu uns, du Leidender,
komm zu uns, du Freudiger,
es läuten zur Andacht, der späten,
zu segensreichen Gebeten . . ."

Er hörte mit gesenkten Augen zu. Dann sagte ich noch die Verse Nikitins auf:

„Unter dem hohen Zelt des blauen Himmels
seh ich die Steppenferne vor mir liegen . . ."

Es war eine weitläufige, begeisterte Beschreibung der ungeheuren Weite und der großen und so vielfältigen Reichtümer Rußlands, seiner Kraft und Herrlichkeit. Und wenn ich dann zum stolzen und freudigen Schluß, zum Ergebnis dieser ganzen Beschreibung kam:

„Das bist du, mein Rußland der Zaren,
die Heimat des Glaubens, des wahren!"

biß Rostowzew die Zähne zusammen und wurde blaß.

„Ja, das nenne ich Verse!" meinte er, schlug die Augen auf, wobei er versuchte, ruhig zu erscheinen, erhob sich und fügte bereits im Gehen hinzu: „Die sollte man sich fest einprägen! Und wer hat das geschrieben? Ein Kleinbürger wie unsereins, ein Landsmann!"

Die anderen „Geschäftsleute" in der Stadt, ob groß oder klein, waren, ich wiederhole, keine Rostowzews und ergingen sich nur in schönen Redensarten; in ihren Geschäften erwiesen sie sich meist als regelrechte Banditen, zogen, wenn es sich machen ließ, jedermann das Fell über die Ohren, schummelten beim Messen oder wogen wie die gemeinsten Gauner ab, logen und schworen scham- und gewissenlos Stein und Bein zusammen; sie lebten schmutzig und ungesittet, machten sich gegenseitig schlecht, taten voreinander groß, strömten Mißgunst aus, vergingen vor Neid und belustigten sich erbarmungslos und auf niederträchtige Weise über die Dummköpfe und Närrinnen, die Krüppel und Gottesnarren, von denen sich eine ziemliche Anzahl in der Stadt herumtrieb, sahen auf die Bauern mit unverhohlener, grenzenloser Verachtung herab und barbierten sie mit geradezu teuflischer Gerissenheit, Gewandtheit und größtem Vergnügen über den Löffel. Auch die sonstigen Mitbürger Rostowzews waren nicht gerade Heilige – jedermann weiß, was der russische Beamte, die russische Obrigkeit, der russische Durchschnittsbürger, Bauer oder Arbeiter war oder ist. Doch auch sie haben gewisse Tugenden. Was aber den Stolz auf Rußland und alles Russische betrifft, so gab es den, ich wiederhole, im Überfluß. Und nicht nur Rostowzew erblaßte vor Stolz, wenn er Nikitins Worte wiederholte: „Das bist du, mein Rußland der Zaren!", wenn die Rede auf Skobelew, Tschernjajew, den Befreier-Zaren kam oder wenn aus dem donnernden Munde des goldblonden, mit einem golddurchwirkten Ornat bekleideten Diakons das Gedenken an „unseren gottesfürchtigen Alleinherrscher und großen Zaren Alexander Alexandrowitsch" hallte, bei dem man plötzlich beinahe mit Schrecken erkannte, über welch wahrhaft fast unübersehbares Reich von Ländern, Stämmen und Völkern, über welch unermeßliche und „ein Leben in Frieden und Wohlstand“ verbürgende Bodenschätze und Lebenskräfte die russische Krone verfügte.

5

Der Beginn meiner Gymnasiumsjahre ließ sich weit schlimmer an, als ich erwarten konnte. Der erste Abend in der Stadt gestaltete sich so, daß ich mir sagte: Aus, alles zu Ende! Noch schlimmer mochte jedoch der Umstand sein, daß ich mich schon sehr bald dem Schicksal fügte und mein Leben zu einem ziemlich durchschnittlichen Gymnasiumsdasein wurde, sofern man von meiner einigermaßen ungewöhnlichen Empfänglichkeit für neue Eindrücke absieht. Der Morgen, an dem Glebotschka und ich uns zum erstenmal auf den Weg ins Gymnasium machten, war sonnig, und das allein genügte, um uns heiterer zu stimmen. Wie schmuck waren wir aber auch angezogen! Alles nagelneu, praktisch, geschickt hingekriegt und erfreulich fürs Auge: die blankgewichsten Schuhe, das hellgraue Tuch der Beinkleider, die blauen Uniformjäckchen mit den Silberknöpfen, die schimmernden Schirme der blauen Mützchen auf dem frischgewaschenen, frischgeschnittenen Haar, die knarrenden, nach Leder riechenden Ranzen, in denen die erst tags zuvor erworbenen Lehrbücher, Pennale, Bleistifte und Hefte lagen. Dazu das in die Augen fallende, feiertäglich Neue am Gymnasium selbst: der saubere, gepflasterte Hof, die in der Sonne funkelnden Fensterscheiben und kupfernen Türgriffe an den Eingängen, die Sauberkeit und Weiträumigkeit der hallenden, während des Sommers frisch gestrichenen Korridore und hellen Klassenzimmer. Die Säle und Treppenflure, das laute Lärmen und Schreien der unermeßlichen Schar von Jungen, die sich nach den

Sommerferien doppelt erregt einfanden, die Würde und Feierlichkeit des ersten Gebets in der Aula vor dem Beginn des neuen Schuljahres, die Verteilung auf die Klassen – paarweise und im Gleichschritt, bei dem, munter an der Spitze marschierend, ein richtiger Offizier und abgedankter Hauptmann das Kommando führte –, die erste Schlägerei bei der Verteilung der Plätze auf den Schulbänken und schließlich das Erscheinen des ersten Lehrers vor der Klasse, sein Frack mit den an einen Kranichschwanz erinnernden Schößen, seine funkelnde Brille, die irgendwie verwunderten Augen, der in die Luft gereckte Bart und die Aktentasche unter dem Arm ... Wenige Tage danach hatten wir uns an all das so gewöhnt, als hätte es in unserem Leben nie etwas anderes gegeben. Und Tage, Wochen, Monate rannen dahin ...

Das Lernen fiel mir leicht; gut war ich allerdings nur in den Fächern, die mir mehr oder weniger zusagten, in den übrigen mittelmäßig; hier hielt ich mich an meine rasche Auffassungsgabe, sofern es sich nicht um etwas mir allzu Verhaßtes handelte, zum Beispiel den Aorist. Drei Viertel all dessen, was man uns lehrte, brauchten wir nicht im geringsten; es hinterließ keinerlei Spur in uns und wurde uns auch nur stumpfsinnig, routinemäßig eingebleut. Die Mehrzahl unserer Lehrer war fade und unbedeutend; unter ihnen ragten nur einige wenige Sonderlinge hervor, über die man sich in den Klassen natürlich auf die verschiedenste Art lustig machte, und zwei, drei regelrecht Verrückte. Einer von diesen erschien mir bemerkenswert: er war äußerst wortkarg, litt an der Angst vor der Verschmutzung durch die Umgebung, durch den menschlichen Atem, durch jede Berührung, ging stets nur in der Straßenmitte, holte, sobald er das Gymnasium betrat und die Handschuhe abgestreift hatte, ein Taschentuch hervor und berührte die Türklinke oder den Stuhl vor dem Lehrerpult nur mit dessen Hilfe; er war klein und schmächtig und hatte prächtiges, gewelltes, in den Nacken gekämmtes kastanienbraunes

Haar, eine wunderbar weiße Stirn, erstaunlich fein geschnittene bleiche Gesichtszüge und unbewegliche, dunkle, traurig in die Ferne, ins Leere gerichtete Augen.

Was hätte ich sonst noch von meinen Schuljahren zu berichten? Ich verwandelte mich in dieser Zeit aus einem Knaben in einen Halbwüchsigen. Wie diese Verwandlung aber vor sich ging, weiß wiederum Gott allein. Äußerlich verlief mein Leben natürlich sehr eintönig und alltäglich. Immer wieder der Weg zur Schule, immer wieder das triste, lustlose Lernen der Hausaufgaben für den nächsten Tag während des Abends, immerfort derselbe Traum von der künftigen Freiheit, das ständige Abzählen der Tage bis zum Beginn der Weihnachts- oder der Sommerferien; ach, verginge doch die Zeit bis dahin möglichst rasch!

6

Es ist September und Abend. Ich schlendere durch die Stadt – mich wagt man nicht zu den Schulaufgaben zu zwingen und an den Ohren zu zausen wie Glebotschka, der immer erbitterter und damit auch fauler und eigensinniger wird. In meiner Seele wohnt noch die Wehmut über den entschwundenen Sommer, der doch so endlos zu werden und die Verwirklichung Tausender von wunderschönen Plänen versprochen hatte, Wehmut über die Fremdheit all derer, die auf den Straßen umhergehen oder fahren, auf dem Basar handeln oder vor den Verkaufsbuden anstehen. Sie alle haben ihre Geschäfte, ihre eigenen Gespräche – im Gegensatz zum einsamen, traurigen Gymnasiumsschüler, der noch keinerlei Anteil an ihnen nimmt. Die Stadt birst vor Reichtum und Menschen; reich ist sie ohnehin, handelt sie doch das ganze Jahr hindurch mit Moskau, mit der Wolga, mit Riga und Reval; jetzt aber ist sie's erst recht – von morgens bis abends schafft das Dorf all seine Ernteerzeugnisse heran, von morgens bis abends wurde in der ganzen Stadt Getreide in Speicher gebracht und türmen sich auf Märkten und Plätzen alle Gaben der Erde zu Bergen. Auf Schritt und Tritt begegnet man Bauern, die in der Straßenmitte dahineilen und sich nach getaner Arbeit laut und zufrieden unterhalten; sie haben ihre Stadtgeschäfte und ihr Gläschen hinter sich und stärken sich auf dem Wege zu ihren Bauernwagen unterderhand mit einem kleinen Imbiß. Auf den Bürgersteigen kommen unter lebhaften Unterhaltungen auch die daher, die diese Bauern den ganzen Tag „bearbeitet" haben – braungebrannte, staubbedeckte und ewig muntere Zwischenhändler aus dem Kleinbürgerstand, die sich bereits am frühen Morgen in der Stadtmitte eingefunden hatten, um die Bauern abzufangen, sie einander fortzuschnappen, sie auf den Märkten und in den Speichern hinter sich herzuführen; auch sie ruhen sich endlich aus und steuern die Gaststätten an, um sich ein Gläschen Tee zu gönnen. Die schnurgerade Dolgaja-Straße aber, die am Gefängnis und am Kloster vorbei aus der Stadt hinausführt, versinkt im blendenden Flimmerstaub und Glanz der haargenau am Ende des Straßenzuges untergehenden Sonne; in diesem flimmernden Goldstaub kehren zu Fuß oder im Wagen jene in die Stadt zurück, die den Trabrennen, durch die die Stadt gleichfalls berühmt ist, beigewohnt haben. Was gibt es da alles für Stutzer zu sehen – Schreiber und Kommis, dazu allerlei Fräulein, die wie Paradiesvögel herausgeputzt sind, schicke offene Wägelchen, in denen sich, die feurigen Traber zurückhaltend, dickhintrige Kaufleute neben ihren jungen Frauen gefallen! In der Kathedrale aber läutet man, und gesetzte bärtige Kutscher fahren in schweren, gut gefederten Wagen, die von wohlgenährten Rossen gezogen werden, alte Kaufmannsfrauen mit Wachskerzen in den Händen zum Abendgottesdienst; sie verblüffen entweder durch ihre gelbliche Fülle und das Übermaß an kostbarem Schmuck oder durch ihre Totenblässe und Magerkeit.

Und hier ein behördlich vorgeschriebener Feiertag mit prunkhaftem Mittagsgottesdienst in der Kathedrale. Unser Hauptmann besichtigt, bevor er uns, die auf dem Gymnasiumshof Versammelten, hinführt, jeden Knopf an uns. Die Lehrer sind in Uniform, mit Dreispitz auf dem Kopf und im Ordensstaat. Wir fühlen, während wir durch die Straßen ziehen, mit Vergnügen, daß die Vorüberkommenden uns als etwas Amtliches, Halb-Militärisches betrachten, das unmittelbar an all dem Parademäßigen dieses Tages teilhat. Zur Kathedrale strömen zu Fuß, beritten oder im Wagen allerlei andere „Dienststellen“ herbei, das heißt wiederum Uniformen nebst Orden, Dreispitzen und dicken, strotzenden Epauletten. Je näher zur Kathedrale, desto klangvoller, gewichtiger und feierlicher dröhnen ihre Glocken. Aber dann ist der Kirchenvorplatz erreicht – „Mützen ab!“ –, und wir durchschreiten, einander bedrängend und die Marschreihen durcheinanderbringend, die kühle Pracht des weit geöffneten Portals; das Tausende von Pud schwere Geläut dröhnt nun schon gedämpfter unmittelbar über unseren Köpfen, empfängt uns mit gütiger Strenge, nimmt uns auf und senkt sich auf uns herab. Welche Menschenmassen, welch üppiger Prunk ringsum – der goldstrotzende Ikonostas, die goldenen Gewänder der Geistlichen, die flammenden Kerzen, die Würdenträger aller Art, die sich vor den Stufen des mit rotem Tuch ausgelegten Altarvorplatzes drängen! All das war für ein Jungenherz zuviel; die Dauer und der Pomp der Liturgie, all diese Lesungen, das Weihrauchschwenken, die Aufzüge und Abgänge, das mächtige Dröhnen der Bässe und das betörende Verklingen der Altstimmen des Chors, der bald mit seiner Stimmgewalt, bald mit seinem Piano zu berükken wußte, die heiße, beängstigende Fülle der großen Körper, die von allen Seiten auf uns eindrängten, der Anblick des in seinen kurzen Uniformrock gezwängten Eberschweinwanstes des Polizeimeisters, der unmittelbar vor mir ragte, all das benebelte einem den Kopf ...

Abends flammte die Stadt an solchen Tagen feuerrot auf, qualmte und stank es in ihr nach all den längs der Bürgersteige aufgestellten Ölschalen; an den beflaggten Häusern glommen in der Dunkelheit die flackernden Namenszeichen und Kronen – gerade das gehört zu meinen frühesten und unvergeßlichsten Eindrücken von der Stadt. Danach gab es gewöhnlich ein großes Volksfest. Und einmal nahm uns, das heißt mich und Glebotschka, Rostowzews Sohn in den Stadtgarten mit – auch er war Schüler unseres Gymnasiums, aber schon in der sechsten Klasse; mich verblüffte die erstaunliche Menschenmenge, die sich infolge des Gedränges nur langsam durch die Hauptallee bewegte und den Geruch von Staub und billigem Parfüm verbreitete, während am Ende der Allee in einer von bunten Öllämpchen strahlenden muschelförmigen Laube ein Militärorchester einen schmachtenden Walzer spielte, den es mit all seinen Pauken und Trompeten erdröhnen ließ. Rostowzew stand in dieser Allee plötzlich still, Auge in Auge mit einem hübschen Fräulein, das uns mit ihren Freundinnen entgegenkam; er errötete, klappte im Scherz die Absätze zusammen und legte die Hand an die Mütze, während auf ihrem Gesicht unter dem kapriziösen Hütchen ein offenherzig freudiges Lächeln erstrahlte. Auf dem Platz vor der muschelförmigen Laube aber sprudelte inmitten eines großen runden Blumenbeetes ein Springbrunnen, der es weithin mit kühlem Wasserstaub benetzte; seine Frische und der unaufdringliche Duft der von ihm berieselten Blumen haftet für immer in meinem Gedächtnis; sie hießen, wie ich später erfuhr, ganz einfach „Tabak"; in meinem Gedächtnis aber haftet er darum, weil dieser Duft für mich mit einem Gefühl der Verliebtheit verbunden war, an dem ich zum erstenmal im Leben noch mehrere Tage danach wohlig kränkelte. Ich kann den Duft dieser Blume „Tabak" bis auf den heutigen Tag nicht ohne Erregung verspüren – dank ihr, diesem Kreisstadtfräulein, das nie auch nur die geringste Vorstellung von mir und davon gehabt hat, daß ich mein Leben lang, sobald ich diesen Duft wahrnahm, immer wieder sowohl an sie als auch an die erfrischende Kühle des Springbrunnens und die Klänge jener Militärkapelle erinnert wurde.

7

Und schließlich stellte sich auch die Kälte ein: dürftige, bleierne, stille Spätherbsttage. Die Stadt hat die Winterrahmen eingesetzt, heizt die Öfen, ist warm angezogen und versorgt sich mit allem, was dazu gehört; sie spürt bereits mit Vergnügen die winterliche Behaglichkeit und jene alte, überkommene Lebensweise, in der sie seit Jahrhunderten existiert – die Wiederkehr der Jahreszeiten und Bräuche.

„Die Wildgänse ziehen", erklärt vergnügt Rostowzew, der in einer langen warmen Jacke, eine warme Mütze auf dem Kopf, das Haus betritt und Winterluft hereinbringt. „Ich habe eben einen ganzen Zug gesehen ... Außerdem habe ich bei einem Bauern zwei Fuhren Weißkohl erworben; nimm sie in Empfang, Ljubow Andrejewna, er wird gleich hier sein. Die reinste Augenweide – ein Kopf schöner als der andere."

Und mir wird wohl ums Herz und zugleich traurig, unendlich traurig. Ich lege den Walter Scott aus der Hand, den ich in der Gymnasiumsbibliothek entliehen habe, und denke nach – ich möchte verstehen und ausdrücken, was in mir vorgeht. In Gedanken sehe ich die Stadt vor mir und halte Umschau. Draußen am Rande der Stadt steht ein altes Kloster ... alle behaupten, jeder Mönch verwahre hinter dem Heiligenbild in seiner Zelle ein Fläschchen Wodka und Wurst. Glebotschka beschäftigt vor allem die Frage, ob die Mönche unter ihren Gewändern Hosen tragen, während ich mich, wenn ich ans Kloster denke, vor allem jener krankhaft überspannten Zeit erinnere, als ich fastete, betete und ein Heiliger zu werden trachtete, mich darüber hinaus auch der Gedanke an die wiederholten Belagerungen bannte, die das Kloster ausgestanden hatte, ehe es von den Tataren erstürmt, niedergebrannt und ausgeplündert wurde. Ich fühle dabei etwas Erhabenes, das ich liebend gerne begreifen und in Versen, in poetischer Form ausdrücken würde... Kehrt man danach vom Kloster durch die Dolgaja-Straße in die Stadt zurück, dann kommt man links durch ärmliche, schmutzige Querstraßen, die in Erdschluchten führen, zu einem übelriechenden Bach, der in unseren Fluß mündet und in dem man Häute und Felle weicht und gären läßt; der Bach ist seicht, sein Grund völlig mit schwarzen Lagen bedeckt, während sich an seinen Ufern ganze Berge von etwas Braunem, scharf und süßlich Stinkendem hinziehen, dazu durchgehende schwarze Holzgerüste, an denen die Häute trocknen und bearbeitet werden von einer riesigen Zahl schrecklicher, ständig rauchender, bärenstarker, speckiger und grober, lärmender und schmutzige Redensarten führender Männer... Auch das ist ein uralter Ort, er besteht wohl seit drei- oder vierhundert Jahren, und ich quäle mich mit dem Gedanken, auch davon, auch über diese widerwärtige Gegend etwas Wunderbares zu erfinden und auszusagen. Danach, hinter der Einmündung des Zuflusses, die Tschornaja-Sloboda, die Argamatscha, der felsige Steilhang, auf dem sie steht, und der zu seinen Füßen seit Tausenden von Jahren nach dem fernen Süden, zum Unterlauf des Don strebende Fluß, in dem einst der junge Tatarenfürst umkam; auch über ihn würde ich gern etwas erfinden und in Versen wiedergeben; er soll von einer wundertätigen Ikone der Muttergottes gestraft worden sein, die sich bis auf den heutigen Tag in der ältesten unter all unseren Kirchen befindet, jener, die genau gegenüber Argamatscha über dem Fluß ragt; von jener alten Ikone, vor der ständig Öllämpchen glimmen und irgendeine in ein dunkles Tuch gehüllte alte Frau auf den Knien liegt und betet, die drei ersten Finger der rechten Hand an die Stirn gelegt und die

Augen beharrlich und voller Kummer auf die im warmen Schein der Lämpchen matt blinkende dunkelgoldene Verkleidung gerichtet, hinter der das schmale, schwarzbraune Brettchen mit der an die Brust gedrückten rechten Hand zu sehen ist, darüber ein kleines, ebenso mittelalterlich dunkles Antlitz, das sich demütig und gramvoll zur linken Schulter neigt, mitsamt seinem spitzenartigen, stachligen, von kleinen Diamanten, Perlen und Rubinen schimmernden Silbernimbus ... Hinter dem Fluß aber, jenseits der Stadt, zieht sich in der Tiefebene weitläufig das Saretschje hin: das ist eine Stadt für sich, ein regelrechtes souveränes Reich der Eisenbahn, in dem Tag und Nacht, Sehnsucht nach der Ferne weckend, die Sehnsucht dorthin, wohin am düsteren und kalten Himmel jetzt die Wildgänse ziehen, in dem also Tag und Nacht in der frostigen, hellhörigen Luft fordernd und lockend, traurig und dennoch unbeschwert die Lokomotiven einander rufen, dort, wo der Bahnhof steht, der seinerseits mit seinen Gerüchen erregt – dem der aufgebratenen Piroshki, der Samoware und des Kaffees, zu denen sich der des Steinkohlenrauchs gesellt, das heißt der Geruch ebenjener Lokomotiven, die Tag und Nacht von hier nach allen Richtungen Rußlands auseinanderstreben ...

Ich erinnere mich nicht weniger solcher dürftigen und kurzen Tage, voll süßer und trauriger Sehnsucht nach häuslicher Behaglichkeit und den Träumen von den alten Zeiten der Stadt und den freien herbstlichen Weiten ringsumher. Diese Tage wollten bei der Langeweile im Gymnasium, wo man mir mit Gewalt all das eintrichterte, das ich angeblich wissen mußte, und in der Lautlosigkeit der beiden kleinbürgerlichen Stübchen, deren Stille durch das einschläfernde Ticken des Weckers auf Ljubow Andrejewnas mit einem Häkeldeckchen geschmückter Kommode nur noch vertieft wurde, ebenso wie durch das leise Klappern der Spitzenklöppel in den Händen Manjas und Ksjuschas, die ganze Tage damit verbrachten; diese Tage zogen langsam und eintönig dahin, bis sie auf einmal unterbrochen wurden; an manchen besonders düsteren Dämmerstunden klappte draußen plötzlich die Pforte, danach die Tür zum Flur und die zum Wohnungseingang – und auf einmal stand mein Vater auf der Schwelle, eine Ohrenklappenmütze auf dem Kopf und in offenem Waschbärenpelz; ich stürzte, so rasch mich die Beine trugen, zu ihm hin und warf mich ihm an den Hals, küßte fest seine lieben warmen Lippen unter dem kalten, vom Frost noch feuchten Schnurrbart und empfand voller Begeisterung: Mein Gott, wie wenig er irgendwem in der Stadt ähnelt, wie anders, wie völlig anders er ist als alle!

8

Unsere Straße durchzog die ganze Stadt. In unserer Gegend war sie einsam und menschenleer und wurde umsäumt von steinernen Kaufmannshäusern, die unbewohnt erschienen. Dafür war sie äußerst belebt in ihrer Mitte – hier berührte sie den Marktplatz, und da war alles, wie es sich gehörte: Es gab Gaststätten und Marktbuden, die besten Läden und die besten Gasthöfe, unter anderem auch den an der Ecke der Dolgaja gelegenen „Adelshof", der sich mit Recht so nannte. In ihm logierten nur Gutsbesitzer, aus den Fenstern des Kellergeschosses stieg den Vorüberkommenden der verlockende Geruch einer Restaurantküche in die Nase, und man sah Köche mit weißen Kappen, während die Glastüren des Eingangs den Blick auf eine breite, mit rotem Tuch ausgeschlagene Treppe freigaben.

Mein Vater erlebte während meiner Gymnasiumsjahre seinen letzten Höhenflug: Er war nach Baturino übergesiedelt und fühlte sich, nachdem er es verpfändet und Kamenka verkauft hatte – all das in Zusammenhang mit angeblich wohldurchdachten Wirtschaftsvorhaben –, wieder als reicher Herr und stieg darum, sobald er in die Stadt kam, aufs neue im „Adelshof" ab, wobei er immer das beste Zimmer belegte. Ich geriet also, wenn er auftauchte, für zwei, drei Tage aus dem Hause der Rostowzews in eine völlig andere Welt und wurde wieder zum jungen Herrn, dem alle zulächelten und vor dem sich alle verneigten – sowohl die Laufburschen als auch der Portier am Eingang, die Etagenkellner und die Stubenmädchen, ja selbst der wohlrasierte Michejitsch in seinem weiten Frack nebst weißer Krawatte, ein ehemaliger Leibeigener der Scheremetjews, der schon mancherlei erlebt hatte – Paris und Rom, Petersburg und Moskau – und nun den Rest seiner Tage, wenn auch würdig, so doch einigermaßen traurig als Kellner in einer abgelegenen Stadt verbrachte, in irgendeinem „Adelshof", in dem selbst wirkliche, achtbare Herrschaften nur so taten, als wären sie Herrschaften, während alle anderen einfach „Kreisstadt-mon chers" waren, wie er das nannte, will sagen, Leute mit übertrieben herrschaftlichem Gebaren und verdächtig salopp in den vorgebrachten Bestellungen, dazu mit Stimmen, deren Tiefe eher vom Wodka als vom Herrenstand herrührte.

„Guten Tag, Alexander Sergejewitsch", riefen meinem Vater um die Wette die Laufburschen vor dem Eingang des „Adelshofs" zu. „Befehlen Sie, eine Droschke zu bestellen für den Fall, daß Sie abends in den Zirkus zu fahren gedenken?"

Und mein Vater, der sich seiner Rolle als immer noch reicher Mann natürlich bewußt war, fühlte sich durch die Zurufe geschmeichelt und befahl zu warten, obwohl es vor dem „Adelshof" jederzeit mehr Mietkutscher gab, als gebraucht wurden, so daß es nicht den geringsten Sinn hatte, für deren Bestellung zu zahlen.

Hinter den Glastüren des Eingangs aber war es warm und dank den strahlenden Lampen anregend hell; man fühlte sich sogleich von all dem Wohltuenden, Herrschaftlichen umgeben, das guten alten provinziellen Gasthöfen für den Landadel nun einmal eigen war und bei Adelsversammlungen oder sonstigen Zusammenkünften zur Verfügung stand. Auf dem Korridor im ersten Stock aber, der in das Restaurant führte, hörte man laute Stimmen und Lachen; irgend jemand rief: „Michejitsch, so sag doch, hol's der Teufel, dem Grafen, daß wir auf ihn warten!" Auf der Treppe zum ersten Stock aber stießen wir auf einen Hünen in einem Pelz mit dem Fell nach außen, der an einen Bauern oder Lehensfürsten erinnerte; er stand plötzlich still, gab einen erstaunten Ausruf von sich, rollte heuchlerisch die kalten Habichtaugen und küßte meiner Mutter mit höfischer Galanterie die Hand; mein Vater ging sogleich auf seinen weltmännischen Ton ein und drückte ihm kräftig die Hand.

„Bitt schön, treten Sie näher, Fürst! Sie sind herzlichst willkommen!"

Den Korridor entlang aber kam rasch ein kurzbeiniger, ziemlich wohlgenährter junger Mann daher; in einem batistenen Russenhemd, mit glatt gekämmtem semmelblondem Haar und aufgerissenen, himmelblauen, ständig wie angeheiterten Augen, der uns heiser, aber lautstark, hastig und in übertrieben verwandtschaftlichem Ton (obwohl wir gar nicht verwandt waren) schon von weitem zurief: „Onkel, Teuerster, hundert Jahre nicht mehr gesehen! Da höre ich immerfort ‚Arsenjew, ein Arsenjew', weiß aber nicht, ob du gemeint bist. Guten Tag, liebe Tante", fuhr er fort, ohne Atem zu holen, und küßte Mutter so verwandtschaftlich die Hand, daß sie sich genötigt sah, ihm die Lippen auf die Schläfe zu drücken. „Guten Tag, Alexander", wandte er sich rasch an mich, wobei er wie immer meinen Namen verwechselte, „aber du bist ja ein richtiger strammer Bursche geworden! Ich, Onkel, weißt du, sitze hier schon den fünften Tag herum und warte auf diesen verdammten Kritschewski – der hat mir Geld für eine Einzahlung bei der Bank versprochen und ist dabei, weiß der Teufel wieso, nach Warschau entwischt; wann er zurück sein wird, weiß allenfalls Mordochai ... Hast du schon zu Mittag gegessen? Nein? Dann gehen wir doch hinunter, dort tagt gerade eine regelrechte Versammlung ..."

Und mein Vater gab ihm einen freundschaftlichen Kuß und lud ihn mir nichts, dir nichts, ja unerwartet für sich selbst, zum Mittagessen ein; er zerrte ihn in unser Zimmer und bestellte – äußerst angeregt – bei Michejitsch eine unwahrscheinliche Menge von Vorspeisen, Gerichten, Wodkas und Weinen. Wie schrecklich viel und gierig unser angeblicher Verwandter schlang und trank! Wie laut und unaufhörlich er redete, schrie, lachte und sich wunderte! Mir klingen bis auf den heutigen Tag sein heiseres Geschrei und seine aufbrausende Frage im Ohr: „Ja, glaubst du denn allen Ernstes, ich bin einer solchen Gemeinheit fähig, Onkel?"

Am Abend aber saßen wir alle im riesigen, eiskalten Zirkuszelt der Brüder Truzzi, wo es scharf und angenehm nach allem stank, wonach es in einem Zirkus nun einmal stinkt. Dann stürzten mit gellendem Papageiengeschrei zum Gelächter des Publikums Clowns in Pluderhosen, mit mehligweißen Gesichtern und flammend orangerotem Haar in die Arena und klatschten mit vorgetäuschter Tölpelhaftigkeit bäuchlings in den Sand, wonach schwerfällig ein alter Schimmel in der Arena auftauchte, auf dessen breitem, eingesunkenem Rücken eine mit Goldflitter übersäte kurzbeinige Frauensperson mit strammen rosa Schenkeln unter dem abstehenden Ballettröckchen stand und dahingaloppierte. Die Musik schmetterte unbekümmert: „Ach Weide, junge Weide, du grüne Weide mein", der Zirkusdirektor, ein schöner Mann mit schwarzem Bart, in Frack nebst Lackstiefeln und Zylinder, stand mitten in der Arena, drehte sich um seine eigene Achse und knallte bewundernswert mit der langen Peitsche, während das Pferd mit eigensinnig gebeugtem Hals in scharfem Galopp am äußersten Rand der Arena dahinjagte und die Frauensperson auf ihm abwartend federte und sich plötzlich mit kurzem, kokettem Aufschrei in die Luft schwang und knisternd eines der Papierschilder durchstieß, das ihr Stallmeister in kurzen Kamisolen entgegenhielten. Und wenn sie schließlich, bemüht, federleicht zu erscheinen, in den aufgewühlten Arenasand sprang, mit unüberbietbarer Grazie knickste und Kußhändchen warf, wobei sie geradezu unnachahmlich die Händchen in den Gelenken verdrehte und übertrieben kindlich unter dem stürmischen Beifall der Zuschauer in den Kulissen verschwand, riß die Musik plötzlich ab (obwohl die Clowns mit der Miene von obdachlosen Narren in der Arena durcheinandertappten und schnarrend verlangten: „Noch eine halbe Portion Kamarinskaja!"). Der ganze Zirkus verstummte in einem Wonneschauer: Die Stallmeister kamen mit erschreckender Eile in die Arena; sie zogen einen riesigen eisernen Käfig hinter sich her, während in den Kulissen plötzlich ein ungeheuerliches, dröhnendes Rülpsen erklang – als wäre jemandem entsetzlich schlecht, als müßte er sich übergeben; danach kam ein so gewaltiger, so königlicher Seufzer, daß das Zirkuszelt der Brüder Truzzi bis in die Grundfesten erbebte.

9

Wenn Vater und Mutter abgereist waren, brachen für mich in der Stadt gleichsam die Großen Fasten an.

Die Eltern machten sich aus irgendeinem Grunde meist samstags auf den Heimweg, so daß ich noch am selben Abend zum Gottesdienst in die kleine Kirche der Kreuzeserhöhung mußte, die in einer öden Quergasse in der Nähe des Gymnasiums lag.

Mein Gott, wie unvergeßlich sind mir die stillen und traurigen Abende unter dem düsteren, niedrigen Himmel im Spätherbst geblieben! Wie gewöhnlich waren wir lange vor Beginn des Gottesdienstes in der Kirche und warteten im Dämmerlicht in angespannter Stille. Wir waren allein bis auf ein paar dunkle, in den Ecken knieende Altefrauengestalten, und es war auch kein Laut zu hören außer ihrem Gebetsgeflüster und dem zagen Knistern der wenigen Kerzen und Öllämpchen vor dem Altar. Die Dämmerung verdichtet sich mehr und mehr, der verglimmende Abend hinter den schmalen Fenstern nimmt immer traurigere Töne von Blau und Violett an. Und schließlich hört man die weichen Schritte der Geistlichen, die in warmen Priestergewändern und hohen Gummigaloschen auf den Altar zustreben. Doch auch danach setzt sich die Stille, die Erwartung noch eine ganze Weile fort; hinter der mit roter Seide verhängten Zarenpforte, dem Haupteingang zum Altarraum, geht man hin und her und trifft geheimnisvolle Vorbereitungen; danach, wenn sie sich öffnet, was immer leicht überraschend und geheimnisvoll wirkt, ein langes, stummes Schwenken der Weihrauchgefäße vor dem Altar, bis schließlich der Diakon mit der zurückhaltend-feierlichen Aufforderung „Erhebet euch!“ an das Lesepult tritt und aus der Tiefe des Altarraumes eine demütig-traurige Stimme erwidert: „Ehre der heiligen, wesensgleichen, lebenspendenden und unteilbaren Dreieinigkeit!“, die von dem leisen, ihr angepaßten „Amen!“ des Chores überdeckt wird.

Wie mich das bewegt! Ich bin zwar noch ein Junge, ein Halbwüchsiger, aber zugleich mit einem angeborenen Sinn für all das ausgestattet, und habe diese Erwartung, diese den Gottesdienst vorwegnehmende, angespannte Stille so oft erlebt, so oft diese Ausrufe und das ihnen unverbrüchlich folgende „Amen“ gehört, daß das gleichsam ein Teil meiner Seele geworden ist, die jedes Wort der Liturgie nun schon im voraus errät und alles mit doppelter Bereitschaft, mit gesteigerter seelischer Empfänglichkeit aufnimmt. „Ehre der heiligen, wesensgleichen ...“, dringt die liebe, mir so vertraute Stimme leise aus dem Altarraum herüber, und ich stehe den ganzen Gottesdienst wie gebannt durch.

„O lasset uns anbeten, o lasset uns anbetend vor ihm niederfallen . . . Lobe den Herrn", höre ich sagen, während der Priester, dem ein Diakon mit einem Leuchter voranschreitet, leise in der ganzen Kirche umhergeht, sie schweigend mit einem Wölkchen von Wohlgeruch erfüllt, der aus dem Weihrauchgefäß in seinen Händen aufsteigt, und sich vor den Ikonen neigt; Tränen verschleiern meine Augen, denn ich weiß jetzt mit Gewißheit, daß es nichts Schöneres, nichts Erhabeneres auf Erden gibt und auch nicht geben kann; selbst dann nicht, wenn Glebotschka recht haben sollte, der die Meinung gewisser schlecht rasierter Zöglinge der oberen Klassen nachplappert, es gebe gar keinen Gott – ich kenne trotz allem nichts Schöneres auf der Welt als das, was ich empfinde, während ich bald diesen Ausrufen oder Gesängen folge oder zu den roten Flämmchen, die vor der mattgoldenen Wand des alten Ikonostas glimmen, aufblicke, bald zum heiligen Streiter für Gott, dem rechtgläubigen Fürsten Alexander Newski, der lebensgroß in voller Rüstung auf einem vergoldeten Pfeiler neben mir dargestellt ist – gottergeben und fromm die Hand an die Brust gelegt, zugleich aber die Augen kriegerisch und dennoch voller Ehrfurcht gen Himmel erhoben.

Und das geheiligte Mysterium nimmt seinen Fortgang und fließt dahin. Die Zarenpforte schließt sich oder tut sich auf – bald unsere Vertreibung aus dem verlorenen Paradies bezeichnend, bald einen völlig neuen Blick darauf eröffnend; es werden wunderbare Abendgebete verlesen, die das betrübliche Bewußtsein unserer irdischen Schwäche und Hilflosigkeit ausdrücken, unseres Trachtens, uns auf die Wege Gottes einzustellen; die Kirchengewölbe erhellen sich immer mehr und immer freundlicher durch die vielen Kerzen, die von der menschlichen Zuversicht auf die Wiederkehr des Heilands und die Erhellung ihrer Herzen durch die Hoffnung künden; zugleich mit diesem festen Vertrauen auf Gottes Großmut erklingen die irdischen Bitten um das große Vergeben: „Im Zeichen der Welt über uns und um der Errettung unserer Seelen willen ... Um des Friedens in aller Welt und des Gedeihens aller dem Herrgott geheiligten Kirchen willen ...“ Und danach aufs neue diese schwache, demütige, alles versöhnende Stimme: „Zumal dir, dem Vater, zugleich mit dem Sohne und dem heiligen Geist, aller Ruhm, alle Verehrung und alle Anbetung gebührt, heute und fürder und immerdar.“

Nein, das, was ich von den gotischen Domen und ihren Orgeln sagte, stimmt nicht; nie habe ich in diesen Kathedralen so geweint wie in der kleinen Kirche der Kreuzeserhöhung an jenen dunklen und trostlosen Abenden, da ich Vater und Mutter das Geleit gegeben hatte und unter ihre niedrigen Gewölbe wahrhaftig eintrat wie ins Elternhaus; in die Stille und Wärme ihres Halbdunkels; da stand ich denn in meinem langen Uniformmäntelchen, sackte immer mehr zusammen und lauschte dem traurig-demütigen „Gib, daß mein Gebet sich bessere“ oder dem lieblich-langsamen „O stilles Licht, heiliger Ruhm des unsterblichen, seligen Vaters im Himmel und Jesu Christi ...“ Ich klammerte mich in Gedanken bei den Worten „Nun, da die Sonne gen Westen sich neiget und ihr das Abendlicht erschaut“ an die Vision einer Art mystischen Untergangs, die in mir aufstieg, oder ich sank auf die Knie in jenem geheimnisvollen, traurigen Augenblick, da in der ganzen Kirche für kurze Zeit aufs neue tiefe Stille eintritt, die Lichter gelöscht werden und sie in alttestamentarische Finsternis versinkt, worauf gedehnt und behutsam, ja kaum vernehmbar, das ferne, gleichsam vormorgendliche „Ehre sei Gott in der Höhe und Friede auf Erden und den Menschen ein Wohlgefallen“ erklingt, mit einem leidenschaftlich-wehen und zugleich glücklichen dreifachen Schluchzen in der Mitte: „Sei gelobt, o Herr, und lehre mich, Rechtfertigung von dir zu erlangen!“

10

Weiter erinnere ich mich vieler rauher und grauer Wintertage, vieler dunkler und schlammiger Tauwettereinbrüche, während deren das russische Kreisstadtleben besonders bedrückend wirkte und alle Gesichter grämlich und nicht gerade wohlwollend dreinschauten. Nun, der Russe stand den Einwirkungen der Natur noch mit ziemlich vorsintflutlichen Mitteln gegenüber, und alles auf der Welt, die eigene Existenz einbegriffen, bedrückte ihn durch ihre Sinnlosigkeit.

Ich weiß noch, wie manchmal, undurchdringlich fürs Auge, wochenlang asiatische Schneestürme herüberwehten, in denen allenfalls noch die Glockentürme über der Stadt hervortraten. Ich denke an die Fröste zur Zeit der Heiligen Drei Könige zurück und erinnere mich der alten „Rus“, in der die Kälte „die Erde bis zu einem Sashen tief spaltete“: damals funkelte nachts über der weißen, völlig vom Schnee verwehten Stadt am rabenschwarzen Firmament das Sternbild des Orion; morgens aber glommen gleich Spiegelbildern zwei fahle, unheilverkündende Sonnen am Himmel, und die Stadt stieß aus all ihren Schornsteinen langsam beängstigend blutrote Rauchwolken hervor und knirschte oder kreischte in der harten, hallenden Regungslosigkeit der eisigen Luft von den Schritten der Fußgänger oder den Schlittenkufen. Während eines solchen Frosts erfror eines Tages auf den Treppenstufen vor der Kathedrale die närrische Bettlerin Dunja, die sich ein halbes Jahrhundert in der Stadt herumtrieb, und die Stadt, die sie ständig erbarmungslos verhöhnt hatte, bereitete ihr plötzlich eine Art Staatsbegräbnis ...

So sonderbar es auch klingt, gleich danach taucht in meinem Gedächtnis ein Ball im Mädchengymnasium auf, der erste Ball, den ich besuchte. Auch damals herrschte bitterer Frost. Als wir, Glebotschka und ich, nach dem Unterricht aus dem Gymnasium nach Hause zurückkehrten, schlugen wir absichtlich den Weg am Mädchengymnasium vorbei ein, in dessen Hof man die Schneemassen an der Zufahrt zum Vordereingang einebnete und mit zwei Reihen von ungewöhnlich dichten und frischen Tannenbäumen absteckte. Die Sonne neigte sich, alles wirkte sauber, jung und rosig – die verschneite Straße, die mit einer dicken Schneeschicht überzogenen Dächer, die Häuserwände, die golden wie Glimmer blinkenden Fensterscheiben und selbst die Luft, auch sie jung und kräftig, die Brust erfrischend. Uns entgegen strömten Schülerinnen des Mädchengymnasiums – in Pelzjäckchen und halbhohen Gummiüberschuhen, mit hübschen Mützchen oder Kapuzen auf dem Kopf und strahlenden Augen; manche von ihnen riefen uns im Vorübergehen freundlich zu: „Herzlich willkommen auf unserem Ball!“ Der Klang ihrer Stimmen erregte mich und weckte zum erstenmal in mir das Gefühl für jenes Besondere, das von diesen Pelzjäckchen, halbhohen Überschuhen und Kapuzen ausging, von diesen zarten, angeregten Gesichtern, den langen, bereiften Wimpern und den raschen, feurigen Blicken – lauter Gefühle, die mich später mit solcher Gewalt beherrschen sollten.

Nach dem Ball war ich lange berauscht von den Erinnerungen an ihn und an mich selbst, den eleganten, schmucken, leichtfüßigen, gewandten Gymnasiasten in seiner neuen blauen Uniform nebst weißen Handschuhen, der sich mit so freudig-selbstbewußter Herzenskühle auf dem Korridor und den Treppen herumtrieb, unentwegt am Büffet gekühlte Mandelmilch trank, auf dem mit einem atlasglänzenden Pulver bestreuten Parkett unter den Tanzenden hindurchschlüpfte, durch einen riesigen, vom perlmutterfarbenen Licht der Kronleuchter überfluteten und vom siegesgewissen Gedröhn einer Militärkapelle erfüllten weißen Saal; ich atmete all die parfümierte Hitze ein, mit der Bälle einen Neuling benebeln, und war bezaubert von jedem Schuhchen, jedem weißen Umhang, jedem schwarzen Samtbändchen um den Hals, von jeder Seidenschleife im Zopf, jeder jungen Brust, die bei dem beseligenden Schwindelgefühl, das sich nach einem Walzer nun einmal einstellt, heftig wogte.

II

Als ich in der dritten Klasse war, gab ich dem Direktor eines Tages eine freche Antwort, derentwegen man mich beinahe des Gymnasiums verwiesen hätte. Während einer Griechischstunde, als uns der Lehrer etwas erklärte und an die Tafel schrieb, sicher, gewandt und mit viel Vergnügen ob dieser Gewandtheit mit der Kreide auf ihr herumkratzte, überlas ich, statt ihm zuzuhören, eine meiner Lieblingsstellen aus der Odyssee – jene Stelle, wo Nausikaa mit ihren Mägden ans Meeresufer kommt, um das Gesponnene zu waschen. Plötzlich trat der Direktor ein, der die Gewohnheit hatte, auf den Gängen herumzuschnüffeln und durch die Türscheiben in die Klassen zu lugen, stieß geradeswegs auf mich zu, entriß mir das Buch und herrschte mich an: „Marsch, in die Ecke – da bleibst du bis ans Ende der Unterrichtsstunde!"

Ich erhob mich und gab erblassend zur Antwort: „Schreien Sie mich nicht an, und duzen Sie mich nicht! Ich bin kein kleiner Junge mehr!"

Nun ja, ein kleiner Junge war ich tatsächlich nicht mehr. Ich reifte geistig und körperlich rasch heran, ließ mich nicht mehr nur von Gefühlen leiten, sondern hatte gelernt, sie einigermaßen zu beherrschen, fand mich nach und nach in dem zurecht, was ich beobachtete und in mich aufnahm, und betrachtete allmählich meine Umgebung und meine Erlebnisse einigermaßen von oben herab. Ähnliches hatte ich bereits beim Übergang von der Kindheit zum Knabenalter erfahren. Jetzt erlebte ich es mit doppelter Stärke. Und wenn ich feiertags mit Glebotschka in der Stadt umherschweifte, bemerkte ich, daß mein Wuchs dem eines mittelgroßen Erwachsenen beinahe gleichkam und nur die jungenhafte Magerkeit, Schlankheit und Schmalheit sowie die frischen Farben des bartlosen Gesichts mich von den Vorüberkommenden unterschieden.

Anfang September jenes Jahres, in dem ich in die vierte Klasse versetzt wurde, wünschte überraschend einer von meinen Schulkameraden freundschaftliche Beziehungen zu mir aufzunehmen, ein gewisser Wadim Lopuchin. Er kam in der großen Pause auf mich zu, faßte mich unter, sah mir nichtssagend in die Augen und fragte: „Hör zu, möchtest du nicht unserem Zirkel beitreten? Wir haben da einen Kreis von Gymnasiasten aus Adelskreisen gebildet, um nicht mit irgendwelchen Archipows oder Sahussailows verwechselt zu werden. Verstehst du?"

Er war in jeder Hinsicht bedeutend älter als ich, schon weil er für jede Klasse zwei Jahre gebraucht hatte, von bereits jünglingshaft hohem und auch kräftigem Wuchs, dazu blond, helläugig und mit einem gerade erst sprießenden goldblonden Schnurrbärtchen ausgestattet. Man fühlte, daß er schon alles kannte, alles erfahren hatte, man spürte seine Verdorbenheit und auch, daß er damit zufrieden war – als Zeichen des guten Tons und seines Erwachsenseins; in den Pausen bewegte er sich mit seinem herrschaftlich-leichten, federnden und tänzelnden Gang rasch in der Schülerschar dahin, ungezwungen, ja lässig vorgeneigt, die Hände in den Taschen der weiten, bequemen Hosen, pfiff in einem fort vor sich hin und sah sich mit kalter, recht spöttischer Miene in der Umgebung um, trat gelegentlich, um ein wenig zu plauschen, nur an „Seinesgleichen" heran und nickte dem aufsichtführenden Lehrer, wenn er ihm begegnete, zu wie einem alten Bekannten. Ich begann damals die Leute schon einigermaßen genau anzusehen und zu beobachten, meine Sympathien oder Antipathien festzulegen und die Menschen in gewisse Arten einzuteilen, unter denen ich manche auf Lebenszeit hassen lernte. Zu ihnen gehörte auch Lopuchin. Dennoch fühlte ich mich geschmeichelt und ging auf seinen Vorschlag betreffs des Zirkels ohne weiteres ein, worauf er mir vorschlug, mich noch am selben Abend im Stadtgarten einzufinden.

„Erstens mußt du den und jenen von den Unseren näher kennenlernen“, sagte er, „und zweitens mache ich dich mit Nalja R. bekannt. Sie ist zwar noch Schülerin des Mädchengymnasiums und die Tochter äußerst hochnäsiger Eltern, hat aber schon dies und das hinter sich, ist mit allen Wassern gewaschen, verdammt gescheit, lustig wie eine Französin und bewältigt eine Flasche Champagner ohne fremde Hilfe. Dabei ist sie nur einen Arschin groß und hat Füßchen wie eine Fee . . . verstehst du?“ fragte er und sah mir in die Augen, wobei er aber wie immer an anderes dachte oder zumindest so tat.

Und gleich darauf, gleich nach diesem Gespräch, geschah mit mir etwas völlig Ungewöhnliches: Ich war zum erstenmal im Leben verliebt – in jene Nalja, von der ich mir nur nach den Worten Lopuchins eine Vorstellung machen konnte; meine Verliebtheit wies keinerlei Ähnlichkeit mehr auf mit jenem flüchtigen, leichten, geheimnisvollen und wunderschönen Gefühl, das mich seinerzeit beim Anblick Saschkas befallen hatte, ein wenig später auch bei der Begegnung des jungen Rostowzews mit einem Fräulein während unseres Spaziergangs anläßlich des Krönungstages des Zaren; jetzt war es bereits von etwas männlich Verlangendem, Körperlichem bestimmt. Wie mein Herz hämmerte, während ich auf den Abend wartete! Da ist es endlich, sagte ich mir. Aber was, was eigentlich? Es war die offenbar längst ersehnte schicksalhafte Schranke, die ich überschreiten mußte, die unheimliche Schwelle zu einem sündigen Paradies . . . Und mir schien, das würde sich noch am gleichen Abend vollziehen oder wenigstens seinen Anfang nehmen. Ich ging zum Friseur, ließ mir einen Igelschnitt machen, parfümierte das geschnittene Haar und fuhr mit einer ölig und süßlich stinkenden Bürste darüber hin, damit es ja recht hoch stand; ich brauchte fast eine Stunde, um mich zu waschen, anzuziehen und zurechtzumachen, und fühlte, als ich zum Stadtgarten ging, wie ich eiskalte Hände bekam, während meine Ohren flammten. Im Garten spielte wieder die Kapelle, die hohe, weit um sich sprühende Fontäne überrieselte die Umgebung mit kühlendem Wasserstaub, und in der frischen, erkaltenden Luft des feuerrot erlöschenden Herbsttages duftete es geradezu weiblich üppig nach Blumen; es hatten sich jedoch nur wenige Besucher eingefunden, und ich genierte mich desto mehr, vor aller Augen, abseits von den anderen, in diesem erlesenen „Kreis adliger Gymnasiasten“ einherzugehen und mit ihnen ein „Gespräch unter Adligen“ zu führen. Plötzlich stand ich wie vom Schlag gerührt da; durch die Allee kam uns – ein Spazierstöckchen in der Hand – rasch und mit kurzen Schritten ein kleines Wesen entgegen, halb Weib, halb Kind, sehr gut gewachsen und äußerst elegant und schlicht gekleidet. Als sie sogleich auf uns zutrat und, freundlich mit den Augen blitzend, uns allen mit dem kleinen Händchen im knappen schwarzen Handschuh die Hände drückte, darauflossprudelte und lachte, wobei sie ein paarmal kurz, aber neugierig zu mir hinüberblinzelte, empfand ich zum erstenmal lebhaft und mit sinnlichem Reiz all das Besondere, ja Erschreckende, das sich hinter lächelnden Frauenlippen, im kindlichen Klang ihrer Stimme, hinter den Rundungen von Frauenschultern, der Schmalheit der weiblichen Taille und all dem Unbeschreiblichen verbirgt, das selbst in ihrem Fußknöchel enthalten ist; und ich vermochte kein Wort hervorzubringen.

„Schleifen Sie ihn ein bißchen in unserem Sinne zurecht, Natalja“, sagte Lopuchin, wobei er mir ungeniert und ruhig zunickte und damit so schamlos und vielsagend auf etwas anspielte, daß mich innerlich ein heftiges Zittern befiel und ich beinahe mit den Zähnen geklappert hätte.

Zu meinem Glück reiste Natalja wenige Tage danach in die Gouvernementshauptstadt ab – dort war unerwartet ihr Onkel, unser Vizegouverneur, gestorben. Auch aus dem Zirkel wurde glücklicherweise nichts. Obendrein ereignete sich bald darauf in unserer Familie etwas Ungeheuerliches: Man verhaftete meinen Bruder Georgi!

12

Dieses Ereignis schmetterte selbst Vater nieder.

Heute kann man sich kaum noch vorstellen, wie sich der Durchschnittsrusse zu jemand verhielt, der es wagte, „sich gegen den Zaren aufzulehnen", der trotz der ununterbrochenen Jagd auf Alexander den Zweiten und selbst nach dessen Ermordung immer noch das „Ebenbild Gottes auf Erden" blieb und in den Hirnen und Herzen mystische Ehrfurcht genoß. Mit einem Anklang von Mystik wurde auch das Wort „Sozialist" ausgesprochen; doch das bedeutete einen schweren Schimpf und Schrecken, denn man verband mit diesem Wort die Vorstellung von allerlei Verbrechen. Als sich das Gerücht verbreitete, selbst in unseren Gegenden seien „Sozialisten" aufgetaucht, so die Brüder Rogatschow und die Fräulein Subbotin, war man bei uns im Hause so betroffen, als wäre in unserem Kreise die Pest oder ein biblisches Unheil ausgebrochen. Danach ereignete sich etwas noch viel Schlimmeres; es stellte sich heraus, der Sohn Alferows, unseres unmittelbaren Nachbarn, war plötzlich aus Petersburg verschwunden, wo er an der Militärmedizinischen Akademie studiert hatte; er wurde trotz des Bartes, den er sich zugelegt hatte, als gewöhnlicher Transportarbeiter an den Wassermühlen von Jelez entdeckt – in Bastschuhen und Hanfhemd; man erkannte ihn, überführte ihn der „Propaganda" – auch dieser Ausdruck hörte sich furchterregend an – und lieferte ihn in der Peter-Pauls-Festung ein. Unser Vater war nicht etwa unaufgeklärt oder gar rückständig und in keiner Hinsicht schüchtern; ich habe in meiner Kindheit oft genug gehört, mit welcher Kühnheit er Nikolai den Ersten gelegentlich Knüppel-Nikolai oder den Bourbonen nannte; aber ich hörte auch, wie feierlich und ebenso aufrichtig er gleich am Tage darauf sagte: „Der verewigte Zar und Kaiser Nikolai Pawlowitsch ..." Bei Vater hing alles von seiner Herrenlaune ab; was aber überwog denn nun bei ihm? Er zuckte denn auch selber verlegen mit den Schultern, als man den jungen, bärtigen Verladearbeiter „geschnappt" hatte.

„Der unglückselige Fjodor Michailytsch!" äußerte er entsetzt über dessen Vater. „Der Bursche wird vermutlich hingerichtet. Bestimmt", fuhr er mit seiner ständigen Leidenschaft für dramatische Situationen fort. „Und das mit Recht, mit vollem Recht! Der Alte tut mir ja sehr leid, aber viel Federlesens kann man seinetwegen nicht machen. Sonst brocken wir uns noch etwas wie die Französische Revolution ein! Wie recht ich doch hatte, als ich immer wieder sagte: Denkt an meine Worte – dieser engstirnige, finstere Dummkopf wird im Zuchthaus enden und zur Schande seiner ganzen Familie werden!"

Und plötzlich war über unsere Familie dieselbe Schande, dasselbe Unheil hereingebrochen! Wieso das, weshalb? Meinen Bruder konnte man schließlich beim besten Willen nicht als engstirnigen, finsteren Dummkopf bezeichnen. Dennoch erschien seine „verbrecherische Betätigung" noch unsinniger, noch unglaubhafter als die der Fräulein Subbotin, die zwar einem guten und auch begüterten Adelsgeschlecht angehörten, aber infolge ihrer Jungmädchentorheit von irgendwelchen Rogatschows aus dem Konzept gebracht sein mochten.

Worin die „Betätigung" meines Bruders bestanden und wie er seine Universitätsjahre eigentlich verbracht hatte, weiß ich nicht recht zu sagen. Ich weiß nur, daß diese „Betätigung" schon im Gymnasium unter Anleitung einer „höchst bemerkenswerten Persönlichkeit" begann, eines gewissen Seminaristen Dobrochotow. Aber was hatte mein

Bruder mit diesem Dobrochotow gemein? Wenn mein Bruder später von ihm erzählte, war er immer noch von ihm begeistert, unterstrich seinen „Rigorismus", seinen eisernen Willen, seinen „schonungslosen Haß gegen die Autokratie und seine selbstlose Liebe zum Volk"; aber wies mein Bruder auch nur einen dieser Züge auf, und wieso konnte er sich so mitreißen lassen? Offenbar nur infolge der ewigen Leichtfertigkeit und Begeisterungsfähigkeit, die den Adelsgeschlechtern eigen war und die Radistschews, Tschazkis, Rudins, Ogarjows und Herzen nicht verließ, auch als sie längst ergraut waren; weil die Charakterzüge Dobrochotows als erhaben und heroisch galten; und schließlich einfach darum, weil mein Bruder, sobald er an Dobrochotow zurückdachte, sich des ganzen glückseligen Feiertags erinnerte, in dem seine Jugend verlaufen war – an den Feiertag des Empfindens dieser Jugend, den Feiertag einer „verbrecherischen" und eben darum so schmeichelhaft gruseligen Zugehörigkeit zu allerlei geheimen Zirkeln, den Feiertag der Zusammenkünfte, der Lieder, der „zündenden" Reden, der gewagten Pläne und Unternehmungen ...

Ach, dieses ewige russische Verlangen nach der Feiertäglichkeit! Wie gefühlsbestimmt wir doch sind, wie sehr wir nach dem Genuß des Lebens dürsten – und nicht nur nach seinem Genuß, sondern geradezu nach einem Taumel; wie sehr uns doch der ständige Rausch, ja die Trunkenheit lockt, wie langweilig uns der Alltag und die planmäßige Arbeit dünken! Das Leben in Rußland war zu meiner Zeit ungewöhnlich großzügig, tätig, die Zahl der gesunden, starken, arbeitenden Menschen nahm immerfort zu. Aber bildete dabei nicht der alte Traum von den Flüssen, in denen Milch und Honig fließen, von der ungehemmten Freiheit und dem ständigen Feiertag eine der wichtigsten Ursachen der russischen revolutionären Gesinnung? Und was stellte überhaupt der russische Protestant, Aufrührer und Revolutionär dar, der der Wirklichkeit in grotesker Weise fremd war, ja sie verachtete und nicht im geringsten daran dachte, sich dem Verstand, der Berechnung, einer unauffälligen, geduldigen, alltäglichen Arbeit zu fügen? Was denn? Sich in der Kanzlei einer Gouvernementsverwaltung abrackern und einen kleinen Beitrag zum Allgemeinwohl leisten? Auf keinen Fall – „die Kutsche her, die Kutsche!"

Meinem Bruder sagte man sowohl im Gymnasium als auch an der Universität eine glänzende Zukunft als Wissenschaftler voraus. Aber was kümmerte ihn in jenen Jahren die Wissenschaft? Er mußte, sehen Sie, „dem privaten Leben völlig entsagen und sich einzig und allein dem unterdrückten Volk widmen". Er war ein herzensguter, edelmütiger, lebhafter junger Mann, aber hier betrog er doch sich selbst oder versuchte, genauer gesagt, von erklügelten Gefühlen zu leben, ja er tat es Tausenden von anderen gleich. Was hatte die Sprößlinge des Adels überhaupt dazu bewogen, „unter das Volk zu gehen", sich gegen sich selbst zu erheben, an all diesen Versammlungen, Diskussionen, Untergrundbewegungen, blutrünstigen Worten und Taten teilzuhaben? Im Grunde genommen blieben die Kinder Fleisch und Blut ihrer Eltern, Mark und Bein der Vorväter, die ihr Leben gleichfalls auf jegliche Art vertan hatten. Ideen hin, Ideen her – ich frage aufs neue, wie groß denn dabei das Bedürfnis nach fröhlichem Zeitvertreib und ganz gewöhnlichem Müßiggang unter dem Deckmantel einer rastlosen Betätigung war, der Selbstbetäubung durch allerlei Versammlungen, allerlei Lärm und Lieder, durch gefährliche Untergrundunternehmungen – und das auch noch Hand in Hand mit den hübschen Fräulein Subbotin –, durch die Träume von Haussuchungen und Gefängniskerkern, aufsehenerregenden Prozessen und gemeinschaftlichen Verfrachtungen nach Sibirien, zur Zwangsarbeit jenseits des Polarkreises! Was veranlaßte meinen Bruder, der sowohl das Gymnasium als auch die Universität nur dank seinen ungewöhnlichen Fähigkeiten glänzend absolviert hatte, das ganze Feuer seiner Jugend der „Untergrundtätigkeit" zu widmen? Das bittere Los Pilas und Syssoikos? Natürlich waren ihm immer wieder die Tränen in die Augen getreten, wenn er von ihrem Schicksal las. Aber wieso bemerkte er – gleich all seinen Mitstreitern – je weder einen Pila noch einen Syssoiko im wirklichen Leben, weder in Nowossjolki noch in Baturino? Er war in vielem, sehr vielem, der Sohn seines Vaters, der nicht umsonst nach zwei, drei Gläschen zu sagen pflegte: „Nein, das tut gut! Ich gieße mir gern einen hinter die Binde. Es ermuntert eben!"

Es ermuntert – diese Wendung war seinerzeit in den Schnapsbrennereien üblich, und wenn sich einer dies und das einverleibt hatte, wollte er damit sagen, er verspüre eine Art wohltuender Verjüngung oder Gärung, etwas Freudiges, etwas, das ihn von der Vernunft, dem Zwang des Alltags und dessen Ordnung befreite. Die Bauern meinten denn auch vom Wodka: „Ja, was denn? Er lokkert eben!" Das berühmte „Rußland hat am Trinken Spaß" war gar nicht so einfach abzutun, wie es zunächst schien. Hing dieser „Spaß" nicht auch mit dem Gottesnarrentum, der Landstreicherei, dem Eifern für Gott, der Selbstaufgabe und allerlei Meutereien zusammen? Ja selbst mit der erstaunlichen Bildhaftigkeit und dem Sprachgefühl, die der russischen Literatur soviel Ruhm eingebracht haben?

13

Mein Bruder hielt sich lange verborgen, wechselte in einem fort den Wohnsitz und lebte unter allerlei Decknamen. Als er dann glaubte, die Gefahr sei vorüber, kam er nach Baturino. Aber hier wurde er gleich am Tage darauf verhaftet; angezeigt hatte ihn der Verwalter eines unserer Gutsnachbarn.

Bemerkenswert ist, daß jener Verwalter am gleichen Morgen, an dem die Gendarmen in Baturino erschienen, von einem Baum erschlagen wurde, der auf seine Anordnung im Garten gefällt wurde. Und so blieb denn das Bild, das ich damals vor Augen hatte, für immer in meinem Gedächtnis: Der große, alte, schon herbstlich gelichtete Garten, malerisch entstellt durch den Herbstregen, die Stürme und die ersten Fröste, überschüttet von faulendem Laub, schwarz von den Stämmen und Ästen und gleichzeitig noch bunt von den Resten des gelben oder roten Blätterschmucks; dazu der frische, heitere Morgen, der blendende Sonnenschein, der über den Lichtungen flimmerte und sich in warmen goldenen Garben zwischen den Stämmen hindurch in die entferntere feuchte Kühle und den Schatten der tiefer gelegenen Gartenteile ergoß, über die Kreuzung zweier Alleen und den großartigen Ahorn hinweg, der sich an ihr breitmachte und vor dem hellen, noch etwas nebligen Morgenhimmel mit seiner riesigen, weitverzweigten Krone, dem schwarzen Geflecht seiner Äste, den hier und da noch erhaltenen großen, gezackten, zitronengelben Blättern und dem gewaltigen, von der Zeit versteinerten Stamm dastand, auf den, befriedigt ächzend, Bauern im bloßen Hemd und mit in den Nacken geschobenen Mützen einhieben und immer tiefer eindrangen, während der Gutsverwalter, die Hände in den Hosentaschen, zum Wipfel hinaufsah, der allmählich zu schwanken begann. Dachte er vielleicht darüber nach, wie geschickt er dem Sozialisten mitgespielt hatte? Der Stamm jedenfalls gab plötzlich ein Ächzen von sich, der Wipfel neigte sich überraschend vornüber und stürzte geräuschvoll und immer schneller, immer schwerer und schrecklicher, zwischen den Ästen der benachbarten Bäume hindurch geradeswegs auf ihn zu . . .

Ich habe mich später wiederholt auf diesem Gut aufgehalten. Es hatte einstmals meiner Mutter gehört. Vater, der das leidenschaftliche Bedürfnis hatte, alles rasch loszuwerden, hatte es längst verkauft und den Erlös verzehrt. Nach dem Tode des neuen Eigentümers ging es in die Hände einer gewissen „galanten Dame“ über, die in Moskau lebte, und verfiel immer mehr; das Land wurde an die Bauern verpachtet, während das Gutsgehöft dem Willen Gottes überantwortet blieb. Und ich bog oft genug zu ihm ab, wenn ich auf der Landstraße an ihm vorbeikam – es lag kaum weiter als eine Werst von ihr entfernt –, fuhr durch die breite Eichenallee, die zu ihm führte, gelangte auf den geräumigen Hof, ließ Pferd und Wagen vor dem Pferdestall stehen und ging zum Haus. Wieviel verlassene Gutshäuser und vernachlässigte Gärten gibt es doch in der russischen Literatur, und mit welcher Liebe werden sie jedesmal geschildert! Aus welchem Grunde fühlt sich die russische Seele so angezogen, so angeheimelt von der Verlassenheit, der Öde, dem Verfall? Ich ging also auf das Haus zu, dann in den Garten, der hinter ihm ragte. Die Pferdeställe, die Gesindehäuser, die Speicher und sonstigen Wirtschaftsgebäude, die sich um den leeren Hof hinzogen – alles war riesengroß und grau, verfiel, wie auch die Gemüsegärten und die Tennen, die sich dahinter erstreckten und in die Felder übergingen, verwilderten und von Unkraut und allerlei Strauchwerk überwuchert wurden. Das mit grauen Brettern verkleidete Holzhaus verfaulte nach und nach, wurde natürlich immer baufälliger und mit jedem Jahr zauberhafter; ich lugte schrecklich gern durch die Fenster mit den klein aufgegliederten Rahmen hinein ... Wie soll ich die Gefühle wiedergeben, die einen befallen, wenn man frevlerisch, ja gewissermaßen wie ein Dieb in ein altes, verlassenes Haus, in das lautlose, geheimnisvolle Heiligtum seines einstigen, erloschenen Lebens späht? Der Garten hinter dem Haus aber war selbstverständlich zur Hälfte abgeholzt, auch wenn ihn trotz alledem noch zahlreiche hundertjährige Linden, Ahorne, italienische Silberpappeln, Birken und Eichen zierten, die einsam und stumm ihr langes Dasein in diesem vergessenen Winkel zu Ende lebten, ihr ewig junges Alter verbrachten, dessen Schönheit in dieser Einsamkeit und Stille, dieser gesegneten, göttlichen Zwecklosigkeit noch zauberhafter wirkte. Der Himmel und die alten Bäume, deren jeder immer noch seinen Ausdruck, seine Silhouette, seine Seele, seinen Gedankentraum bewahrte – wie hätte man sich daran satt sehen können! Ich irrte lange unter ihnen umher, ohne den Blick von ihren unendlich vielfältigen Wipfeln, ihren Zweigen und ihrem Laub zu wenden, vom Wunsch beseelt, ihre Umrisse zu erfassen, zu begreifen und mir für immer einzuprägen, saß dann auf dem weitläufigen Hang hinter dem Garten und dachte über sie nach, inmitten mächtiger Eichenstümpfe, die roh und schwarz über dem zarten hohen Gras und den Feldblumen ragten, über den hellen Teichen, die, immer noch wasserreich, in der Erdschlucht am Fuße des Hangs blinkten ... Wie da die Seele dem Leben entsagte, mit welcher traurigen, aber wohltuenden Weisheit sie alles betrachtete, aus einer Art überirdischer Ferne ansah und auf die menschlichen „Dinge und Angelegenheiten" herabblickte! Und jedesmal kam mir dabei auch jener unglückselige Mensch in Erinnerung, der von dem alten Ahorn erschlagen worden war und zugleich mit ihm umkam, dazu das ganze unglückliche, unbewußt durch ihn verdorbene Leben meines Bruders mitsamt jenem weit zurückliegenden Herbstabend, an dem ihn zwei bärtige Gendarmen in die Stadt brachten, in eben jenes Gefängnis, an dessen Fenster mich seinerzeit der düstere Häftling so beeindruckt hatte, der durch das eiserne Gitter zur untergehenden Sonne schaute.

Vater und Mutter kamen noch am selben Tage in die Stadt gejagt, gleich hinter der auf Staatskosten eingesetzten Troika mit meinem Bruder. Mutter weinte nicht mal, ihre dunklen Augen funkelten nur – furchterregend. Vater war bemüht, weder mir noch ihr ins Gesicht zu sehen, rauchte in einem fort und wiederholte: „Unsinn! Diese alberne Geschichte wird bald geklärt sein ..."

Mein Bruder wurde noch am selben Tag nach Charkow gebracht, wo sich der Sitz jener Untergrundorganisation befand, der er angehörte, weshalb er auch verhaftet worden war. Wir fuhren zum Bahnhof, um ihm das Geleit zu geben. Ich glaube, ich war am meisten darüber verblüfft, daß wir, auf dem Bahnhof angelangt, in den Wartesaal dritter Klasse mußten, wo mein Bruder, von Gendarmen bewacht, auf seinen Zug wartete, ohne ungezwungen mit anständigen, freien Menschen beisammensitzen zu dürfen, um ein Glas Tee mit ihnen zu trinken oder Piroshki zu essen. Und kaum hatten wir den schauderhaften, von buntscheckigem Volk überfüllten und lauten Wartesaal betreten, krampfte sich mein Herz beim Anblick meines Bruders, seiner Arrestantenisoliertheit und Rechtlosigkeit zusammen. Auch er verstand das sehr wohl, empfand seine ganze Erniedrigung und lächelte verlegen. Er saß einsam im entferntesten Winkel neben dem Ausgang zum Bahnsteig, jugendlich liebenswert und mitleiderregend durch seine Magerkeit und seinen leichten grauen Anzug, über den der väterliche Waschbärpelz geworfen war. Um ihn herum herrschte Leere – die Gendarmen scheuchten in einem fort die Bauernweiber, Bauern und Kleinbürger zurück, die sich ringsum drängten und neugierig, voller Angst und Schrecken auf einen leibhaftigen Sozialisten starrten, der gottlob noch rechtzeitig ins Kittchen geraten war. Als besonders neugierig zeigte sich ein Dorfgeistlicher, groß von Wuchs, eine hohe Bibermütze auf dem Kopf und hohe, staubige Galoschen an den Füßen, der die aufgerissenen Augen nicht von meinem Bruder wandte und die Gendarmen hastig und geheimnisvoll mit Fragen überschüttete, die diese aber nicht beantworteten. Sie schauten zu meinem Bruder hin wie zu einem Jungen, der etwas angestellt hatte und den sie, ob sie nun wollten oder nicht, bewachen und an der befohlenen Stelle einliefern mußten; einer von ihnen sagte mit nachsichtigem, freundlichem Spott zu Mutter: „Machen Sie sich keine Sorgen, meine Dame! So Gott will, geht alles gut. Kommen Sie, setzen Sie sich zu ihm; wir haben bis zur Abfahrt des Zuges noch rund zwanzig Minuten Zeit. Mein Untergebener hier geht gleich hin, besorgt uns für unterwegs siedendes Wasser für einen Tee und kauft für ihn als Imbiß ein, was Sie befehlen. Sie haben gut daran getan, ihm einen Pelz mitzugeben – es wird im Wagen nachts recht kühl sein ..."

Ich weiß noch, daß Mutter hier endlich in Tränen ausbrach; sie setzte sich neben meinen Bruder auf die Bank und schluchzte, das Taschentuch vor dem Mund, während Vater nur schmerzhaft das Gesicht verzog, abwinkte und rasch davonging. Er vertrug kein Leid, keine Unannehmlichkeiten und beeilte sich, ihnen unwillkürlich – gleichsam instinktiv – auszuweichen; ja, er ging sogar einem einigermaßen bedrückenden Abschied aus dem Weg oder brach ihn überraschend ab, schob eiligst die Augenbrauen zusammen und murmelte, langer Abschied bedeute nur überflüssige Tränen. Jetzt eilte er zum Büffet, trank ein paar Gläschen Wodka und suchte nach dem Gendarmerieobersten des Bahnhofs, um ihn zu bitten, meinem Bruder die Reise in der ersten Klasse zu gestatten.

14

An diesem Abend verspürte ich weiter nichts als Fassungslosigkeit und Befremden. Aber dann brachte man meinen Bruder fort, und auch Vater und Mutter reisten ab. Ich brauchte eine geraume Weile, um mein neues Seelenleid zu überwinden.

Vater und Mutter machten sich aus irgendeinem Grunde gleich am folgenden Morgen auf den Heimweg. Die Sonne strahlte, wie das bei uns im Oktober öfter der Fall ist, aber selbst in der Stadt durchdrang einen der eisige Nordwind bis auf die Knochen, und alles erschien ungewöhnlich sauber, blank und weiträumig – die Straßenzüge, die

Ferne der menschlichen Umgebung, in der es gleichsam überhaupt keine Luft mehr gab; dazu der leuchtende Himmel, der hier und da grünlich zwischen den rasch dahinjagenden rauchgrauen, weißlichen Wolken aufblitzte. Ich begleitete die Scheidenden bis zum Kloster und dem Gefängnis, zwischen denen die schon überfrorene, steinhart gewordene Chaussee in die kalten und kahlen, von Sonne und Wolkenschatten gescheckten Felder hinausführte. Hier hielt die Reisekutsche. Die Sonne, die, während man sich reisefertig machte und abfuhr, bereits ein wenig höher gestiegen war, lugte alle Augenblicke hinter den Wolken hervor, doch ihr blendendes Licht wärmte nicht, und von Norden wehte es, kaum daß man auf den Feldern war, dermaßen kalt, daß der Kutscher auf dem Bock den Kopf einzog, während Vater, der im Pelz und mit Wintermütze dasaß, der Schnurrbart zerzaust wurde und ihm in die vom Winde flimmernden Augen Tränen traten. Ich stieg aus, und Mutter brach, während sie ihre warme graue Kapuze an mein Gesicht drückte, aufs neue in bittere Tränen aus, wogegen Vater mich nur hastig bekreuzte, mir die frierende Hand an die Lippen hielt und dem Kutscher zurief: „Abfahren!“

Die Kutsche mit dem halbaufgerichteten Verdeck polterte sogleich los, das mächtige graubraune Deichselpferd riß den Kopf hoch und brachte das Glöckchen unter dem Krummholz zum Klingeln, die fuchsbraunen Beipferde warfen die Kruppen hoch und verfielen einmütig in Galopp, während ich noch lange auf der Chaussee stehenblieb und dem Verdeck und den sich entfernenden Hinterrädern nachsah, den zottigen Fesseln des Deichselgauls, die rasch unter dem Wagengestell zwischen ihnen und den sich hoch und leicht zu beiden Seiten in die Luft schwingenden Hufeisen der Beipferde dahinstampften, wobei ich zerquält dem sich entfernenden Gewimmer des Glöckchens unter dem Krummholz lauschte. Ich hatte mein leichtes Uniformmäntelchen an, durch das der Wind pustete, stemmte mich mit der Schulter gegen ihn und erinnerte mich daran, was Vater am Abend zuvor im Hotelzimmer des „Adelshofs" beim Abendessen gesagt hatte, während er sich ein Glas Porter eingoß.

„Unsinn, Dummheiten!", meinte er überzeugt. „Was das schon ist! Nun gut, sie haben ihn verhaftet und schieben ihn irgendwohin ab, ja, sie verbannen ihn vielleicht nach Sibirien, sogar ganz bestimmt ... aber werden denn nicht wenige von ihnen dorthin verbracht, und inwiefern ist Tobolsk schlechter als ein Jelez, ein Woronesh? Überhaupt hat das alles nicht viel zu besagen! Dummheiten! Geht doch sowohl das Schlimme als auch das Gute vorüber, wie Tichon Sadonski meinte – es geht alles vorüber!"

Ich erinnerte mich dieser Worte und fühlte, daß sie mich keineswegs trösteten, ja sogar noch stärker bedrückten. Mag sein, all das waren tatsächlich Dummheiten, diese Dummheiten stellten jedoch mein Leben dar, und wieso empfand ich sie keineswegs als Dummheiten und mir keineswegs nur gegeben, damit alles spurlos vorübergehe und verschwinde? Lauter Belanglosigkeiten – und dennoch erschien mir die Welt, nachdem man meinen Bruder abtransportiert hatte, verödet, riesengroß, aber sinnlos, und ich fühlte mich so einsam und traurig, als hätte ich diese Welt schon verlassen, während ich doch eins mit ihr sein, sie lieben und mich ihrer erfreuen müßte! Wieso waren das Belanglosigkeiten, wenn sich herausstellte, daß ich diesen netten und bemitleidenswerten „Sozialisten" liebte und offenbar schon immer geliebt hatte, ihn, der gestern abend in der Bahnhofshalle als Arrestant in seinem grauen Jäckchen und dem darüber geworfenen Waschbärpelz gesessen hatte, ihn, den man irgendwohin verfrachtete, der Freiheit, des Glücks beraubte, von uns und seinem gewohnten Leben trennte? Alles auf der Welt schien unverändert und wie immer zu sein, alle fühlten sich frei und froh, nur er allein war der Freiheit beraubt und unglücklich. Da trabte, angetrieben von dem eisigen, stürmischen Wind, ein bescheidenes, von eigenen Sorgen bedrücktes rotbraunes Hündchen die Chaussee in Richtung der Stadt entlang; während mein Bruder fort war und in die endlose, einsame, strahlende südliche Ferne nach Charkow oder sonstwohin befördert wurde, bewacht von zwei bewaffneten Gendarmen und in einem verschlossenen Abteil. Da ragte seelenruhig im Schein der Sonne das gelbe Gefängnisgebäude und blickte mit den vergitterten Fenstern über die Chaussee hinweg zum Kloster hin, genauso furchterregend und abgesondert wie das Gefängnis, das ihn in Charkow erwartete; gestern noch hatte auch er hier, in diesem Gebäude, mehrere Stunden verbracht, aber jetzt gab es ihn hier nicht mehr – man fühlte nur noch einen traurigen Rest seiner einstigen Anwesenheit. Da schauten hinter der gezackten hohen Klostermauer wunderschön die mattgoldenen Kirchenkuppeln hervor, zwischen denen sich aber auch die schwärzlichen Äste der alten Friedhofsbäume abzeichneten, während er meine Freude über all diese Schönheit nicht mehr sah und nicht mehr mit mir teilen konnte … Das riesige, verschlossene Klostertor und seine Umrahmung waren mit zwei lebensgroßen, jenseitig abgezehrten hohen Geistlichen bemalt, das Epitrachilion um die Schultern, mit grünlichen, traurigen Gesichtern, mit langen, bis an die Erde reichenden Pergamentrollen in den Händen. Wie viele Jahre mochten sie schon so dastehen, und seit wieviel Jahrhunderten waren sie aus dieser Welt geschieden? Alles vergeht, alles entschwindet, es kommt die Zeit, da es auch uns nicht mehr geben wird – mich, Vater und Mutter, meinen Bruder –, während diese altrussischen Mönche, ihre geheiligten weisen Schriften in Händen, noch ebenso leidenschaftslos und traurig am Klostertor stehen werden … Und ich nahm die Mütze ab und bekreuzigte mich, mit Tränen in den Augen zum Klostertor gewandt, wobei ich immer lebhafter fühlte, daß ich mit jeder Minute mehr Mitleid mit mir selbst und mit meinem Bruder empfand – das heißt, ich liebte vor allem mich selbst, danach meinen Bruder und Vater und Mutter –, und flehte die heiligen Mönche inbrünstig an, uns zu helfen, denn das Leben auf dieser unverständlichen Welt bleibe, so schmerzhaft und traurig es auch sei, nun einmal wunderbar schön, und wir wünschten uns trotz allem leidenschaftlich, glücklich zu werden und einander zu lieben . . .

Ich machte mich auf den Heimweg, stand aber öfter still und blickte mich um. Der Wind schien zuzunehmen und noch kälter zu werden, doch die Sonne stieg höher und höher und strahlte; der Tag versprach heiter zu werden, verlangte Leben und Lebensfreude, und über allem – der Stadt, dem menschenleeren Stschepnaja-Platz, dem abgeriegelten und lautlosen Klostergebäude mit seiner hohen Mauer, dem Friedhofshain und den vergoldeten Kirchenkuppeln, über der grenzenlosen Weite der Steppe, wo die Chaussee dem durchsichtig-grünen nördlichen Erdenrand zustrebte, segelten am blaßblauen, klaren und strahlenden Herbsthimmel große und schöne, ins Violett schimmernde Wolken dahin; alles war hell und bunt, über alles zogen malerisch und flüchtig rauchgraue luftige Schatten dahin, die in einem fort mit dem Sonnenschein wechselten. Ich stand da, sah alledem zu und ging weiter . . . Wo bin ich nicht überall an diesem Tag gewesen!

Ich umkreiste die ganze Stadt. Dabei schlug ich zunächst den Weg über jene schwarze Vorstadt ein, der vom Stschepnaja-Platz zu den Gerbereien führte, überquerte auf der stark gewölbten, vor Alter halbzerfallenen Steinbrücke den übelriechenden Bach, der in den Fluß mündete und mit braunen, zum Anfaulen ausgelegten Häuten vollgestopft war, und stieg die gegenüberliegende Anhöhe zum Nonnenkloster hinauf – es strahlte mit seinen kreideweißen Mauern so richtig in der Sonne, während aus der Pforte neben dem Tor eine junge Nonne in derbem Schuhwerk und grober schwarzer Kleidung trat, aber von so subtiler, reiner, altrussischer ikonenhafter Schönheit, daß ich geradezu überwältigt war und erstarrte . . . Am Steilhang hinter der Kathedrale stand ich still und blickte auf die halbverfaulten Schindeldächer der Kleinbürgerhäuschen, die sich unten, entlang der Anhöhe am Fluß hinzogen, in ihre schmutzigen, kümmerlichen kleinen Höfe, wobei ich immerfort über das menschliche Leben nachdachte, über alles, was vergeht und sich wiederholt, daß es vermutlich auch schon vor dreihundert Jahren hier ebensolche schwarzen Schindeldächer und allerlei Unkraut gegeben habe, wie es auf Ödfeldern oder lehmigen Hügeln gedeiht, erblickte dann in Gedanken Vater und Mutter, die in ihrer Troika über die hellen, einsamen Felder dahinjagten, sah Baturino vor mir, wo mir alles so friedlich und anheimelnd vorkam, wenn auch natürlich tieftraurig und dennoch unsagbar lieb und tröstlich; ich sah meinen Bruder Nikolai und die schwarzäugige zehnjährige Olja, unsere geliebte Tanne vor den Saalfenstern und den leeren, herbstlich kahlen und trübseligen Garten, der nun schon im Schein der untergehenden Sonne, im stürmischen Wind daliegen mußte; ich strebte mit ganzer Seele dorthin, vergaß aber trotz all dieser Gedanken und Gefühle keinen Augenblick meinen Bruder Georgi. Ich schaute zum Fluß, der grau und leicht gekräuselt auf die gelben Felsen zustrebte, dann aber an ihrem Fuße nach Süden abbog und sich in der Ferne verlor; ich mußte aufs neue daran denken, daß es hier bereits zur Zeit der Petschenegen nicht anders gewesen war. Und ich vermied es, zum Stadtteil jenseits des Flusses, zu dem von roten Lichtern flimmernden Bahnhof an ihrem Rande zu blicken, von dem aus man meinen Bruder gegen Abend irgendwohin abtransportiert hatte, bemühte mich, die traurig-fordernden Lokomotivrufe zu überhören, die trotz des Windes in der eisigen Abendluft herüberdrangen. Wie qualvoll sich für mich alles, was ich an diesem seltsamen Tage sah und erlebte, mit dem Gedanken an meinen Bruder verband, vor allem aber wohl mit jenem Entzücken, mit dem ich mich der jungen Nonne erinnerte, die aus der Klosterpforte getreten war ...

Meine Mutter legte damals zur Rettung meines Bruders das Gelübde des immerwährenden Fastens ab, das sie denn auch ihr Leben lang einhielt, mit größter Strenge und bis zu ihrer Todesstunde. Und der Herrgott zeigte sich nicht nur gnädig, sondern belohnte sie auch alsbald: Mein Bruder wurde nach einem Jahr freigelassen und zu ihrer großen Freude für drei Jahre nach Baturino verbannt – „unter polizeilicher Aufsicht".

15

Ein Jahr darauf erlangte auch ich die Freiheit wieder. Ich verließ das Gymnasium und kehrte ins elterliche Haus zurück, um hier die ohne Zweifel erstaunlichsten Tage meines Lebens zu verbringen.

Es war bereits der Beginn meiner Jünglingsjahre, ein für jedermann einzigartiger Lebensabschnitt, für mich jedoch infolge gewisser persönlicher Eigenheiten ganz besonders, besaß ich doch zum Beispiel ein so scharfes Auge, daß ich alle sieben Sterne der Plejaden zu erkennen vermochte, ein Gehör, das mich das Pfeifen eines Murmeltieres auf den abendlichen Feldern eine Werst weit wahrnehmen ließ, dazu einen Geruchssinn, daß ich wie berauscht war, wenn ich den Duft von Maiglöckchen oder den eines alten Buches spürte.

Nicht nur, daß sich mein Leben äußerlich zu jener Zeit aufs neue grundlegend veränderte – es wurde zugleich von einem plötzlichen, wohltuenden inneren Umbruch begleitet, von einem Aufblühen, das mein ganzes Ich betraf.

Das Aufblühen eines Baumes im Frühling ist und bleibt erstaunlich. Und wie erstaunlich ist es erst in einem gleichmäßigen, beglückenden Frühling! Dann tritt all das, was ständig unsichtbar in ihm vor sich gegangen war, ans Tageslicht, und das auf besonders bezaubernde Art. Sieht man einen solchen Baum eines Morgens an, dann staunt man über die Unzahl von Knospen, die ihn über Nacht bedeckt haben. Und kurz darauf springen die Knospen auf und überziehen das schwarze Ornament der Äste plötzlich mit zahllosen grellgrünen Tupfen. Und schließlich zieht eine erste Wolke auf, man hört den ersten Donner, und der erste warme Regen ergießt sich über die Erde – und wiederum vollzieht sich ein Wunder: der Baum ist plötzlich so dunkel, so prächtig im Vergleich zu seinem gestrigen dürftigen Zustand geworden, hat sich mit seinem großblättrigen, leuchtenden Grün so dicht und umfassend bedeckt und prangt so schön und kraftstrotzend mit seinem jungen Laub, daß man einfach nicht seinen Augen traut ... Ähnliches vollzog sich damals auch in mir. Auch für mich brachen auf einmal zauberhafte Tage an:

Damals im Lenz – die Knospen sprangen,
die Wasser rauschten, Schwäne sangen –
erschien im goldnen Frühlingsstrahl
die Muse mir zum erstenmal ...*

Mir, dem Nachkommen „ruinierter Vorfahren", war nichts dergleichen zugefallen: weder die Lyzeumsgärten noch die Seen oder Schwäne von Zarskoje Selo. Doch die große und göttliche Neuheit und Frische, die Freude an „allen Eindrücken des Daseins", an den für ein jugendliches Herz immer und überall geheimnisvollen Erdschluchten, dem Leuchten, das aus der Stille der Gewässer heraufdringt, und die ersten, kläglichen, noch unbeholfenen, aber unvergeßlichen Begegnungen mit der Muse – all das wurde auch mir zuteil. Die Umgebung, in der ich, um mit Puschkins Worten zu reden, „erblühte", war den Parks von Zarskoje Selo in keiner Weise vergleichbar. Und dennoch – wie fesselnd, wie verwandt mir schon damals die Puschkinschen Verse über sie klangen! Wie lebhaft sie das Wesentliche dessen ausdrückten, das meine Seele erfüllte –

* Nachgedichtet von Theodor Commichau.

jene heimlichen Schwanengesänge, die sie gelegentlich so leidenschaftlich und anfeuernd erfüllten! War es am Ende nicht einerlei, was sie wachrief? Und was macht es schon aus, wenn ich all das damals nicht wiederzugeben und auszudrücken vermochte!

16

Alle menschlichen Schicksale fügen sich durch Zufall – sie hängen von den Schicksalen ab, die sie umgeben. So gestaltete sich auch das Schicksal meiner Jugend, das mein ferneres Leben bestimmte.

In alten Verszeilen heißt es:

Ich kehrte heim ins Haus der Väter,
beschenkt durch Steppeneinsamkeit,
gewohnten Kreis und Lebensäther,
der Seele Glut und Feurigkeit.

Warum war ich in dieses Haus zurückgekehrt, warum hatte ich das Gymnasium aufgegeben? Und wie wäre meine Jugend verlaufen, wie hätte sich mein Leben gestaltet ohne dieses auf den ersten Blick so unbedeutende Ereignis?

Mein Vater meinte gelegentlich, ich habe das Gymnasium aus unstatthaften, überraschenden, ja unsinnigen Gründen verlassen und mich dabei nur auf die „Sonderrechte des Adels" gestützt, wie er sich ausdrückte, schalt mich einen überspannten Halbwüchsigen und machte sich Vorwürfe, diesen meinen Eigenwillen geduldet zu haben. Doch er äußerte sich gelegentlich auch ganz anders – seine Urteile waren immer äußerst widerspruchsvoll –, so, wenn er meinte, ich habe durchaus „logisch" gehandelt – er sprach dieses Wort immer sehr deutlich und betont vornehm aus –, ich hätte so gehandelt, wie es meiner Natur entsprach.

„Nein“, sagte er, „Alexejs Berufung ist weder das Beamtentum noch überhaupt die Uniform oder die Gutswirtschaft, sondern die Poesie der Seele und des Lebens. Außerdem ist ja, gottlob, auch nichts mehr da, was man bewirtschaften könnte. So aber, wer weiß, ob nicht ein zweiter Puschkin oder Lermontow aus ihm wird?“

In der Tat widerstrebte mancherlei an mir dem staatlichen Schuldrill: sowohl die „Freiheit der Entscheidung“, die im alten Rußland keineswegs nur dem Adel zugebilligt wurde und von der ich viel in mir hatte, als auch die ererbten väterlichen Charakterzüge und meine Berufung „zur Poesie der Seele und des Lebens“, die sich schon damals deutlich abzeichnete, und schließlich der zufällige Umstand, daß mein Bruder nicht nach Sibirien, sondern nach Baturino verbannt wurde.

Ich war während des letzten Jahres meiner Zugehörigkeit zum Gymnasium überraschend erstarkt und herangereift. Bis zu diesem Zeitpunkt hatten in mir, wie ich glaube, die Charakterzüge meiner Mutter vorgeherrscht, während sich nun rasch die väterlichen in mir entwickelten – sein Lebensmut, seine Widerstandsfähigkeit gegenüber den Umständen, jene Empfindsamkeit, die auch er besaß, aber unbewußt immer rasch in seine starke, gesunde Hand zu bringen sich beeilte, seine unbewußte Beharrlichkeit im Streben nach dem Gewünschten und sein Eigensinn. Jenes im Grunde genommen recht Nebensächliche, das meinem Bruder widerfahren war und das unserer ganzen Familie damals so entsetzlich erschien, vermochte auch ich nicht so rasch zu überwinden, überwand es aber dann doch, ja, es ließ mich sogar reifen und weckte meine Kräfte. Ich fühlte, daß mein Vater recht hatte – „man darf nicht als Trauerweide dahinleben, das Leben bleibt trotz allem eine großartige Angelegenheit“, wie er sich gelegentlich im Rausch ausdrückte; und ich erkannte bereits bewußt, daß es etwas unwiderstehlich Wunderbares gab – die Möglichkeit der schöpferischen Gestaltung durch das Wort.

Und ich war fest entschlossen, koste es, was es wolle, in die fünfte Klasse zu gelangen, danach aber dem Gymnasium für immer Valet zu sagen, nach Baturino zurückzukehren und ein „zweiter Puschkin oder Lermontow", ein zweiter Shukowski oder Baratynski zu werden, denen ich mich eng und lebhaft verbunden fühlte, was ich, wenn ich nicht irre, gleich auf den ersten Blick erkannte, als ich von ihnen erfuhr und ihre Bildnisse gleichsam als Familienporträts betrachtete.

Den ganzen Winter über bemühte ich mich, ein arbeitsames, standhaftes Leben zu führen, während ich mich im Frühjahr nicht einmal dazu zu zwingen brauchte. Da war im Winter ohne Zweifel etwas in mir vor sich gegangen – vor allem in meiner körperlichen Entwicklung –, wie das wohl allen Halbwüchsigen überraschend geschieht, bei denen sich die Wangen plötzlich mit Flaum bedecken und Hände und Füße ungehörig wachsen. Nun, geradezu entstellt wirkte ich gottlob selbst in jenem Alter nicht, wenn auch ein goldener Flaum bereits meine Wangen überzog, die Augen sich kräftiger und tiefer blau färbten und das Gesicht, dessen Züge allmählich schärfer hervortraten, sich mit einer Art leichter, gesunder Sonnenbräune bedeckte. Auf meine Examina bereitete ich mich ganz anders vor als früher. Ich büffelte Tage hindurch, genoß sogar meine Unermüdlichkeit und Disziplin und fühlte mit Freuden all das Jugendliche, Gesunde und Reine, dank dem mich die Examina manchmal an die Karwoche erinnerten, an das Fasten, an die Kirchenbesuche, die Vorbereitung auf Beichte und Abendmahl. Ich schlief drei, vier Stunden, schnellte morgens munter aus dem Bett, wusch mich und zog mich besonders sorgfältig an, betete zu Gott in der Überzeugung, er werde mir unbedingt helfen – selbst bei den Aoristen –, und verließ mit unerschütterlicher Ruhe das Haus, all das in Kopf und Herz bewahrend, was ich mir tags zuvor angeeignet hatte, um es nunmehr sicher und lückenlos an zuständiger Stelle herzusagen und abzuliefern. Als aber diese Probe aufs Exempel glücklich vorüber war, erwartete mich eine weitere Freude: diesmal kamen weder Vater noch Mutter, um mich nach Baturino abzuholen; sie schickten einfach einen zweispännigen Wagen nach mir, wie nach einem Erwachsenen; der Wagen wurde von einem jungen und lachlustigen Gutsknecht kutschiert, mit dem ich mich unterwegs rasch anfreundete. In Baturino aber – es war ein großes und ziemlich wohlhabendes Dorf mit drei Gutsherrenhäusern, die sich in Gärten verbargen, mit mehreren Teichen und ausgedehnten Weiden – stand alles schon in Blüte und grünte, und ich fühlte oder erkannte plötzlich diese beglückende Schönheit, diese Üppigkeit und Farbigkeit des Grüns, den Wasserreichtum der Teiche, den Übermut der Nachtigallen und der Frösche, aber nun schon als Jüngling mit aller Kraft und Fülle meiner Sinne.

Im Sommer heiratete mein Bruder Nikolai; er war von Natur doch wohl der Nüchternste unter uns allen, bekam das Nichtstun am Ende satt und nahm die Tochter eines Deutschen zur Frau, des Verwalters eines Staatsgutes im Dorf Wassiljewskoje. Ich glaube, auch diese Heirat und das Fest, in das sie den ganzen Sommer für uns verwandelte, sowie die Anwesenheit einer jungen Frau im Hause förderten meine Entwicklung.

Bald danach tauchte überraschend auch mein Bruder Georgi in Baturino auf. Das geschah an einem Abend im Juni; auf dem Hof verspürte man bereits den Geruch des erkaltenden Grases, unser altes Haus stand mit seinen grauen Holzsäulen und dem steilen Dach in verträumter abendlicher Schönheit da wie auf einem idyllischen altmodischen Gemälde, alle saßen auf der Veranda, die auf den Garten ging, während ich ahnungslos über den Hof zum Pferdestall strebte, um einen Gaul zu satteln und auf der Landstraße zu reiten, als plötzlich vor unserem dörflichen Gartentor etwas Ungewöhnliches auftauchte: eine Mietdroschke aus der Stadt! Ich kann mich bis auf den heutigen Tag an jene Gefängnisblässe auf dem so vertrauten, zugleich aber völlig neuen, ja fremden Gesicht meines Bruders erinnern, die mich betroffen machte.

Es wurde einer der glücklichsten Abende im Leben unserer Familie und der Beginn jenes Friedens und Wohlergehens, das zum letztenmal für volle drei Jahre bei uns einkehrte – vor ihrem Ende, vor ihrer Auflösung.

17

Ich war schon im Frühling jenes Jahres nach Baturino gekommen, mit dem Gefühl, ein Jüngling zu sein. Im Sommer machte ich dann – fast schon als Freund – die Ausflüge meines Bruders Nikolai zu seiner Verlobten nach Wassiljewskoje mit und genoß deren ganzen Zauber: die dem Dreigespann überlassene Wahl der Gangart – zu früher Abendstunde, durch kleine Dörfer, durch immer dichter werdenden Roggen, bei den Kuckucksrufen in einem fernen Birkenhain, der noch von frischem Gras und Blumen strotzte; beim Anblick der phantastischen Wolkengebilde im goldenen Westen, den unterschiedlichen Abendgerüchen des großen Dorfes, das unser Ziel war, der Bauernhäuser und Gärten, des Flusses und einer Schnapsbrennerei, der Gerichte, die im Hause des Verwalters zum Abendessen zubereitet wurden, bei den schrillen, aufreizenden Tönen eines Aristons, auf dem uns seine kleinen Töchter dies und das vorspielten; dazu die westfälischen Landschaften an den Wänden, die riesigen Sträuße dunkelroter Päonien auf den Tischen und all die fröhliche deutsche Treuherzigkeit, mit der man uns in diesem Hause umgab, nebst der sich immer mehr vertiefenden verwandtschaftlichen Nähe dieses großgewachsenen, ein wenig mageren und unschönen, aber doch sehr lieben Mädchens, das im Begriff stand, Mitglied unserer Familie zu werden, und bereits „du" zu mir sagte.

Den Schaffner oder Marschall bei dieser Trauung konnte ich noch nicht abgeben, doch auch die Rolle eines jugendlichen Brautbegleiters, die ich übernommen hatte, stand mir nicht mehr recht an, als ich der Braut, in eine neue, blendende Uniform gezwängt, mit weißen Handschuhen, Pomade im Haar und strahlenden Augen, die weißen Atlasschuhe über die aalglatten Seidenstrümpfe streifte, um sie darauf in einem geschlossenen, mit einem starken Grauschimmelpaar bespannten Wagen nach Snamenje zu begleiten. Es hatte Tag für Tag geregnet, die Pferde jagten dahin und warfen bläuliche Schwarzerdeklumpen nach allen Richtungen auseinander, der schwere, mit Feuchtigkeit übersättigte Roggen neigte die nassen graugrünen Ähren bis über die Landstraße vor, die niedrig stehende Sonne blitzte in einem fort durch die schauerartigen, goldfunkelnden schweren Regengüsse auf – das verhieß, so wurde behauptet, eine glückliche Ehe; die mit Regentränen wie mit funkelnden Diamanten übersäten Fensterscheiben waren hochgezogen, man fühlte sich in der Kutsche beengt, war selig berauscht von dem Parfüm der Braut und all dem Prächtigen und Schneeweißen, das sie verhüllte, schaute ihr in die verweinten Augen und umklammerte ungeschickt das neu mit vergoldetem Metall eingefaßte Heiligenbild, mit dem sie gesegnet worden war. Während der Trauung aber empfand ich zum erstenmal all das Wunderbare, Alttestamentarische, das sich in diesem freudigen Sakrament verbirgt und besonders schön in einer Dorfkirche wirkt, unter ihrem bescheidenen, aber festlich erhellten Kronleuchter, bei den nicht eben harmonischen, dafür aber lauten und jubelnden Ausrufen der dörflichen Klerusgehilfen und den offenstehenden Kirchentüren, durch die man den grünlichen Abendhimmel erblickte und vor denen sich eine Schar verzückter Weiber und Mädchen drängte. Als aber jenes Neue und anscheinend Glückverheißende, das mit dem jungen Ehepaar in unser Haus einzog, durch die unvermutete Ankunft meines

Bruders Georgi gekrönt wurde und unsere ganze Familie wieder beisammen und vollauf zufrieden war, erschien mir der Gedanke an die Rückkehr ins Gymnasium absurd.

Im Herbst kehrte ich in die Stadt zurück und nahm den Gymnasiumsbesuch wieder auf, sah mir aber die Schulaufgaben kaum noch an und weigerte mich immer häufiger, die Fragen der Lehrer zu beantworten, die sich meine Berufung auf Kopfschmerzen mit giftig-höflicher Unerschütterlichkeit anhörten und genießerisch eine Fünf eintrugen. Ich streifte, um die Zeit totzuschlagen, in der Stadt und ihren Vororten umher, sah im Saretschje, dem Stadtteil jenseits des Flusses, der Ankunft oder der Abfahrt der Züge im Bahnhof zu, inmitten des Gedränges und der Hast der Zugereisten oder Abreisenden, beneidete alle, die sich aufgeregt und mit vielem Gepäck einen Platz in einem Kurswagen sicherten, und erstarrte, wenn der riesige Bahnhofsportier in seiner langen Livree mitten in den Wartesaal trat und mit tiefem, majestätischem Baß und gedehnter, für den Reisenden bestimmter Artikulation, ja mit drohender, herber Traurigkeit verkündete, wohin der oder jener Zug abfahren werde ... So verbrachte ich die Zeit bis zu den Weihnachtsferien. Kaum aber begannen sie, stürzte ich Hals über Kopf nach Hause, hatte in fünf Minuten gepackt und verabschiedete mich knapp von den Rostowzews und Glebotschka, der auf ein Pferdegespann aus seinem Dorf warten mußte, während ich über Wassiljewskoje mit der Eisenbahn fuhr; ich ergriff mein Köfferchen und eilte auf den ersten besten Mietkutscher und seinen vereisten Schlitten zu mit dem irrsinnigen Gedanken: Ade für immer, Gymnasium! Die zottige Mähre legte sich ins Zeug, der Schlitten jagte dahin und wurde an jeder Kehre bald nach der einen, bald nach der anderen Seite hinausgetragen, der eiskalte Wind zauste an meinem hochgestellten Uniformkragen und überschüttete mein Gesicht mit harschem Schnee, während die Stadt im düsteren Dämmerschein des Schneegestöbers versank und mein Herz vor

Freude stockte. Ich mußte infolge der Schneeverwehungen gute zwei Stunden auf dem Bahnhof warten, aber dann war es soweit ... Ach, diese Schneeverwehungen, dieses Rußland, die Nacht, der Schneesturm und die Eisenbahn! Wie glücklich ich war – über den völlig mit Schneestaub überzogenen Zug, die Wärme, ja Hitze im Wagen, die Behaglichkeit, das rätselhafte Stuckern irgendwelcher Hämmerchen im glühenden Ofen; draußen aber Frost und undurchdringlicher Schneesturm, dazu Glockenzeichen, Lichter und Stimmen auf irgendeinem Bahnhof, von dem wegen des von unten und von den Dächern her wirbelnden Pulverschnees kaum etwas zu erkennen war; danach wieder ein verzweifelter Aufschrei der Lokomotive ins Dunkel, in die brodelnde Ferne, ins Ungewisse hinaus und das Anrucken des sich erneut in Bewegung setzenden Wagens, an dessen vereisten, wie von Brillanten übersäten Fenstern die sich entfernenden Bahnsteiglichter vorüberziehen; und wieder Nacht, Einsamkeit, Schneegestöber, das Heulen des Windes im Ventilator, du aber sitzt ruhig und warm im Halblicht der Laterne hinter der blauen Gardine und beim immer schneller werdenden schaukelnden Dahineilen auf den mit Samt überzogenen Sprungfedern deines Sofas, das ständig weiter ausgreifende Pendeln deines Pelzes vor den schläfrigen Augen.

Von unserem Bahnhof bis Wassiljewskoje waren es noch ungefähr zehn Werst, und ich kam mitten in der Nacht an; draußen stürmte und schneite es dermaßen, daß ich mich genötigt sah, mich im kalten, nach trüben Petroleumlampen stinkenden Wartesaal auszustrecken, dessen Türen in der nächtlichen Verlassenheit besonders laut klappten, wenn die dick eingemummten, verschneiten Güterzugschaffner mit ihren blakenden roten Laternen in den Händen eintraten oder gingen. Indessen hatte auch das seinen Reiz. Ich rollte mich auf einem kleinen Sofa im Damensalon zusammen, wo ich zwar fest einschlief, aber alle Augenblicke von der ungeduldigen Erwartung des Morgens, dem Toben des Schneesturms und rauhen Stimmen wach wurde, die durch das gluckernde Geräusch einer brodelnden Lokomotive eindrangen, welche mit offenem, feuerspeiendem Zugloch unmittelbar vor den Fenstern hielt. Und ich kam endgültig zu mir und sprang im rosigen Schein eines ruhigen Frostmorgens mit geradezu animalischer Munterkeit auf.

Eine Stunde danach war ich bereits in Wassiljewskoje, saß im wohlgeheizten Haus unseres neuen Verwandten Wiegand beim Kaffee und wußte nicht, wohin ich vor beglückender Verlegenheit blicken sollte: Den Kaffee schenkte mir Annchen ein, seine blutjunge Nichte aus Reval.

18

Unser Gutsgehöft Baturino war – besonders in diesem Winter – wunderschön. Die steinernen Pfeiler an der Einfahrt, der schneeweiß überzuckerte, am Rande der Verwehungen von Schlittenkufen zerfurchte Hof, die Stille, die Sonne, die in der klaren Frostluft besonders verlockenden Küchengerüche, dazu die anheimelnden Spuren im Schnee, die von der Herrschaftsküche zum Haus, von den Gesindeunterkünften zu den umzäunten Teilen für das Vieh, dem Pferdestall und den sonstigen Diensten um den Hof herumführten. Die Stille und das Glitzern, das Weiß der durch den Schnee verdickten Dächer, der winterlich zusammengeschrumpfte, im Schnee versinkende, sich mit dem rötlich-schwarzen, kahlen Geäst abzeichnende Garten, den man von zwei Seiten hinter dem Haus erblickte, unsere geliebte, beinahe heiliggehaltene hundertjährige Tanne, deren schwarzgrüne Spitze bis in den lichtblauen Himmel ragte, hinter dem steilen, an einen verschneiten Gebirgskamm erinnernden Dach, zwischen zwei Schornsteinen, aus denen unentwegt hohe Rauchsäulen stiegen. Auf den von der Sonne erwärmten Dachgiebeln über den Hauseingängen schmiegen sich behaglich die sonst so geschwätzigen, jetzt aber sehr stillen, an Nonnen erinnernden Dohlen aneinander; mit gleichsam zusammengekniffenen Augen blinzeln die altmodischen Fenster mit den vielen kleinen Quadraten ihres Rahmenwerks einladend in die blendende, fröhliche Helligkeit und zu dem bunten Farbenspiel der vereisten Schneedecke hinüber. Man steigt, mit den gefrorenen Filzstiefeln knarrend, über den festgetretenen Schnee die Stufen zum rechten, dem Haupteingang hinauf, passiert das Wetterdach, klinkt die schwere, altersgeschwärzte Eichentür auf und betritt den langen, dunklen Flur. In der Gesindestube mit der grobgeschnitzten großen Truhe am Fenster ist es noch reichlich kühl, und das Licht wirkt bläulich – die Sonne schaut hier kaum herein, denn das Fenster geht nach Norden –, aber die kupferne Ofenklappe dröhnt, summt und klirrt. Rechts zieht sich ein düsterer Korridor zu den Wohnzimmern hin, ihm genau gegenüber erblickt man die ebenfalls geschwärzten hohen Eichentüren zum Saal. Im Saal wird nicht geheizt, dort herrschen Weiträumigkeit und Kälte, dort frieren an den Wänden die auf Holz gemalten, dunkelgesichtigen Porträts meines Großvaters in Lockenperücke nebst dem des stupsnäsigen Zaren Pawel in einer Uniform mit roten Aufschlägen und erstarrt ein Haufen anderer altertümlicher Bildnisse oder auch Leuchter zu Eis, die in der kleinen, längst nicht mehr benutzten Servierstube gestapelt sind, und durch deren zur Hälfte verglaste Tür zu lugen uns in der Kindheit ein so geheimnisvolles Vergnügen bereitete. Dafür ist der ganze Saal von Sonne überflutet, und auf den glatten, erstaunlich breiten Dielenbohlen schimmern und zergehen violette oder granatrote Tupfen – die Reflexe der bunten Fenster-Oberlichter. Durch das Fenster seitlich links, das ebenfalls nach Norden geht, lugen die schwarzen Äste einer riesigen Linde herein, während man durch die besonnten Scheiben gegenüber der Tür den Garten mit den Schneeverwehungen erblickt. Das mittlere Fenster ist durch jene riesige Tanne verstellt, die selbst die Schornsteine des Hauses überragt: Hinter diesem Fenster streckt sie ihre prächtigen, verschneiten Zweige aus. Wie unsagbar schön war sie in einer mondhellen Frostnacht! Man tritt ein – kein anderes Licht als der helle Mond hoch oben über den Scheiben. Der Saal liegt einsam, majestätisch, gleichsam von feinstem Nebel erfüllt, während sie sich in ihrem dichten und üppigen Nadelkleid, wenn auch vom Trauergewand des Schnees überzogen, königlich mit ihrem Wipfel in das reine, durchsichtige, bodenlose und kuppelförmige Blau erhebt, in dem weißlich oder silbrig das weitläufige Sternbild des Orion strahlt und weiter unten, in der hellen Leere des Horizonts, gleich einem himmelblauen Diamanten grell der majestätische Sirius funkelt, der Lieblingsstern meiner Mutter... Wie oft bin ich in diesem Mondnebel über die langen Schattengitter der Fenster geirrt, die den Fußboden überzogen, wieviel jugendliche Träume habe ich dabei überdacht, wieviel vornehm-stolze Dershawinsche Verse vor mich hin gemurmelt:

„Im dunkelblauen Himmelsäther
schwamm gülden-klar der Mond dahin,
erleuchtete mein Heim von draußen
und überzog mit mattem Strahl
den Lackfußboden meines Hauses
mit goldenem Zierrat überall...“

Wunderbar waren auch die neuen Gefühle, mit denen ich meinen ersten Winter in diesem Hause zubrachte. Er ging in endlosen Spaziergängen und Unterhaltungen mit meinem Bruder Georgi hin, die mich ungemein rasch förderten, in Ausflügen nach Wassiljewskoje und der Lektüre der Dichter aus den Tagen Dershawins und Puschkins. In unserem Baturinoer Heim gab es kaum Bücher. Aber dann verfiel ich darauf, öfter nach Wassiljewskoje zu fahren, in das Gehöft unserer Cousine, das auf einer Anhöhe gegenüber jenem staatseigenen Gut und der Schnapsbrennerei lag, die von Wiegand verwaltet wurden. Die Cousine war mit einem Pissarew verheiratet, und wir hatten uns jahrelang nicht in ihrem Hause gezeigt; der alte Pissarew, ihr Schwiegervater, war – im Gegensatz zu seinem Sohn – ein ungewöhnlich seriöser Mann, mit dem sich mein Vater selbstverständlich zerstritten hatte. In jenem Jahr erneuerten sich jedoch die Beziehungen zwischen unseren Häusern – der Alte war gestorben –, und ich durfte mich nach Belieben in der Bibliothek umtun, die er in seinem langen Leben zusammengetragen hatte. Dort fanden sich zahlreiche wunderbare Bücher in dicken Einbänden aus dunklem, goldbraunem Leder, mit goldenen Sternchen auf den Buchrücken – so Sumarokow, Anna Bunina, Dershawin, Batjuschkow, Shukowski, Wenewitinow, Jasykow, Koslow und Baratynski . . . Wie bezaubernd waren allein die romantischen Vignetten – all diese Leiern, Urnen, Helme und Kränze –, dazu die Schriftzeichen, das rauhe, meist bläuliche Papier, der saubere, gefällige Satz, der Adel, der hohe Stil all dessen, was auf diesem Papier gedruckt stand! Mit diesen Bändchen sind meine ersten Jugendträume verknüpft, das unüberwindliche Verlangen, selber etwas zu schreiben, die ersten Versuche, es zu befriedigen, der Wollust der Phantasie zu genügen. Sie, die Phantasie, bewirkte in der Tat Wunder. Wenn ich las: „Zum Schlachtgetümmel eilt der junge Sänger" oder „So rausche, rausch, du grauer, / du alter Wasserstrahl zu Tal", oder auch: „Inmitten der grünen Fluten, / die die Tauris umgaukeln, / sah ich beim Morgenrot / eine Nereide in ihnen schaukeln", dann sah und fühlte ich sowohl bei diesem Sänger als auch beim „alten Wasserstrahl" und den grünen Fluten, dem Morgen am Meer und der nackten Nereide, daß ich singen, schreien, lachen und weinen mußte . . . Ich staune nur über das Kindische, Belanglose all dessen, das meiner Feder zu jener Zeit entfloß!

Wunderbar war auch meine erste Liebe, die den ganzen

Winter über anhielt und mir das Leben verschönte. Annchen war ein schlichtes junges Mädchen und weiter nichts. Aber ging es denn um sie? Zudem erwies sie sich als ständig wohlgelaunt, freundlich und herzensgut und gestand vertrauensselig: „Sie, Aljoschenka, gefallen mir sehr, Sie haben leidenschaftliche und reine Gefühle!" Diese Gefühle flammten natürlich im Nu auf. Ich brannte lichterloh beim ersten Blick auf sie, als sie mich mit der Frische ihrer deutschen Adrettheit in einem koketten rosa Kleidchen mit all dem Liebreiz ihrer Jugend empfing und mir, dem auf der Fahrt vom Bahnhof Durchfrorenen, in Wiegands von der winterlichen Morgensonne rosig erhelltem Speisezimmer einen Kaffee einschenkte. Kaum hatte ich ihre vom Waschwasser noch kalte Hand gedrückt, zuckte mein Herz zusammen, und ich wußte: Da, da ist es! Ich fuhr, restlos beglückt, nach Baturino weiter: die Wiegands sollten am zweiten Weihnachtstag zu uns kommen. Und sie kamen auch, erfüllten das ganze Haus im Handumdrehen mit ihrer geräuschvollen deutschen Fröhlichkeit, ihrem unmotivierten Lachen, allerlei Späßen und der Festtagsstimmung, mit der Gäste auf dem Lande, zumal im Winter, nun einmal hereinzuschneien pflegen, nachdem sie im Flur ihre frostüberzogenen, kalten, charakteristisch riechenden Pelze, Überschuhe oder Filzstiefel abgelegt haben! Abends stellten sich dann weitere Gäste ein, und alle (ausgenommen die Alten) beschlossen natürlich, auf verschiedenste Art vermummt, in die benachbarten Gutsgehöfte zu fahren. Man staffierte sich geräuschvoll aus, wie sich's gerade traf, am häufigsten als Bauer oder Bäuerin; mir kräuselte man kräftig das Haar, schminkte mein Gesicht kreideweiß oder rot, versah mich mit Hilfe des unvermeidlichen angesengten Korkens mit dem ebenso unvermeidlichen schwarzen Schnurrbärtchen und trat in geschlossenem Haufen auf die Veranda hinaus, vor der bereits in der Finsternis mehrere Schlitten warteten – teils solche mit Bänken, teils gewöhnliche Bauernschlitten; man setzte sich also zurecht und jagte, lachend und lärmend, beim Klang der Glöckchen über die frischen Schneewehen dahin. Ich befand mich natürlich mit Annchen in einem der Bauernschlitten ohne Bank. Wie könnte ich dieses winterliche Glöckchengeklingel vergessen, diese tiefe, in den einsamen, verschneiten Feldern versinkende Nacht, all dieses Ungewöhnliche, Winterliche, Graue, Weiche und Unbestimmbare, in das zu nächtlicher Stunde der Schnee mit dem niedrigen Himmel zusammenfließt, während man immerfort irgendwelche Lichter zu erkennen glaubt, als sähe man die Augen von unbekannten, nächtlichen, winterlichen Ausgeburten vor sich auftauchen. Wie könnte ich die Schneeluft über den nächtlichen Feldern vergessen, das Frösteln unter dem Waschbärpelz und in den viel zu leichten Stiefeln, als ich zum erstenmal im Leben die aus den pelzgefütterten Handschuhen befreiten Mädchenfinger in meine heißen jungen Hände nahm und nur Annchens Augen liebevoll durch das Halbdunkel entgegenschimmerten.

19

Danach aber kam das Frühjahr, das ungewöhnlichste in meinem ganzen Leben.

Ich erinnere mich noch heute daran, als wäre es erst gestern gewesen; Olja und ich saßen in ihrem Zimmer, dessen Fenster auf den Gutshof ging. Es war gegen fünf Uhr, an einem sonnigen Märzabend. Unerwartet trat, den Halbpelz zuknöpfend, rüstig wie stets, der Vater ein – sein Schnurrbart war inzwischen ergraut, aber er hielt sich noch recht tapfer; er sagte: „Ein Eilbote aus Wassiljewskoje ... Pissarew scheint eine Art Schlaganfall erlitten zu haben. Ich fahre sogleich zu ihm – kommst du mit?"

Ich erhob mich, überrascht von dem Glück, so unverhofft nach Wassiljewskoje zu gelangen und Annchen wiederzusehen, und wir fuhren sogleich los. Zu unserer Verwunderung trafen wir Pissarew gesund und munter an, er staunte selber darüber und konnte nicht recht verstehen, was ihm da zugestoßen war. „Du solltest nicht soviel trinken", sagte Vater im Flur zu ihm, als wir uns tags darauf verabschiedeten. „Ach was, Lappalien!" entgegnete Pissarew und lächelte Vater spöttisch mit seinen Zigeuneraugen an, während er ihm in die Pelzjacke half; ich sehe ihn noch heute vor mir – schlank, brünett, schwarzbärtig, in einem roten, über das Beinkleid fallenden seidenen Russenhemd, in leichten schwarzen Pluderhosen und roten, silberbestickten Hausschuhen. Wir kehrten beruhigt heim, doch bald darauf setzte die Schneeschmelze ein, und die war so gewaltig und unaufhaltsam, daß unsere Verbindung mit Wassiljewskoje für annähernd vierzehn Tage völlig abriß. Am Ostersonntag war es dann überall wieder trocken, und die Weidenbüsche und Allmenden überzogen sich mit Grün. Wir hatten uns entschlossen, allesamt nach Wassiljewskoje zu fahren, und traten gerade aus dem Haus, um in die Reisekutsche zu steigen, als sich plötzlich ein Pferd und gleich darauf eine Reitdroschke mit unserem Vetter Pjotr Petrowitsch Arsenjew im Tor zeigten.

„Christus ist auferstanden!" sagte er im Vorfahren übertrieben gelassen. „Ihr wollt wohl nach Wassiljewskoje? Genau zur rechten Zeit! Pissarew hat das Zeitliche gesegnet. Erwachte heute, ging hinüber zu meiner Schwester, ließ sich plötzlich in einen Sessel fallen – und aus war's ..."

Als wir Pissarews Haus betraten, hatte man ihn gerade erst gewaschen und zurechtgemacht. Er lag da wie alle Verewigten, die man frisch aufgebahrt hat – in demselben Saal, an dessen Schwelle er noch vierzehn Tage zuvor gestanden und gelächelt hatte, die Augen in der Abendsonne und im Rauch seiner Zigarette zusammenkneifend. Sie waren jetzt geschlossen, aber ich sehe sie bis auf den heutigen Tag vor mir – lebhaft, braunviolett und gewölbt; vorerst lag er da, als ob er lebte; mit prächtig gekämmtem, noch feuchtem pechschwarzem Haar und schwarzem Bart, in einem neuen Gehrock, gestärktem Oberhemd und gut geknüpfter schwarzer Krawatte, vom Gürtel ab mit einem Bettuch zugedeckt, unter dem sich die zusammengebundenen Füße erkennen ließen. Ich starrte ihn ruhig und stumpfsinnig an und tastete sogar über seine Stirn und die Hände – sie waren beinahe noch warm ... Gegen Abend jedoch hatte sich alles verändert. Ich begriff, was nun geschehen war, und betrat völlig verstört den Saal, als man uns zur ersten Seelenmesse rief. Durch die Saalfenster schimmerte zwar noch, obwohl schon verglimmend, das Frühjahrsabendrot über die weiten Fluren herein, doch die Dämmerung, die aus dem finsteren Flußtal, von den dunklen und feuchten Feldern der langsam erkaltenden Erdoberfläche aufstieg, gewann immer mehr die Oberhand; im düsteren, von zahllosen Menschen erfüllten Saal war die Sicht durch den Weihrauch getrübt, und dennoch schimmerten in diesem Halbdunkel, durch all diese Trübheit hindurch golden die Wachskerzen, die alle Anwesenden in Händen hielten, während hinter den hohen Kirchenleuchtern hervor, die rot um den Verstorbenen herum brannten und qualmten, die unheilverkündenden Ausrufe der Geistlichen erklangen und sonderbar freudig und sorglos durch das beharrliche „Christ ist erstanden" abgelöst wurden. Und ich blickte aufmerksam nach vorn, dorthin, wo durch den gelegentlich erhellten Rauch oder auch im Halbdunkel das irgendwie schreckenerregende, bereits traurig verfallene, im Laufe des Tages dunkler gewordene Antlitz des Verstorbenen sichtbar wurde, oder auch mit leidenschaftlicher Zärtlichkeit, mit dem Gefühl, in ihr die einzig rettende Zuflucht zu besitzen, zu Annchen hin, die still und bescheiden in der Menge stand mit ihrem warm und unschuldig von unten her durch die Kerze erhellten Gesichtchen.

Ich erlebte eine unruhige und bedrückende Nacht, in einem fort heimgesucht von immer denselben unnatürlich grellen und wirren Träumen von einer durcheinanderhastenden Menschenmenge, die auf geheimnisvolle und beängstigende Weise mit allem Geschehenen in Zusammenhang stand; alle durchstöberten hastig – und am schrecklichsten dabei war, daß sie es anscheinend unter der wortlosen Anleitung des Verstorbenen taten – sämtliche Zimmer, erteilten einander rasch irgendwelche Ratschläge und rückten Tische, Sessel, Kommoden und Bettgestelle um. Ich trat in der Frühe wie benebelt auf die Vortreppe hinaus. Der Morgen war still, warm und heiter. Die Sonne brannte, wenn auch noch mild, auf die getrockneten Stufen vor dem Haus, den hell und zart grünenden Hof und den noch niedrigen, durchsichtigen, aber schon lenzlich grau und weich schimmernden Garten herunter. Ich sah mich plötzlich um und erblickte mit Schrecken einen hochkant an die Wand gelehnten, langen, neuen, dunkelvioletten Sargdeckel. Da eilte ich die Treppenstufen hinunter, verschwand im Garten, irrte lange in seinen noch kahlen, hellen und warmen Alleen umher und setzte mich schließlich auf eine Bank in der Akazienallee. Die Finken sangen, und eine bereits in zartes, fröhliches Gold gehüllte Akazie tat sich hervor, der Geruch der Erde und des jungen Grases griff einem süß und zugleich schmerzlich ans Herz, während draußen, ohne den sanften Frieden des Gartens zu stören, in den alten Birken über den fernen Niederungen die Saatkrähen lärmten, dort, wo die noch kahlen jungen Weidentriebe im olivgrünen Frühlingshauch zusammenflossen. Und in allem war der Tod, der mit dem ewigen, so lieben und ziellosen Leben vermischte Tod! Aus irgendeinem Grunde fiel mir plötzlich der Anfang vom „Wilhelm Tell“ ein – ich hatte vorher in einem fort Schiller gelesen –, die Berge, der See, der Fischer, der rudert und singt ... Und in meiner Seele erklang plötzlich ein unsagbar süßes, freudiges und befreiendes Lied aus fernen, unbeschreiblich glücklichen Landen.

Ich verbrachte den ganzen Tag wie im Rausch, einen

Tag, den ich in ununterbrochener Anspannung verlebte: es fanden wieder Seelenmessen statt, es gab Menschen über Menschen, zu- und abreisende Nachbarn und in dem nach allen Seiten hin verschlossenen sonnigen Kinderzimmer sorglose Spiele der immer noch nicht das mindeste begreifenden Kleinen – unter der gramerfüllten und wohlwollend unaufmerksamen Aufsicht der ständig in Tränen ausbrechenden Kinderwärterin ...

Und dann dunkelte es aufs neue, und wieder versammelte man sich im Saal zu einer weiteren Seelenmesse, wobei man sich in deren Erwartung gedämpft unterhielt. Das Erscheinen der Geistlichen und das darauf eintretende Verstummen, das Entzünden der Kerzen und das Anlegen der Gewänder in dieser Stille, all diese geheimnisvoll-kirchlichen Vorbereitungen auf den Gottesdienst, danach das erste Schwenken eines Weihrauchgefäßes und der erste liturgische Ausruf – all das erschien mir jetzt, an diesem letzten, dem Verewigten noch zugestandenen Abend, so bedeutungsvoll, daß ich nicht einmal mehr die Augen zu dem aufzuschlagen vermochte, das vor mir stand – dem prunkvollen, mit Samt verkleideten Sarg, der auf den zusammengerückten Tischen stand, zu all dem Kirchlich-Schauerlichen, Malerisch-Begräbnishaften, das, den Trauernden zugeneigt, im Sarge lag – in all der unheilverkündenden Pracht der goldschimmernden Vermummung, mit der kleinen, goldverkleideten Ikone auf der Brust und einem neuen, grellweißen Kissen unter dem Haupt – in der finsteren Düsternis des ewigen Todesschlafs auf diesem Antlitz mit den schwarzen Augenbrauen und den eingesunkenen, dunkel verfärbten Lidern, das durch all den warmen, stickigen Rauch und den heißen, flackernden Kerzenglanz hindurchschimmerte ...

Für mich und meinen Bruder Georgi hatte man aufs neue in *seinem* einstigen Herrenzimmer aufgebettet. Die Türen zu dem nun schon menschenleeren, von Weihrauch erfüllten Saal, in dem beim Schein der heruntergebrannten

Kerzen nur noch ein Kirchendiener leise und eintönig Gebete murmelte, waren geschlossen, das ganze Haus hatte sich beruhigt und war verstummt. Mein Bruder blies das Licht aus und schlief ein. Ich vermochte mich nicht einmal mehr auszuziehen, streckte mich hin, wie ich war, blies ebenfalls meine Kerze aus, schlummerte für einen Augenblick ein, erblickte mich aber sogleich wieder im Saal und fuhr in maßlosem Entsetzen hoch. Ich richtete mich auf und starrte mit klopfendem Herzen in die Dunkelheit ringsum, wobei ich auf das geringste Geräusch achtete. Alles war ungewöhnlich und erschreckend still, nur das Gebetemurmeln im Saal war zu vernehmen ... Ich erhob mich mit größter Überwindung, riß die Tür des „Studierzimmers" auf, durchquerte auf Zehenspitzen den Korridor und hielt das Ohr an die Tür, unter der ein Lichtschimmer aus dem Saal drang.

„Gott der Herr ist unser Herrscher, er ist mit aller Majestät, mit aller Macht gewandet", leierte hinter der Tür leise und hastig der Kirchendiener. „Die Flüsse, Herrgott, die Flüsse erheben ihre Stimme und lassen ihre Wogen rauschen ... Zu Anfang schufst du Erde und Himmel – sie sind das Werk deiner Hände ... Sie werden untergehen, du aber wirst bestehen bleiben; und sie werden zerfallen gleich einem abgetragenen Gewand, du aber wirst es mit einem neuen vertauschen ... Ehre dem Herrn in alle Ewigkeit, auf daß er sich seiner Werke erfreue!"

Mir kamen Tränen der Begeisterung, und ich eilte den dunklen Korridor entlang zum dunklen hinteren Flur und die Treppenstufen vor ihm hinunter. Ich streifte um das Haus herum und blieb mitten auf dem Hof stehen. Es herrschte Finsternis, und die Luft erschien besonders rein, frisch und still, wie sie nur im Vorfrühling zu sein pflegt. Die Erde war wieder leicht überfroren und hart. Zwischen dem sternklaren Himmel und der Erde schimmerte etwas Silbriges, das an einen reinen, zarten Atemhauch erinnerte. In der Stille rauschte weit draußen durch die Niederung gleichmäßig und dumpf der lenzliche Fluß. Ich blickte in das Dunkel jenseits des Flußtales zu der Anhöhe gegenüber – dort schimmerte in Wiegands Haus noch ein einsames rötliches Licht.

Das ist bei ihr, sie findet keinen Schlaf, sagte ich mir. Die Flüsse erheben ihre Stimme und lassen ihre Wogen rauschen, dachte ich bei mir, und das schwache Licht brach sich und zitterte von den neuen Tränen in meinen Augen – Tränen des Glücks, der Liebe, der Hoffnung und einer verzückten, frohlockenden Zärtlichkeit.

Drittes Buch

I

Jene gruselige Frühjahrsnacht in Wassiljewskoje haftet mir desto mehr im Gedächtnis, weil es am Vorabend der Beerdigung war.

Ich schlief erst gegen Morgen ein. Sogleich ins Haus zurückzukehren vermochte ich nicht – zu unheildrohend und düster zeichneten sich seine Umrisse unter dem sternklaren Himmel ab, dazu kam der am Außenflur lehnende dunkle Sargdeckel. Ich verzog mich auf die Felder und irrte lange in der Finsternis umher: zurück kehrte ich erst, als es im Osten bereits dämmerte und im Dorf schon die Hähne krähten, schlich mich durch denselben Hintereingang ins Haus und schlief sogleich ein. Aber bald darauf beunruhigte mich im Schlaf der Gedanke an irgendwelche besonders wichtigen, mir bevorstehenden Minuten, und ich sprang plötzlich wieder auf, ohne auch nur drei Stunden geschlafen zu haben. Das Haus bestand immer noch aus zwei völlig verschiedenen Welten: in der einen herrschte der Tod und gab es einen Saal mit einem Sarg, in der anderen, das heißt in allen übrigen Räumen, die sämtlich durch verschlossene Türen von ihm abgeriegelt waren, ging unser durcheinandergeratenes Leben weiter in der ungeduldigen Erwartung der verhängnisvollen Entscheidung über ebendieses Durcheinander. Ich erwachte mit dem unabweislichen Gefühl, diese Entscheidung sei endlich herangereift, und war nicht wenig erstaunt, als ich sah, daß mein Bruder, der im Herrenzimmer des Verstorbenen mit mir übernachtet hatte, seelenruhig in Unterwäsche rauchend auf einem Sofa saß, von dem das zerknitterte Bettuch zu Boden gerutscht war, während man hinter der Korridortür bereits eilige Schritte, Stimmen, Fragen und ebenso kurze Antworten hörte. Marja Petrowna, das erste Dienstmädchen, brachte ein Servierbrett mit Tee herein, verneigte sich schweigend, ohne uns anzusehen, stellte das Tablett auf den Schreibtisch und ging mit bekümmerter Miene hinaus. Ich machte mich mit zitternden Händen ans Anziehen. Im Herrenzimmer, das mit ziemlich abgenutzten goldgelben Tapeten beklebt war, erschien alles einfach, alltäglich und sogar heiter, zumal in ihm, um auf unsere männlichen morgendlichen Lebensgewohnheiten zu kommen, duftender Zigarettenrauch wogte. Mein Bruder rauchte und blickte zerstreut auf die kaukasischen Hausschuhe, in denen ich Pissarew noch vor vierzehn Tagen in all seiner munteren Zigeunerschönheit gesehen hatte; jetzt standen sie friedlich unter dem Schreibtisch. Auch ich sah zu ihnen hin: Ja, er war nicht mehr, seine Pantoffeln aber standen noch immer da und würden vielleicht noch in hundert Jahren dastehen! Aber wo war er jetzt, wo würde er bis zum Ende der Tage bleiben? Und stimmte es denn, daß er nun schon irgendwo „im Jenseits" bei all unseren längst verstorbenen, legendären Großmüttern oder Großvätern weilte? Und was stellte er jetzt dar? War es wahrhaftig er, jenes Schaurige, das im Saal auf den Tischen lag, zwischen den abgeschrägten Sargwänden, mitten am hellichten Tag widernatürlich in den matten Schein der Kerzenstummel getaucht, die in einem fort tropften und die gezackten Papiermanschetten auf den hohen silbernen Leuchtern längst mit ihrem Talg durchtränkt hatten; er, der erst vorgestern an einem ebensolchen Morgen mit frisch gekämmtem, noch feuchtem schwarzem Bart bei seiner Frau ins Nebenzimmer eingetreten war, auf dessen Fußboden man eine halbe Stunde später seinen nackten, fast noch lebendigen Körper wusch, der sich widerstandslos und willig in jeder Richtung bewegen ließ ... Und dennoch ist er es, sagte ich mir, und eben heute wird sich jenes Letzte, Kirchliche an ihm vollziehen, mit dem er zu seinen Lebzeiten nicht das geringste zu tun gehabt hatte, ebendieses Verwunderlichste auf Erden, an dem ich zum erstenmal im Leben teilhaben, das heißt die Verwirklichung jener so ungewöhnlichen Worte erleben sollte, die ich aus irgendeinem Grunde im Gymnasium auswendig lernen mußte: „Drei Tage nach dem Ableben eines Christen erfolgt seine Aufbahrung in der Kirche ... Die Vorbereitungen dazu, die in Anwesenheit der Verwandten, Freunde und Gleichdenkenden des Verewigten erfolgen, sollen, unterstrichen durch das verstärkte Weihrauchschwenken ringsum und den Bittgesang zu Gott dem Herrn, seinem Frieden bis zum Tage des Jüngsten Gerichts und der Auferstehung aller Toten aus den Gräbern dienen ..." Ich machte mir plötzlich mit größtem Erstaunen klar, daß mit diesem Christen eben Pissarew gemeint war, und erschrak über die endlose Zeit, die er noch bis zur Auferstehung zu warten hatte, der alsdann etwas völlig Unvorstellbares folgen und in alle Ewigkeit fortdauern sollte, ohne Sinn und Zweck noch zeitliche Begrenzung ...

2

Ich beobachtete das Hinaustragen des Sarges mit dem Verstorbenen aufgeregt und wißbegierig. Die Gutsknechte, feiertäglich gesättigt und sauber, waren kräftig und jung, und dennoch – mit welch linkischer, ja ängstlicher Anspannung hoben sie ihre schwere Last auf weißen Leinentüchern von den Tischen, als schließlich die Stunde der Trennung Pissarews von seinem Haus und dieser Welt geschlagen hatte! Mir schien damals aufs neue, in diesem riesigen, samtig-violetten Kasten mit den schauderhaften versilberten Füßen liege etwas Geheiligtes, zugleich aber auch Irdisch-Ungehöriges und Ungebührliches. Dieses Etwas mit den gehorsam gekreuzten Armen und den in den schwarzen Rockumschlägen zu Stein erstarrten Händen glitt, hölzern mit dem Kopf wackelnd, niedrig und vorgeneigt, dank fremdem Willen über dem Fußboden hin, inmitten des Gedränges, der feiertäglichen Gewänder der Geistlichen, des Weihrauchs und des unharmonischen Gesangs, mit den Füßen voran zur weit aufgerissenen Tür, um nie wieder die Schwelle seines Hauses zu überschreiten; zunächst in den Vorraum, dann auf den Außenflur, ins helle Tageslicht und das lenzliche Grün des Vorhofs, wo ein Kruzifix über der Menge ragte und zwei Bauern den Sargdeckel auf den Köpfen hielten. Hier standen die Gutsknechte einen Augenblick still und zogen die Leinwandstränge auf ihren dunkelrot verfärbten Nacken zurecht, die Geistlichkeit fiel lauter ein – „zum Zeichen dessen, daß der Verewigte die Schwelle ins Reich der körperlosen Geister überschritten hat, die den Herrscherthron des Allmächtigen umgeben und ihm unaufhörlich ein dreifaches Hosianna singen“, während vom Glockenturm her, der hinter allerlei Hofgebäuden geradewegs gegenüber der Freitreppe ragte und bislang nur zögernde, schwache, klagende und immer finsterere Klänge von sich gegeben hatte, plötzlich ein kurzes, tragisches, gewollt unsinniges Durcheinander von Tönen sich über die Menge ergoß, das die aufgeschreckten Jagd- und Windhunde, die den Vorhof bevölkerten, mit einem unharmonischen, aber einmütigen Gebell und Geheul beantworteten.

Das klang so schauderhaft, daß meine Schwester in ihrem langen schwarzen Kreppkleid wankte und in Schluchzen ausbrach, die Weiber in der Menge zu jammern begannen und mein Vater, der ungeschickt den Sarg zu stützen versuchte, vor Widerwillen und Schmerz geradezu entstellt war.

In der Kirche schaute ich immerfort zum leblosen Antlitz des Verewigten, der genau gegenüber der „Zarenpforte“ lag unter der stummen, runden, mit grauvioletten Wolken bemalten Kuppel, unter denen hervor aus einem groben, knallblauen Dreieck länglich, streng und rätselhaft das Allsehende Auge hervorblickte. Man war schon beim Abgesang, und das Antlitz des Verstorbenen mit der spitzer gewordenen Nase, dem dünnen schwarzen Bart und Schnurrbart, unter dem die streng zusammengekniffenen Lippen hindurchschimmerten, war bereits grabfertig mit einem bunten Papierkränzchen geschmückt. Ich blickte zu ihm hin und dachte mir: Er erinnert jetzt an einen Großfürsten aus alten Tagen und gehört nun für alle Ewigkeit der unübersehbaren Schar unserer Väter und Vorväter an. Auch ihm sang man bereits: „Wohl denen, die ohne Tadel leben, die im Gesetz des Herrn wandeln“, während ich mich innerlich um ihn zermürbte und voll Rührung über mich selbst nachdachte: gleich schieben sie ihm den „Sündenablaß“ zwischen die erstarrten Finger mit den schon schwärzlich verfärbten Nägeln, betröpfeln ihn mit geweihtem Öl, bestreuen ihn kreuzweise mit einer Handvoll Erde, bedecken ihn mit Mull, danach mit dem Sargdeckel, tragen ihn hinaus und begraben ihn, womit sie das Ihre getan haben und ihn vergessen; es werden Jahre vergehen, und ein langes und glückliches Leben liegt in einer noch nebelhaften, aber heiteren Zukunft vor mir, während er, oder besser gesagt, sein Schädel und seine Gebeine immer noch unter der Erde hinter dieser Kirche ruhen werden, im hohen Gras, unter einer jungen Birke, die man heute am Kopfende seines Grabes pflanzen und die dereinst zu einem großen, weißstämmigen schönen Baum heranwächst, von dem nach einem langen Sommertage das graugrüne Laubgehänge seines Wipfels bis tief hinunter rieseln wird. Ich berührte, um ihm „den letzten Kuß“ zu geben, das Grabeskränzchen mit den Lippen; mein Gott, welche Kälte und welcher Übelgeruch drangen mir entgegen, und wie mich die dunkelzitronengelbe Stirn unter dem Grabeskränzchen mit ihrer eisigen Starrheit erschütterte – ein unfaßbarer Gegensatz zu all dem Lebendigen, Frühlingshaften und Warmen, das so wohlig und selbstverständlich durch die vergitterten Kirchenfenster wehte!

Später sah ich mich dann hinter der Kirche unter den alten Grabplatten und Gedenksteinen für allerlei Brigadekommandeure oder Seconde-Majore um, starrte aber auch in die tiefe und enge Grube, die dunkel und trübsinnig mit ihren festen, gleichmäßig abgeschnittenen Wänden vor mir gähnte; roh und unbarmherzig prasselte die feuchte, jungfräuliche Erde auf den violetten Samt und das weiße Posamentkreuz hinab. Ich wollte mich gotteslästerlich dagegen auflehnen, erinnerte mich aber des kalten Allsehenden Auges am steinernen bewölkten Himmel der Kirchenkuppel, dachte an das Unfaßbare, das schon eine Woche darauf in diesem Grabe sein würde, und versuchte mir klarzumachen, daß es auch mir dereinst nicht anders ergehen werde ... Aber ich glaubte einfach nicht daran, das Grab wurde bereits eingeebnet, Annchen trug ein neues Batistkleidchen, und der abschließende feierliche Chorgesang zu Christi Ehren klang freundlich, sorglos, alles auflösend und Hoffnung erweckend und verlor sich in der warmen, durchsonnten Luft ... Die Welt schien wieder jünger, freier, weiter und schöner geworden zu sein, nachdem jemand sie für immer verlassen hatte ...

3

Als wir vom Friedhof zurückkehrten, stolperte meine Schwester, das Taschentuch vor den Augen und ohne etwas zu erkennen, dahin. Doch Vater hielt sie fest untergefaßt, paßte sich ihrem Schritt an und sagte ihr hartnäckig all das Liebe und Sinnlose daher, das man in solchen Fällen von jeher sagt: „Es hat zwar keinen Zweck, mein liebes Kind, dich trösten zu wollen, aber eines solltest du bedenken:

die Verzweiflung ist und bleibt eine Todsünde, du stehst nicht allein auf der Welt, du hast Menschen, die dir unendlich zugetan sind, hast Kinder, die dir ein hohes Lebensziel setzen, und bist vor allem so jung und hast noch alles vor dir ..."

Neben Vater schritt, die Adligenmütze in der Hand, sein alter Freund, ein rundlicher, untersetzter Gutsbesitzer, wetter- und sonnengebräunt, mit golden-tabakfarbenen Tupfen im Augenweiß um die braunen Pupillen, die mich von Kind an gefesselt hatten. Er schwitzte in dem ungewohnten Rock und dem gestärkten Hemd vor lauter gesunder Körperfülle und den Gefühlen, die ihn bewegten. Und er redete, vor lauter Eile und Atemnot japsend, dasselbe daher wie Vater: „Wera Petrowna, erlauben Sie, daß auch ich mich dazu äußere: Ich bin dem Verewigten ein zweiter Vater gewesen, nachdem sein leiblicher Vater das Zeitliche gesegnet hatte, ich war sein Taufpate, ich habe ihn großgezogen und ihm den Segen zur Heirat mit Ihnen erteilt; Sie werden verstehen, was ich empfinde ... Außerdem wurde ich, das ist Ihnen ja bekannt, selber früh Witwer ... Dennoch hat Alexander tausendmal recht. Wissen Sie, was die Bauern sagen? ‚Der Tod ist wie die Sonne, man kann ihm nicht ins Gesicht schauen ...' Nein, das kann man nicht und soll man wohl auch nicht, sonst könnte man nicht weiterleben. Ich zum Beispiel schäme mich, daß es ihn nicht mehr gibt, während ich ächzend und krächzend immer noch umherstapfe. Aber haben wir darüber zu bestimmen?"

Und ich schaute auf seinen kurz geschorenen grauen, violett-silbrigen Kopf mit dem breiten Nacken und auf den alten, abgewetzten Ehering an seiner kleinen dunklen Hand. Tat es und fühlte, daß auch wir anderen uns in gewissem Grade schämen müßten und es uns peinlich war, aber dennoch unendlich wohltat, zum Leben zurückzukehren nach der schlimmen Bürde, die uns volle drei Tage bedrückt hatte, und ertappte mich dabei, wie wohl es mir tat, in der wärmenden Sonne ohne Kopfbedeckung über die frühlingshaft aufgeweichte Erde dahinzustapfen, dem unaufhörlichen vielstimmigen Geschrei der Saatkrähen zu lauschen, die mit wilder, dulderisch-glücklicher Verzükkung in allen benachbarten Gärten rumorten, und mich mühte, mit neuen, beinahe verliebten Blicken auf meine Schwester zu sehen, die trotz der Trauerkleidung schön war in ihrer Jugend und ihrem Leid, und mit stockendem Herzen daran zu denken, daß Annchen und ich ein Stelldichein im unteren Garten verabredet hatten ...

Auch das vom Gutsherrn befreite Haus erschien verjüngt. Die Fußböden und Fensterscheiben waren frisch gewischt oder geputzt, man hatte überall aufgeräumt und die Fenster aufgerissen. Aber kaum überschritt ich die Schwelle zum Saal, wo bereits die Tische zum Gedenkmahl für den Toten aufgestellt und gedeckt waren, als ich sogleich aufs neue den entsetzlichen, mit nichts anderem vergleichbaren Geruch verspürte, der mich den ganzen Morgen am offenen Sarg verfolgt hatte. Jetzt vermischte er sich besonders erregend mit der Feuchtigkeit der noch vom Wischen dunklen Fußböden und der lenzlichen Frische, die von überall hereinwehte, während auf den Tischen festliche und gar nicht so recht zu einer Totenfeier passende Tischtücher, Gedecke, Schnapsgläser und Karaffen schimmerten. Wie entsetzlich war doch dieses lange und geschmacklos üppige Mittagessen, das in einem fort durch die nicht mehr ganz sicheren Stimmen der angetrunkenen Kirchensänger unterbrochen wurde, die sich immer wieder erhoben und gerührt zum ewigen Angedenken an jenes unbegreifliche Wesen sangen, das sie soeben hinter der Kirche in der Erde verscharrt hatten. Mein Vater hatte recht, als er mir während dieses Essens sagte: „Ich weiß, ich weiß, mein Bester, wie dir jetzt zumute ist! Wir anderen sind schon alle abgehärtet, während man an der Schwelle des Lebens, dazu mit einem so unzeitgemäßen Herzen wie deins ... Ich kann mir vorstellen, was du empfindest!“

4

Ich verbrachte nach der Beerdigung noch einen guten halben Monat in Wassiljewskoje, wobei ich weiterhin in dem geschärften und gespaltenen Gefühl ebenjenes Lebens verharrte, dessen unfaßbares und niederschmetterndes Ende ich gerade erst mit angesehen hatte.

Um so mehr quälte ich mich in diesen Tagen, als es eine weitere Prüfung zu überstehen galt – den Abschied von dem nach Hause zurückkehrenden Annchen (obwohl mir auch dies durchdringend-bittere Befriedigung gab).

Vater und Pjotr Petrowitsch beschlossen, meiner Schwester zuliebe noch eine Weile in Wassiljewskoje zu bleiben. Auch ich blieb da, und nicht nur Annchens wegen, an die mich meine Leidenschaft immer stärker fesselte: ich wollte aus irgendeinem Grunde die widersprechenden Gefühle bewahren, die mich unwiderstehlich zwangen, mich nicht mehr vom „Faust" zu trennen, auf den ich unverhofft unter Pissarews Büchern gestoßen war und der mich restlos in seinen Bann zog:

In Lebensfluten, im Tatensturm
wall ich auf und ab,
webe hin und her!
Geburt und Grab,
ein ewiges Meer,
ein wechselnd Weben,
ein glühend Leben:
So schaff ich am sausenden Webstuhl der Zeit
und wirke der Gottheit lebendiges Kleid.

Auch das Leben in Wassiljewskoje war zwiespältig. Es blieb noch von Trauer umweht, kam aber erstaunlich rasch wieder ins Gleis und ließ sich besonders angenehm an dank den Veränderungen, die sich in ihm vollzogen hatten und noch vollzogen, inmitten der aufblühenden, immer stärker hervortretenden lenzlichen Schönheit. Alle fühlten, daß es an der Zeit war, mit neuen, verdoppelten Kräften zum Leben zurückzukehren. Man achtete auf größte Sauberkeit im ganzen Haus, wobei man mancherlei änderte und gewisse allzu abgenutzte Möbelstücke auf den Hausboden verbannte, dies und das aus einem Raum in einen anderen schaffte und ein neues Schlafzimmer für meine Schwester neben der Kinderstube einrichtete, während man das frühere, gemeinsame der beiden Ehegatten, das hinter dem kleinen Empfangszimmer gelegen hatte, endgültig ausräumte und in einen geräumigen Salon verwandelte. Danach wurden fast alle Kleidungsstücke des Verstorbenen aussortiert – ich sah eines Tages, wie man am Hintereingang seinen Adelsrock, die Schirmmütze mit dem roten Rand und den daunengefütterten Dreispitz bürstete und in einer altertümlichen großen Truhe versenkte... Auch in der Wirtschaft wurde mit neuen Besen gekehrt; hier führten jetzt Vater und Pjotr Petrowitsch das Regiment, und das Gutsgesinde war, wie nun mal üblich, bemüht, sich bei den neuen Herren einzuschmeicheln – in der Hoffnung, alles würde kraft ebendieser neuen Besen anders werden und richtig vorankommen. Am rührendsten aber war die allmähliche Rückkehr meiner Schwester zum Leben, die Art und Weise, in der sie zu sich fand, ruhiger und einfacher wurde und bei Tisch gelegentlich sogar flüchtig über die törichten, aber spaßigen Fragen der Kinder lächelte, während Pjotr Petrowitsch und Vater sich zurückhaltend, aber unverändert freundlich und aufmerksam zu ihr verhielten.

Diese kummervoll-glücklichen Tage flimmerten erstaunlich rasch an mir vorüber. Wenn ich am späten Abend, zärtlich zerquält durch den endlosen Abschied von Annchen, heimkehrte, zog ich mich sogleich ins Herrenzimmer zurück und schlief mit dem Gedanken an unser Wiedersehen wie ein Toter. Am Morgen saß ich dann, ein Buch in der Hand, ungeduldig im durchsonnten Garten und wartete auf den Augenblick, da ich wieder hinter den Fluß flüchten und Annchen zu einem Spaziergang entführen konnte. Dabei schlossen sich uns immer Wiegands jüngere Töchter an, die aber ständig vorausliefen und uns nicht störten ... Gegen zwölf kehrte ich dann zum Mittagessen zurück, nach dem ich immer wieder den „Faust" las und auf das abendliche Stelldichein wartete. Über den Niederungen des Gartens leuchtete der zunehmende Mond und sangen geheimnisvoll und gedämpft die Nachtigallen. Annchen setzte sich auf meinen Schoß und umarmte mich; ich hörte ihr Herz klopfen und fühlte zum erstenmal im Leben die süße Last eines weiblichen Körpers.

Schließlich reiste sie ab. Ich hatte noch nie so haltlos geweint wie an jenem Tage. Doch mit welcher Zärtlichkeit geschah das, unter welch wonniger Qual der Liebe zur Welt, zum Leben, zur körperlichen und seelischen Schönheit des Menschen, die mir Annchen, ohne es zu ahnen, eröffnet hatte! Am Abend aber, als ich vor Tränen nicht mehr recht bei mir war und aufs neue am anderen Flußufer herumirrte, überholte mich die Reisekutsche, die Annchen zum Bahnhof brachte, und der Kutscher reichte mir die Nummer einer Petersburger Zeitschrift, der ich vor etwa einem Monat zum erstenmal Verse von mir eingesandt hatte. Ich schlug sie im Gehen auf, und blitzartig sprangen mir die zauberhaften Buchstaben meines Namens in die Augen ...

Tags darauf machte ich mich am frühen Morgen zu Fuß auf nach Baturino. Ich ging zunächst auf einem schon trokkenen und eingefahrenen Dorfweg zwischen den im Morgendampf glitzernden Äckern, dann durch den hellgrünen, durchsonnten Pissarewschen Wald, der vom Frühlingszwitschern der Vögel, dem fauligen Geruch des vorjährigen Laubs und dem Duft der ersten Maiglöckchen erfüllt war. Als ich in Baturino auftauchte, schlug Mutter die Hände über dem Kopf zusammen ob meiner Magerkeit und dem Ausdruck der eingefallenen Augen. Ich gab ihr einen Kuß, präsentierte ihr die Zeitschrift und zog mich in mein Zimmer zurück, wankend vor Müdigkeit und das vertraute Haus nicht wiedererkennend; so klein und alt erschien es mir ...

5

In jenem Frühling stand ich erst im sechzehnten Lebensjahr. Dennoch war ich, nach Baturino zurückgekehrt, der festen Überzeugung, ich habe nun endgültig das Erwachsenenalter erreicht.

Mir hatte schon im Winter geschienen, ich kenne mich bereits in vielem aus, was ein Erwachsener wissen müsse: in der Einrichtung des Weltalls und in der sogenannten Eiszeit, unter den Wilden der Steinzeit wie auch im Leben der Völker während der Antike, des Einfalls der Barbaren in Rom und in der Kiewer Rus, in der Entdeckung Amerikas und in der Französischen Revolution, dem Byronismus, der Romantik und unter den Persönlichkeiten unserer vierziger Jahre, so Sheljabow und Pobedonoszew, ganz zu schweigen von den vielen, für immer in mich eingegangenen literarischen Gestalten und deren Leben, Gefühlen und Schicksalen, will sagen all dieser offenbar ebenfalls jedermann unentbehrlichen Hamlets, Don Carlos', Child Harolds, Onegins, Petschorins, Rudins und Basarows ... Meine Lebenserfahrung erschien mir jetzt ungeheuerlich. Ich war todmüde, doch mit der festen Bereitschaft zurückgekehrt, von nun an ein „ausgefülltes" Leben zu führen. Wie sollte dieses Leben aussehen? Ich vermutete: so, daß es mir mit all seinen Eindrücken und meinen Lieblingsbeschäftigungen möglichst viel erhabene poetische Genüsse vermitteln sollte, auf die ich sogar ein gewisses Vorrecht zu haben glaubte. „Wir traten ein ins Leben, erfüllt von schöner Zuversicht ..." Das tat auch ich ... aber hatte ich einen Anspruch darauf?

Nun gut, ich fühlte, daß ja „alles noch vor mir lag", spürte meine jugendlichen Kräfte, meine körperliche und seelische Gesundheit und war mir einer gewissen Schönheit des Gesichts und der großen Vorzüge meines guten Wuchses, der Ungezwungenheit und Sicherheit meiner Bewegungen, des leichten und raschen Schritts, meines Wagemuts und meiner Gewandtheit bewußt – wie gut konnte ich zum Beispiel reiten! Ich war mir meiner jugendlichen Reinheit, der edlen Regungen, der Wahrhaftigkeit und des Abscheus vor jeglicher Niedertracht bewußt. Auch lebte ich in einer gehobenen seelischen Verfassung, die mir sowohl angeboren als auch durch die Lektüre von Dichtern erworben war, die ständig von der hohen Berufung des Poeten redeten und erklärten, die Dichtung stelle das Göttliche in den geheiligten Träumen der Erde dar und die Kunst bilde die Vorstufe zu einer schöneren Welt. Ich fand sogar eine gewisse erhebende Freude an der bitteren Leidenschaftlichkeit, mit der ich manchmal auch völlig Entgegengesetztes vor mich hin murmelte – die bissigen Zeilen eines Lermontow oder Heine, die Klagen Fausts, der den todesbereiten, von allem enttäuschten Blick durch die gotischen Fenster zum Vollmond wendet, oder die lustigen, schamlosen Reden des Mephistopheles ... Aber erkannte ich nicht gelegentlich, daß Flügel haben zum Fliegen noch nicht ausreicht, daß es dazu auch noch ihrer Entwicklung und der Luft bedarf?

Ich erlebte natürlich jene ganz besonderen Gefühle, die alle schriftstellernden Jünglinge erleben, wenn sie ihren Namen zum erstenmal gedruckt sehen. Andererseits wußte ich auch, daß eine Schwalbe noch keinen Sommer macht. Mein Vater nannte mich, wenn er ärgerlich wurde, „einen zurückgebliebenen Landjunker"; ich tröstete mich damit, daß ich nicht der einzige war, der „ein Irgendetwas irgendwie" gelernt hatte, verstand aber durchaus, wie zweifelhaft dieser Trost blieb. Insgeheim war ich jedoch (obwohl durch Lektüre und meinen Bruder Georgi von allerlei freiheitlichen Gedanken angesteckt) immer noch sehr stolz darauf, daß wir zu den Arsenjews gehörten. Indessen konnte ich weder unsere zunehmende Verarmung noch unsere Sorglosigkeit ihr gegenüber übersehen, die geradezu unnatürliche Ausmaße annahm. Ich wuchs in der seltsamen Überzeugung auf und blieb dabei, daß eigentlich ich trotz der Vorzüge meiner Brüder, besonders Georgis, das Bemerkenswerteste geerbt hatte, was meinen Vater bei all seinen Schwächen vor sämtlichen mir bekannten Menschen so auszeichnete. Doch Vater war nicht mehr derselbe wie einst; ihm schien jetzt alles einerlei zu sein, und er war meistens angetrunken – was mußte ich empfinden, wenn ich sein ständig erregtes Gesicht sah, das unrasierte graue Kinn, das majestätisch aufgewühlte Haar, die ausgetretenen Pantoffeln und den zerschlissenen Hausrock aus seinen Sewastopoler Tagen? Und wie schmerzten mich manchmal die Gedanken an meine alternde Mutter und die heranwachsende Olja! Heftiges Mitleid empfand ich oft auch mit mir selbst; wenn ich zum Beispiel nach dem aus einer kalten Kwaßsuppe bestehenden Mittagessen in mein Zimmer zu meinem einzigen Schatz zurückkehrte, einer großväterlichen Schatulle aus karelischer Birke, in der ich alles mir besonders ans Herz Gewachsene verwahrte: so die mit „Elegien“ und „Stanzen“ beschriebenen Blätter eines grauen und nach Pfefferminz-Machorka riechenden Papiers, das ich in unserem Dorfladen gekauft hatte.

Ich dachte gelegentlich über die Jugend meines Vaters nach – welch ein Unterschied gegenüber meiner! Er hatte fast alles besessen, was einem vom Glück gesegneten Jüngling seines Standes, seines Namens und seiner Bedürfnisse entsprach, er wuchs heran und lebte in der Sorglosigkeit eines damals noch selbstverständlichen Herrentums, dessen er sich unbeschwert und unbekümmert bediente; er hatte keinerlei Schranken gekannt, die seinen jugendlichen Wünschen oder Launen entgegengestanden hätten, und fühlte sich mit gutem Recht und fröhlichem Hochmut als ein Arsenjew. Während ich nur eine Schatulle aus karelischer Birke, eine alte Doppelflinte, einen ausgemergelten

Kabadinergaul nebst einem abgewetzten Kosakensattel besaß ... Wie wünschte ich mir gelegentlich, schmuck zu sein und zu brillieren! Dabei mußte ich, wenn ich zu Besuch ging, ebenjenes graue Jäckchen meines Bruders Georgi anlegen, in dem er damals nach Charkow, ins Gefängnis gebracht wurde und dessentwegen ich mich, wenn ich irgendwo zu Gast war, bitter schämte. Ich hatte keinen Sinn für Eigentum, aber wie sehnte ich mich manchmal nach Reichtum, nach schönem Luxus, nach allerlei Freiheiten und all jenen leiblichen und seelischen Freuden, die mit ihm verbunden sind! Ich träumte von weiten Reisen, von ungewöhnlicher Frauenschönheit, von der Freundschaft mit irgendwelchen erfundenen wunderbaren gleichgesinnten Jünglingen, Altersgefährten und Weggenossen mit gleichem Herzensfeuer und Geschmack. Und war ich mir nicht manchmal bewußt, daß ich meinen Fuß noch nie über die Grenzen unserer Kreisstadt hinausgesetzt hatte, daß mir die Welt immer noch durch die längst gewohnten Felder und Berglehnen verschlossen blieb, daß ich nur Bauern und Bauernweiber zu sehen bekam, daß sich der Kreis unserer Bekanntschaften auf zwei, drei kleine Gutsbesitzer und auf Wassiljewskoje beschränkte, während die Zuflucht all meiner Träume das alte Eckzimmer mit den halbverfaulten Rahmen der Schiebefenster und den bunten Oberlichtern der zum Garten gehenden Fenster blieb?

6

Der aufgeblühte Garten hatte sich dicht belaubt, den ganzen Tag sang dort eine Nachtigall, die unteren Schiebefenster bei mir waren den ganzen Tag hochgezogen, und mein Fenster wurde mir nur noch lieber durch das Alter dieser aus lauter kleinen Quadraten zusammengesetzten Oberlichter, durch die dunkle Eichenholzdecke, die Sessel und das Bett aus Eichenholz mit den glatten, abfallenden

Seiten. Anfangs tat ich nichts anderes, als mit einem Buch in Händen dazuliegen und bald zerstreut in ihm zu lesen, bald dem Nachtigallensang zu lauschen und an jenes „erfüllte" Leben zu denken, dem ich mich von nun an widmen wollte; ich versank dabei gelegentlich in einen kurzen, aber tiefen Schlaf, aus dem erwacht ich jedesmal besonders lebhaft über das Neue und Zauberhafte meiner Umgebung staunte und plötzlich solchen Hunger verspürte, daß ich aufsprang und mich entweder in das „Servierzimmer", das heißt in eine längst nicht mehr benutzte Kammer, begab, deren Glastür in den Saal führte, um mir „Eingemachtes" zu holen, oder auch in die tagsüber menschenleere Gesindestube, um mir einen Kanten Schwarzbrot zu besorgen – dort lag in einer dunklen Ecke auf dem heißen und verwahrlosten Backofen nur noch der lange und unwahrscheinlich dürre, von dichten gelben Borsten bedeckte und sich vor Alter überall schuppende, ehemalige großmütterliche Koch Leonti herum, der nun schon seit vielen Jahren, man wußte nicht, weshalb, sein unverständliches Höhlendasein gegen den unvermeidlichen Tod verteidigte ... Meine Hoffnungen auf das Glück, auf ein glückliches Leben, das jeden Augenblick beginnen sollte? Aber dazu genügte oft, so wie jetzt aus einem plötzlichen, kurzen Schlaf zu erwachen und nach einem Kanten Schwarzbrot zu laufen oder zu hören, daß man zum Tee auf der Veranda gerufen wurde, und während des Tees daran zu denken, daß man gleich hinterher sein Pferd satteln und auf der abendlichen Landstraße irgendwohin traben würde.

Die Nächte waren mondhell, und ich erwachte manchmal zu tiefster Schlafenszeit, da selbst die Nachtigall nicht mehr sang. In aller Welt herrschte eine solche Stille, daß mir schien, ich sei von diesem Übermaß an Stille erwacht. Für einen Augenblick befiel mich Angst – ich erinnerte mich plötzlich Pissarews und glaubte einen langen Schatten vor der Tür zum Empfangszimmer zu erblicken. Doch gleich darauf war er entschwunden, man sah nur noch eine Ecke, die dunkel aus dem Dämmerlicht des Zimmers hervortrat, während hinter den offenen Fenstern der mondbeschienene Garten schimmerte und in sein lichtes, stummes Reich lockte. Und ich erhob mich, öffnete behutsam die Tür zum Empfangszimmer, erkannte das Porträt meiner Großmutter, die, ein Häubchen auf dem Kopf, im Dämmerlicht von der Wand auf mich herabblickte, und lugte auch in den Saal, in dem ich so wunderschöne Stunden während der winterlichen Mondnächte verbracht hatte ... Er erschien mir jetzt geheimnisvoller und niedriger, weil der Mond, der im Sommer rechts am Hause vorbeizog, nicht mehr hereinsah und auch der Saal selber finsterer geworden war: die Linde vor seinen Fenstern nach Norden, die sich dicht belaubt hatte, beschattete ihn mit ihrem riesigen dunklen Blätterdach. Wenn ich auf die Veranda hinaustrat, staunte ich immer wieder stumm, ja einigermaßen zerquält, über die Schönheit der Nacht; was war das nur, und was sollte man damit anfangen? Ich habe auch heute noch in solchen Nächten ein ähnliches Gefühl. Was aber ging damals in mir vor, als mir all das noch neu war, als ich so scharfe Sinne besaß, daß ich den Geruch einer betauten Klette im feuchten Gras zu unterscheiden vermochte? Das ungewöhnlich hohe Dreieck der nur auf einer Seite vom Mond beschienenen Tanne ragte wie immer mit der gezackten Spitze in den klaren nächtlichen Himmel, an dem vereinzelt Sterne glommen, klein, friedlich und so unendlich weit voneinander entfernt, so wunderbar und wahrhaft wie aus Gottes Hand, daß man am liebsten niedergekniet wäre und sich vor ihnen bekreuzigt hätte. Die offene Lichtung vor dem Haus war in eine starke, sonderbare Helligkeit getaucht. Rechts strahlte über dem Garten am klaren und lichten Firmament der Vollmond mit dem gerade noch erkennbaren Relief seines leichenblassen, von innen hellweiß leuchtenden Gesichts. Und wir beide, die wir nun schon alte Bekannte waren, starrten einander lange an, als erwarteten wir etwas voneinander – schweigend und voller Demut ... Was eigentlich? Ich wußte nur, daß es uns beiden dringend an etwas fehlte ...

Danach überquerte ich zugleich mit meinem Schatten das betaute, in allen Regenbogenfarben schimmernde Gras der Lichtung und geriet in das bunte Halbdunkel der Allee, die zum Teich führte, wobei der Mond mir gehorsam folgte. Ich schritt dahin und blickte mich nach ihm um – er zog, wie von einem Spiegel zurückgeworfen und in lauter kleine Teilchen zersplittert, durch das schwarze, hier und da aber auch hell aufblitzende Muster der Zweige und Blätter einher. Ich stand am betauten Hang zum wasserreichen Teich, dessen weite goldene Oberfläche neben dem Wehr zu meiner Rechten schimmerte. Stand da und schaute – und auch der Mond stand still und schaute hin wie ich. Am Ufer, zu meinen Füßen, flimmerte der bodenlose, sich dunkel abzeichnende Abgrund eines unterirdischen Himmels, an dem, in hellhörigen Schlaf versunken, Enten hingen, den Kopf unter dem Flügel verborgen und sich in seiner Tiefe spiegelnd; hinter dem Teich aber zeichnete sich links undeutlich der Gutshof Uwarows ab, jenes Gutsbesitzers, dessen illegitimer Sohn Glebotschka war; dahinter zogen sich, deutlich im Mondschein hervortretend, lehmige Anhöhen hin, dazu die nächtlich erhellte Dorfweide und eine Reihe von Bauernhütten, die sich dunkel hinter ihr abzeichneten. Welche Stille! So kann nur etwas Lebendiges schweigen! Das wilde, aufgeregte Geschnatter der plötzlich erwachten Enten, die den bebenden Himmelsspiegel unter sich zum Schwanken brachten, hallte wie ein Gewitter über die umgebenden Gärten. Wenn ich dann aber langsam, den Teich zu meiner Rechten, weiterging, zog der Mond aufs neue lautlos über die dunklen Wipfel der in ihrer nächtlichen Schönheit erstarrten Bäume neben mir hin.

Auf diese Weise durchschritten wir gemeinsam den ganzen Garten. Man konnte meinen, daß wir auch gemeinsam dachten – immerfort an ein- und dasselbe: an das rätselhafte, qualvoll-selige Glück zu leben, meine rätselhafte Zukunft, die aber unbedingt erfolgreich sein würde, und natürlich immer wieder an Annchen. Pissarew, sowohl der noch Lebende als auch der nun Tote, geriet immer mehr in Vergessenheit. Was war von Großmutter übriggeblieben außer ihrem Konterfei an der Wand des Besuchszimmers? Und was von Pissarew, abgesehen von einem Porträt aus jener Zeit, da er gerade erst geheiratet hatte (und vermutlich unendlich lange zu leben hoffte)? Außerdem beschäftigte mich immerfort die alte Frage: wo war jetzt dieser Mensch, was mochte aus ihm geworden sein, und wie sah jenes ewige Leben aus, in dem er nun angeblich weilte? Doch diese nicht zu beantwortenden Fragen versetzten mich nicht mehr in ratlose Erregung, sie enthielten sogar etwas Tröstliches – wo er war, wußte Gott allein, den ich nicht zu begreifen vermochte, an den ich aber glauben mußte und auch glaubte, um zu leben und glücklich zu sein.

Der Gedanke an Annchen quälte mich immer noch. Selbst tags; einerlei, was ich ansah, empfand, las oder worüber ich nachdachte – hinter allem stand sie, mein zärtliches Gefühl für sie, standen die Erinnerungen an sie, der Schmerz darüber, daß ich nun niemandem mehr sagen konnte, wie sehr ich sie liebte und wieviel Schönes es auf der Welt gab, das wir gemeinsam hätten genießen können; gar nicht zu reden von der Nacht – hier ergriff sie uneingeschränkt von mir Besitz. Doch die Zeit verging, und auch Annchen verwandelte sich allmählich in eine Legende und verlor alles Lebendige: Ich konnte einfach nicht mehr glauben, daß sie einst neben mir gestanden hatte und daß es sie auch jetzt noch irgendwo gab; selbst meine Gedanken an sie, selbst mein Gefühl für sie verwandelten sich in reine Poesie, in eine allgemeine Sehnsucht nach Liebe, nach einer wunderschönen Frauengestalt...

7

Anfang des Sommers las ich in der „Woche", die ich für jenes Jahr abonniert hatte, von dem Erscheinen einer Gesamtausgabe von Nadsons Gedichten. Welche Begeisterung erweckte damals dieser Name selbst in der tiefsten Provinz! Ich hatte schon dies und das von ihm gelesen, aber beim besten Willen nie so recht für ihn schwärmen können. „So mag das Gift des mitleidlosen Zweifels / in der zerfleischten Brust vergehen" – das erschien mir als übles, leeres Geschwätz. Ich vermochte keine besondere Achtung vor Versen zu empfinden, in denen es hieß, das Riedgras wachse *über* dem Teich und neige sich sogar mit seinen grünen Zweigen über ihn. Aber gleichwohl – Nadson blieb der frühverstorbene Poet, der Jüngling mit dem wunderschönen, traurigen Blick, „der sein Leben am Gestade eines südlichen Meeres unter Rosen und Zypressen aushauchte". Als ich im Winter von seinem Tode las und erfuhr, sein „in einem Meer von Blumen versinkender Metallsarg" sei in das frostige, neblige Petersburg unterwegs, um dort feierlich beigesetzt zu werden, erschien ich so blaß und aufgeregt am Mittagstisch, daß selbst mein Vater besorgt zu mir hinblickte und sich erst beruhigte, als ich ihm die Ursache meines Leids auseinandergesetzt hatte.

„Und das ist alles?" fragte er erstaunt, als er erfuhr, daß es sich um Nadsons Tod handelte.

Und er fügte ärgerlich und mit Erleichterung hinzu: „Was dir aber auch für ein dummes Zeug durch den Kopf geht!"

Die Notiz in der „Woche" hatte mich aufs neue schrecklich erregt. Nadsons Ruhm war im Laufe des Winters noch gewachsen. Und der Gedanke an diesen Ruhm stieg mir so zu Kopf, erweckte einen so heißen Wunsch in mir, selber berühmt zu werden, daß ich sofort und ohne einen Augenblick zu zögern damit beginnen zu müssen glaubte; ich beschloß, mich gleich tags darauf in die Stadt zu begeben, um genau zu erkunden, was Nadson – abgesehen von seinem poetischen Tod – eigentlich darstellte und womit er ganz Rußland in solches Entzücken versetzt hatte. Mein Kabardinergaul lahmte, die Arbeitspferde waren zu abgezehrt und häßlich – mir blieb nichts übrig, als zu Fuß zu gehen. Und ich machte mich auf den Weg, obwohl es bis zur Stadt gut dreißig Werst waren. Ich brach in aller Frühe auf, schritt ohne Ruhepause auf der heißen und einsamen Landstraße dahin und betrat schon gegen drei Uhr nachmittags die Bibliothek in der Torgowaja-Straße. Ein Fräulein mit Stirnlöckchen, das sich einsam in einem schmalen, von oben bis unten mit Büchern in abgenutzten Einbänden vollgestellten Zimmer langweilte, sah mich, den vom langen Weg und von der Sonne Erschöpften, aus irgendeinem Grunde recht neugierig an.

„Nadson bekommen Sie nur nach Voranmeldung", warf sie lässig hin. „Frühestens in einem Monat."

Ich stutzte, ich war sprachlos – dreißig Werst zu Fuß für nichts und wieder nichts! Dann stellte sich jedoch heraus, daß sie mich nur ein wenig auf die Folter spannen wollte.

„Aber Sie sind doch selber Poet!" fügte sie gleich darauf lächelnd hinzu. „Ich kenne Sie, noch aus Ihrer Gymnasiumszeit. Sie sollen mein eigenes Exemplar haben."

Ich zerfloß vor Dankbarkeit und stürzte, rot vor Verlegenheit und Stolz, mit dem kostbaren Band so freudig auf die Straße hinaus, daß ich beinahe ein schmächtiges, etwa fünfzehnjähriges Mädchen in einem grauen Leinenkleidchen umgerissen hätte, das gerade einer Reisekutsche entstieg, die neben dem Bürgersteig hielt. Vor die Reisekutsche war eine Troika seltsamer Pferde gespannt – eins wie das andere gescheckt, kräftig und klein, und auch sonst kaum voneinander zu unterscheiden. Noch seltsamer wirkte der Kutscher, der mit krummem Rücken auf dem Bock saß: ein unwahrscheinlich hagerer, ja dürrer und maßlos zerlumpter, aber dennoch außerordentlich stutzerhaft angetaner rothaariger Kaukasier mit einer in den Nacken geschobenen braunen Fellmütze auf dem Kopf. In der Kutsche aber saß eine wohlbeleibte und majestätische „gnädige Frau“ in einem weiten bastseidenen Mantel. Sie sah mich ziemlich streng und verwundert an, während das Mädchen zur Seite sprang – mit ungeheucheltem Schreck, der sich wunderschön in ihren schwindsüchtigen schwarzen Augen, im ganzen feinen, reinen, ein wenig ins Violette spielenden Gesichtchen mit den rührend schmerzhaft verzogenen Lippen malte. Ich geriet in noch größere Verwirrung, rief übertrieben eifrig und übertrieben gewählt: „Ach, um Gottes willen, bitte verzeihen Sie mir!“ und stürzte, ohne mich umzuschauen, die Straße entlang zum Marktplatz, nur noch das eine im Kopf: möglichst rasch in irgendeiner Gaststätte, wenn auch flüchtig, das Buch durchzusehen und Tee zu trinken. Doch jener Begegnung war einfach nicht beschieden, ein so nichtssagendes Ende zu nehmen.

Ich hatte an diesem Tag offenkundig Glück. In der Gaststätte saßen Bauern aus Baturino beisammen. Kaum hatten sie mich mit dem freudigen Staunen erkannt, mit dem jeder Dorfbewohner die Seinen in der Stadt begrüßt, als sie mir einmütig zuriefen: „Ja, was denn? Unser junger Herr? Tatsächlich! Tun Sie uns den Gefallen, verschmähen Sie unsere Gesellschaft nicht! Setzen Sie sich zu uns!“

Ich tat es, gleichfalls hocherfreut und in der Hoffnung, von ihnen mitgenommen zu werden; und sie schlugen mir tatsächlich sogleich vor, mich nach Hause zu fahren. Wie sich herausstellte, waren sie hergekommen, um Ziegelsteine abzuholen, ihre Fuhrwerke befanden sich außerhalb der Stadt vor den Ziegeleien in der Beglaja-Sloboda und man gedachte sich „gegen Abend“ auf den Heimweg zu machen. Doch das Aufladen der Ziegel beanspruchte den ganzen Abend. Ich saß eine Stunde, eine zweite und eine dritte vor den Ziegeleien herum, blickte unentwegt zum leeren Abendhimmel, der sich hinter der Chaussee vor mir erstreckte, während die Bauern in einem fort aufluden. In der Stadt hatte man schon zum Spätgottesdienst geläutet, und die Sonne hing bereits ganz niedrig über den rötlich schimmernden Feldern jenseits der Chaussee, aber sie luden immer noch auf. Ich verging buchstäblich vor Langerweile und Müdigkeit, als einer der Bauern, der mit Mühe und Not eine ganze Schürze voll frischer rosiger Ziegelsteine zu seinem Wagen schleppte, mit dem Kopf auf eine Troika wies, die auf dem Seitenwege neben der Chaussee allerhand Staub aufwirbelte, und spöttisch zu mir sagte: „Da kommt die gnädige Frau Bibikowa gefahren. Sie will zu uns, zu Uwarow. Er hat mir schon vorgestern verraten, daß er sie für ein paar Tage zu Besuch erwartet, und um ein geschlachtetes Lämmchen mit mir gefeilscht."

Ein anderer fiel ein: „Stimmt, sie ist es. Da sitzt ja auch dieser Totschläger auf dem Bock."

Ich sah genauer hin, erkannte sogleich die gescheckten Pferde, die vor der Bibliothek gehalten hatten, und war mir sofort darüber im klaren, was mich die ganze Zeit insgeheim so beunruhigt hatte, seit ich von dort auf die Straße geschossen kam: dieses schmächtige Mädchen. Als ich erfuhr, daß sie ausgerechnet zu uns nach Baturino unterwegs war, schnellte ich hoch, überschüttete die Bauern mit hastigen Fragen und erfuhr im Handumdrehen eine ganze Menge: daß Madame Bibikowa die Mutter dieses Mädchens und verwitwet war, das Mädchen jedoch in einer Woronesher Pension erzogen wurde – die Bauern nannten diese „eine Anstalt für Adlige" –, daß die Uwarows in bitterer Armut auf ihren Gütern nahe Sadonsk lebten und die Pferde von einem Verwandten, ihrem Sadonsker Nachbarn Markow, entliehen hatten, daß diese Pferde im ganzen Gouvernement genauso bekannt waren wie der Kaukasische Totschläger, der bei Markow wie üblich zunächst Zureiter gewesen war, sich dann aber bei ihm „einlebte" und sein Busenfreund wurde und sich zugleich mit ihm in eine schauderhafte Geschichte verwickelte: er, der Kaukasier, prügelte eines Tages einen Zigeuner mit der Nagaika zu Tode, weil der die wertvollste Mutterstute aus Markows Herde zu stehlen versucht hatte.

Wir fuhren erst in der Abenddämmerung los und schleppten uns die ganze Nacht dahin – so gut unsere schwachen Pferdchen die hundert Pud schweren Lasten bewältigten. Was war das aber auch für eine Nacht! Kaum erreichten wir im Dämmerlicht die Chaussee, da sprang Wind auf, von Osten heranziehende Wolken verdunkelten verdächtig, ja beunruhigend den Himmel, der dröhnte und erschüttert wurde und immer erschreckender rot aufflammte ... Eine halbe Stunde danach trat ägyptische Finsternis ein, in der von allen Seiten bald heißer, bald äußerst frischer Wind über uns hinbrauste und wir alle Augenblicke durch die über die Felder zuckenden rosa oder weißen Blitze geblendet und durch ein ungeheuerliches Krachen und Donnerrollen betäubt wurden; es entlud sich unwahrscheinlich laut und mit trockenem, zischendem Knistern unmittelbar über unseren Köpfen. Darauf folgte ein regelrechter Orkan, in dem Blitze die ganzen Wolken durchzuckten, gleich gezackten, weißglühenden, wilden Schrecken, ja Entsetzen verbreitenden Schlangen; und ein Wolkenbruch ergoß sich über uns, begleitet von ununterbrochenem Getöse, dazu einem dermaßen apokalyptischen Blitzen und Flammen, daß sich die Höllenfinsternis des Himmels vor uns auftat – bis in ihre grenzenlose Höhe, in der sich gleich übernatürlichen, vorgeschichtlichen Himalajas kupferfarbene Wolkengebirge türmten ... Ich lag auf den kalten Ziegelsteinen, mit allerlei Säcken, Matten oder Mänteln bedeckt, die die Bauern entbehren konnten, und hatte nach fünf Minuten keinen trockenen Faden mehr am Leibe. Aber was machte mir diese Hölle, diese Sintflut schon aus! Ich befand mich bereits ganz in den Banden meiner neuen Liebe ...

8

Puschkin war damals für mich regelrecht ein Bestandteil meines Lebens.

Wann war er in mein Leben eingegangen? Gehört hatte ich von ihm schon als Kind – sein Name wurde bei uns stets mit verwandtschaftlicher Vertrautheit genannt, als jemand, der zu uns, zu dem gleichen, besonderen Kreis gehörte wie wir. Schrieb er doch immer nur von dem, was „uns betraf“ und unseren Gefühlen entsprach. Der Sturm, der in seinen Versen gelegentlich den Himmel verfinsterte und mit einem Schneegestöber überzog, ähnelte haargenau dem, der an Winterabenden um unser Vorwerk Kamenka herum tobte. Meine Mutter las mir gelegentlich (nachdenklich und auf altmodische Art, beinahe singend und mit reizendem, ein wenig schmachtendem Lächeln) vor: „Ich saß beim Punsch mit dem Husaren / trank manchen Becher aus“, und ich erkundigte mich: „Mit wem denn? Mit meinem verstorbenen Onkel?“ Sie fuhr fort: „Beim Anblick einer welken Blüte / in einem Buch erwachen sacht / Gedanken, Märchen im Gemüte ...“ und ich glaubte diese Blüte in ihrem eigenen Jungmädchenalbum zu sehen ... Meine ganze Jugend stand im Zeichen Puschkins.

Auch Lermontow war nicht von ihr zu trennen:

Fern blaut die Steppe, und im Silberkranz
umgürtet sie der Kaukasus, der wilde,
sich spiegelnd in des Schwarzen Meeres Glanz,
wie sich der Riese neigt zu seinem Schilde,
und lauscht, wie sich die Wogen schäumend drängen,
der ew'gen Fluten ewigen Gesängen ...*

Welch wunderbarer Jugendsehnsucht nach langen Wanderungen, welch leidenschaftlichem Traum von allem Fernen und Schönem, welch heimlichem Ruf des Herzens

* Nachgedichtet von H. Gerschmann.

entsprachen diese Zeilen, indem sie mich anregten und formten! Und dennoch bannte mich vor allem Puschkin. Was für Gefühle er in mir erweckte! Und wie oft begleitete er meine eigenen Gefühle und all das, in dem ich aufwuchs und von dem ich lebte!

Da erwache ich an einem frostklaren sonnigen Morgen, und mir wird besonders freudig zumute, weil ich sogleich mit seinen Worten ausrufe: „Ein Zaubermorgen: Frost und Sonne!", mit ihm, der nicht nur diesen Morgen so schön beschrieben, sondern mir auch ein so wunderbares Bild auf den Weg gegeben hat:

Noch immer träumst du, meine Wonne...

Ein andermal werde ich im Schneegestöber wach und erinnere mich, daß wir heute zu einer Hetzjagd wollten, und beginne den Tag wieder genau wie er:

Was tut man auf dem Land an trüben Wintertagen?
Als erstes wird man früh den Diener fragen:
„Wie wird das Wetter heut? Gab's Neuschnee?
  Ist's sehr kalt?
Wir wär's mit einem Ritt durch den verschneiten
  Wald?
Bleibt man im Bett und liest wie sonst aus
  Langerweile?"*

Oder auch eine Dämmerstunde im Lenz; die goldene Venus prangt über dem Garten, die Fenster sind geöffnet, und er ist aufs neue bei mir und drückt aus, wonach ich mich sehne:

O Delia, du Holde,
Wo weilst du? Säume nicht!
Schon strahlt in lautrem Golde
des Liebessternes Licht.**

* Nachgedichtet von Martin Remané.
** Nachgedichtet von Friedrich Fiedler.

Schließlich wird es ganz dunkel, und die Nachtigall schmachtet über den ganzen Garten hin und reißt auch mich mit:

Vernahmt ihr nachts im Haine fern und bang
der Liebe Lied, der Liebe Sehnsuchtsklagen?

Dann liege ich im Bett, und „an meinem Lager brennt der Kerze trübes Licht", nicht etwa ein elektrisches Lämpchen; und wer schmilzt denn nun in seiner jugendlichen Liebe oder, genauer gesagt, in seiner Sehnsucht nach ihr dahin – er oder ich?

Sei gnädig, Morpheus, und entrücke
mich meiner bittren Liebesqual!

Und am Ende wirft der Wald aufs neue sein Purpurkleid ab, und der erste Frost zieht jauchzend vor wildem Vergnügen über die Wintersaaten hin, demselben, dem auch ich mich so leidenschaftlich ergebe:

Wie rasch im Feld, das ringsum offen,
mein frisch beschlagner Gaul entstrebt!
Wie hell doch unter seinen Hufen
die tief gefrorne Erde bebt!

Nachts aber geht über unserem erstorbenen Garten still der große düsterrote Mond auf – und wieder höre ich die zauberhaften Worte in mir klingen:

Wie ein Gespenst zieht hinter einem Fichtenhain
der neblig-trübe Mond herauf . . .

Und meine Seele erfüllen unausgesprochene Träume von jener Unbekannten, die er erschuf und die mich für immer bannte, sie, die weit weg, in einem fremden, unbekannten Lande wandelt zu dieser stillen Stunde.

An dem von rauschenden Wogen umspülten Strand . . .

9

Meine Gefühle für Lisa Bibikowa waren nicht nur durch meine Unreife, sondern auch durch die Liebe für unsere Lebensart bestimmt, mit der die ganze Dichtkunst damals so eng zusammenhing.

Ich war in Lisa auf alte poetische Art verliebt – als in ein Wesen, das zu unserem Gesellschaftskreis gehörte.

Der Geist dieses Milieus erschien mir, durch meine Phantasie romantisch verklärt, um so schöner, als er vor meinen Augen für immer entschwand.

Ich sah, wie unsere Lebensweise ständig dürftiger wurde, liebte sie aber desto mehr; ja, ich freute mich seltsamerweise sogar darüber, vielleicht, weil ich darin eine gewisse Ähnlichkeit mit den Verhältnissen Puschkins erblickte, dessen Gutshaus nach Jasykows Beschreibung ebenfalls durchaus nicht von Wohlstand zeugte:

Die Wand noch hier und da
beklebt mit schäbigen Tapeten,
dazu zwei Fenster zwischen einer Glastür;
der Fußboden ist kaum noch zu betreten.
Ein Sofa unterm Heilgenbilde in der Ecke
und ein paar Stühle ...

Im übrigen wurde unser kärgliches Dasein damals, als sich Lisa in Baturino aufhielt, durch die heißen Junitage, das dichte Laub der schattigen Gärten, den Duft des welkenden Jasmins und der aufblühenden Rosen sowie das Baden im Teich verschönt, der, auf unserer Seite vom Garten beschattet, sich hinter dichtem, kühlem Gras verbarg und malerisch umgeben war von hohem Weidengehölz mit jungem, glänzendem Laub und biegsamen, schimmernden Trieben ... So blieb Lisa für mich immer verbunden mit diesen ersten Badetagen, mit den Bildern und Gerüchen des Juni – des Jasmins, der Rosen, der Erdbeeren als Nachspeise zum Mittagessen, jener Weidenbüsche am Ufer, deren lange Blätter einen starken Duft verströmten und bitter schmeckten, sowie dem Geruch des Wassers und des Schlamms in dem von der Sonne erwärmten Teich.

Bei den Uwarows ließ ich mich in diesem Sommer nicht sehen – Glebotschka verbrachte die Sommermonate in einer Landwirtschaftsschule, in die man ihn angesichts seiner mäßigen Leistungen im Gymnasium abgeschoben hatte. Auch die Uwarows zeigten sich nicht bei uns; die Beziehungen blieben gespannt – die alte Geschichte mit den kleinlichen Dorfstreitigkeiten; immerhin bat die Uwarowa Vater um Erlaubnis, auf unserer Seite im Teich zu baden, und stellte sich denn auch fast jeden Tag mit den Bibikows bei uns ein, während ich ihnen des öfteren – scheinbar zufällig – am Teichufer begegnete und mich besonders höflich verneigte, wobei Frau Bibikowa, die sich ständig gnädig-herablassend und erhobenen Hauptes in einem wallenden Kittel und mit einem zottigen Badelaken über der Schulter zeigte, meine höflichen Bücklinge bereits recht freundlich, ja sogar mit einem leichten Lächeln aufnahm – vermutlich erinnerte sie sich, wie ich damals in der Stadt aus der Bibliothek herausgeschossen kam. Auch Lisa reagierte zunächst noch etwas befangen, dann aber immer freundlicher und lebhafter; sie war inzwischen schon leicht gebräunt, und ihre weit geöffneten Augen hatten einigen Glanz angenommen. Sie trug jetzt ein weißes Matrosenblüschen mit blauem Kragen und einen ziemlich kurzen blauen Rock und schützte ihr schwarzes Köpfchen mit dem zum Zopf geflochtenen, sich leicht kräuselnden Haar in keiner Weise vor der Sonne. Sie badete nicht, sondern saß nur am Ufer, während ihre Mutter und die Uwarowa hinter besonders dichten Weidenbüschen planschten; immerhin streifte auch sie gelegentlich die Schuhchen ab, um barfuß im Gras herumzustapfen und seine zarte Frische zu genießen; so habe ich sie mehrmals gesehen. Das Weiß ihrer Füßchen wirkte im grünen Gras unsagbar bezaubernd.

Wieder zogen Mondnächte herauf, und ich nahm mir

schon vor, nachts überhaupt nicht mehr zu schlafen und mich erst gegen Sonnenaufgang ins Bett zu legen, um bei Kerzenschein in meinem Zimmer zu sitzen, zu lesen und Verse zu schreiben, danach durch den Garten zu streifen und vom Teichdamm zum Gehöft der Uwarows hinüberzulugen . . .

Tags standen an diesem Damm des öfteren Weiber oder Mädel, die, über einen großen flachen Stein gebeugt, der am Ufer im Wasser lag, nasse graue Hemden bearbeiteten, die Röcke bis über die kräftigen roten und dennoch weiblich zarten Knie aufgesteckt, und sich dabei laut und einmütig flink schlagfertige Bemerkungen zuwarfen; hier und da richteten sie sich auf, wischten sich mit dem aufgekrempelten Ärmel den Schweiß aus der Stirn und fragten, wenn ich gelegentlich an ihnen vorbeikam, ungeniert spöttisch: „He, junger Herr, hast du vielleicht was verloren?“ Worauf sie sich aufs neue vorneigten und noch eifriger darauflos hieben oder losklatschten und über etwas lachten und plapperten, während ich mich schleunigst davonmachte; es fiel mir schwer, ruhig zu ihnen hinzublicken, wenn sie sich vorbeugten und ihre nackten Knie sehen ließen.

Dann tauchten bei Alferow, einem anderen Gutsnachbarn von uns, dessen Gehöft jenseits der Dorfstraße gegenüber dem unseren lag und dessen Sohn in der Verbannung lebte, zwei entfernte Verwandte von ihnen auf, zwei Petersburger Fräulein, deren Jüngere, Assja, hübsch, gewandt und ansehnlich von Wuchs war, dazu fröhlich, energisch und ungeniert in ihrem Benehmen. Sie spielte gern Krocket, knipste, was ihr gerade vor die Linse kam, und ritt gern; ich wurde, ohne es recht zu merken, beinahe ständiger Gast in diesem Gehöft und knüpfte eine Art Freundschaft mit Assja an, wobei sie mich wie einen Bengel behandelte, zugleich aber offensichtliches Vergnügen an der Gesellschaft dieses Bengels bekundete. Sie knipste mich in einem fort, wir klapperten stundenlang mit unseren Krockethämmern, obwohl sich immer wieder herausstellte, ich mache angeblich dies oder jenes falsch, so daß sie alle Augenblicke einhielt und mich – auf reizende Art und ohne den Konsonanten „l" aussprechen zu können – voller Verzweiflung anblaffte: „Ach, wie dumm, mein Gott, wie dumm, aber . . . ieb Sie doch sind!" Am liebsten jedoch galoppierte sie gegen Abend auf der Landstraße dahin, und ich hörte dann nicht mehr so ganz unangefochten ihre freudigen Aufschreie während des Ritts, sah ihr gerötetes Gesicht und das zerzauste Haar und fühlte unsere Einsamkeit inmitten der Felder, wobei sich ihr lyraförmiger Körper im Sattel großartig ausnahm und die pralle Wade des linken, in den Steigbügel gestemmten Beines in einem fort unter dem wehenden Rocksaum der Amazone zum Vorschein kam . . . Doch das war tags oder abends. Meine Nächte gehörten der Poesie.

Über den Feldern ist es bereits ganz dunkel, die warme Dämmerung vertieft sich immer mehr, und Assja und ich kehren im Schritt durch das von abendlichen Sommergerüchen erfüllte Dorf zurück. Nachdem ich Assja nach Hause begleitet habe, komme ich in unseren Gutshof geritten, werfe die Zügel der schwitzenden Kabardinka einem Gutsknecht zu und eile zum Abendessen ins Haus, wo ich von meinen Brüdern und der Schwägerin mit fröhlichem Spott empfangen werde. Nach der Abendmahlzeit mache ich mit ihnen noch einen Spaziergang zur Viehweide hinter dem Teich oder aufs neue zur Landstraße und blicke zum düsterroten Mond, der über den schwarzen Feldern aufsteigt, von denen eine gleichmäßige, weiche Wärme herüberweht. Nach dem Spaziergang bin ich dann endlich allein. Alles ist verstummt – das Haus, das ganze Gehöft, das Dorf und die mondbeschienenen Felder. Ich sitze in meinem Zimmer am offenen Fenster und lese oder schreibe. Von Zeit zu Zeit weht der schon leicht abgekühlte Nachtwind aus dem hier und da bereits monderhellten Garten herein und läßt die tropfenden Kerzen flackern. Nachtfalter schwärmen um sie herum, verbrennen sich an ihnen und übersäen knisternd und angenehm riechend allmählich den ganzen Tisch. Eine unüberwindliche Schläfrigkeit neigt meinen Kopf und läßt meine Lider zufallen, aber ich wehre mich mit allen Mitteln und schaffe es auch. Gegen Mitternacht war das Schlafbedürfnis gewöhnlich verflogen. Ich erhob mich und trat in den Garten. Jetzt, im Juni, zog der Mond sommerlich niedrig dahin. Er stand hinter der Hausecke, sein breiter Schatten fiel bis weit über die Gartenlichtung, und aus diesem Schatten zu irgendeinem siebenfarbigen Stern hinaufzublicken war besonders schön, zu einem Stern, der im Osten weit hinter dem Haus flimmerte, dem Dorf und den sommerlichen Feldern, von denen gelegentlich kaum hörbar und eben darum besonders bezaubernd das ferne Schlagen einer Wachtel herüberdrang. Die hundertjährige Linde neben dem Haus blühte und duftete süß, der goldfarbene Mond schien Wärme zu verbreiten. Überhaupt flutete nur Wärme herbei – wie immer vor Sonnenaufgang, dessen Nähe man am östlichen Himmelsrand schon spürte, wo sich der Horizont bereits schwach silbrig färbte. Von dort, hinter dem Teich hervor, zog mich etwas an, und ich folgte diesem Ruf, durchquerte still den Garten und trat auf den Damm ... Das Uwarowsche Gehöft verschwamm mit der dörflichen Allmende und der Garten hinter dem Haus mit den Feldern. Wenn ich vom Damm zum Haus schaute, stellte ich mir deutlich vor, wer wo schlief. Daß Lisa in Glebotschkas Zimmer untergebracht war, wußte ich, das heißt in einem Stübchen, dessen Fenster ebenfalls auf den dunklen, dichten, unmittelbar angrenzenden Garten gingen. Wie soll ich die Gefühle wiedergeben, mit denen ich hinblickte und sie mir in diesem Stübchen vorstellte, schlafend beim Geraun des Laubs, das sich wie leichter Regen anhörte, hinter den offenen Fenstern, durch die in einem fort dieser warme Wind von den Feldern hereinwehte und ihren fast noch kindlichen Schlaf umgaukelte – gab es wohl einen reineren und schöneren auf Erden?

10

Diese seltsame Lebensweise hielt so ziemlich den ganzen Sommer an, änderte sich dann aber überraschend und gründlich. Eines schönen Morgens erfuhr ich, die Bibikows seien fort, sie hätten Baturino am Vortage verlassen. Ich schlug die Zeit bis zum späten Nachmittag tot, begab mich gegen Abend zu Assja – und was bekam ich zu hören?

„Wir fahren morgen nach der Krim", sagte sie, kaum daß sie mich erblickt hatte, so fröhlich, als wolle sie mir damit eine außerordentliche Freude bereiten.

Danach trat eine solche Langeweile und Leere ein, daß ich auf die Felder hinauszureiten begann, wo man bereits unseren Roggen mähte, stundenlang auf den Mahdreihen oder auf den Stoppeln saß und den Mähern gedankenlos zuschaute. Da saß ich nun, Trockenheit, brütende Hitze und das gleichmäßige Geräusch der Sensen um mich herum; wie eine dichte, hohe Wand hob sich von dem vor Hitze grau getönten Blau des wolkenlosen Himmels das Meer des schon zu trockenen, sandgelben Roggens mit den vollen, ergeben geneigten Ähren ab, gegen den in schräger Reihe, jeder für sich, langsam, aber gleichmäßig die Bauern in ungegürteten Hemden vorrückten, weit ausholten und mit ihren in der Sonne funkelnden Sensen raschelten, zur Linken Reihe um Reihe umlegten und eine stachlige Bürste gelber Stoppeln hinterließen, breite leere Streifen, durch die das Feld nach und nach immer kahler und ganz anders wirkte als vorher und sich immer neue Ausblicke und Fernen eröffneten ...

„Wozu so sinnlos herumsitzen, junger Herr?" fragte mich eines Tages rauh, aber freundschaftlich ein Mäher, ein großgewachsener, schöner schwarzhaariger Bauer. „Nehmen Sie doch meine zweite Sense, und machen Sie mit!"

Ich erhob mich und ging, ohne ein Wort zu erwidern, zu seinem Bauernwagen. Damit begann es denn auch ...

Zuerst war es ein ungeheuerliches Abquälen. Hast und allerlei Ungeschicklichkeiten setzten mir so zu, daß ich mich abends mühsam nach Hause schleppte, mit gekrümmtem, schmerzendem Rücken, mit Ziehen in den Schultern und von blutenden Schwielen schmerzenden Händen, sonnenverbranntem Gesicht, von eingetrocknetem Schweiß, klebendem Haar und bitterem Wermutgeschmack im Munde. Aber dann ließ ich mich immer mehr von meiner freiwillig übernommenen Zuchthausarbeit fesseln, so daß ich sogar beseligt mit dem Gedanken einschlief: Morgen geht's wieder ans Mähen!

Nach dem Mähen aber kam das Einfahren. Diese Arbeit ist noch schwerer. Es ist noch schlimmer, die Heugabel in die dicke, trocken-pralle Garbe zu setzen, den glitschigen Gabelstiel mit dem Knie zu stützen und diese prächtige, raschelnde Last, die einen mit ihren spitzen Körnern überschüttet, mit einem Ruck, daß die Bauchmuskeln schmerzen, hinaufzuwuchten auf den mehr und mehr zusammenschrumpfenden Bauernwagen, zu einer hohen, immer noch wachsenden und überall von Garbenenden starrenden Fuhre ... um danach den schweren, sperrigen, ringsum stachligen und dumpf nach Roggenwärme riechenden Berg mit rauhen Stricken zu umwinden, ihn aus Leibeskräften zusammenzuschnüren und die Strickenden so straff wie möglich um die Seitensprossen der Wagenwände zu schlingen ... dann dem schaukelnden Turm auf der ausgefahrenen Dorfstraße mit ihren vielen Schlaglöchern zu folgen, bis an die Knöchel im heißen Staub zu versinken, in einem fort zum Pferd zu schauen, das neben dieser Fuhre geradezu lächerlich wirkt, sich innerlich zusammen mit ihm ins Zeug zu legen und die ganze Zeit zu fürchten, das in allen Tonarten knarrende Wägelchen würde an einer Kehre nicht standhalten, ein allzu scharf aus der Furche geratenes Rad könnte alldem ein Ende bereiten, die ganze Pracht umstürzen und rettungslos durcheinanderwerfen ... Das alles macht keinen Spaß, zumal mit einem vor der Sonne nicht geschützten Kopf, mit heißer, schwitzender, von Roggengrannen zerstochener Brust, vor Übermüdung zitternden Beinen und bitterem Wermutgeschmack im Mund!

Im September aber saß ich immerfort auf der Tenne herum. Es kamen graue, eintönige Tage. In der Getreidedarre heulte und summte vom frühen Morgen bis in den späten Abend die Dreschmaschine, warf mit Stroh um sich und stieß dichte Spreuwolken aus; einige Weiber und Mädel waren, die staubigen Kopftücher tief in die Augen gezogen, eifrig beim Harken, andere klapperten in einer dunklen Ecke gleichmäßig mit der Worfelmaschine, drehten den Griff der drinnen im Kornwind wehenden Flügel, riefen damit einen Roggengeruch hervor und sangen in einem fort monoton und schmachtend, ich aber lauschte ihnen, stellte mich neben die oder jene, um mitzudreschen, oder half, das schon völlig reine Korn unter der Worfelmaschine hervor in ein Getreidemaß zu schaufeln und es mit Vergnügen in einen mir hingehaltenen offenen Sack zu schütten. Ich ließ mich immer mehr in Vertrautheiten und Freundschaften mit diesen Weibern oder Mädeln ein, und wer weiß, womit all das geendet hätte – ein langbeiniges, rothaariges Mädel, das freier und gekonnter, zugleich aber trotz ihrer offenbaren Keckheit und Unverfrorenheit mit besonders zu Herzen gehender Innigkeit sang, spielte mir gegenüber bereits ganz deutlich darauf an, daß sie, zum Beispiel für eine neue Schere, zu allem bereit sei –, womit also all das geendet hätte, wenn sich nicht etwas Überraschendes in meinem Leben ereignet hätte: ich geriet auf einmal in eine der bemerkenswertesten Petersburger Monatszeitschriften, wo ich mich in Gesellschaft der damals berühmtesten Schriftsteller befand, und erhielt dafür auch noch eine Postanweisung über ganze fünfzehn Rubel. Nein, sagte ich mir, durch das eine wie durch das andere erschüttert, Schluß jetzt mit der Getreidedarre, es wird Zeit, zu den Büchern, zum Schreibtisch zurückzukehren, und ging sofort meine Kabardinka satteln; ich reite in die Stadt, hol mir mein Geld ab und – an die Arbeit... Es war schon gegen Abend, aber ich sattelte dennoch das Pferd und jagte durchs Dorf und über die Landstraße davon ... Auf den Feldern war es traurig, leer, kalt und unwirtlich, aber welche Entschlossenheit, welche Bereitschaft zum Leben, welcher Glaube an das Leben erfüllten meine einsame junge Seele!

II

Es dunkelte trübselig, ein rauher Wind strich über die Felder, aber ich atmete seine vorwinterliche Frische mit ganzer Brust ein, fühlte seine gesunde Kälte voller Genuß auf meinem heißen jungen Gesicht und trieb Kabardinka in einem fort an. Für rasches Reiten hatte ich stets viel übrig; mein Reitpferd liebte ich heiß, dennoch behandelte ich es immer erbarmungslos. Und hier hatte ich es besonders eilig. Dachte ich an etwas Bestimmtes, träumte ich davon? Doch der Mensch denkt, wenn in seinem Leben etwas Wichtiges oder wenigstens nicht Unbedeutendes geschehen ist und man zu einer Folgerung oder einem Entschluß kommen muß, selten darüber nach; er überläßt sich lieber der heimlichen Tätigkeit seines Inneren. Und ich erinnere mich sehr wohl, daß meine mutig angefeuerte Seele auf dem Weg zur Stadt unermüdlich an etwas arbeitete. Woran? Das wußte ich noch nicht, fühlte jedoch aufs neue den Wunsch nach einer Veränderung in meinem Leben, nach der Befreiung von etwas, kurz ein unbestimmtes Streben ...

Ich erinnere mich, daß ich bei Stanowaja einen Halt einlegte. Es wurde langsam Nacht, auf den Feldern war es düsterer und trauriger geworden. Keine Menschenseele, so schien es, war auf dieser verödeten, von allen vergessenen Landstraße, ja sogar im Umkreis von hunderten Werst.

Wildnis, Weite und Einsamkeit... Ach, wie schön, dachte ich und ließ die Zügel hängen. Kabardinka stand still, blähte kräftig die Flanken und erstarrte. Ich stieg mit kältesteifen Knien aus dem angewärmten, glitschigen Sattel und blickte mich scharfäugig und wachsam um, der alten Räuberlegende um Stanowaja gedenkend und im stillen sogar eine schreckliche Begegnung und einen mörderischen Zusammenstoß ersehnend; ich zog die Sattelriemen und den Gürtel meines ärmellosen Rocks an und rückte sogar den Dolch zurecht... Der scharfe Wind versteifte sich immer mehr, blies mir gleichsam kaltes Wasser in die Seite und schlug mir heulend ans Ohr, wobei er beunruhigend und tückisch beim täuschenden Dämmerschein über den Feldern im trockenen Steppengras und in den Steppen raschelte; Kabardinka stand mit gespitzten Ohren da, wunderbar gewachsen, an den Flanken hingen die Steigbügel, und die Sattelenden ragten in die Luft; es sah ganz so aus, als wittere auch sie, wie berüchtigt diese Gegend war. Sie starrte ebenfalls aufmerksam und angespannt die Landstraße entlang. Meine Kabardinka war schon dunkel verfärbt vom heißen Schweiß, ganz mager um die Rippen und über den Beinen, doch ich kannte ihre Ausdauer, wußte, daß ihr ein einziger tiefer Atemzug genügte, um sich erneut auf den Weg zu machen – so gut sie es mit ihren nicht mehr ganz frischen Kräften und dank ihrer ständigen Willigkeit und der Anhänglichkeit an mich vermochte. Und ich umarmte ihren schlanken Hals, küßte sie auf die nervöse Schnauze, schwang mich erneut in den Sattel und jagte noch eiliger davon.

Dann aber zog die Nacht herauf, eine dunkle, schwarze Herbstnacht, und wie im Traum schien mir, all das würde nie ein Ende nehmen – die Finsternis, der Gegenwind, das gleichmäßige Getrappel der Hufe in der undurchdringlichen Dunkelheit unter den Pferdefüßen... Dann erblickte man so klar und deutlich, wie es nur in Herbstnächten zu sein pflegt, die sich in der Ferne abzeichnenden

Stadt- und Vorstadtlichter, die eine ganze Weile gleichsam auf der Stelle verharrten. Schließlich kamen sie näher und wurden größer, die Schindeldächer der Vorstadthäuser entlang der dunklen Straße zeichneten sich schwarz ab, verlockend und behaglich leuchteten die hellen kleinen Fenster, die hellen Innenräume mitsamt den Bewohnern, die am Familientisch ihr Abendbrot verzehrten ... und plötzlich verspürte man all die komplizierten menschlichen Stadtgerüche, ringsum tauchten zahlreiche andere Lichter und erhellte Fenster auf, und Kabardinkas Hufeisen klapperten nun schon lustig und aufregend über das Straßenpflaster ... In der Stadt war es weniger windig und wärmer, hier war es erst Abend und herrschte noch nicht jene undurchdringliche schwarze Nacht, die längst die Felder überzog, und ich erreichte Nasarows Herberge zur Abendessenszeit.

Was bewegte nicht alles an diesem Abend meine Seele! Ich kann nicht sagen, ich sei allzu erregt und glücklich darüber gewesen, in eine berühmte Zeitschrift und in den Kreis berühmter Schriftsteller geraten zu sein – ich nahm das, wie ich mich erinnere, beinahe als etwas mir durchaus Gebührendes. Ich war nur stark und angenehm erregt, befand mich im Vollbesitz meiner Fähigkeiten, meiner seelischen und körperlichen Empfänglichkeit, und alles bereitete mir einen erstaunlichen Genuß: dieser herbstliche Abend in der Stadt und der schnelle Trab vor das Nasarowsche Tor, das Ziehen an dem Ring, der an einem rostigen Draht aus einem Loch im Türpfosten herunterhing und lautes Geklingel auslöste, die Schritte des hinkenden Hausknechts, der mir die Tür öffnete, auf den Pflastersteinen des Hofs, dazu die Behaglichkeit dieses mistbedeckten Hofs, wo sich in der Dunkelheit unter den schwarzen Wetterdächern oder auch unter freiem Himmel ein ganzes Lager von Bauernwagen und laut kauenden Pferden zusammengefunden hatte, zu dem sich der charakteristische, kreisstadteigene, konstante Übelgeruch des

Abtritts in der undurchdringlichen Finsternis des Innenflurs gesellte, zu dem ich mit kältesteifen Beinen die morschen Stufen der Vortreppe hinaufstrebte und wo ich lange nach der Türklammer ins Innere des Hauses tastete; bis sich dann plötzlich die helle, warme, von vielen Menschen bevölkerte Küche vor mir öffnete, in der es kräftig nach fettem Pökelfleisch und essenden Bauern roch, dahinter die gute Stube, in der an einem großen, von einer Hängelampe hell beleuchteten runden Tisch ebenfalls zahlreiche sonnen- oder wettergebräunte Leute in Westen und Russenhemden, die unter den Westen heraushingen, zu Abend aßen, unter dem Vorsitz der dicken pockennarbigen Wirtin mit ihrer zu langen Oberlippe und des greisen Hausherrn, eines strengen und mißmutigen, hochgewachsenen und knochigen Kleinbürgers, der mit seinem glatten, strähnigen Haar und der Susdaler Nase an einen Altgläubigen erinnerte ... Alle außer dem Hausherrn tranken Wodka und löffelten aus einer riesigen gemeinsamen Schüssel eine kräftige Kohlsuppe mit Fleisch und Lorbeerblatt ... Ach, wie schön, dachte ich, wie schön all das doch ist – die schlimme, unwirtliche Nacht über den Feldern und dieses abendliche freundschaftliche Zusammenleben in der Stadt, diese essenden und trinkenden Bauern und Kleinbürger, will sagen dieses ganze uralte russische Kreisstadtleben mit seiner Roheit, zugleich aber auch Kompliziertheit, Beständigkeit und Häuslichkeit, all meine vagen Träume von einem märchenhaften Petersburg, von Moskau und allerlei berühmten Schriftstellern und auch mein Vorsatz, schleunigst meinerseits einen Gehörigen zu genehmigen und mich mit Wolfshunger über die Kohlsuppe und das weiche städtische Weißbrot herzumachen!

Und ich aß und trank so kräftig, daß ich danach (als alle schon auseinandergegangen waren und sich ausgestreckt hatten, wo sich's gerade traf – auf dem Hof, in der Küche, in der Stube –, als das Licht ausgemacht wurde und jedermann in tiefen Schlaf sank, sich völlig in die Gewalt der Wanzen und Küchenschaben begab), daß ich also danach noch lange auf den Stufen der Vortreppe saß, den leicht schwindligen Kopf in der Frische der Oktobernacht kühlte und in der nächtlichen Stille bald der Klapper lauschte, die fern in einer menschenleeren Straße gekonnt eine Art Tanzmelodie erklingen ließ, bald dem friedlichen, knisternden Kauen der Pferde unter den Wetterdächern, das gelegentlich durch kurzes Gerempel und böses kreischendes Wiehern unterbrochen wurde, wobei ich immerfort etwas überdachte und in meiner trunkseligen Verfassung zu einem Entschluß zu kommen suchte.

An diesem Abend nahm ich mir zum erstenmal vor, Baturino zu verlassen, früher oder später, aber auf jeden Fall.

12

Nur der Wirt und die Wirtin übernachteten getrennt von den anderen in ihrem Schlafzimmer, das an eine Kapelle erinnerte dank den vielen mit vergoldeten oder versilberten Beschlägen verkleideten Ikonen im Heiligenschrein, der gleich einem an die Wand gelehnten schwarzen Sarg in der Vorderecke hinter der großen himbeerroten „Ewigen Lampe“ ragte, während wir, das heißt ich und fünf weitere „saubere“ Logiergäste, in demselben Raum übernachteten, in dem wir zu Abend gegessen hatten. Drei von uns streckten sich auf Pferdedecken auf dem Fußboden aus, die drei anderen, zu denen unglücklicherweise auch ich gehörte, auf steinharten Sofas mit hölzernen Lehnen. Und natürlich setzten die Wanzen (kleine, besonders niederträchtige, die auf dem Kopfkissen nach allen Richtungen auseinanderliefen, sobald man ein Zündholz ansteckte) auch mir die ganze Nacht zu, während ringsum in der warmen, stinkenden Dunkelheit lautes Schnarchen dröhnte, das die Nacht hoffnungslos und unaufhellbar erscheinen ließ, dazu kam dann und wann die unverwüstliche Klapper mit ihrem entsetzlich lauten, virtuosen und irgendwie runden, aber hohlen Geknatter unmittelbar unter den Fenstern; aus dem Schlafzimmer der Wirtsleute schien mir durch die nur angelehnte Tür das rote Öllämpchen in die Augen; und der kreuzförmige schwarze Schimmer, das schwache Flimmern und die schwankenden Schatten, die er hervorrief, erinnerten an eine märchenhafte Spinne inmitten eines riesigen Spinngewebes ... Dennoch erhob ich mich, als wäre nichts gewesen, sobald man hörte, daß die Wirtsleute erwacht waren; die auf dem Fußboden Schlafenden gähnten, standen auf und zogen sich die Stiefel an, die Köchin schleppte im Laufschritt über ihre Beine und die Pferdedecken hinweg den einen Eimer Wasser fassenden, gleich einem Quell brodelnden und verlockend-herb nach Holzkohlenrauch riechenden Samowar herein und knallte ihn mit Schwung auf den Tisch; der aufsteigende Dampf überzog die Fensterscheiben und den Spiegel sogleich mit dichtem Weiß.

Eine Stunde darauf war ich bereits auf der Post und nahm endlich sowohl mein erstes Honorar als auch das einzigartige, sich von allen anderen Büchern auf der Welt unterscheidende dicke Heft mit dem noch unberührten, frischen eigelben Umschlag in Empfang, das meine Verse enthielt; sie erschienen mir im ersten Augenblick gar nicht einmal als meine eigenen – dermaßen verhext ähnelten sie echten, schönen Versen eines wirklichen Poeten. Danach hatte ich noch eine geschäftliche Angelegenheit zu erledigen, das heißt im Auftrage meines Vaters einen gewissen Iwan Andrejewitsch Balawin, Getreideaufkäufer, zu besuchen, um ihm Muster unseres Drusches vorzulegen, mich nach den Preisen zu erkundigen und, wenn möglich, den Verkauf abzuschließen. Ich begab mich geradeswegs von der Post zu ihm, ging aber so, daß die vorüberkommenden Bauern und Kleinbürger verwundert den jungen Mann in Langschäftern, in einem ärmellosen blauen Rock und mit einer gleichfalls blauen Mütze auf dem Kopf musterten, der immerfort die Schritte verlangsamte, ja gelegentlich sogar mitten auf der Straße stehenblieb und ewig dieselbe Stelle in dem aufgeschlagenen Buch vor seinen Augen anstarrte.

Balawin empfing mich zunächst kühl, mit jener unergründlichen Feindseligkeit, der man unter russischen Handelsleuten oft genug begegnete. Die Tore seines Speichers in der Reihe der Getreidehändler gingen unmittelbar auf den Straßendamm. Der Verwalter geleitete mich durch den Speicher irgendwohin in dessen Tiefe, bis an eine mit einem roten Baumwollstoff verhangene Glastür, und klopfte zaghaft.

„Herein!" rief jemand unfreundlich hinter der Tür.

Ich trat ein, und hinter dem großen Schreibtisch erhob sich zu meiner Begrüßung ein Mann von schwer zu bestimmendem Alter, europäisch gekleidet, mit sehr reinem und gleichsam durchsichtigem gelblichem Gesicht, semmelblondem, sorgfältig nach hinten gekämmtem Haar, schmalem blondem Schnurrbart und warf mir aus hellgrünen Augen einen raschen Blick zu.

„Was wünschen Sie?" erkundigte er sich trocken und kurz.

Ich nannte meinen Namen, zog hastig und ungeschickt zwei Säckchen mit Korn aus den Rocktaschen und legte sie vor ihn auf den Tisch.

„Nehmen Sie Platz", sagte er irgendwie beiläufig, setzte sich an den Tisch und machte sich an das Aufbinden der Säckchen. Dann entnahm er eine kleine Handvoll von dem einen Korn, warf es auf der Handfläche hoch, rieb es zwischen den Fingern und roch daran, worauf er dasselbe mit der anderen Probe tat.

„Wieviel sind's insgesamt?" erkundigte er sich geistesabwesend.

„Sie meinen, wieviel Tschetwert?" fragte ich.

„Doch wohl nicht gleich Waggons", gab er spöttisch zurück.

Ich wollte schon aufbrausen, doch er schnitt mir das Wort ab.

„Das ist übrigens nicht so wichtig. Die Preise liegen zur Zeit nicht hoch, Sie kennen sie ja wohl selber . . .“

Und er nannte seinen Preis und schlug vor, das Korn, wenn's recht sei, gleich vom folgenden Tage an liefern zu lassen.

„Mit dem Preis bin ich einverstanden“, sagte ich errötend. „Darf ich um ein Handgeld bitten?“

Er zog schweigend die Brieftasche, reichte mir einen Hundertrubelschein und steckte sie mit gewohnter, höchst präziser Bewegung wieder ein.

„Wünschen Sie eine Quittung?“ fragte ich und errötete noch tiefer bei dem peinlichen Genuß meines Erwachsenseins und meiner Geschäftstüchtigkeit.

Er entgegnete mit spöttischem Lächeln, Alexander Sergejewitsch Arsenjew sei gottlob jedermann zur Genüge bekannt, öffnete, als wolle er mir zu verstehen geben, der geschäftliche Teil des Gesprächs sei beendet, das auf dem Tisch liegende silberne Zigarettenetui und hielt es mir hin.

„Danke, ich rauche nicht“, sagte ich.

Er steckte sich eine Zigarette an und fragte wiederum beiläufig: „Sie sind es also, der die Gedichte schreibt?“

Ich sah ihn mit äußerstem Erstaunen an, aber er ließ mich abermals nicht zu Worte kommen.

„Wundern Sie sich nicht, daß ich mich auch für solche Dinge interessiere“, fuhr er spöttisch lächelnd fort. „Bin ich doch, mit Verlaub, ebenfalls eine Art Poet. Von mir ist einst sogar ein Büchlein erschienen. Jetzt hab ich die Leier, wie Sie verstehen werden, aus der Hand gelegt – man hat anderes zu tun, auch war mein Talent nicht gerade überwältigend –, ich schreibe nur noch Korrespondenzen, wie Sie vielleicht gehört haben, interessiere mich aber weiterhin für Literatur und bin auf viele Zeitungen und Zeitschriften abonniert. Das war, wenn ich nicht irre, Ihr Debüt in dieser dicken Zeitschrift? Erlauben Sie mir,

Ihnen von ganzem Herzen Erfolg zu wünschen und Ihnen anzuraten, auf sich zu achten."

„Wie meinen Sie das?" erkundigte ich mich, verblüfft über die so unerwartete Wendung dieser geschäftlichen Unterredung.

„Nun, Sie müssen sehr gründlich über Ihre Zukunft nachdenken. Verzeihen Sie mir, aber zur Beschäftigung mit der Literatur braucht man sowohl die Existenzmittel als auch umfassende Bildung, und was haben Sie da schon vorzuweisen? Ich denke an mich selbst zurück. Ich darf ohne falsche Bescheidenheit sagen, ich war kein dummer Junge und hatte schon als Bengel so viel gesehen, wie sich ein beliebiger Tourist vom Herrgott wünschen könnte, aber was schrieb ich? Ich schäme mich, daran auch nur zu denken!

Das Licht der Welt erblickte ich
in einer dumpfen Steppenkate,
wo man statt der geschnitzten Möbel
nur schaukelnde Hängepritschen hatte . . .

Gestatten Sie die Frage, was für ein Dummkopf hat das geschrieben? Erstens stimmt es nicht, ich bin keineswegs in einer Steppenkate geboren, sondern in der Stadt, zweitens stellt der Vergleich der Hängepritschen mit irgendwelchen geschnitzten Möbeln den Gipfel der Albernheit dar, und drittens pflegen Hängepritschen nie und nimmer zu schaukeln. Ja, wußte ich denn das nicht? Ich wußte es sehr gut, mußte aber einfach diesen Unsinn verzapfen, weil ich unentwickelt war und keine Kultur besaß, mich fortzubilden aber infolge meiner Armut keine Möglichkeit sah. Habe die Ehre", sagte er, erhob sich plötzlich, streckte mir die Hand entgegen, drückte kräftig die meine und blickte mir aufmerksam in die Augen. „Möge ich Ihnen als Anlaß zu ernsthaften Überlegungen über sich selbst gedient haben. Auf dem Lande zu hocken, ohne das Leben kennenzulernen, dies und das so nebenher zu schreiben oder zu lesen bedeutet noch keine glänzende Karriere. Dabei merkt man Ihnen ein schönes Talent an, und Sie machen, entschuldigen Sie den Freimut, auch persönlich einen sehr sympathischen Eindruck ..."

Plötzlich wurde er wieder trocken und ernst.

„Auf Wiedersehen", fügte er aufs neue irgendwie abwesend hinzu, entließ mich mit einem Kopfnicken und setzte sich wieder an seinen Schreibtisch. „Bitte bestellen Sie Ihrem Vater einen Gruß!"

So kam ich zu einer weiteren unverhofften Billigung meiner heimlichen Pläne, Baturino zu verlassen.

13

Dieses Vorhaben ließ sich indessen nicht so bald verwirklichen.

Mein Leben verlief Tag um Tag wie früher, sogar noch sorgloser. Ich verwandelte mich, so jedenfalls schien es mir, in einen gewöhnlichen jungen Mann vom Lande, der sich bereits so ziemlich damit abgefunden hat, in seinem Gutshof zu sitzen, ohne dessen Alltag noch auszuweichen, ritt aus zur Jagd, besuchte die Nachbarn, streifte an regnerischen oder stürmischen Tagen im Dorf herum und kehrte in den von mir bevorzugten Bauernhäusern ein, vertrieb mir die Zeit im Familienkreis am Samowar oder lag, ein Buch in der Hand, stundenlang auf dem Sofa ... Bis schließlich geschah, was früher oder später geschehen mußte.

Unser Nachbar Alferow, der in völliger Einsamkeit gelebt hatte, war gestorben. Mein Bruder Nikolai pachtete das frei gewordene Gut und lebte in jenem Winter nicht mehr bei uns, sondern im Alferowschen Hause. Zu seiner Dienerschaft gehörte auch das Stubenmädchen Tonka. Sie hatte gerade erst geheiratet, mußte sich aber infolge ihrer Armut und mangels eines häuslichen Asyls von ihrem

Mann trennen; er war Sattler und ging auch nach der Heirat weiter seinem Wandergewerbe nach, während sie bei meinem Bruder in Diensten stand.

Sie zählte etwa zwanzig Lenze. Im Dorf nannte man sie die Dohle oder auch die Wilde und hielt sie ihrer Schweigsamkeit wegen für ausgesprochen dumm. Sie war klein von Wuchs, hatte einen dunklen Teint, gefällige und kräftige Körperformen, kleine, aber starke Hände und Füße und schwärzlich-nußbraune Schlitzaugen. Sie ähnelte einer Indianerin: regelmäßige, dunkle, aber ein wenig grobe Gesichtszüge und derbes, pechschwarzes, glatt anliegendes Haar. Dennoch fand ich darin sogar einen gewissen Reiz. Ich suchte meinen Bruder so gut wie jeden Tag auf und weidete mich an ihrem Anblick, sah gerne zu, wie sie fest und rasch daherstapfte und den Samowar oder die Suppenterrine auftrug und wie geistesabwesend sie dabei dreinschaute: dieses Stapfen und dieser Blick, das grobe Schwarz des glattgekämmten Haars, das unter dem orangefarbenen Kopftuch zum Vorschein kam, die bläulichen Lippen des etwas zu breit geratenen Mundes, der sanft in die abfallenden Schultern übergehende junge braune Nacken – all das erweckte jedesmal eine schmachtende Unruhe in mir. Es kam vor, daß ich sie, wenn sie mir im Flur begegnete, im Scherz abfing und an die Wand drückte ... Sie entwand sich mir wortlos – das war alles. Liebe empfanden wir nicht.

Eines Tages jedoch, als ich in winterlicher Abenddämmerung durch das Dorf spazierte, bog ich zerstreut in den Alferowschen Gutshof ein, schlängelte mich zwischen den Schneeverwehungen durch zum Haus und stieg die Freitreppe hinauf. Im besonders oben dunklen Innenflur glomm düster und phantastisch wie in einer Höhle ein Haufe glühender Kohlen im gerade durchgeheizten Ofen. Tonka saß ohne Kopftuch gegenüber dem Feuerloch, in dunkel-flammenden Schein getaucht, die bräunlichen Beine, deren glatte Wadenhaut schimmerte, leicht gespreizt, hielt den Schürhaken, dessen weißglühendes Ende auf den Kohlen lag, in der Hand und wandte das ebenfalls dunkelflammende Gesicht der sengenden Hitze wegen ein wenig zur Seite, wobei sie wie im Halbschlaf auf die zerbrechlich-durchsichtigen himbeerroten kleinen Kohlenberge starrte, die hier und da bereits unter einem dünnen fliederfarbenen Anflug verglommen, da und dort jedoch noch wie blaugrüne Himmelsluft leuchteten. Ich hatte, als ich eintrat, mit der Tür geklappert – sie wandte sich nicht einmal um.

„Wieso ist es bei euch so dunkel, ist etwa niemand zu Hause?" fragte ich und trat auf sie zu.

Sie wandte das Gesicht noch weiter vom Ofenloch ab und lächelte, ohne mich anzusehen, irgendwie betreten und schmachtend vor sich hin.

„Als wenn Sie es nicht wüßten!" entgegnete sie spöttisch.

„Ja, was denn?"

„Schon gut, schon gut . . ."

„Was heißt – schon gut?"

„Sie müßten doch wissen, wo die sind, nachdem sie sich zu Ihnen aufgemacht haben . . ."

„Ich bin spazierengegangen, habe sie nicht gesehen."

„Ihre Spaziergänge kennt man . . ."

Ich hockte nieder, schielte zu ihren Beinen, zu ihrem bloßen schwarzen Kopf hinüber und zitterte schon, tat aber so, als gelte mein Blick den Kohlen und ihrem heißen purpurdunklen Schein . . . ließ mich dann unerwartet neben ihr nieder, umarmte sie, drückte sie auf den Fußboden und erwischte schließlich ihre sich mir entziehenden, vom Ofenfeuer noch heißen Lippen . . . Der Schürhaken fiel polternd aus ihrer Hand, und Funken sprühten aus dem Ofen . . .

Danach schoß ich auf den Außenflur hinaus mit der Miene eines Menschen, der zumindest einen Mord begangen hatte, holte Atem und blickte mich rasch um – ob nicht jemand käme. Aber niemand war zu sehen, alles blieb still; im Dorf schimmerte durch die gewohnte winterliche

Dunkelheit, als wäre nichts geschehen, in den Bauernhäusern Licht ... Ich horchte, schaute mich nochmals um und verließ rasch das Gehöft, erfüllt von zwei völlig entgegengesetzten Gefühlen: dem einer schrecklichen, nicht wieder gutzumachenden Katastrophe, die mein Leben plötzlich betroffen hatte, und dem eines frohlockenden, jubelnden Triumphs.

Nachts quälte mich, abwechselnd mit einem beunruhigenden Traum, in einem fort tödliche Niedergeschlagenheit, das Gefühl, von etwas Schrecklichem, Verbrecherischem und Beschämendem betroffen worden zu sein, das mich jäh ins Unglück gestürzt hatte. Aus, vorbei, alles ist hin! sagte ich mir, zwischendurch mit Mühe aus meinen Träumen zu mir findend. Alles, alles ist hin, vernichtet, verdorben, aber offenbar mußte es so kommen und ist jetzt nicht mehr zu ändern ...

Als ich am Morgen erwachte, blickte ich mich in diesem mir so bekannten, vom nachtsüber gefallenen frischen Schnee gleichmäßig erhellten Zimmer mit völlig neuen Augen um; die Sonne schien nicht, aber es war von all dem Weiß sehr hell. Der erste Gedanke, mit dem ich die Lider aufschlug, galt natürlich dem, was geschehen war. Doch dieser Gedanke erschreckte mich nicht mehr, und ich empfand weder Betroffenheit noch Niedergeschlagenheit, weder Verzweiflung oder Scham, noch das Gefühl, verbrecherisch gehandelt zu haben. Im Gegenteil. Wie aber sollte ich mich jetzt beim Morgentee verhalten? Wie überhaupt benehmen? Nun, einfach darüber hinweggehen, sagte ich mir, niemand weiß davon, wird es auch nie erfahren, alles ist, wie es war, und sogar besonders schön: wir haben einen der von mir so geliebten stillen weißen Tage, der Garten ist voller Schneewehen, die kahlen Äste sind zottig verschneit, im Zimmer aber ist es warm, weil jemand, während ich noch schlief, den Ofen geheizt hat, der jetzt gleichmäßig summt und knistert und die zitternde kupferne Ofenklappe an sich zieht ... es riecht bitter und frisch nach dem gefrorenen, nun schon erwärmten und allmählich abtauenden Espenreisig, das auf dem Fußboden liegt. Geschehen aber war nur jenes Gesetzmäßige, Unvermeidliche, das nun einmal geschehen mußte – zählte ich doch schon siebzehn Lenze. Und mich packte aufs neue das Gefühl des Triumphs und des männlichen Stolzes. Wie dumm erschien jetzt alles, was mir nachts durch den Kopf gegangen war! Wie wunderbar und schrecklich zugleich all das, was sich gestern ereignet hatte! Und es würde sich wiederholen, vielleicht sogar schon heute! Ach, wie ich sie liebte und immer lieben würde!

14

Mit diesem Tag begann für mich eine schlimme Zeit.

Es war eine regelrechte Geistesverwirrung, die meine seelischen und körperlichen Kräfte verschlang, ein Leben, das aus lauter Augenblicken der Leidenschaft oder ihrer Erwartung und den Qualen einer erbitterten Eifersucht bestand, die mir das Herz zerriß, sobald sich Tonkas Mann zu einem kurzen Wiedersehen mit ihr einfand und sie genötigt war, abends das Gutshaus zu verlassen, in dem sie gewöhnlich übernachtete, um im Gesindehaus mit ihm zu schlafen.

Liebte sie mich? In der ersten Zeit schon; da war sie zwar im stillen, aber so von dieser Liebe beglückt, daß sie, so sehr sie sich auch bemühte, ihr heimliches Entzücken über mich, den Glanz ihrer gesenkten schmalen Augen nicht verbergen konnte, selbst dann nicht, wenn sie mich in Gegenwart meines Bruders und meiner Schwägerin wiedersah, während sie uns bei Tisch bediente. Später liebte sie mich noch manchmal, manchmal auch nicht, ja, sie benahm sich gelegentlich gleichgültig und kalt, sogar feindselig, und dieser ständige, immer unbegreifliche und unerwartete Wechsel in ihren Gefühlen rieb mich völlig auf. Mitunter haßte ich sie geradezu, doch selbst dann versetzte mich allein der Gedanke an ihre silbernen Ohrgehänge, an all das Zarte und Liebe, noch so Jugendliche, das sich in ihren Lippen, im unteren Teil des Gesichtsovals und in den gesenkten schmalen Augen, in der bloßen Erinnerung an den groben, mit dem Geruch des Kopftuches vermischten Duft ihres Haars verband, in Entzücken. Ich war damals – sogar mit einer gierigen Freude –, zu jeglicher Erniedrigung vor ihr bereit, wenn doch nur, und sei es für einen Augenblick, jene ersten glücklichen Tage unserer Vertrautheit zurückkehren würden.

Ich gab mir alle Mühe, halbwegs so zu leben wie bisher, aber all meine Tage hatten sich längst in ein klägliches Abbild meines früheren Lebens verwandelt.

Der Winter war vorüber, das Frühjahr brach an ... ich befaßte mich, ohne das geringste davon zu bemerken, aus irgendeinem Grunde eifrig mit dem Studium der englischen Sprache ...

Der Herrgott rettete mich unerwartet.

Es war an einem wunderbaren Maientag. Ich saß, das englische Lehrbuch in der Hand, am hochgezogenen Fenster meines Zimmers. Auf der Glasveranda nebenan hörte ich die Stimmen meiner Brüder, meiner Schwägerin und meiner Mutter. Ich folgte zerstreut ihrer Unterhaltung, starrte stumpfsinnig in mein Buch und hing hoffnungslosen Gedanken an. Ständig fühlte ich mich versucht, und sei es für eine Minute, in das Alferowsche Gehöft hinüberzueilen, zumal mein Bruder und seine Frau ja bei uns waren und Tonka sich wahrscheinlich allein im Hause aufhielt. Zugleich bedrückte meine Seele ein so lastendes Bewußtsein meines tiefen Falls, war mir so bitter und schmerzlich zumute, tat ich mir selbst so leid, daß die Gedanken an den Tod, die mich befielen, mir fast als Glück erschienen. Der Garten strahlte in der heißen Sonne und summte von Bienen oder lag in einem zarten bläulichen

Schatten da ... Unter dem grenzenlos hohen, noch jungen und frühlingshaften, aber schon strahlenden und tiefen Himmelsblau ballte sich dann und wann eine unendlich hohe Wolke zusammen, die sich rundete und die Sonne verdeckte; die Luft nahm langsam eine dunklere, bläulichere Tönung an, der Himmel erschien noch weiter, noch höher, und in dieser Höhe, in dieser glücklichen lenzlichen Leere des Alls, begann es plötzlich wohltuend und majestätisch, unter Rollen und Gedröhn, immer lauter zu donnern ... Ich griff nach einem Bleistift und schrieb, immer noch in Gedanken an den Tod, auf den Umschlag meines Lehrbuchs:

Und wieder färbt sich über eurem Haupt,
trotz Wolken und dem düsteren Ton der Bäume,
die Höhe paradiesisch himmelblau,
beseligend und rein im Glanz der Himmelsräume.
Und wieder runden sich und leuchten auf
die Wolken gleich dem Schnee auf fernen Bergeshöhn.
An ihre Blüte klammert dann die Hummel sich,
und es erscheint mit majestätischem Gedröhn
der Gott des Frühlings. Aber ich? Wo bin dann ich?

„Du bist zu Hause?“ fragte in ungewöhnlichem, strengem Ton mein Bruder Nikolai und trat auf mein Fenster zu. „Komm doch mal für ein paar Minuten heraus, ich habe dir einiges zu sagen.“

Ich fühlte, daß ich erblaßte, erhob mich jedoch und sprang aus dem Fenster.

„Was hast du mir zu sagen?“ fragte ich mit unnatürlicher Ruhe.

„Komm, vertreten wir uns ein bißchen die Beine“, entgegnete er trocken und schritt mir voraus in Richtung des Teichs. „Nur nimm meine Worte bitte vernünftig auf ...“

Er blieb stehen und wandte sich mir zu.

„Folgendes, mein Bester, du wirst dir natürlich im klaren sein, daß diese ganze Geschichte seit langem für niemanden mehr ein Geheimnis ist . . ."

„Was denn für eine Geschichte?" erkundigte ich mich nicht eben ungezwungen.

„Nun, du weißt sehr gut, was ich meine. Ich möchte dich nur warnen: ich habe sie heute früh entlassen. Anderenfalls hätte es wahrscheinlich Mord und Totschlag gegeben. Er kehrte gestern heim und kam geradeswegs zu mir. ‚Nikolai Alexandrowitsch, ich weiß längst Bescheid, entlassen Sie also Antonina auf der Stelle, sonst passiert noch ein Unglück . . .' Dabei war er kreidebleich und hatte so trockene Lippen, daß er kaum noch sprechen konnte. Ich rate dir dringend, dich zu besinnen und keinen Versuch mehr zu unternehmen, sie wiederzusehen. Im übrigen wäre das auch nutzlos. Sie reisen noch heute irgendwohin in die Umgebung von Liwna."

Ich entgegnete kein Wort, ging an ihm vorbei zum Teich und ließ mich im Gras am Ufer nieder, unter jungen, schimmernden Weidenzweigen, die sich zum spiegelhellen, silbrigen Wasser neigten . . . Wieder erdröhnte es majestätisch in der grenzenlosen leeren Höhe über mir, rasch fielen die ersten großen Tropfen, ringsum begann es zu rauschen, es roch nach der nassen Frische von Frühlingsgrün . . . Ein senkrechter, feiner Regen ergoß sich funkelnd in langen, gläsernen Strähnen aus einer anderen großen Wolke, die mit schneeweißen Konturen unendlich hoch über mir stillstand, kräftig über die unbewegliche, spiegelglatte Oberfläche des Wassers hinprasselte und sie mit dunklen Pünktchen übersäte wie mit zahllosen Nägeln.

Viertes Buch

1

Meine letzten Tage in Baturino waren zugleich die letzten unseres bisherigen Familienlebens.

Wir begriffen alle, daß das Vergangene seinem Ende entgegenging. Vater sagte gelegentlich zu Mutter: „Unser Nest, meine Liebe, fliegt auf!" In der Tat – Nikolai hatte dieses Nest bereits verlassen, auch Georgi stand im Begriff, ihm endgültig den Rücken zu kehren: die polizeiliche Aufsicht über ihn näherte sich dem Ende; danach blieb nur noch ich übrig, aber auch ich kam an die Reihe...

2

Aufs neue wurde es Frühling. Und wiederum erschien er mir als etwas noch nicht Dagewesenes, als der Beginn von etwas völlig Neuem in meinem Leben.

Bei jeder Genesung gibt es einen bestimmten Morgen, an dem man gleich beim Erwachen endlich wieder jene Selbstverständlichkeit, jene Alltäglichkeit fühlt, die eben die Gesundung, den normalen Zustand bedeutet, auch wenn er sich von dem früheren, dem vor der Krankheit, durch eine neue Erfahrung und Reife unterscheidet. So erwachte auch ich eines stillen, sonnigen Maienmorgens in meinem Eckzimmer, dessen Fenster ich wegen meiner Jugend nicht zu verhängen brauchte. Ich schlug die Decke zurück und empfand beruhigende Zufriedenheit über meine jugendlichen Kräfte und die junge, gesunde Wärme, mit der ich mein Bett und mich während der Nacht gewärmt hatte. Die Sonne schien durch die Fenster, die bunten Oberlichter ließen blaue und rubinrote Tupfen auf dem Fußboden erglühen. Ich schob die unteren Scheiben hoch – der Morgen erinnerte in seiner friedlichen Schlichtheit und mit der weichen Luft, den Gerüchen des besonnten Gartens, all seinen Gräsern, Blumen und Schmetterlingen bereits an eine frühe Sommerstunde. Ich wusch mich, zog mich an und betete, zu den Heiligenbildern gewandt, die in der südlichen Zimmerecke hingen und mit ihrer Arsenjewschen Altertümlichkeit immer wieder die Hoffnung in mir weckten, mich dem unabänderlichen und endlosen Ablauf der Erdentage einzuordnen. Auf der Veranda nebenan wurde Tee getrunken und geredet. Mein Bruder Nikolai war wieder dabei – er fand sich morgens öfters bei uns ein. Er sagte, und das war offenbar auf mich gemünzt: „Was ist da lange zu überlegen? Er muß sich natürlich eine Stelle suchen und arbeiten. Ich nehme an, daß es Georgi gelingt, ihn irgendwo unterzubringen, sobald er selber sich einigermaßen eingerichtet hat . . .“

Welch ferne Tage! Ich muß mich heute schon dazu zwingen, sie als meine eigenen zu empfinden – obwohl sie mir so nah sind, während ich bei dieser Notiz über sie nachdenke und aus irgendeinem Grunde bestrebt bin, ein fernes Jugendbildnis heraufzubeschwören. Irgend jemandes? Nein, es hat gewisse Ähnlichkeit mit einem erfundenen jüngeren Bruder, der inzwischen längst dahingegangen ist, zugleich mit jenen unendlich fernen Zeiten.

Da nahm man gelegentlich in einem fremden Hause ein altes Fotoalbum in die Hand. Welch seltsame und komplizierte Gefühle weckten doch die Gesichter all derer, die einen von den vergilbten Bildern anblickten! Vor allem das Gefühl einer ungewöhnlichen Entfremdung – der

Mensch kann dem Menschen manchmal ungewöhnlich fremd sein. Damit verbunden das Gefühl, sie selbst und ihre Zeit mit geschärften Sinnen wahrzunehmen. Was waren das für Wesen, diese Personen? Sie alle hatten irgendwann und irgendwo gelebt, jeder auf seine Art, mit unterschiedlichen Schicksalen und in unterschiedlichen Epochen, die alle ihre Besonderheiten gehabt hatten: Kleidung, Gepflogenheiten, Charaktere, gesellschaftliche Stimmungen und Geschehnisse ... Da schaute einen ein strenger alter Beamter an mit einem Orden unterhalb des doppelt geknüpften Halstuchs, mit großem, hohem Rockkragen und einem fleischigen, bartlosen Gesicht mit kräftigen Zügen. Dort ein weltmännischer Stutzer aus den Tagen Herzens mit leicht gekräuseltem Haar nebst Backenbart, den Zylinder in der Hand, in einem weiten Rock und ebenso weiten Hosen, die die Füße kleiner erscheinen ließen. Da das Brustbild einer melancholisch-schönen Dame: ein kapriziöses Hütchen auf dem hochgekämmten Chignon, in einem seidenen Kleid voller Rüschen, das eng den Busen und die schmale Taille umspannt, und mit langen Ohrgehängen ... Und hier ein junger Mann der siebziger Jahre: hoher, aber weiter gestärkter Hemdkragen, der den Adamsapfel freiläßt, das zarte Oval eines gerade erst vom Bartflaum berührten Gesichts, jugendliches Schmachten in den rätselhaften großen Augen, langes welliges Haar ... All diese Personen, ihr Leben und ihre Epoche sind längst zu Märchen oder Legenden geworden.

Dieselben Gefühle überkommen mich auch jetzt, da ich das Bildnis dessen heraufbeschwöre, der ich einstmals war. War ich tatsächlich so? Es gab damals den jungen Wilhelm den Zweiten, irgendeinen General Boulanger und Alexander den Dritten, den schwerfälligen, klotzigen Gebieter über das grenzenlose Rußland ... Und es gab in jenen legendären Zeiten, in dem für immer untergegangenen Rußland, einen Frühling und jemanden, der sich mit tiefroten Wangen, mit leuchtenden blauen Augen, Gott weiß warum, mit der englischen Sprache abmühte und Tag und Nacht der quälenden Frage nach seiner Zukunft nachging, in der, so schien es, ihn alles Schöne und alle Freude dieser Welt erwarteten.

3

Anfang des Sommers begegnete mir im Dorf unverhofft Tonkas Schwägerin. Sie blieb stehen und sagte: „Ich soll Ihnen einen Gruß von jemand bestellen ..."

Ich kehrte, außer mir ob dieser Worte, nach Hause zurück, sattelte Kabardinka und trabte darauf los. Ich erinnere mich, daß ich durch Malinowo kam und die Liwensker Landstraße erreichte ... Einer von jenen ungetrübten Abenden Anfang des Sommers zog herauf, da über den Feldern ein ganz eigener, tiefer Frieden, Schönheit und Glückseligkeit herrschten. Ich hielt eine Weile an der Landstraße, fragte mich: Wohin jetzt?, überquerte sie und ritt querfeldein weiter. Es ging auf die schon niedrig stehende, funkelnde Sonne zu, und ich gelangte in einen großen Wald, der mit einer langen Senke aus dicht bewachsenen Schluchten und Klüften begann; die Blumen und Gräser darin, die jetzt, gegen Abend, auflebten und den Geruch der Wald- und Wiesenfrische verströmten, reichten dem Pferd bis an den Bauch. Ringsum, in allen Dickichten und Büschen, sangen süß die Nachtigallen, während weitab in gleichen Abständen beharrlich ein Kuckuck rief, als wäre er inmitten all des nutzlosen Jubilierens der Nachtigallen von der alleinigen Gültigkeit seiner einsamen Obdachlosenklage überzeugt, und seine gedämpft hallende Stimme schien bald näher, bald aus der Ferne zu klingen, melancholisch und wunderbar abwechselnd mit dem noch ferneren Echo des abendlichen Waldes. Und ich ritt dahin, lauschte und begann schließlich zu zählen, wieviel Jahre der Kuckuck mir prophezeite – wieviel Jahre von all dem

Unbegreiflichen, das man Leben, Liebe, Abschiednehmen, Verluste, Erinnerungen oder Hoffnungen nennt ... Er aber rief und rief und prophezeite mir eine ganze Ewigkeit. Doch was verbarg sich in ihr? Die Rätselhaftigkeit und Teilnahmslosigkeit all dessen, was mich umgab, hatte etwas Erschreckendes. Ich blickte auf Kabardinkas Hals, auf die zur Seite geworfene Mähne, die sich gleichmäßig, im Takt mit dem Trab bewegte, auf diesen erhobenen Pferdekopf, der einst, in legendären Zeiten, mit prophetischer Stimme gesprochen haben mochte: wie schrecklich war die schicksalhafte Unfähigkeit zu sprechen, dieses für alle Ewigkeit nicht zu überwindende Schweigen, die Stummheit einer Kreatur, die mir so nahestand und genauso lebendig, vernunftbegabt und denkfähig war wie ich, noch schrecklicher jedoch die märchenhafte Vorstellung, sie könnte ihr Schweigen plötzlich brechen ... Ringsum aber jubilierten in ihrem unsinnigen, ja unheimlichen Freudenrausch die Nachtigallen, und in der Ferne rief mit zauberischer Beharrlichkeit der Kuckuck, der sich vergeblich sein Leben lang nach einem häuslichen Nest sehnte ...

4

Im Sommer besuchte ich in der Stadt den Tichwiner Jahrmarkt und stieß zufällig wiederum auf Balawin. Er kam mit irgendeinem Zwischenhändler daher. Der Zwischenhändler präsentierte sich unwahrscheinlich schmutzig und abgerissen, während Balawin besonders sauber und schick gekleidet war – in jeder Hinsicht wie aus dem Ei gepellt, mit einem nagelneuen Strohhut auf dem Kopf und einem blitzblanken Spazierstock in der Hand. Der Zwischenhändler, der Mühe hatte, Schritt mit ihm zu halten, beschwor ihn aufgeregt, sah ihn alle Augenblicke verschüchtert und fragend an; Balawin hörte nicht zu und starrte mit seinen hellgrünen Augen kühl und hart vor sich hin.

„Nichts als Flausen!“ warf er schließlich unaufmerksam hin, begrüßte mich, als hätten wir uns das letztemal nicht vor zwei Jahren, sondern erst gestern gesehen, faßte mich unter und schlug mir vor, irgendwo „ein Gläschen Tee zu trinken und ein bißchen zu plaudern“. Wir suchten also eine Teebude auf, und er erkundigte sich spöttisch: „Nun, wie geht's, wie steht's, kommen Sie voran wie stets?“, danach sprach er von der katastrophalen Lage unserer Angelegenheit – er kannte sich darin seltsamerweise besser aus als wir selbst –, dann wieder riet er mir, wie ich mich verhalten solle. Ich verabschiedete mich von ihm derart verwirrt, daß ich sogar beschloß, sofort nach Hause zu fahren. Es ging bereits auf den Abend zu, im Kloster läutete man zur Spätandacht, der Jahrmarkt, der auf der Allmende vor ihm stattgefunden hatte, befand sich im Aufbruch, die Kühe, die hinter den quietschenden Bauernwagen auf die Chaussee zurückgeführt wurden, brüllten irgendwie drohend und sich verschluckend, die Mietkutscher, die zurück in die Stadt wollten, jagten rücksichtslos über die staubigen Schlaglöcher der Allmende an ihnen vorbei. Ich sprang auf die erste beste Droschke und ließ mich eiligst zum Bahnhof kutschieren – in Kürze mußte der Abendzug in unserer Richtung abfahren. Was soll ich nun anfangen? fragte ich mich, während ich mich an Balawins Worte erinnerte, immer mehr davon überzeugt, daß ihr Sinn eigentlich zum Verzweifeln war. „Ich weiß beim besten Willen nicht, wozu ich Ihnen raten soll“, hatte er gesagt. „Ihre Vorväter galoppierten unter solchen Umständen in den Kaukasus, um dort einen Dienst zu übernehmen, oder sie traten einem Kollegium des Ministeriums für Auswärtiges bei; wohin aber wollen Sie galoppieren oder welcher Dienststelle beitreten? Ich glaube, Sie sind gar nicht imstande, einen regelmäßigen Dienst auszuüben – Sie träumen von anderem. Sie greifen, wie es in gewissen Orakelsprüchen heißt, allzusehr in die Ferne. Hinsichtlich Baturinos sehe ich nur einen Ausweg: möglichst bald verkaufen, ehe es unter den Hammer kommt. Dann hat Ihr Vater immerhin etwas in der Tasche, und wenn es auch nur Groschen sind. Über sich selbst aber müssen Sie schon selber nachdenken ..." Ja, worauf soll ich denn verfallen? fragte ich mich. Soll ich mich vielleicht in seinem Getreidespeicher anstellen lassen?

Diese Begegnung dämpfte sogar meine Lust, weiter am „Hamlet" zu arbeiten. Ich übersetzte ihn zu meinem Vergnügen und in Prosa; er gehörte keineswegs zu den mir besonders nahestehenden literarischen Schöpfungen. Er war mir einfach in die Hände gefallen – gerade, als ich so gern wieder ein sauberes Arbeitsleben aufgenommen hätte. Ich ging also unverzüglich ans Werk, und die Arbeit riß mich sehr bald fort, machte mir Freude und reizte mich durch ihre Schwierigkeit. Außerdem erwachte damals in mir der Gedanke, Übersetzer zu werden, um mir damit in Zukunft nicht nur eine Quelle ständigen künstlerischen Genusses, sondern auch eine Existenzmöglichkeit zu verschaffen. Jetzt, da ich nach Hause zurückkehrte, erkannte ich plötzlich die ganze Bedenklichkeit solcher Hoffnungen. Ich sah auch ein, daß die Tage dahingingen, während all die „Träume", die Balawin, ohne es zu wollen, in mir geweckt hatte, weiter nichts als Träume blieben. Unsere „bedauerliche Lage" hatte ich bald wieder vergessen. Nicht so die „Träume". Worin bestanden sie eigentlich? Da hatte Balawin zum Beispiel zufällig den Kaukasus erwähnt – „Ihre Vorväter galoppierten unter solchen Umständen in den Kaukasus, um dort einen Dienst zu übernehmen". Und wieder schien mir, ich würde mein halbes Leben dafür geben, an ihrer Stelle zu sein ... Auf dem Jahrmarkt hatte mir eine junge Zigeunerin aus den Handlinien geweissagt. Mein Gott, wie wenig neu waren doch diese Zigeunerinnen. Und dennoch – was hatte ich nicht alles empfunden, während sie meine Hand in ihren zupackenden schwarzen Fingern hielt, und wie lange dachte ich hinterher über sie nach! Sie wirkte in ihren knallgelben und roten Kleiderfetzen natürlich unwahrscheinlich bunt und wiegte sich, während sie mir den üblichen Unsinn hersagte, die ganze Zeit ein wenig in den Hüften, hatte das Kopftuch vom pechschwarzen Haar zurückgeworfen und versetzte mich nicht nur mit ihren Hüften und der schläfrigen Süße von Augen und Lippen in Unruhe, sondern auch durch ihr altertümliches Wesen, das von fernen Ländern zeugte, mich aber auch an meine Vorväter erinnerte – denn wem von ihnen hätte nicht eine Zigeunerin gewahrsagt? –, an meine heimliche Verbundenheit mit ihnen, an die Sehnsucht nach dieser Verbundenheit; wie könnten wir die Welt denn sonst so lieben, wenn sie völlig neu für uns wäre?

5

In jenen Tagen hielt ich des öfteren plötzlich inne und fragte mich mit der tiefen Verwunderung der Jugend: Was bedeutet eigentlich mein Leben in dieser unbegreiflichen, ewigen und riesigen Welt, die mich umgibt, in der Unendlichkeit von Vergangenheit und Zukunft, zugleich aber auch in irgendeinem Baturino, in den Grenzen des mir gebotenen Raumes und der mir gegebenen Zeit? Und ich erkannte, das Leben (meines und jedes andere) ist ein ständiger Wechsel von Tag und Nacht, von Arbeit und Erholung, von Begegnungen und Unterhaltungen, Vergnügungen und Unannehmlichkeiten, die gelegentlich Ereignisse genannt werden; es kommt einer ungeordneten Häufung von Eindrücken, Bildern und Gestalten gleich, von denen nur der geringste Teil in uns haftenbleibt (auch da weiß man nicht, warum und wieso); es ist ein unablässiges Dahinströmen von zusammenhanglosen Gefühlen und Gedanken, ungeordneten Erinnerungen an die Vergangenheit und vagen Vorstellungen von der Zukunft; dazu kommt, was das Wesen, den heimlichen Sinn, das heimliche Ziel des Lebens darstellt – etwas Entscheidendes, das man aber nicht zu erfassen und auszudrücken vermag, ebensowenig wie die damit zusammenhängende ewige Erwartung nicht nur des Glücks in besonderer Fülle, sondern auch von etwas, in dem (falls das Glück kommt) sich sein Wesen, sein ganzer Sinn offenbart. „Sie greifen, wie es in gewissen Orakelsprüchen heißt, allzusehr in die Ferne ..." Das tat ich wohl wirklich; ich ging insgeheim ganz in ihr auf. Warum? Vielleicht gerade auf der Suche nach jenem Sinn?

6

Mein Bruder Georgi reiste aufs neue nach Charkow, wiederum an einem hellen und kalten Oktobertag, wie damals, vor unendlich langer Zeit, als man ihn ins Gefängnis schaffte. Ich begleitete ihn auch jetzt zum Bahnhof. Wir jagten munter auf überfrorenen, glitzernden Landstraßen dahin, gaben uns Mühe, durch zuversichtliche Gespräche über unsere Zukunft das Bedrückende des Abschieds zu verwinden, jenen heimlichen Schmerz über den zurückgelegten Lebensabschnitt, unter den jeder Abschied nun einmal einen Schlußstrich zieht und ihn damit für immer beendet. „Alles wird sich, so Gott will, einrenken!" meinte ein wenig selbstgefällig mein Bruder, der sich durch Zweifel an seinen mit Charkow verknüpften Hoffnungen nicht verstimmen lassen wollte. „Sobald ich mich umgetan habe und über die mir zur Verfügung stehenden Mittel im klaren bin, lasse ich dich nachkommen. Dann wird man ja weitersehen ... Willst du eine Zigarette?" fragte er und sah amüsiert zu, wie ich mir zum erstenmal im Leben ungeschickt eine Zigarette ansteckte.

Als ich – allein – nach Hause zurückkehrte, war mir besonders traurig und seltsam zumute. Ich wollte nicht einmal recht glauben, daß eingetroffen war, was wir alle im stillen längst befürchtet hatten, daß mein Bruder uns verlassen hatte, daß ich allein zurückkehrte und morgen ohne ihn in Baturino erwachen würde. Zu Hause aber erwartete mich ein weiteres schlimmes Unglück. Ich kam im eisigen, purpurroten Abendsonnenschein an, Kabardinka war als Beipferd eingespannt gewesen und hatte dem dahintrabenden Mittelpferd die ganze Strecke über zugesetzt. Ich hatte mich, nach Hause zurückgekehrt, nicht weiter um sie gekümmert, und sie stand, nachdem man sie getränkt hatte, ohne sie vorher auf und ab zu führen, schweißnaß die ganze Frostnacht ohne Pferdedecke da, erkaltete bis ins Mark und war gegen Morgen verendet. Um Mittag begab ich mich zu den Wiesen hinter dem Garten, wohin man sie geschafft hatte. Ach, welch erbarmungslose, helle Leere herrschte auf der Welt, welch sonniges Grabesschweigen, welch klare Luft, welche Kälte und welcher Glanz über den leeren Feldern! Kabardinkas lebloser Körper zeichnete sich dunkel auf der Wiese ab, entstellt, mit aufgetriebenen Flanken, dünnem langem Hals und weit zurückgeworfenem Kopf. Die Hunde hatten sich bereits über ihren Bauch hergemacht, zerrten an ihm herum und rissen ihn wollüstig auf, ein Schwarm alter Raben hockte abwartend daneben oder schwang sich gelegentlich wütend in die Luft, wenn die Hunde, die mitten in ihrem widerwärtigen Mühen unruhig knurrten, plötzlich mit gebleckten Zähnen und blutbesudelten Schnauzen auf sie zustürzten ... Nach dem Frühstück aber, als ich stumpfsinnig auf dem Sofa in meinem Zimmer lag, hinter dessen kleinen Fensterquadraten sich der gleichmäßig blaue Herbsthimmel und die kahlen schwarzen Bäume abzeichneten, hörte ich plötzlich rasche, gewichtige Schritte auf dem Korridor, und herein trat mein Vater. Er hielt seine geliebte belgische Doppelflinte in den Händen, die einzige Kostbarkeit, die ihm von all seinen Schätzen geblieben war.

„Hier", sagte er und legte sie entschlossen neben mich auf das Sofa. „Ich schenke dir, was ich dir schenken kann; nimm vorlieb mit dem, was ich habe. Vielleicht ist das für dich ein kleiner Trost ..."

Ich sprang auf, griff hastig nach seiner Hand, vermochte sie aber nicht zu küssen – so rasch entzog er sie mir; dann küßte er mich plötzlich ungeschickt auf die Schläfe.

„Mach dir überhaupt nicht allzu große Sorgen", fügte er hinzu, bemüht, sich mit gewohnter Zuversicht zu äußern. „Ich meine jetzt natürlich nicht mehr das Pferd, sondern deine Lage im allgemeinen. Denkst du etwa, ich merke nichts, mache mir keinerlei Gedanken über dich? Ich habe mich gegen euch alle versündigt, euch an den Bettelstab gebracht; immerhin haben die andern alle etwas mitbekommen. Nikolai ist einigermaßen versorgt, Georgi hat seine Hochschulbildung; aber was hast du, abgesehen von deiner schönen Seele? Was kann ihnen schon geschehen? Nikolai ist einfach ein Dutzendmensch, Georgi wird ein ewiger Student bleiben. Was aber dich betrifft ... am schlimmsten ist, daß du es nicht mehr lange bei uns aushalten wirst, und was dich dann erwartet, weiß Gott allein! Und dennoch – vergiß nicht, was ich dir jetzt sage: Es gibt kein schlimmeres Übel, als zu verzagen!"

7

In jenem Herbst war es in unserem Hause öde und still. Mir schien, ich hätte noch nie Vater und Mutter zärtlicher geliebt, und dennoch bewahrte mich in diesen Tagen nur meine Schwester Olja vor dem Gefühl der Einsamkeit, das damals besonders heftig Besitz von mir ergreifen wollte. Meine Spaziergänge, meine Betrachtungen, meine Träume von der Zukunft teilte ich jetzt mit ihr; und ich überzeugte mich verwundert und mit immer größerem Vergnügen, daß sie bei weitem erwachsener, geistig wie seelisch reifer war und mir viel näher stand, als ich vermutet hatte. Darüber hinaus enthielt dieses neue Verhältnis zwischen uns beiden auch Momente eines wunderschönen Zurückfindens zu unserer fernen kindlichen Vertrautheit ...

Vater hatte zu mir gesagt: „Was dich erwartet, weiß Gott allein!“ Und was erwartete sie trotz ihrem jugendlichen Reiz in der Mittellosigkeit und Einsamkeit von Baturino?

Im übrigen beschäftigte ich mich damals vor allem mit mir selbst.

8

Meine Arbeit hatte ich beiseite gelegt. Viel Zeit verbrachte ich im Dorf bei den Bauern oder auf der Jagd – teils mit meinem Bruder Nikolai, teils auch allein. Windhunde hatten wir keine mehr, nur noch ein paar Hetzhunde. Bei großen Jagden, die noch hier und da im Kreise stattfanden, hetzte man Wölfe und Füchse, und man begab sich für längere Zeit in entlegene Felder, in Gegenden, die mehr Erfolg versprachen als die unseren. Wir aber freuten uns schon über einen grauen Hasen, genauer gesagt – über die Suche nach seiner Spur, über unser Umherstreifen auf den herbstlichen Feldern, in der herbstlichen Luft.

So trieb ich mich eines Tages gegen Ende November auch in der Gegend von Jefremowo herum. Nachdem ich am frühen Morgen in der Gesindestube heiße Kartoffeln zum Frühstück gegessen hatte, warf ich mir das Gewehr über die Schulter, bestieg einen alten Arbeitswallach, rief die Hunde und ritt davon. Bei meinem Bruder wurde geworfelt, und ich brach ohne ihn auf. Ich hatte einen ungewöhnlich warmen, sonnigen Tag erwischt, doch auf den Feldern sah es recht traurig und für einen Jäger geradezu hoffnungslos aus; traurig darum, weil es rings schon allzu still und kahl geworden war und weil sich in alldem bereits jenes Ärmliche und Demütige kundtat, das es nur in den letzten Spätherbsttagen gibt, hoffnungslos aber infolge der kürzlichen Regenfälle: es war so schlammig und aufgeweicht – nicht nur auf den Feldwegen, selbst auf den

Wintersaaten, der Brache und den Stoppelfeldern –, daß sowohl ich als auch die Hunde uns an die Raine und Grenzmarken halten mußten. Ich gab bald jeden Gedanken an die Jagd auf, und die Hunde taten es mir nach – sie liefen vor mir her, verstanden aber ausgezeichnet, daß es unmöglich war, über ein solches Feld ein Wild zu hetzen, selbst wenn es etwas zu hetzen gegeben hätte, und wurden nur dann ein wenig munterer, wenn wir durch ein kahles Wäldchen kamen, wo es kräftig und feucht nach fauligem Laub roch, durch rostrotes Eichengesträuch, durch eine Senke oder über einen Hügel. Aber auch da fand sich nichts für uns: überall Leere, Schweigen, ärmlicher, lebloser, wenn auch warmer und leuchtender Glanz, in dem sich herbstlich kahl, flach und deutlich die helle Umgebung abzeichnete – all diese gescheckten Hügelwellen mit ihren Stoppelfeldern, Wintersaaten und umgebrochenen Äckern, die rostroten Sträucher, die bläulichgrau verschwimmenden Birken- oder Espeneilande.

In Lobanowo machte ich schließlich kehrt. Ich kam durch Schipowo und erreichte danach jenes Kroptowka, das das Stammgut der Lermontows war. Hier legte ich bei einem mir bekannten Bauern eine Rast ein, saß ein Weilchen mit ihm auf dem Außenflur und trank Kwaß. Vor uns lag die Allmende, dahinter das seit langem nicht mehr bewohnte, bescheidene Gutsgehöft, dessen ärmlichen Schmuck allein der Garten darstellte; seine regungslosen schwarzen Wipfel ragten hinter dem kleinen Herrenhaus in den blaßblauen Himmel. Ich saß da und fragte mich wie immer, wenn ich nach Kroptowka fand, ob es denn wirklich wahr sei, daß sich Lermontow als Kind gelegentlich in diesem Hause aufgehalten und sein Vater fast sein ganzes Leben hier verbracht habe.

„Man sagt, sie wollen es verkaufen“, bemerkte der Bauer und blickte mit zusammengekniffenen Augen zu dem Gehöft hinüber. „Es heißt, der Kamenew aus Jefremowo verhandelt mit ihnen.“

Er sah mich an und kniff die Augen noch mehr zusammen.

„Und Sie? Sie wollen noch nicht verkaufen?"

„Das ist Sache meines Vaters", entgegnete ich ausweichend.

„Gewiß, gewiß", sagte der Bauer, der offenbar eigenen Überlegungen nachging. „Ich meine nur, heutzutage verkauft jedermann seinen Grundbesitz ja doch; sind eben schlechte Zeiten für die Gutsherren. Das einfache Volk ist verwöhnt – es bearbeitet sein Land, wie sich's gerade trifft, ganz zu schweigen von dem herrschaftlichen; den Lohn aber verlangt man während der Erntezeit auf der Stelle und in bar; da gibt es kein Erbarmen, obwohl der Gutsherr, solange er nichts eingenommen hat, nicht weiß, wo das Geld hernehmen – er leidet selber Not und Armut."

Auf dem Rückweg schlug ich einen weiten Haken, entschlossen, zur Abwechslung in Wassiljewskoje einzukehren und bei den Pissarews zu übernachten. Ich verbiß mich unterwegs besonders fest in den Gedanken von der großen Armut unserer Gegenden. Alles ringsum war armselig, dürftig und wie ausgestorben. Ich ritt auf einer „großen" Landstraße dahin und staunte über ihre Verlassenheit und Öde. Ich kam auch an Dörfern und Gutsgehöften vorbei: alles wie leergefegt, nicht nur auf den Feldern, auch auf den schmutzigen Dorfstraßen und den verödeten Gutshöfen. Geradezu unverständlich: Wo steckten denn nun die Menschen, und womit vertrieben sie sich in diesen Bauernkaten oder Herrenhäusern die herbstliche Langeweile und Untätigkeit? Danach erinnerte ich mich aufs neue der Sinnlosigkeit meines eigenen Lebens inmitten all dessen und war einfach entsetzt, erinnerte mich zugleich aber auch Lermontows. Nun ja, da waren Kroptowka und das vergessene Herrenhaus, auf das ich nie ohne unendlich traurige und undeutbare Gefühle hinschauen konnte... Da stand seine ärmliche Wiege, genauso eine wie meine, da waren seine ersten Erdentage, in denen sich seine Seele, „von traumhafter Sehnsucht umwacht“, ebenso abgequält hatte wie einst die meine... seine ersten Verse, noch ebenso unbeholfen wie die meinen ... Aber was kam danach? Danach kamen plötzlich „Der Dämon“, „Mzyri“, „Taman“, „Das Segel“ und „Es ward einst ein Blatt von der heimischen Eiche geschlagen ...“ Wie läßt sich all das, was Lermontow darstellt, mit diesem Kroptowka vereinbaren? Ich fragte mich: Was bedeutet Lermontow für uns? Und ich sah zunächst die zwei Bände seiner Werke vor mir, danach sein Porträt, sein seltsames junges Gesicht mit den starren dunklen Augen, dann, eins ums andere, seine Gedichte, aber nicht nur ihre äußere Form, sondern auch die mit ihnen zusammenhängenden Bilder, das heißt all das, was sich für mich mit Lermontows Erdendasein verband: den verschneiten Gipfel des Kasbek, die enge Darjaler Schlucht, jenes mir unbekannte helle Tal Georgiens, in dem, „einander umarmend gleich Schwestern, die Wogen der Aragwa und der Kura“ dahinrauschen, die wolkige Nacht und die Hütte in Taman, das verschleierte Meeresblau, in dessen Ferne gerade noch ein weißes Segel blinkt, und jene junge grellgrüne Platane an einem nun schon völlig sagenhaften Schwarzen Meer ... Welch ein Leben, welch ein Schicksal! Siebenundzwanzig Jahre, mehr waren ihm nicht beschieden, aber was für unendlich reiche und wunderschöne Erdentage – bis hin zu seinem letzten, bis hin zu jenem düsteren Abend auf der einsamen Landstraße am Fuße des Maschuk, als aus der altertümlichen Pistole eines gewissen Martynow wie aus einer Kanone ein Schuß knallte und „Lermontow wie niedergemäht umsank“. Ich stellte mir all das mit einer solchen Schärfe des Gefühls und der Einbildung vor, und mein Herz erfüllte sich mit einer solchen Begeisterung, mit einem solchen Neid, daß ich laut zu mir sagte: Jetzt habe ich von Baturino genug!

9

Nach Hause zurückgekehrt, ging ich auch am folgenden Tag denselben Gedanken nach.

Nachts saß ich in meinem Zimmer, überlegte und las – las wieder einmal „Krieg und Frieden“. Das Wetter hatte sich im Laufe des Tages jäh geändert. Die Nacht war kalt und stürmisch. Es war schon spät, das ganze Haus lag still und dunkel. Bei mir brannte der Ofen, loderte und summte desto heißer, je heftiger und wütender der Wind gegen den Garten und das Haus anrannte und die Fenster zum Klirren brachte. Ich saß also still, las und dachte zugleich über mich selber nach, genoß aber auch melancholisch die späte Stunde, die Nacht, den Ofen und den Sturm. Schließlich erhob ich mich, zog mich an, trat über das Empfangszimmer ins Freie und ging auf der Lichtung vor dem Hause über den schon spärlichen und überfrorenen Rasen hin und her. Ringsum dunkelte der rauschende Garten, über der Lichtung lag ein blasser Schein. Die Nacht war mondhell, aber irgendwie quälend und ossianisch. Es tobte ein eisiger Nordwind, die Wipfel der alten Bäume fielen einmütig und finster in sein Heulen ein, die Sträucher rauschten laut und trocken und eilten ihm gleichsam voraus; am Himmel, der mit etwas Weißlichem übertüncht erschien, jagten über den nicht gerade großen, aber von einem riesigen regenbogenfarbenen Hof umgebenen Mond von Norden, wo es besonders unheildrohend und finster aussah, rasch dunkle und seltsame, uns irgendwie fremde und gleichsam an den Meereshimmel erinnernde Wolken dahin, in der Art derer, die altertümliche Maler nächtlicher Schiffskatastrophen anzubringen pflegten. Und ich ging, bald gegen den Wind und seine eisige Kälte ankämpfend, bald von ihm angetrieben, auf und ab und überlegte immer wieder – noch unsystematisch und mit jener Naivität, mit der man in der Jugend über seine geheimsten Träume nachdenkt. Mir ging dabei ungefähr Folgendes durch den

Kopf: Nein, Besseres habe ich nie im Leben gelesen! Und die „Kosaken“, Jeroschka, Marjanka? Oder Puschkins „Reise nach Arzerum“? Wie glücklich sie doch alle gewesen sein müssen – Puschkin, Tolstoi, Lermontow!

Gestern war, wie man sich erzählte, eine Jagdgesellschaft auf der Landstraße bei uns vorbeigekommen, auf dem Wege in abgelegene Felder und begleitet von jungen Jägern aus dem Hause der Tolstois. So unbegreiflich es schien – ich war sein Zeitgenosse, ja sogar ein Nachbar von *ihm*! Das heißt beinahe dasselbe, als hätte ich zugleich mit Puschkin und sozusagen Wand an Wand mit ihm gelebt. All das war doch von *ihm*: diese Rostows, Pierre und das Schlachtfeld von Austerlitz mit dem sterbenden Fürsten Andrej: „Es gibt im Leben nichts als die Belanglosigkeit all dessen, das ich begreife, und die Größe von etwas Unfaßbarem, aber Entscheidendem ...“ Auf Pierre redete jemand ein: „Das Leben ist Liebe ... Das Leben lieben heißt Gott lieben ...“ Das flüsterte auch mir jemand zu, und wie ich alles das liebte, selbst diese schauderhafte Nacht! Ich will die ganze Welt, die ganze Erde sehen und lieben, all diese Nataschas und Marjankas; ich muß mich von hier losreißen, koste es, was es wolle!

Der kreisförmige Hof um den milchig-verschleierten Mond herum erschien wie ein unheilverkündendes Himmelsomen. Sein karges, leicht geneigtes Profil wurde in der weißlichen Himmelstrübe immer trauriger und nebelhafter, hoch oben vermischten sich und jagten, sein Antlitz wie mit einem Leichentuch verhüllend, rauchige, bleigraue, gelegentlich auch ganz finstere Wolken dahin ... Von Norden, hinter dem heulenden Garten hervor, zog eine schwarze Wolke auf, und der Wind wehte bedrohlichen Schneegeruch heran. Ich aber ging auf und ab und dachte: Nein, so kann es nicht weitergehen. So könnte ich nicht leben, selbst wenn ich zehn unverpfändete Baturinos besäße. Wie schrecklich, daß selbst Tolstoi in seiner Jugend vor allem über seine Eheschließung, über die Gründung einer Familie und die Gutswirtschaft nachdachte! Und jetzt redete er immerfort von der „Arbeit zum Wohle des Volkes“, von der „Begleichung seiner Schuld vor ihm“! Ich habe mich nie vor dem Volk schuldig gefühlt und tue es auch heute nicht. Mich für das Volk opfern oder ihm „dienen“, auf den Adelsversammlungen „seine Partei ergreifen“, wie mein Vater sich ausdrückte, kann ich nicht und will ich auch nicht. Aber ich muß mich endlich für etwas entscheiden.

Ich suchte vergeblich danach, wozu ich mich denn nun entschließen solle, und kehrte, völlig verwirrt durch mein ungeordnetes und fruchtloses Nachdenken, ins Haus zurück. Der Ofen war erloschen, die Lampe fast ausgebrannt; es roch nach Petroleum, und sie, die Lampe, leuchtete schon so schwach, daß man im Zimmer bereits das irreführende Licht dieser blassen und beunruhigenden Nacht wahrnahm. Ich saß noch eine Weile am Schreibtisch, griff schließlich zur Feder und schrieb, überraschend für mich selbst, an meinen Bruder Georgi, ich würde mich dieser Tage nach Orjol aufmachen, um mir eine Stelle bei der „Stimme“ zu suchen.

10

Dieser Brief entschied über mein Schicksal.

Natürlich machte ich mich nicht „dieser Tage“ auf den Weg – ich mußte mir erst etwas Geld für die Reise beschaffen –, aber schließlich brach ich doch auf.

Ich erinnere mich meines letzten Frühstücks zu Hause. Ich weiß noch, es war kaum beendet, als draußen vor den Fenstern gedämpftes Schellengeklingel erklang und unmittelbar vor ihnen ein Zweigespann zottiger Dorfpferde auftauchte – zottig auch vom Schnee, der an diesem Tage, für das Auge kaum noch durchdringbar, in dichten, milchigweißen Flocken fiel. Mein Gott, wie altmodisch waren all diese Abschiede oder Abreisen, wie qualvoll und neu zugleich für mich! Mir schien, daß selbst der Schnee an jenem Tage etwas ganz Besonderes an sich hatte – dermaßen verblüffte mich seine Weiße und Frische, und das genau in dem Augenblick, da ich, beschwert von Vaters Waschbärpelz und begleitet vom ganzen Hause, hinaustrat, um einzusteigen.

Danach zog alles an mir vorüber gleich einem Traum – der lange, stumme Weg, das gleichmäßige Schaukeln des Schlittens in diesem endlosen weißen Reich der Schneeflocken, in dem es weder Erde noch Himmel gab, nichts gab als etwas unaufhörlich niederrieselndes Weißes und gewisse fesselnde Gerüche einer Schlittenreise im Winter: den Gestank der Pferde, den Geruch des durchnäßten Kragens am Waschbärpelz, den Schwefelgeruch des Zündsteins und der Machorka beim Anstecken einer Zigarette. Doch schließlich glitten in all diesem Weiß die ersten Telegrafenmasten an uns vorüber, die ersten die Schneeverwehungen überragenden Schilder, das heißt, hier hub ein anderes, mit dem in der Steppe nicht mehr vergleichbares Leben an, jenes für den Russen immer wieder Besondere und Erregende, das man die Eisenbahn nennt.

Als der Zug einfuhr, stieg ich, nachdem ich mich vom Gutsknecht verabschiedet, ihm den Waschbärpelz übergeben und ihm aufgetragen hatte, tausend Grüße in Baturino auszurichten, in einen ziemlich dicht belegten Wagen dritter Klasse, mit dem Gefühl, mich auf einen Weg zu begeben, dessen Ende nicht abzusehen war. Ich wunderte mich sogar eine ganze Weile über die Gleichgültigkeit, mit der manche Reisenden Tee tranken und einen Imbiß zu sich nahmen, während andere schliefen oder vor Langerweile immerzu Holz in den eisernen Ofen warfen, obwohl er ohnehin rot glühte und den Wagen mit seinem feurigen Atem erfüllte. Ich saß da und genoß diese trockene metallische Hitze, den Geruch des Birkenholzes und des Gußeisens, den er verbreitete, während draußen vor den Fenstern immerfort der bläulich-weiße Schnee niederging und man ständig meinte, es nähere sich die Morgendämmerung.

Das Gefühl, mit dem ich den Wagen betreten hatte, erwies sich als richtig – mich erwarteten in der Tat ein langer, nicht eben alltäglicher Weg und viele Jahre des Herumvagabundierens und der Unbehaustheit, einer unvernünftigen, ungeordneten, bald unendlich glücklichen, bald zutiefst unglücklichen Existenz, mit einem Wort all das, was mir offenbar auch zukam und vielleicht nur so fruchtlos und unsinnig erschien.

II

Die wirren Gedanken, die mich damals auf dem Weg begleiteten, waren von ungewöhnlicher Wehmut und Zärtlichkeit für all das erfüllt, das ich gerade erst verlassen hatte, um anderes gegen die Stille und Einsamkeit von Baturino einzutauschen; ich sah, ich fühlte sogar meine eigene Abwesenheit von dort, erblickte mein verlassenes Zimmer vor mir, das in seinem beinahe gottesfürchtigen Schweigen gleichsam für alle Zeit Abgeschlossenes bewahrte – mein einstiges Ich. Und dennoch mischte sich in diese Wehmut auch heimliche große Freude, die Beglükkung über einen endlich erfüllten Traum, über eine gewisse Unabhängigkeit und Willensfreiheit hinsichtlich meiner Betätigung und meiner Entscheidungen (die desto verlokkender waren, je unbestimmter sie blieben). Und diese Gefühle wuchsen mit jeder neuen Bahnstation, während die früheren sich immer mehr abschwächten, um sich schließlich irgendwo in der Ferne zu verlieren (in etwas sehr Liebem, aber fast schon Fremdem), mitsamt der aufgegebenen Vergangenheit, so daß nichts blieb als die Gegenwart, die immer interessanter wurde und immer deutlicher hervortrat: ich hatte mich bereits unter einer ziemlichen Anzahl dieser fremden, groben Existenzen und Personen umgesehen, mich in ihnen einigermaßen zurechtgefunden und nicht nur mit meinen eigenen, sondern auch mit ihren Gefühlen leben gelernt, stellte allerlei Vermutungen über sie an, unterschied allmählich zwischen Asmolow-Tabak und Machorka, zwischen dem Bündel auf dem Schoß einer Bäuerin und der auf Eiche gebeizten Kiste eines frisch einberufenen Rekruten, die mir gegenüber unter dessen Ellenbogen stand; ich hatte auch schon bemerkt, daß der Wagen ziemlich neu, sauber und mit gelben Holzleisten verkleidet war, die vom gußeisernen Ofen erwärmt wurden, daß er aber auch recht stickig wirkte durch all den unterschiedlichen Tabakrauch, der eigentlich recht beißend war, obwohl er das angenehme Gefühl freundschaftlichen Verständnisses zwischen den Menschen vermittelte, die sich auf ihre Art des Schnees da draußen erwehrten, wo die Telegrafendrähte, bald aufwärts-, bald abwärtsstrebend, mitliefen und kein Ende nahmen; und schließlich überkam mich der Wunsch, mich in Schnee und Wind hinauszuwagen, und ich trat schwankend auf die Tür zu ... Die Kälte der verschneiten Felder weht in den Gang herein; ringsum das Weiß der nun schon völlig unbekannten Felder. Das Schneegestöber läßt nach, der Himmel hellt sich auf und wird damit nur desto weißer, während der Zug irgendwo einläuft und einige Minuten hält; es ist eine gottverlassene Zwischenstation; Stille weit und breit – nur die Lokomotive zischt vorn heißen Dampf aus –, und in allem liegt ein unbegreiflicher Zauber: in der kurzen Erstarrung und dem Schweigen ringsum, in der zischenden, abwartenden Bereitschaft der Lokomotive und auch darin, daß man den Bahnhof hinter der roten Wand der Güterwagen nicht sieht, die auf dem vorderen, abgetauten Gleis vor ihm halten, wo unbekümmert häuslich und hier und da noch etwas aufpickend, ein Huhn trippelt, das aus irgendeinem Grunde dazu verurteilt ist, sein Hühnerdasein ausgerechnet auf dieser Zwischenstation zu verbringen, ohne sich im geringsten dafür zu interessieren, wohin und weshalb man mit all seinen Gedanken und Gefühlen unterwegs ist, deren zeitlose und erhabene Freude mit äußerlich so belanglosen und alltäglichen Dingen verbunden ist ...

Als es dann wieder auf den Abend zuging, gab es nur noch eins – warten auf den ersten großen Bahnhof. Ich stand schon eine ganze Weile frierend im Vorraum des Wagens herum, bis ich endlich vorn, in der unfreundlichen Dämmerung, zahllose bunte Lichter, nach allen Richtungen auseinanderstrebende Gleise, Weichensteller und Weichen, Reservelokomotiven und schließlich den Bahnhof nebst dem dazugehörigen Bahnsteig erblickte, der schwarz von Menschen war ... Man wird sich unschwer vorstellen können, mit welcher Eile ich in den angenehm duftenden, hell erleuchteten Büffetraum stürzte und mir den Mund an der wohlschmeckendsten Kohlsuppe der Welt verbrannte!

Die Folge all dessen war einigermaßen überraschend: als ich nach dem Mittagessen mit einer Zigarette in der Hand am schwarzen Fenster des wieder dahinratternden Wagens saß, im qualmenden Halblicht einer vom Fiskus bezahlten Kerze, sagte ich mir, ich würde, so sonderbar es schien, bald am Ziel meiner Reise sein, in ebenjenem Orjol, das ich mir bislang kaum vorstellen konnte, das aber schon darum erstaunlich erschien, weil sein Bahnhof einen Knotenpunkt für das gesamte Rußland darstellte: in nördlicher Richtung nach Moskau und Petersburg, in südlicher nach Kursk und Charkow, vor allem aber nach jenem Sewastopol, in dem Vaters junges Leben anscheinend für immer untergegangen war. Und ich fragte mich plötzlich: Ja, bin ich denn wirklich zu irgendeiner „Golos"-Redaktion unterwegs, um dort einen nicht näher bezeichneten Posten zu übernehmen? Natürlich gab es auch da einiges, was mich gewaltig anzog – so eben die Redaktion und eine Druckerei. Dazu kamen Kursk, Charkow und Sewastopol ... Nein, das alles ist Unsinn, sagte ich mir plötzlich. In Orjol kehre ich nur flüchtig ein, stelle mich vor, erkundige mich, was man mir anzubieten hat, sage, ich müsse mir das überlegen und mich mit meinem Bruder beraten. Ich spreche also nur kurz vor, und dann geht's weiter, nach Charkow!

Es ergab sich indessen, daß ich nicht einmal vorzusprechen brauchte. Es klappte besser als erwartet: ich traf wie auf Bestellung mit Verspätung in Orjol ein, genau im richtigen Augenblick, um in den Zug nach Charkow zu steigen. Und dieser Zug erwies sich obendrein als so wunderbar, wie ich noch keinen gesehen hatte – schnell, von einer schreckenerregenden amerikanischen Lokomotive gezogen und aus lauter schweren und großen Wagen erster und zweiter Klasse zusammengesetzt, mit Fenstervorhängen aus Wollstoff, mit gedämpftem Licht, das unter den blauen Seidenschirmen schimmerte, und mit all der Wärme und Behaglichkeit ausgestattet, die zur Welt der Reichen gehört und in der (zumal unterwegs nach dem Süden) die Nacht zu verbringen mir als unwiderstehliches Glück erschien . . .

12

In Charkow geriet ich sogleich in eine mir völlig neue Welt.

Eine meiner Eigentümlichkeiten war schon immer eine übersteigerte Empfindlichkeit für Licht und Luft, für deren geringste Schwankungen gewesen. Und hier das erste, was mich in Charkow verblüffte: die milde Luft und die Feststellung, daß sie heller war als bei uns. Ich trat aus dem Bahnhof und nahm in einem Mietschlitten Platz – die Mietkutscher fuhren hier zweispännig, mit gedämpftem Schellengeklingel, und siezten einander; ich sah mich um und fühlte sofort, daß alles ganz anders war als bei uns, bedeutend milder und heller, fast sogar frühlingshaft.

Auch hier lag Schnee, auch hier war alles weiß, doch dieses Weiß war anders als bei uns und blendete nicht so unangenehm. Die Sonne schien nicht, doch blieb es hell genug, auf jeden Fall heller, als für Dezember üblich, und ihre wärmende Anwesenheit hinter den Wolken versprach allerlei Gutes. Alles wirkte in dieser Luft und in diesem Licht weicher: der Steinkohlengeruch vom Bahnhof, die Gesichter und der Dialekt der Mietkutscher, das Glöckchenschellen an den Doppelgespannen, der verlockende Singsang der Weiber, die auf dem Platz vor dem Bahnhof Brezeln und Sonnenblumenkerne, Graubrot und Speck feilboten. Hinter dem Platz aber ragte eine Reihe sehr hoher, noch kahler und dennoch ungewöhnlich südlicher kleinrussischer Pappeln in den Himmel. Auf den Straßen in der Stadt aber taute es.

Und doch hielt all das keinem Vergleich stand mit dem, was mich an diesem Tage noch erwartete: eine solche Vielzahl von neuen Gefühlen hatte ich noch nie erlebt, eine solche Fülle von Bekanntschaften noch nie gemacht. Es kommt vor, daß man, gleich nachdem man irgendwo angekommen ist, in einen wahren Strudel von Eindrücken und Begegnungen gerät. So erging es an jenem Tage auch mir.

Selbst an meinem Bruder, der mich mit freudiger Verwunderung empfing, entdeckte ich etwas Neues – er erschien mir hier in Charkow anders und nicht mehr so vertraut wie in Baturino, trotz der Freude, die wir über unser Wiedersehen empfanden. Wie seltsam war sein Leben in Charkow! Mochte er tatsächlich der „ewige Student" bleiben, wie sich Vater ausdrückte, immerhin war er ein Arsenjew. Und wo sah ich ihn wieder? In einem engen, bergan strebenden Gäßchen, in einem zwar gepflasterten, aber schmutzigen Hof, in dem es unverkennbar nach Steinkohle und jüdischer Küche roch, in der engen Wohnung eines mit ansehnlicher Nachkommenschaft gesegneten Schneidermeisters Bljumkin ... Zwar war auch das für mich dank seiner Neuheit schrecklich interessant, aber ich fühlte mich dennoch niedergeschmettert.

„Wie schön, daß du gerade an einem Sonntag kommst und mich zu Hause antriffst!" sagte mein Bruder, und wir umhalsten uns. „Obwohl – was willst du eigentlich hier?" fügte er sogleich hinzu, bemüht, in dem stets ein wenig spöttischen Ton zu reden, der in unserer Familie üblich war.

Ich erwiderte, was ich hier wolle, wüßte ich selber nicht recht ... vor allem natürlich, mich ernstlich mit ihm beraten, was ich denn nun mit mir anfangen solle. Doch mein Bruder hörte nicht mehr zu. „Wird sich schon alles finden!" entgegnete er selbstsicher und trieb mich sogleich an, mich zu waschen, so gut es ginge, in Schale zu werfen und in die Speisewirtschaft eines gewissen „Pan" Lissowski zu gehen, wo ständig auch viele seiner Mitarbeiter von der Semstwo-Statistik zu Mittag aßen. Und schließlich brachen wir auf und kamen aus einer Straße in die andere, wobei wir allerlei durcheinanderredeten, wie das in solchen Fällen Brauch ist, während mir, der ich bereits städtisch gekleidet war und mir wunder wie vorkam, die Augen übergingen beim Anblick dieser mir geradezu prächtig erscheinenden Straßen nebst alledem, das mich umgab; es wurde nachmittags sonnig, alles funkelte und taute, die Pappeln in der Sumskaja-Straße ragten mit ihren Wipfeln bis in die bauschigen weißen Wolken, die am wäßrigblauen, gleichsam leicht dampfenden Himmel hinzogen ...

In Pan Lissowskis Garküche aber gab es, wie sich herausstellte, ein ungewöhnlich interessantes Kellerbüfett mit ausgezeichnetem und erstaunlich billigem Imbiß, den man im Stehen zu sich nahm – besonders gut waren die heißen und schrecklich stark gepfefferten pfannkuchenartigen Piroshki für zwei Kopeken das Stück, an denen man sich fast den Mund verbrannte. Als wir uns dann an einen großen reservierten Tisch setzten, an den nach und nach allerlei Leute traten, um sich dazuzugesellen, Leute, die mir höchst merkwürdig vorkamen und die ich schon darum besonders scharf unter die Lupe nahm, weil es sich um jene angeblich von allen anderen sich abhebenden Menschen handelte, über die ich schon in Baturino soviel von meinem Bruder gehört hatte. Er stellte mich ihnen allen mit freudiger Hast vor, ja vielleicht sogar mit einem gewissen Stolz. Und bald danach drehte sich mir der Kopf: sowohl von der mir völlig ungewohnten und so bemerkenswerten Gesellschaft als auch von diesem vielbesuchten Keller, durch dessen Fenster (es waren beinahe Kellerfenster) frühlingshaft heiter das Sonnenlicht einfiel und man allerlei Passantenbeine sah, die in dieser oder jener Richtung vorbeikamen, von der heißen Roterübensuppe als auch davon, daß die sehr lebhafte Unterhaltung an unserem Tisch sich allerlei mir völlig Unbekanntem zuwandte, mir aber dennoch äußerst interessant erschien: so dem berühmten Statistiker Annenski, dessen Name mit Ehrfurcht genannt wurde, irgendeinem Gouverneur im Wolgagebiet, der die hungernden Bauern angeblich züchtigen ließ, damit sie keine Greuelmärchen über ihr Hungerdasein verbreiteten, und dem bevorstehenden Pirogow-Kongreß in Moskau, der wie immer zu einem Ereignis werden müsse . . . Ich kann mir gut vorstellen, wie sehr ich während dieses Mittagessens durch meine Jugend, meine Frische, die ländliche Bräune und Gesundheit, die Treuherzigkeit und die leidenschaftliche und gespannte Aufmerksamkeit von Auge und Ohr auffiel, die vermutlich sogar an Einfalt und Stumpfsinn grenzte. Auch mein Bruder stach deutlich genug von den anderen ab. Auch er entstammte einer völlig anderen Welt als die übrigen – obwohl er ihnen nahestand; auch er wirkte jünger und naiver als alle anderen, hatte ein gepflegteres Äußeres, ja sogar eine andere Sprache.

Viele aus diesem Kreis waren, wie ich später feststellte, sowohl dem Äußeren nach als auch sonst sehr typisch. Einige lehnte ich bereits insgeheim in der oder jener Hinsicht ab: so einen äußerst hochgewachsenen, schmalbrüstigen jungen Mann, der allzu kurzsichtig war, in einem fort den Rücken krümmte, die eine Hand in der Hosentasche verbarg und mit dem einen Bein zuckte, während das andere es mit einer an Hexerei erinnernden Biegsamkeit umwand; ein Gelbhaariger, durchsichtig gelblich, mager und mit abgezehrtem Gesicht, redete meiner Meinung nach zuviel, zu hitzig und allzu entflammt daher, wobei er, ohne hinzuschauen, in einem fort die Asche von der Zigarette streifte – mit dem ausgestreckten knochigen Zeigefinger derselben Hand, in der er sie hielt; während ein dritter unentwegt giftig lächelte und etwas tat, was ich besonders unangenehm fand – er rollte immerfort mit zwei Fingern ein Klümpchen längst verschmutzten Weißbrots auf der Tischdecke hin und her. Dafür fand ich einige andere unter ihnen äußerst liebenswert: so den Polen Ganski mit seinen tiefliegenden, traurigen Augen und aufgesprungenen Lippen, der unaufhörlich rauchte, den Rauch gierig einsog und alle Augenblicke die längst brennende Zigarette mit zitternder Hand anstecken wollte; den riesigen, malerisch-zottelhaarigen Krasnopolski, der mich an Johannes den Täufer erinnerte; den bärtigen Leontowitsch, der älter, als Statistiker bekannter war als alle anderen und mich sogleich durch seine freundliche Ruhe und die entgegenkommende Vernünftigkeit, vor allem aber durch den ungewöhnlich angenehmen, ausgesprochen kleinrussischen Tonfall der Bruststimme bezauberte; dazu ein spitznäsiges Männlein, bebrillt und unwahrscheinlich zerstreut, zugleich aber so kindlich rein und aufrichtig, daß ich ihn tiefer in mein Herz schloß als selbst Leontowitsch. Außerordentlich gefiel mir auch Wagin – ein so passionierter Statistiker, daß es für ihn, wie ich später erfuhr, nichts auf der Welt gab als diese Statistik; er war groß und kräftig gewachsen, hatte blendendweiße Zähne und war auf bäuerliche Art schön und vergnügt; er kam auch aus dem Bauernstand, lachte dröhnend und ansteckend, redete gewichtig und unüberhörbar im Dialekt. Schrecklichen Widerwillen dagegen erregten zwei andere Männer bei mir: der ehemalige Arbeiter Bykow, ein stämmiger Bursche in einer Arbeitsbluse, dessen Lockenkopf, dicker Hals und hervorquellende Augen tatsächlich etwas von einem Byk, einem Bullen, hatten, dann einer namens Melnik: der schien todkrank oder doch sehr siech zu sein, hatte sandfarben-rötliches Haar, war skrofulös und schwachsichtig, näselte obendrein, erwies sich aber als außerordentlich scharf und selbstsicher in seinen Urteilen; viele Jahre danach entpuppte er sich zu meinem äußersten Erstaunen als große Persönlichkeit bei den Bolschewiki – als eine Art „Diktator über das Brot“ ...

13

In der Umgebung dieser oder ähnlicher Leute verbrachte ich meinen ersten Winter in Charkow und später noch mehrere weitere Jahre darauf.

Um welches Milieu es sich handelte, wie es zusammengesetzt war, wie es lebte und woran es glaubte, ist bekannt.

Am bemerkenswertesten war, daß seine Mitglieder schon auf der Schulbank all das Besondere hinter sich gebracht hatten, das ihnen für den Anfang aufgegeben war: zunächst die Teilnahme an irgendeinem Zirkel oder einem „Einsatz“, anschließend Ausweisung, Gefängnis oder Verbannung, in der man seine „Arbeit“ so oder so fortsetzte; danach lebten sie recht isoliert von der russischen Bevölkerung, ja, im allgemeinen erkannten sie die praktisch Tätigen gar nicht als Menschen an, so die Kaufleute, die Landwirte, die Ärzte und Pädagogen (diese, soweit sie sich aus der Politik heraushielten), die Beamten, die Geistlichen, das Militär und insbesondere die Polizei und die Gendarmerie – mit denen auch nur im geringsten Kontakt zu haben als schändlich galt, ja als geradezu verbrecherisch; man hatte eben seine eigenen, besonderen und unerschütterlichen Maßstäbe: seine Angelegenheiten, seine Interessen und Ereignisse, seine Berühmtheiten, seine Moral, seine Liebes-, Familien- und Freundschaftsgewohnheiten und seine besondere Beziehung zu Rußland: die Ablehnung seiner Vergangenheit und Gegenwart und den Traum von seiner Zukunft, den Glauben an sie, für die „gekämpft" werden mußte. Natürlich gab es in diesem Milieu recht unterschiedliche Menschen, unterschiedlich nicht nur, was den Grad ihrer revolutionären Entschlossenheit, ihrer „Liebe" zum Volk und ihres Hasses gegen seine „Feinde" betraf, sondern auch ihrem äußeren und inneren Wesen nach. Dennoch blieben sie im allgemeinen reichlich engstirnig, geradlinig und unduldsam und bekannten sich zu etwas recht Einfältigem: Menschen sind doch nur wir und allerlei „Erniedrigte und Beleidigte"; alles Böse steht rechts, alles Gute links, alles Helle und Schöne bewahrt das Volk in seinen Überlieferungen und Ahnungen; alles Unglück kommt von der Regierungsart und von den unfähigen Regierenden (die man geradezu als einen fremden Volksstamm ansah); es gab nur eine Rettung – den Umsturz, die Konstitution oder gar die Republik.

Und ebendiesem Milieu schloß ich mich in Charkow an. Wie wenig paßte es zu mir! Aber wem sonst konnte ich mich anschließen? Beziehungen zu anderen Kreisen besaß ich nicht, und ich war auch gar nicht darauf erpicht; trotz des Wunsches, in sie einzudringen, beherrschte mich das Gefühl oder Bewußtsein, daß es zwar vielerlei mir durchaus nicht Zusagendes in meiner neuen Umgebung gab, daß es aber auch sehr, sehr viel, ja noch viel mehr davon in anderen Kreisen geben würde, denn was hatte ich beispielsweise gemeinsam mit Kaufleuten oder Beamten? Außerdem berührte mich vieles in jenem ersten Kreis einfach recht angenehm. Meine Bekanntschaften erweiterten sich rasch, und die Leichtigkeit, mit der man sie schloß, sagte mir zu. Auch die studentische Bescheidenheit der

Lebensführung, die Schlichtheit der Gebräuche, der Umgangston gefielen mir. Außerdem ging es in diesem Kreis ziemlich fröhlich zu. Morgens ein regelrechter Konvent in der Dienststelle, bei dem viel Tee getrunken, viel geraucht und diskutiert wurde; später ein lebhaftes Mittagsmahl – fast alle aßen in Gruppen oder Grüppchen in irgendeiner Garküche; abends ein neues Beisammensein – bei irgendeiner Sitzung, einem abendlichen Treff oder auch in jemandes Haus als Gast. In jenem Winter am häufigsten bei Ganski, einem ziemlich wohlhabenden Mann, daneben bei der reichen und schönen Witwe Schkljarewitsch, bei der sich häufig auch berühmte kleinrussische Bühnenkünstler einfanden, die Lieder „von der freien Kosakenschaft" und sogar ihre eigene Marseillaise sangen: „So tretet an, ihr Massen!"

Es gab aber auch vieles in diesem Kreis, das mir wider den Strich ging. Je mehr ich mich an ihn gewöhnte und ihn unter die Lupe nahm, desto öfter empörte ich mich über dies und das, ja, ich machte gelegentlich auch kein Hehl daraus und ließ mich in hitzige und selbstverständlich vergebliche Diskussionen bald aus dem, bald aus jenem Anlaß ein, zumal die meisten aus diesem Kreis mich ins Herz geschlossen hatten und mir meine Auflehnung nachsahen. Ich fühlte, daß ich immer mehr von einem summarischen Vorurteil gegenüber allen anderen Kreisen durchdrungen wurde, aber was fand ich in meinem eigenen? Den Mädchen und Jungen empfahl man die Lektüre der politischen Ökonomie, während man selber nur Korolenko und Slatowratski las, Tschechow wegen „seiner politischen Gleichgültigkeit" verachtete und Tolstoi seiner „beschämenden und äußerst schädlichen Predigten des Nichtwidersetzens" halber auf jegliche Art beschimpfte, zumal er „sich mit dem Herrgott hatte wie mit wunder was", den Ackerbauern oder den Schuhmacher mimte und sich danach an den „üppigen Tisch setzte", während der Jasnopoljanaer Bauer, den er so innig liebte, „vor Hunger aufgedunsen war";

von „der schönen Literatur“ sprach man im allgemeinen so, daß sich trotz meiner Empörung mit jedem Tage mehr die heimliche Angst in mir festsetzte, man dürfe vielleicht tatsächlich das eine oder andere auf keinen Fall mehr schreiben, manches werde von niemandem mehr gebraucht, wogegen das hier (das über den armen Makar oder über das Leben der Verbannten) das einzig Erforderliche darstelle; man war zum Wohle Rußlands zu allem bereit, brachte indessen schlimme Verdächtigungen gegenüber sämtlichen russischen Ständen vor – mit Ausnahme der ärmsten und ungebildetsten; die Zeiten der „Vaterländischen Annalen“ betrachtete man als das goldene Zeitalter, ihr Verbot dagegen als eines der schlimmsten und erschreckendsten Ereignisse im russischen Leben, die eigenen Tage nannte man geschichtslos – „es hat schlechtere, aber keine schändlicheren Zeiten gegeben“; man versicherte, „ganz Rußland sei am Ersticken“; man schalt jedermann, der auch nur im geringsten etwas anzweifelte, das sie zum Gesetz erhoben hatten, einen „Renegaten“ und machte sich über jegliche „Mäßigung und Korrektheit“ lustig; man war zum Beispiel allen Ernstes darüber begeistert, daß Wagins Frau Sonntagslesungen veranstaltete und sie mit einer Laterna magica begleitete, sich aber auch auf eine eigene Lesung vorbereitete – über „feuerspeiende Berge“; bei den Abendveranstaltungen sangen selbst allerlei Langbärte mit: „Feindliche Stürme durchtosen die Lüfte“, während ich die ganze Erlogenheit dieser „Stürme“, die ganze Unehrlichkeit dieser ausgeklügelten und ein für allemal festgelegten Gefühle und Gedanken empfand und nicht aufzusehen wagte, als man mich fragte: „Sie verziehen wieder einmal Ihre Poetenlippen, Aljoscha?“

Das fragte mich die Ehefrau Bogdanows, jenes Statistikers, der die Beine so unwahrscheinlich umeinanderschlang. Die Bogdanows hatten zu einer großen Abendgesellschaft eingeladen, in ihrer kleinen Wohnung herrschte ziemliches Gedränge und wogte Tabakrauch, der Samowar verschwand nicht vom Tisch, in allen Ecken standen leere Bierflaschen: man hatte sich zu Ehren eines heimlich nach Charkow gekommenen, alten und berühmten „Kämpfers" zusammengefunden, der, weit bekannt durch seinen ungeheuerlichen, erbarmungslosen Einsatz, zahllose Male in irgendwelchen Festungen gesessen hatte, wiederholt hinter den Polarkreis geraten war, aber immer wieder zu fliehen vermochte, eines Mannes, der äußerlich ganz und gar einem Höhlenbewohner glich, einen dichten Bart besaß und ungeschickt wirkte, mit Haaren in Nasenlöchern und Ohren, mit kleinen Augen, die aber äußerst gescheit und durchdringend dreinblickten, während ihm die Worte erstaunlich leicht von den Lippen kamen – als lese er sie ab. Bogdanow selbst erschien in jeder Hinsicht belanglos, wogegen sich seine Frau schon lange und auch verdientermaßen einer gewissen Berühmtheit erfreute: Wen hatte sie nicht alles gekannt, an welchen Unternehmungen nicht teilgenommen! Sie war einst recht hübsch und von zahlreichen Verehrern umschwärmt gewesen, gab sich immer noch fröhlich und munter, zungenfertig und findig und konnte jedermann mit erstaunlicher Logik abtun, war schlank und wirkte jugendlich, putzte sich zu Abendgesellschaften heraus und kräuselte die Stirnlocken. Mich hatte sie ins Herz geschlossen, nahm mich aber auf Schritt und Tritt ins Gebet. Da hatte ich den Mund „verzogen", weil man, nachdem alles zur Genüge jener Berühmtheit gelauscht, selber genug dahergeredet und ziemlich viel getrunken hatte, in einer Ecke bereits zu singen anhub: „Wir fluchen all den Verbrechern, / rufen zum Kampf alle Kämpfer auf!" Ich bin bedrückt, peinlich berührt, und die Frau des Hauses, die mit einer dünnen Zigarette in der Hand neben mir auf dem Sofa sitzt, bemerkt es und wird ärgerlich. Ich weiß nicht, was ich ihr entgegnen soll, und sie stimmt, ohne meine Erwiderung abzuwarten, mit heller Stimme zu:

„Die Frohlockenden, unsinnig Schwatzenden,
die Hände mit Blut besudelten ..."

Ich finde das einfach schauderhaft – wer soll das nur sein, frage ich mich, der so frohlockt, unsinnig schwatzt und die Hände mit Blut besudelt? Danach aber kommt etwas, was mir durch seinen studentischen Übermut noch mehr verhaßt ist:

„Aus dem Land, dem fernen Landstrich,
unseres Mütterchens, der Wolga,
sind wir, die wir von dort stammen,
fröhlich zu vernünftgem Tun beisammen ..."

Ich wende mich bei der Erwähnung dieses unseres Mütterchens Wolga und des vernünftigen Tuns sogar ab und sehe, daß die Brailowskaja, ein bezauberndes und leidenschaftliches Mädchen, mich mit eifrig forschenden Erzengelaugen und unverhohlenem, herausforderndem Haß aus ihrer Ecke anstarrt ...

Ich stand im Grunde mit meiner leichtfertig-revolutionären Gesinnung, meiner ehrlichen Sehnsucht nach allem Guten, Menschlichen, Gerechten, kaum weiter rechts als sie alle, ertrug es aber einfach nicht, wenn man mich, und sei es auch nur im Scherz (aber selbstverständlich irgendwie belehrend) daran erinnerte:

„Den Dichter zwingt zwar nichts zum Dichten,
doch muß auch er mit aller Kraft
genügen seinen Bürgerpflichten!"*

Wenn man mir also diese Pflicht einzuimpfen bemüht war und mir predigte, der Sinn des Lebens bestehe in der „Arbeit für das Wohl der Gesellschaft", will sagen für den Bauern oder den Arbeiter. Ich war dann regelrecht empört: Wie? Ich soll mich für irgendeinen ständig besoffenen Schlosser oder für einen x-beliebigen Bauern Klim

* Nachgedichtet von Martin Remané.

aufopfern, der nicht einmal ein Arbeitspferd besitzt, obendrein noch für einen, den es gar nicht gibt, der nur eine Art Sammelbegriff darstellt und den man ebensowenig zur Kenntnis nimmt wie einen Mietkutscher auf der Straße, während ich den oder jenen unserer Baturinoer Klims ins Herz geschlossen habe, ihn weiterhin gern mag und bereit bin, jedem wandernden Holzsäger meine letzte Kopeke zu geben, der, mit einem Sack und der Säge auf dem Rükken, schüchtern und betreten in der Stadt herumirrt und an mich bettelarmen jungen Mann die naive, rührend törichte Frage richtet: „Haben Sie, junger Herr, nicht irgendeine Arbeit für mich?“ Ich vermochte einfach nicht zu begreifen, wieso man behauptete, ruhig sterben zu können, nachdem man sich „ehrlich für das Wohl der Gesellschaft eingesetzt“ habe. Ich litt aufrichtig unter den ewigen Zitaten aus Stschedrin über die Juduschki, über die Stadt Dummshausen und die Stadtkommandanten, die hoch zu Roß angeritten kamen, und biß die Zähne zusammen, wenn ich in so ziemlich jeder mir bekannten Wohnung ein Bildnis Tschernyschewskis oder des zum Skelett abgemagerten Belinski vorfand, der sich von seinem Sterbelager erhebt, um den in der Tür seines Arbeitszimmers auftauchenden Gendarmen zu begegnen.

Es gab in diesem Kreis aber auch die Bykows und die Melniks ... Wenn man in ihre Gesichter sah, fiel es einem nicht leicht, sich vorzustellen, daß auch sie zu denen zählten, die für eine wunderschöne Zukunft tätig waren und zu den wichtigsten Kennern und Gestaltern des künftigen menschlichen Wohlergehens gehörten.

Und dann gab es noch einen, der unter dem Spitznamen Max bekannt war und von Zeit zu Zeit irgendwoher in Charkow auftauchte: er war groß von Wuchs, hatte krumme, gleich Eichenwurzeln kräftige Beine, trug derbe, genagelte Schweizer Schuhe, wirkte äußerst ruhig und sachlich und drückte sich präzise aus; er hatte ein braungebranntes, ein wenig grobes Gesicht mit einem ausladenden, sich rund und steil gleich einem Topf darüber auftürmenden Schädel. Er aß erstaunlich wenig, schlief auch wenig und war immerfort irgendwohin unterwegs, ohne je zu ermüden . . .

14

So ging der Winter dahin.

Ich saß vormittags, während sich mein Bruder in seiner Dienststelle aufhielt, in der Stadtbibliothek. Danach streunte ich umher, dachte über das Gelesene, über die an mir Vorübergehenden oder Vorüberfahrenden nach und sagte mir, sie dürften so ziemlich alle auf ihre Art glücklich und zufrieden sein – jeder hatte seine Tätigkeit und war mehr oder weniger versorgt, während ich mich erst mit dem undeutlichen und vergeblichen Wunsch abquälte, etwas zu schreiben, von dem ich selber keine rechte Vorstellung hatte, zu dem zu greifen ich weder den Mut noch das Vermögen besaß und das ich immer wieder hinausschob, wobei ich so mittellos dastand, daß ich mir nicht einmal erlauben konnte, meinen armseligen Traum zu erfüllen – ein hübsches Notizbuch zu erwerben; das war schon darum besonders bitter, weil, wie mir schien, so manches davon abhing; mein ganzes Leben wäre anders verlaufen, mutiger und tatkräftiger, denn ich hätte in diesem Büchlein vielerlei festhalten können. Schon nahte das Frühjahr, ich hatte mich gerade in die Sammlung der kleinrussischen „Gedanken" von Dragomanow vertieft, war hingerissen von dem „Lied von der Heerfahrt Igors", das ich dabei unverhofft wieder einmal las und dessen unbeschreibliche Schönheit ich dabei entdeckte: nun zog es mich wieder in die Ferne, weg von Charkow, an den vom Künder Igors besungenen Donez, wo, wie mir schien, zu früher Morgenstunde auf der Stadtmauer immer noch die junge Fürstin Jefrossinja stehen müsse, zugleich zum Schwarzen

Meer der Kosakenzeiten, an dem „auf einem weißen Stein“ ein seltsamer „hellsichtiger Falke“ hockte; von da wieder zurück zu Vaters Jugend, nach Sewastopol ...

So schlug ich mir den Vormittag um die Ohren, um danach bei Pan Lissowski einzukehren und zur Wirklichkeit, zu all den Tischgesprächen und Diskussionen zurückzufinden, die mir schon zur Gewohnheit geworden waren. Dann legten mein Bruder und ich eine Mittagspause ein, schwatzten und streckten uns auf den Betten in unserem Kämmerchen aus, in dem es nach dem Mittagessen besonders penetrant nach jüdischer Küche roch, nach etwas Warmem, stark Duftendem. Schließlich arbeiteten wir ein bißchen – auch mir wurden hier und da einige Kalkulationen oder Aufrechnungen aus meines Bruders Büro übertragen. Danach begaben wir uns erneut unter Menschen.

Ich hielt mich gern bei Ganski auf. Der war ein ausgezeichneter Musiker und spielte uns manchmal den ganzen Abend vor. Er erschloß mir eine unbekannte, berauschende, qualvoll erhabene Welt, eine Welt, in die ich bei den ersten Tönen mit verzückter, ja erschrockener Freude eintrat, um gleich darauf jener größten, trügerischen Täuschung zu erliegen (dem eingebildeten göttlichen Vermögen, allselig, allmächtig und allwissend zu sein), die nur die Musik und gewisse Augenblicke der dichterischen Inspiration zu bewirken vermögen. Und es mutete seltsam an, gerade Ganski, einen Mann von so radikal-revolutionärer Gesinnung, die er allerdings seltener und zurückhaltender als alle anderen äußerte, am Klavier zu sehen, mit fast schwarzen, ausgetrockneten Lippen, die von der sich ständig steigernden, äußersten Leidenschaft herrührten, mit der er nun einmal musizierte. Die Töne entführten mich in irgendwelche Fernen, flossen Takt um Takt beharrlich, wunderbar harmonisch dahin, frohlockend und so göttlich-sinnlos, ja heiter, daß mir beinahe angst und bange wurde und eine bestrickend-tragische Vision in meiner Phantasie aufstieg: mir schien in einem fort, Ganski werde irgendwann den Verstand verlieren und in einem engen Kämmerchen hinter einem vergitterten Fenster landen, um mit seinen glühenden Lippen, dem ekstatischen Blick, dem grauen Kittel auch ohne Musik in einer ähnlich unsinnig-freudvollen, täuschend-erhabenen Welt weiterzuleben ...

Ganski erzählte eines Tages, daß er schon als Jüngling in Salzburg, im Mozarthaus gewesen sei und dessen altertümliches, schmales Klavichord gesehen habe, gleich daneben aber eine Vitrine, in der Mozarts Schädel aufbewahrt wurde. Ich dachte mir: Schon als Jüngling! Und ich? Mir war so bitter, so ärgerlich zumute, daß ich es kaum noch aushielt – eine so leidenschaftliche Begierde überfiel mich, nach Hause zu eilen, um mich, ohne zu säumen, an ein Poem oder an einen kleinen, völlig neuartigen Roman zu machen, plötzlich in jedermanns Mund zu kommen und berühmt zu werden – darauf nach Salzburg zu fahren und dieses Klavichord und diesen Schädel mit eigenen Augen zu sehen.

Ich habe diesen Traum, der seither neben vielen anderen alten Wunschträumen in mir fortlebte, erst viele Jahre danach verwirklicht: aber ich habe sowohl Salzburg als auch den Schädel und das Klavichord gesehen. Seine Tasten waren von derselben Farbe wie der Schädel, und ich hätte mich gern über sie gebeugt, sie mit den Lippen berührt und geküßt. Der Schädel selbst aber war unwahrscheinlich klein, ein richtiger Kinderschädel ...

15

Im Vorfrühling fuhr ich nach der Krim.

Man verschaffte mir einen Gratisfahrschein, ich mußte unter fremdem Namen reisen und mich als Eisenbahnarbeiter ausgeben. Nun ja, meine Jugend war ziemlich entbehrungsreich.

Ich brach in einem solchen Gedränge, in einer so abscheulichen Umgebung auf, wie ich noch keine erlebt hatte, mit einem Nachtpostzug, dessen Länge geradezu beängstigend wirkte. Er traf bereits überfüllt in Charkow ein, wo eine unübersehbare Menge auf dem Bahnsteig wartete und voll Hoffnung auf Verdienstmöglichkeiten nach dem Süden strebte; sie stürzte auf ihn zu – mit Beuteln und Schultersäcken, mit den an ihnen festgebundenen Bastschuhen nebst Fußlappen, Teekannen und stinkender Wegzehrung: groben Roggenbrötchen und gebratenen Eiern. Außerdem war es schon spät, so daß mir gleich eine schlaflose Nacht bevorstand, danach ein langer Tag und eine weitere Nacht, in der ich kein Auge zutun würde. Doch es ging für mich um alles oder nichts: dort in der Ferne wartete Vaters Jugend.

Die Vision von dieser Jugend lebte in mir von früher Kindheit an. Es war ein unendlich weit zurückliegender, heller Herbsttag. Er hatte etwas sehr Trauriges, zugleich aber unendlich Beglückendes an sich. Etwas, das mit meiner undeutlichen Vorstellung von den Tagen des Krimkrieges zusammenhing: mit Schanzen und Sturmangriffen, Soldaten aus jenen Tagen, die man die Zeit der Leibeigenschaft nannte, und es gab den Tod meines Onkels Nikolai Sergejewitsch auf der Malachow-Höhe, den Tod jenes riesenhaften und schönen, reichen und glänzenden Obersten, dessen Angedenken in unserer Familie für immer legendenumwoben blieb. Die Hauptsache aber stellte für mich ein kahler und heller Uferhügel dar, auf dem inmitten von Steinen irgendwelche weißen, an Schneeglöckchen erinnernden Blumen blühten, und das natürlich nur darum, weil ich schon in früher Kindheit an einem Wintertag die Worte meines Vaters gehört hatte: „Dabei pflückten wir zu jener Jahreszeit auf der Krim bereits in bloßem Waffenrock Blümchen!“

Was fand ich nun in Wirklichkeit vor?

Ich erinnere mich, daß ich nach der ersten Nacht beim Morgengrauen in meinem engen Winkel auf irgendeiner

Steppenstation, bereits weit entfernt von Charkow, erwachte. Die Kerze in der Ecke war noch nicht ausgebrannt, die Sonne noch nicht aufgegangen, aber es schimmerte draußen schon hell und rosig. Ich sah mir verwundert das bedrückend widerwärtige Bild der – wie sich's gerade traf – in diesem rosigen Schein schlafenden Menschen an und öffnete sogleich das Fenster. Mein Gott, was für ein Morgenrot! Der Osten funkelte in der Ferne mit rosigem Glanz, und die Luft hatte jene wunderbare Frische und Klarheit, wie man sie nur im Vorfrühling, bei Sonnenaufgang und in der Steppe antrifft; lebhaft und wonnetrunken jubeln in der Stille lenzlich die am Himmel nicht zu erkennenden Lerchen, rechts und links zieht sich die unbewegliche Wand unseres Zuges hin, während sich wenige Schritte von uns entfernt in der endlosen und gleich einer Tenne ebenen Steppe ein Kurgan, ein Grabhügel, erhebt. Ich kann bis auf den heutigen Tag nicht recht begreifen, wieso er mich derart überwältigte. Er war einmalig mit seinem so bestimmten und zugleich weichen Umriß, vor allem aber mit dem, was sich dahinter verbarg. Das war bei all seiner Einfachheit etwas so Ungewöhnliches, so Altertümliches, daß es dem heutigen Leben unendlich fremd gegenüberstand, zugleich aber aus irgendeinem Grunde so bekannt, so nahe und vertraut war.

„Schau an, wie die Menschen in alten Zeiten begraben wurden", sagte ein alter Mann aus einer entfernten Ecke zu mir. Er war der einzige, der nicht schlief und aufrecht dasaß, sich aber in diesem Augenblick vorbeugte, um seine Tabakpfeife in Brand zu setzen; die verschwollenen, tränenden Augen glitzerten unter der zerschlissenen Kalbfellmütze hervor, aus dem roten, faltigen, unordentlich mit etwas Grauem Überwucherten, das sein Gesicht darstellte. „In alten Zeiten setzte man die Leute so bei, damit ihr Andenken erhalten blieb!" sagte er mit fester Stimme. „Damals war man noch reich."

Und er fügte nach kurzem Schweigen hinzu: „Oder

sollten uns die Tataren so begraben haben? Hat schließlich mancherlei gegeben – Schlimmes wie Gutes."

Das zweite Morgenrot aber war lieblich und noch erstaunlicher. Ich wurde wieder plötzlich auf irgendeiner Station wach und erblickte etwas nun schon Paradiesisches: einen hellen Sommermorgen – hier war es schon ganz sommerlich – und ringsum lauter üppig Blühendes, Betautes und Duftendes, dazu einen kleinen, von Kletterrosen umwundenen weißen Bahnhof, einen bewaldeten Steilhang, der sich über ihm erhob, und ebenfalls blühendes Gestrüpp in den Schluchten auf der anderen Seite des Zuges. Auch die Lokomotive pfiff, als sie sich in Bewegung setzte, ganz anders als vorher, irgendwie freudig und laut, ja scheinbar sogar erschrocken. Nachdem sie dann aber aufs neue ins Freie gefunden hatte, blickte mich plötzlich hinter den von wild wachsendem Wald bedeckten Hügeln hervor mit seiner dunklen, bis an den Himmelsrand reichenden Leere etwas Düster-Blaues, beinahe Schwarzes, Feucht-Nebliges und noch Dämmerndes an, das sich gerade erst dem finsteren und feuchten Schoß der Nacht entrang – und ich erkannte es plötzlich mit Schrecken und Freude wieder. Ja, genau so war es – ich erinnerte mich, ich erkannte es wieder!

Sewastopol selbst aber erschien mir beinahe tropisch. Welch ein großartiger, von milder Luft durchwärmter Bahnhof! Wie heiß die Schienenstränge, und wie sie blitzten! Der Himmel wirkte vor Hitze eher blaß, ja grau, aber auch darin lag Üppigkeit und etwas Beglückendes, auch darin zeigte sich der Süden. All das Klotzige, Bäuerliche, das wir mit uns führten, war unterwegs zusammengeschmolzen. Und schließlich stieg ich beinahe als einziger aus, nun wieder unter meinem richtigen Namen, und strebte, schwankend vor Müdigkeit und Hunger, auf den Wartesaal erster Klasse zu. Es war Mittag, überall Leere, der riesige Büfettraum (die Welt der Reichen, Freien und Vornehmen, die hier mit den Schnellzügen eintreffen) war sauber und still und funkelte mit den schneeweißen Dekken, den Vasen und Kandelabern auf den Tischen. Ich vermochte mich nicht mehr zu beherrschen und so armselig-sparsam zu bleiben, wie ich auf der ganzen Herreise gewesen war, und bestellte Kaffee und einen Weißbrotkringel. Man stellte mir all das auf den Tisch, schielte aber ein wenig mißtrauisch zu mir hin; nun ja, mein Äußeres mochte tatsächlich verdächtig erscheinen. Aber einerlei – ich war wieder ich selber und genoß die Stille, die Reinheit der durch die Fenster und Türen hereinwehenden heißen Luft – da sah ich plötzlich, wie durch den offenen Eingang vom Bahnsteig überraschend, aber völlig unbefangen und bunt, eine Art Prinzessin trat. Seither war meine Vorstellung von südlichen Bahnhöfen für immer mit ihrem bunten Kleidchen verbunden.

Wo aber blieb all das, worauf ich auf dieser Reise aus war? In Sewastopol gab es weder von Kanonen zerstörte Häuser noch Stille und Einsamkeit; nichts aus den Zeiten meines Vaters und Nikolai Sergejewitschs mitsamt ihren Burschen, Weinkellern und Dienstwohnungen war noch vorhanden. Die Stadt lebte längst ohne sie weiter, war neu aufgebaut und hell, schmuck und heiß und hatte geräumige Mietkutschen mit weißen Sonnenverdecken; Karaiten und Griechen bevölkerten die Straßen, die, von dem hellen Grün der südländischen Akazie beschattet, mit großartigen Tabakläden und einem Denkmal für den geduckt dastehenden Nachimow auf dem Platz neben der Treppe ausgestattet waren und zur Anlegestelle Grafskaja führten, zum grünen Seewasser mit den darin verankerten Panzerschiffen. Erst da, hinter diesem grünen Wasser, gab es noch etwas aus Vaters Tagen – das, was sich die Nordseite oder Heldenfriedhof nannte; und erst dorther wehten mich die Trauer und der Zauber des Vergangenen an, das nun schon friedlich und zeitlos erschien – gleichsam als längst vergessener Teil meines Ichs.

Danach machte ich mich erneut auf den Weg. Ich übernachtete irgendwo am Stadtrand in einer Groschenherberge und verließ Sewastopol am frühen Morgen. Mittags war ich bereits hinter Balaklawa. Wie seltsam wirkte diese kahle Gebirgswelt! Eine endlose weiße Chaussee und graue, nackte Täler, die unbewaldeten düsteren Hänge der nahen oder auch fernen Berge, die einer nach dem anderen wieder entschwanden und mit ihren fliederfarbenen oder aschgrauen Steinmassen, mit ihrem heißen und geheimnisvollen Traum irgendwohin lockten ... Ich ließ mich inmitten riesiger, kieselharter Täler nieder und ruhte aus. Ein Tatarenbursche mit einem langen, hakenartigen Hirtenstab in der Hand stand in einiger Entfernung neben einer grauen Schafherde, die an dicht verstreute Kieselsteine erinnerte. Er kaute etwas. Ich trat auf ihn zu, sah, daß er Schafkäse und Brot aß, und holte ein Zwanzigkopekenstück hervor. Er schüttelte im Kauen und ohne mich aus den Augen zu lassen, den Kopf und hielt mir seinen Schulterbeutel hin. Ich nahm ihn in Empfang; er grinste liebevoll und freudig über das ganze schwarzäugige Gesicht, ja, er legte sogar die Ohren an, die unter seinem runden Käppchen hervorstanden. Auf der weißen Chaussee vor uns aber rollte gerade eine Troika vorüber, unter Pferdegetrappel und hellem Glöckchengebimmel: auf dem Kutschbock saß ein Tatare, im Wagen ein alter Mann mit noch schwarzen Augenbrauen und einer Leinenmütze auf dem Kopf und neben ihm ein eingemummtes, wachsgelbes junges Mädchen mit dunklen und schreckenerregenden Augen. Sicherlich habe ich Jahre danach wiederholt das Marmorkreuz ihres Grabes auf der Anhöhe über Jalta gesehen, neben vielen anderen Kreuzen unter den Zypressen und Rosen, in einer erfrischenden Brise vom Meer, an einem hellen südlichen Tag ...

Ich übernachtete am Baidarsker Paß auf dem Außenflur einer Poststation. Der Postmeister ließ mich nicht ein, als er erfuhr, ich wolle keine Postpferde bestellen. Draußen rauschte hinter einer endlosen, dunklen Schlucht die ganze

Nacht hindurch – vorsintflutlich, schläfrig, mit unbegreiflicher, drohender Majestät – das Meer. Ich trat dann und wann vor das Tor: das Ende der Welt und ägyptische Finsternis, es riecht kräftig nach Nebel und nach der Kälte der freien Meeresweite, ihr Rauschen nimmt ab oder schwillt an wie das Rauschen eines wild wachsenden Waldes. Unter mir der Abgrund, ringsum die Nacht, etwas Undurchsichtiges und Beunruhigendes, das urtümlich und dumpf dahinlebt, ja feindselig und unsinnig anmutet.

16

Wenn man irgendwoher heimkehrt, glaubt man immer, es müßte, während man abwesend war, etwas geschehen, zum Beispiel ein ganz besonderer Brief oder eine wichtige Nachricht eingetroffen sein. Meist stellt sich heraus, daß es nichts dergleichen gegeben hat. Diesmal verhielt es sich jedoch anders. Mein Bruder empfing mich ziemlich betreten: erstens habe Vater Baturino verkauft, uns einiges Geld überwiesen und einen ungewöhnlich traurigen, ja reuevollen Brief geschrieben. Im ersten Augenblick flammte ich freudig auf – ich hatte also wieder die Möglichkeit, irgendwohin zu reisen –, doch dieses Gefühl wurde sogleich von einem anderen überschattet, dem Schmerz darüber, daß es mit unserem bisherigen Leben endgültig vorbei war, und vom bitteren Mitleid mit Vater, Mutter und Olja; wir lebten hier vergnügt und sorglos dahin, wir hatten Frühling, um uns Menschen und die Stadt, während sie in der Abgeschiedenheit, in der Einsamkeit verharrten, in Gedanken nur mit uns, aber nun wohl auch mit ihrer nahe bevorstehenden Obdachlosigkeit beschäftigt. Ich hatte Vater nie betrübt gesehen, nie seine Rechtfertigung anhören können, er habe „uns an den Bettelstab gebracht“; ich war in solchen Augenblicken immer drauf und dran, auf ihn zuzustürzen, um ihm gerade um dessentwillen voll heißem Dank die Hände zu küssen. Jetzt aber, nach Sewastopol, konnte ich mich nur noch mit Mühe und Not der Tränen erwehren. Zum Glück stellte sich heraus, daß er nur den Grund und Boden, aber nicht den Gutshof verkauft hatte.

Die zweite Neuigkeit erwies sich als noch überraschender. Mein Bruder war, als er sie mir mitteilte, ganz verlegen: „Verzeih mir, daß ich dir das verheimlicht habe, ich wollte nicht und will auch jetzt nicht, daß es die Unseren erfahren ... Ich bin nämlich verheiratet ... Zwar nicht kirchlich getraut natürlich – sie lebt sogar des Kindes wegen weiterhin bei ihrem Mann –, aber du wirst verstehen ... Zur Zeit ist sie noch in Charkow, reist aber morgen früh ab ... Zieh dich um, wir gehen sogleich zu ihr, sie weiß von dir und hat dich im voraus ins Herz geschlossen."

Und er erzählte mir hastig seine ganze Liebesgeschichte. Sie stammte aus einer reichen und vornehmen Familie, wuchs aber in leidenschaftlich-freiheitlichen und ganz „auf das Volk" ausgerichteten Träumen auf, hatte früh geheiratet, um „Hand in Hand mit einem geliebten Menschen" nur für das Volk und im Kampf für das Volk zu leben. Dieser „geliebte Mensch", der durch sie ein reicher Mann geworden war, wurde indessen sehr bald all seinen bisherigen Bestrebungen untreu, während diese Bestrebungen für sie so geheiligt, so teuer blieben, daß sie, die Glückliche, seit ihrer frühesten Jugend sich ihres Glückes inmitten all der Nöte des Volkes, ja selbst ihrer Schönheit dermaßen schämte, daß sie eines Tages sogar versuchte, sich zu entstellen und ihre allzu bewunderten Hände mit Schwefelsäure zu verbrennen ... Meinen Bruder hatte sie im Süden kennengelernt – er hielt sich damals versteckt und verbarg sich unter fremdem Namen. Als sie sich ihrer Liebe zu ihm bewußt wurde, warf sie sich verzweifelt ins Meer und wurde nur durch Zufall von Fischern gerettet ...

Ich zog mich gehorsam um, während ich mir all das mit

größter Verwunderung anhörte, mich schrecklich dabei aufregte und immerfort beiseite sah. Mir war all das um meines Bruders willen peinlich, ja unangenehm, und Feindseligkeit gegenüber seiner Heldin regte sich in mir – das erschien mir doch allzu romantisch. Desto verwunderter war ich, als ich die Schwelle ihres Zimmers in dem vornehmen Hotel überschritt, in dem sie logierte. Wie schnell sie sich bei meinem Eintritt erhob, wie zärtlich und verwandtschaftlich sie mich in die Arme schloß, wie lieb und bezaubernd sie mir zulächelte, wie leicht und selbstverständlich sie mit mir zu plaudern begann! In all der liebenswürdigen Einfachheit des Gebarens tat sich die edle Herkunft, die Erziehung und ein sehr liebes Herz kund, dazu eine scheue, weibliche, zugleich aber erstaunlich freie Anmut, eine eigene Sanftheit und zugleich Bestimmtheit in den Bewegungen, in der harmonischen, ein wenig singenden Bruststimme ebenso wie in den leicht traurig lächelnden klaren Augen mit den schwarzen Wimpern; kurz und gut – sie strömte einen unbeschreiblichen Zauber aus ...

Und dennoch war ich durch diese überraschende Bekanntschaft, durch die plötzliche Entdeckung, daß mein Bruder sein eigenes, uns allen verborgenes Leben führte und keineswegs uns allein verbunden war, zutiefst gekränkt. Ich fühlte mich trotz meiner Jugend in all dem Frühlingshaften, das mich umgab, aufs neue einsam und empfand eine Art Bitterkeit und Enttäuschung. Zugleich sagte ich mir: Also gut, desto besser, jetzt bin ich völlig frei in dem wunderbaren Landstrich, der sich mir gerade erst erschließt. Dieser Landesteil aber stand als die unübersehbare lenzliche Weite jenes Rußlands, jenes russischen Südens vor mir, die meine Phantasie sowohl durch ihr Altertum als auch durch ihre Gegenwart immer mehr fesselte. Die Gegenwart stellte einen weiten und üppigen Landstrich dar, der mir zugleich mit der Schönheit seiner Fluren und Steppen, seiner Weiler und Dörfer, des Dnepr und Kiews, dem starken, aber auch empfindlichen, in jeder

Einzelheit seiner Lebensweise schönsinnigen und äußerst sauberen Volkes als Erbe jenes eigentlichen, echten Slawentums aus der Donaugegend und den Karpaten erschien. Dort hatte in alten Zeiten seine Wiege gestanden, dort hatte es die Swjatopolks und die Igors, die Petschenegen und die Polowezer gegeben – mich bezauberten allein diese Namen –, danach die Jahrhunderte der Kosakenschlachten mit den Türken und den Polen, die Stromschnellen und Chortiza, die Niederungen und das Delta von Cherson. „Das Lied von der Heerfahrt Igors"* aber brachte mich bald um den Verstand:

„Ich will", so sagte er, „den Speer am Rand der Polowzersteppe brechen, mit euch, ihr Russen ... Nicht der Sturm trieb die Falken auf die weite Steppe – Dohlen ziehen in Schwärmen hin zum großen Don ... Die Rosse wiehern jenseits der Sula – es erklingt der Ruhm in Kiew; die Hörner erschallen in Nowgorod – es stehen die Banner in Putiwl ... Und so stieg Fürst Igor in den goldenen Steigbügel und ritt hinaus aufs freie Feld. Die Sonne versperrte ihm mit Finsternis den Weg; die Nacht, gewitterschwer stöhnend, schreckte die Vögel auf ... es erhob sich der Diw, schrie in den Wipfeln, hieß feindliches Land aufhorchen, die Gestade der Wolga, die Schwarzmeerküste, das Land an der Sula, Surosh ..."

„... es kreischten ihre Wagen um Mitternacht wie aufgescheuchte Schwäne. Igor führte seine Krieger hin zum Don! ... Die Adler locken mit ihrem Schrei die Tiere zum Knochenmahl herbei; die Füchse bellen die rotfarbenen Schilde an. O russisches Land! Schon liegst du jenseits der Hügel!"

Und dann:

„Was lärmt, was schallt von weit her früh vor Sonnenaufgang?"

* Alle Zitate aus dem „Lied von der Heerfahrt Igors" sind in der Übersetzung von Harald Raab wiedergegeben.

„Swjatoslaw aber hatte einen rätselhaften Traum in Kiew auf den Höhen. ‚Diese Nacht, von Abend an, hüllte man mich', so sagte er, ‚in eine schwarze Decke auf einem Lager aus Eibenholz, man reichte mir bläulichen Wein, mit Kummer vermischt . . .' "

„Auf schäumte das Meer um Mitternacht . . . Gott zeigte Fürst Igor den Weg aus dem Polowzerland ins russische Land, zu des Vaters goldenem Thron. Die Abenddämmerung erlosch. Igor ruht, Igor wacht. Igor mißt in Gedanken die Steppe vom großen Don bis hin zum kleinen Donez . . ."

Bald danach brach ich aufs neue auf. Ich besuchte jene Ufer des Donez, wo sich einstmals der Fürst, um der Gefangenschaft zu entfliehen, „einem Hermelin gleich zum Röhricht, einer Ente gleich aufs Wasser" stürzte; danach hielt ich mich am Dnepr auf, gerade dort, wo er „die steinernen Felsen des Polowzerlandes durchbrach", und strebte flußaufwärts an weißen, frühlingshaften Dörfern vorbei durch die unübersehbaren Dnepr-Niederungen nach Kiew – wie soll ich wiedergeben, was damals zugleich mit diesem Frühling und dem „Lied von der Heerfahrt Igors" in mir sang und klang? „Hell strahlt die Sonne am Himmel – Fürst Igor ist wieder im russischen Land. Jungfrauen singen an der Donau – ihre Stimmen wehn über das Meer hin bis nach Kiew . . ."

Von Kiew aber wandte ich mich nach Kursk, dann nach Putiwl. „Sattle, Bruder, deine schnellen Rosse, die meinen stehen schon bereit und gesattelt bei Kursk . . . Das Gefühl für Kostroma, Susdal, Uglitsch und Rostow Weliki erwachte erst Jahre danach in mir; in jenen Tagen war ich noch von anderem gebannt. Was machte es mir schon aus, wenn Kursk nur eine entsetzlich langweilige Gouvernementshauptstadt darstellte, erst recht aber das staubige Putiwl! Herrschte nicht dort die gleiche Öde, der gleiche Staub schon damals, als auf dem Wehrgang zu früher Stunde „Jaroslawnas Stimme" über der Steppe erklang:

„... meinen Ärmel aus Biberpelz will ich in die Fluten der Kajala tauchen und dem Fürsten die blutigen Wunden netzen ..."

17

Auf diesem Umweg strebte ich bereits heimwärts. Und ich hatte es sogar eilig, dahin zurückzukehren: meine Leidenschaft für das Nomadisieren war vorerst einigermaßen befriedigt, ich sehnte mich nach Ruhe und nach meiner Arbeit und stellte mir den Sommer, der mich in Baturino erwartete, zauberhaft vor – so sehr war ich von den schönsten Hoffnungen und Plänen erfüllt und schaute voller Zuversicht in die Zukunft... Doch bekanntlich gibt es nichts Gewagteres als ein übertriebenes Vertrauen in das Schicksal ...

Kurz und gut, ich machte auf dem Heimweg in Orjol Station.

Hier glaubte ich meine „Wanderung" so gut wie abgeschlossen zu haben: nur noch wenige Stunden, und ich würde in Baturino sein. Blieb nur noch übrig, einen Blick auf Orjol zu werfen, die Stadt Leskows und Turgenjews, um endlich in Erfahrung zu bringen, was denn nun eigentlich eine Redaktion und eine Druckerei darstellten.

Ich verspürte ungewöhnlichen Tatendrang, war indessen so schwarz und abgemagert wie ein Zigeuner, der fünf Jahrmärkte hinter sich hat; so viel war ich gewandert, so weit auf dem Dnepr gefahren, und immer an Deck, in der beglückenden Sonnenwärme, beim Geglitzer des Wassers, in dem den ganzen Tag etwas sehr Durchsichtiges, Gläsernes im Dunst und in der Wärme zerging – der menschlichen und der von der Maschine und von der Küche herrührenden. Dafür mußte man sich wenigstens einigermaßen schadlos halten. So ließ ich mich denn, nachdem ich in Orjol an Land gegangen war, ins beste Hotel kutschieren.

In der staubiggrau-fliederfarbenen Dämmerung brannten überall schon abendliche Lichter, aus dem Stadtgarten hinter dem Friedhof klang Blasmusik herüber. Man kennt die unbestimmten, angenehm erregenden Gefühle, die einen – einsam, wie man ist – abends in einer noch fremden großen Stadt befallen. Mit ebendiesem Gefühl nahm ich auch mein verspätetes Mittagessen im menschenleeren Speisesaal des alten und gut renommierten Hotels der Gouvernementshauptstadt ein, in das man mich gebracht hatte, und saß danach auf dem Eisenbalkon vor meinem Zimmer, über einer Straßenlaterne, die unter einem Baum brannte, dessen Laub metallisch und durchsichtig zu mir heraufschimmerte. Unten flanierten plaudernd, lachend, glimmende Zigaretten im Mund oder zwischen den Fingern, Spaziergänger, mir gegenüber standen in den großen Häusern die Fenster offen, und man sah die erhellten Zimmer, Menschen, die beim Abendtee beisammensaßen oder dies und jenes taten – kurz, ein fremdes, lockendes Leben, das man in solchen Stunden besonders aufmerksam verfolgt. Später, als ich unendlich lange in der Welt herumirrte, erlebte ich viele solche Stunden einsamer Gelassenheit und Beobachtungsschärfe und verdanke vielen von ihnen manch bittere Weisheiten. In jener warmen Nacht jedoch war es mir in Orjol bei dem gelegentlich zu mir herüberdringenden, bald schmachtenden, bald düster-begeisterten Gedröhn der Militärmusik keineswegs um Weisheiten zu tun.

Ich hatte es ganz verlernt, wie ein normaler Mensch zu schlafen – mir erschienen in jener Stadt selbst mein großes, bequemes und sauberes Bett, die Dunkelheit, die Stille und die Geräumigkeit meines Zimmers geradezu befremdlich. Ich erwachte, wie von meiner Reise her gewöhnt, kaum daß es dämmerte. Daraus erklärt sich auch, daß ich in der Redaktion der „Stimme“ zu völlig unangebrachter Zeit erschien.

Es war ein heißer Morgen. Die kahle weiße Hauptstraße blieb noch menschenleer. Ich ging, um mir die Zeit bis zu der Stunde zu vertreiben, da man, ohne allzusehr den Anstand zu verletzen, in der Redaktion erscheinen durfte, zunächst diese Straße abwärts, überschritt eine Brücke und gelangte auf eine andere große Geschäftsstraße mit alten Speichern und Niederlassungen, Eisenwaren, Drogen und Kolonialwaren feilbietenden Läden und überhaupt all dem gewaltigen Überfluß an Wohlstand, von dem damals die russischen Städte barsten. Im Einklang mit diesem Überfluß und der üppigen Morgensonne läutete man in der schwerfälligen, aber hohen Kirche am Orlik wichtigtuerisch und gnadeverheißend zur Mittagsandacht. Unter dem dröhnenden Läuten – es summte in meinem ganzen Inneren fort – überschritt ich eine weitere Brücke und stieg bergan zu allerlei Verwaltungsstellen, lauter Gebäuden aus den Zeiten Nikolais des Ersten und Alexanders des Zweiten, von denen aus sich nach rechts und nach links von einem weitläufigen, hellen Platz aus ein Boulevard hinzog, eine breite Allee von noch morgendlich frischen, durchscheinenden, aber schattigen Linden. Ich kannte den Namen der Straße, in der sich die Redaktion der „Stimme" befand, und erkundigte mich bei einem Vorüberkommenden, ob es noch weit bis zu ihr sei.

„Aber nein, drüben, wenige Schritte entfernt", sagte er, und ich bekam plötzlich Herzklopfen bei dem Gedanken, ich würde sogleich in eine Redaktion eintreten.

Die Schlichtheit dieser Redaktion mutete indessen ausgesprochen provinziell an. Hinter dem Platz zogen sich Gärten hin und stille, schattige Straßen, die völlig in ihnen versanken und mit dichtem Gras überwuchert waren. In so einer Straße stand auch das lange graue Haus, in dem sich die Redaktion befand. Ich trat näher, erblickte eine halb geöffnete Tür und klingelte. Man hörte irgendwo weit weg ein Scheppern; das löste indessen keinerlei Wirkung aus – das Haus erschien unbewohnt wie auch alle sonstigen ringsum: nichts als Stille, Gärten, ein lieblicher heller Morgen in einer Gouvernementshauptstadt in der Steppe. Ich klingelte aufs neue, wartete eine Weile und entschloß mich schließlich einzutreten. Der lange Flur führte irgendwohin in die Tiefe. Ich ging hinein und erblickte eine große, niedrige und unwahrscheinlich verschmutzte Halle, die mit Maschinen vollgestellt, unglaublich abgetreten und von zerrissenen, speckigen Papierfetzen übersät war. Die Maschinen liefen alle und surrten gleichmäßig vor sich hin, wobei sie dunkel-bleigraue Platten unter schwarzen, großen oder kleinen Walzen hin- und herrollten, in regelmäßigen Abständen Gitter hochhoben oder senkten und Blatt um Blatt große Bogen Papier ablegten, das unten noch weiß, oben aber bereits wie mit blitzenden schwarzen Kaviarkörner übersät war; und über all diese Maschinen hinweg, deren Rattern und Brummen, das hier und da durch die Stimmen der Drucker oder Setzer übertönt wurde, ging ein duftender Windhauch dahin, zugleich mit dem kräftigen, aber angenehmen Geruch nach frischer Farbe, Papier, Blei, Petroleum und irgendwelchen Ölen – nach alledem, das sich mir sogleich (und ein für allemal) einprägte.

„Zur Redaktion?" rief mir jemand ärgerlich aus diesem Zug, aus diesem Lärmen und Summen zu. „Sie sind hier in der Druckerei! He, du, führ ihn in die Redaktion!"

Und plötzlich stand ein schmuddliger Bengel mit dicht behaartem, kurzgeschorenem bleigrauem Kopf vor mir.

„Hierher bitte!"

Ich folgte ihm eilig zurück in den Flur und saß eine Minute später im großen Empfangsraum des Redakteurs, der sich als ein sehr hübsches, kleines junges Frauenzimmer entpuppte, danach – ausgesprochen häuslich – im Speiseraum bei einem Kaffee mit ihr. Ich wurde immerfort bewirtet und nach dem und jenem befragt, wobei ich einige schmeichelhafte Worte über meine in den hauptstädtischen Zeitschriften gedruckten Verse zu hören bekam und zur Mitarbeit in der „Stimme" aufgefordert wurde. Ich errötete, bedankte mich, lächelte betreten, unterdrückte das beinahe begeisterte Vergnügen über eine so erstaunlich angenehme Bekanntschaft und griff mit zitternden Händen nach irgendeinem Gebäck, das rasch und angenehm süß im Munde zerging . . .

All das endete damit, daß die Herrin des Hauses, als man vor der Tür lebhaftes Stimmengewirr vernahm, plötzlich innehielt, lachte und sagte: „Da sind also auch meine Schönen – sie haben heute offenbar verschlafen! Ich mache Sie sogleich mit meiner Cousine Lika und ihrer Freundin Saschenka Obolenskaja bekannt . . ."

Kurz darauf betraten zwei junge Mädchen in bunt bestickter russischer Volkstracht mit buntfarbenen Glasperlen, Bändern und weiten Ärmeln, die ihre wohlgerundeten jungen Arme sehen ließen, den Speisesaal.

18

Wie schnell und unbekümmert, geradezu nachtwandlerisch, fand ich mich in all das, was so überraschend über mich hereinbrach und mit einer so unbeschwerten, glücklichen Sorglosigkeit begann, daß ich nicht ahnen konnte, wieviel Qual und Bitternis, wieviel seelische und körperliche Kräfte mich all das kosten würde!

Warum fiel meine Wahl gerade auf Lika? Die Obolenskaja war nicht weniger anziehend. Aber Lika sah mich, kaum daß ich eingetreten war, freundschaftlicher und aufmerksamer an und sprach sogleich lebhafter und einfacher mit mir als die Obolenskaja. In wen oder in was hatte ich mich überhaupt so rasch vergafft? Natürlich in alles miteinander; in all das Jugendliche und Weibliche, in das ich plötzlich geraten war; in die Pantöffelchen der Herrin des Hauses und in die bestickten Kleider der Mädchen mit all den Bändern und Glasperlen nebst den wohlgerundeten Armen und länglich-rundlichen Knien; in diese geräumigen, wenn auch nicht allzu hohen provinziellen Zimmer mit den Fenstern, die auf einen sonnigen Garten gingen; selbst darein, daß die Kinderfrau mit einem rotwangigen, leicht schwitzenden Jungen vom Spaziergang heimkehrte; er starrte mich ernst und aufmerksam aus seinen blauen Augen an, während die Mutter ihn abküßte und sein Jäckchen aufknöpfte. Hier nahm man die Gelegenheit wahr, den Tisch abzuräumen und ihn zum Frühstück zu decken, und der Herrin des Hauses kam der Gedanke, es wäre doch unangebracht, wenn ich vor dem Frühstück ginge, ebenso wenn ich Orjol allzu bald verließe, während Lika mir die Mütze aus der Hand nahm, sich ans Klavier setzte und den „Hundewalzer" spielte. Mit einem Wort – ich verließ die Redaktion erst gegen drei Uhr nachmittags, ganz erstaunt, wie die Zeit verflogen war: ich wußte damals noch nicht, daß die Schnelligkeit, mit der die Zeit vergeht, ein erstes Anzeichen der sogenannten Verliebtheit darstellt, den Anfang jenes stets Gedankenlos-Fröhlichen, das an einen Ätherrausch erinnert ...

19

So begann für mich eine weitere Liebe, die zu einer großen Begebenheit in meinem Leben werden sollte. Und ihr Beginn war durch einen in zweierlei Hinsicht erstaunlichen Zufall gekennzeichnet.

Ich verließ Orjol als etwas mir bereits Liebes und Vertrautes, mit all der Wehmut und Zärtlichkeit der ersten Trennung von der Liebsten, mit der leidenschaftlichen Hoffnung auf ein baldiges Wiedersehen. Und ausgerechnet an diesem Tage mußte ein Trauerzug von außergewöhnlicher Bedeutsamkeit in Orjol vorbeikommen: er sollte punkt zwei Uhr mittags, eine Stunde vor der Abfahrt meines Zuges eintreffen, und meine neue Freundin, die Chefin der „Stimme", die bei seiner Ankunft zugegen sein mußte, schlug mir vor, mich zum Bahnhof zu fahren und mir damit die Möglichkeit zu geben, einem ungewöhnlichen Schauspiel beizuwohnen. Da stand ich denn, genauso überrumpelt wie von meinem ganzen Aufenthalt in Orjol, in einer großen, aber sorgsam ausgesuchten Menschenmenge vor den Reihen der parademäßig auf dem Bahnsteig angetretenen Soldaten und wartete auf jenes Majestätische und zugleich Unheimliche, das sich irgendwo draußen bereits näherte, inmitten prominenter Vertreter der Stadt und des Gouvernements, inmitten von Fräcken, bestickten Uniformen, Dreispitzen und dicken Epauletten, in einem regelrechten Konvent geistlicher Würdenträger in schimmernden Gewändern und mit Bischofsmützen. Jedermann, der in eine solche feierlich gespannte Gesellschaft gerät, wird sogleich von einer Art Erstarrung angesteckt, so daß ich, nachdem ich annähernd eine halbe Stunde auf dem Bahnsteig gewartet hatte, erst zu mir kam, als plötzlich unter Lärmen und Dröhnen eine riesige Lokomotive mit Trauerfahnen vor uns und dem gesamten Bahnsteig einfuhr, hinter der etwas Prächtiges, Dunkelblaues, mit großen, blitzblanken Fensterscheiben nebst Seidenvorhängen und goldenen Wappenadlern Ausgestattetes auftauchte. Hier trat die Schar der zum Empfang Erschienenen zurück, und einem Wagen in der Mitte des Zuges entstieg, gleich nachdem der Zug weich und präzise angehalten hatte, rasch ein hellblonder, riesenhafter junger Mann in rotem Husarenrock und betrat den auf dem Bahnsteig ausgebreiteten roten Tuchläufer; er hatte ein offenes und scharf geschnittenes Gesicht mit feingeformten, aber energisch und einigermaßen verächtlich geblähten Nasenflügeln nebst einem leicht vorgeschobenen Kinn und verblüffte mich geradezu durch seinen übermenschlichen Wuchs, die Länge der schlanken Beine, die Wachsamkeit des majestätischen Blicks, am meisten aber durch den stolz, wenn auch nur leicht zurückgeworfenen Kopf mit dem kurzen und möglicherweise künstlich gewellten dunkelblonden Haar sowie dem sich kräftig und hübsch kräuselnden roten Spitzbart.

Konnte ich an jenem heißen Frühlingstag ahnen, *wie* und *wo* ich ihn wiedersehen würde?

20

Seither ist ein Menschenleben verstrichen.

Rußland, Orjol, Frühling ... Und nun Frankreich, Süden, Wintertage am Mittelmeer.

Wir, er wie ich, befanden uns längst in einem fremden Lande. In jenem Winter war er, bereits schwerkrank, mein unmittelbarer Nachbar. Eines Morgens entfaltete ich ein französisches Lokalblättchen und ließ es plötzlich sinken: Aus! Ich hatte lange und aufmerksam die Zeitungsmeldungen verfolgt und immerfort von meiner Anhöhe zu jenem fernen gebirgigen Kap hingeschaut, wo ich ihn ständig anwesend fühlte. Jetzt war es damit zu Ende.

Ein heller, kalter Morgen. Ich trete aus dem Haus in einen stufenweise abwärts führenden Garten, danach auf einen mit Kies bestreuten, von Palmen umgebenen kleinen Platz, von dem aus man eine ganze Landschaft von Tälern, Meer und Bergen überblickt, die in Sonne und bläuliche Luft getaucht sind, dazu eine weite, waldige Niederung, die mit ihrem welligen Gelände, ihren Hügeln und Tälern vom Meer zu jenem Vorgebirge der Alpen strebt, in dem ich mich befinde. Rechter Hand unter mir ragt auf einem niedrigeren, aber steilen und felsigen Gebirgsausläufer um die Reste einer uralten Stadtburg mit einem vorsintflutlich-primitiven sarazenischen Wehrturm herum eines der ältesten Nester der Provence, das heißt etwas Rohes, Graues, Steinernes und stufenweise Auf- und Absteigendes, von oben her gesehen zwar Zusammengewachsenes, wenn auch irgendwie Schuppiges, gleichsam Rostiges oder fleckig Ziegelfarbenes. Am Himmelsrand vor mir die sich bis hoch in den hellen, aber nebligen Himmel hinziehende weißliche Verschwommenheit des offenen Meeres. Weiter links jenes gebirgige Kap im vagen morgendlichen Meeresglanz, der es umgibt. Ich schaue lange dorthin. Der aufkommende Mistral bläst gelegentlich über den Garten, bewegt das harte, langblättrige Laub der Palmen und raschelt in ihm wie in Grabkränzen – trocken, heiß und zugleich kalt . . . Soll ich nun hinfahren oder nicht? Unfaßbar seltsam – jemandem zweimal im Leben zu begegnen und beide Male im Zusammenhang mit dem Tod. Aber auch alles andere bleibt unbegreiflich. Ist es wahrhaftig dieselbe Sonne, die jetzt so blendend funkelt und jenen halb erhellten, halb im Schatten liegenden Bergen ihre gleichgültig-glücklichen Träume von all den Zeiten und Völkern schenkt, die sie gesehen haben, wirklich jene Sonne, die einst auch uns – ihm und mir – geschienen hat?

21

Den ganzen Tag Mistral, aufreizendes Rascheln der Palmen, beunruhigender winterlicher Glanz.

Gegen Abend scheint der Wind nachzulassen.

Um vier Uhr bin ich bereits auf dem Kap und strebe weiter.

Mein Weg führt immerfort aufwärts zwischen südlichen Gärten, über einen langen Prospekt. Aber da ist er schließlich, dieser altertümliche Landsitz mit dem großen weißen Haus in der Tiefe des weiträumigen Gartens, hinter dem aufgerissenen Tor, am Ende einer langen alten düsteren Palmenallee. Frühabendliche Sonne mit allem Licht und Glanz am westlichen Himmel hinter dem Haus.

Das erste, was mich unheimlich berührt: dieses so weit und frei durch den Tod für jedermann geöffnete Tor und die vielen Autos, die vor ihm halten.

Die Allee ist menschenleer, alle sind bereits im Hause.

Ich gehe rasch darauf zu. Kies raschelt unter meinen Füßen.

Auch vor dem Eingang ist es menschenleer. Ja, bin ich hier denn richtig?

Doch danach frage ich mich nur, weil ich auf einmal ganz verwirrt bin: auf den Treppenstufen vor dem Haus erblicke ich etwas, das ich volle zehn Jahre nicht mehr gesehen habe und das mich maßlos verblüfft, denn mein ganzes verflossenes Leben wird wieder lebendig – einen helläugigen russischen Offizier in Feldbluse nebst Achselstücken ...

Auch die hohen Glastüren über den Treppenstufen stehen sperrangelweit offen. Dahinter ein halbdunkles Vestibül, eine ebensolche weitere Tür und das Halblicht eines großen französischen Salons mit etwas Seltsamem und Schönem: vor den hohen, oben gerundeten Fenstern heruntergelassene und, gegen die Sonne gesehen, granatrot wirkende Seidenstores und der zu so ungewöhnlich früher Stunde bereits eingeschaltete und gleich matten Perlen unter der Decke schimmernde Kronleuchter.

Im Vestibül drängt sich eine schweigsame Menschenmenge. Ich arbeite mich schicksalsergeben zur nächsten Tür vor und erhebe die Augen – sogleich fällt mein Blick auf einen unwahrscheinlich langen Sarg in einem gelben Eichensarkophag, auf das gelblichgraue Angesicht mit der hohen und breiten Romanowschen Stirn, auf dieses leblose, nun schon graue und nicht mehr dunkelblonde, aber immer noch herrscherhafte stolze Greisenhaupt; das verfärbte Bärtchen ist leicht vorgeschoben, die Nasenflügel sind fein und gleichsam ein wenig verächtlich geformt.

Danach erkenne oder erfühle ich die Einzelheiten. Das seltsame Halblicht, die heruntergelassenen, in der sich neigenden Sonne rötlich durchscheinenden Stores, den perlgrau schimmernden Lüster, die dünnen, matten, leicht flackernden Kerzen der hohen Kirchenleuchter. Hier wiederum allerlei Volk, aber nur entlang der Wände, während so gut wie die ganze Mitte des Raumes von *ihm* erfüllt ist. An der Wand zu meiner Linken steht, an den Marmorkamin mit dem verhangenen Spiegel gelehnt, der gelbfunkelnde, lackierte eichene Sarkophagdeckel, auch der von seltsamer, an den Seiten verbreiterter Form. In der Tiefe der Ecke aber flimmert hinter dem Kopfende des Sarges schüchtern und zart wie in einem Kinderschlafraum auf einem Tischchen vor dem alten, mit Silber umkleideten Heiligenbild ein Öllämpchen.

Fast den ganzen übrigen Raum nimmt der Sarkophag ein. Auch er ist an den Seiten sonderbar breit, ungewöhnlich lang und tief, funkelnagelneu, poliert und blank und wirkt erschreckend, weil sich in ihm ein weiterer, nun schon ein Zinksarg befindet, innen mit geschorenem weißem Samt ausgeschlagen. Ringsum verharrt in angespannt-eleganten militärischen Posen sein letztes Ehrengeleit, eine Totenwache von Offizieren und Kosaken: mit eingezogenem, an die rechte Schulter gelegtem Säbel, auf dem linken, angewinkelten Arm die Mütze, die Augen mit betonter Bereitschaft und Widerspruchslosigkeit auf *ihn* gerichtet. Er selbst aber liegt, in seiner ganzen ungewöhnlichen Länge ausgestreckt und bis an die Gürtellinie von der alten russischen Trikolore zugedeckt, noch regungsloser da. Sein einst so imponierender und auffallender Kopf wirkt nun schon greisenhaft schlicht – wie bei einem Mann aus dem Volk. Das ergraute Haar ist weich und dünn, die Stirn weit hinauf entblößt. Der Kopf erscheint jetzt sehr groß – so kindlich mager und schmal sind seine Schultern geworden. Er trägt einen alten, äußerst schlichten, grauen, rötlich verfärbten Tscherkessenrock ohne jede Dekoration – ausgenommen das Georgskreuz auf der Brust –, mit weiten, aber unangemessen kurzen Ärmeln, so daß man seine bis über die lange flache Hand entblößten großen gelblichen Handwurzeln sieht, die ungeschickt und schwer aufeinandergelegt sind, auch sie greisenhaft, aber immer noch kraftvoll, obzwar verblüffend durch das Hölzerne und die drohende Festigkeit, mit der sie in der einen Faust das vom Athos stammende und von der Zeit geschwärzte Zypressenkreuz gleich einem Schwertgriff umklammern. Ich trete näher und verharre am Fußende des Sarges neben den Palmenzweigen und Kränzen, die an ihm lehnen.

Gleich danach beginnt der Trauergottesdienst. Aus den weiter hinten gelegenen Räumen erscheinen die nahen Verwandten, der Geistliche legt den Ornat an, in unseren Händen flammen warm und freundlich Wachskerzen auf. Wie gewohnt mir das alles sogleich erscheint – dieser gedämpfte harmonische Gesang, das leise, rhythmische Klirren der Räuchergefäße, die trauernd-ergebenen, schmerzlich gerührten Ausrufe und Gebete, die schon millionenfach auf Erden erklungen sind! Das einzige, was sich ändert, sind die Namen, und für jeden der Namen schlägt einmal die Stunde.

„Gelobt sei der Herr, heute und fürderhin, immerdar und in alle Ewigkeit!"

„Flehen wir zum Herrgott um Frieden . . ."

„. . . für den verewigten Knecht Gottes . . ."

Ich denke immer noch an den zurück, der einst an einem heißen sonnigen Tag auf dem Orjoler Bahnsteig erschien. Doch diese blendende Vision taucht nur für einen Augenblick vor mir auf. Traurig und nicht gerade zuversichtlich klingen die Gebete „für den rechtgläubigen Herrscher und Großfürsten", der nunmehr in die Schar all derer eingeht, „die auf Christi Tröstung hoffen", auf „Ruhe, Stille und seliges Angedenken" warten und die Zuversicht bewahren, „unverurteilt vom mitleidlosen Thron Gottes des Herrn" abzutreten. Das leblose Antlitz des Verstorbenen aber, das bereits Unzugänglichem zugewandt ist, bleibt immer noch ausdrucksstark, wirkt aber schon beruhigt und still. Die gewölbten Augenlider sind geschlossen, die zusammengekniffenen Lippen verfärbt – sie schimmern aschgrauweißlich unter dem Schnurrbart. Ich sehe die leicht hervortretenden Venen an seinen greisenhaften breiten Schläfen –

sie werden schon morgen schwarz sein, sage ich mir. Ich denke an sein so bedeutsames und kompliziertes, nun schon verflossenes Leben zurück, zugleich aber auch an mein eigenes.

„Wir beten weiterhin für den Seelenfrieden deines verewigten Knechtes ... auf daß ihm verziehen werde jegliche Sünde, die gewollte wie auch die absichtslose ..."

„... um der Gnade Gottes, des Himmelreichs und der Vergebung seiner Sünden willen durch Christus, unseren unsterblichen Herrn und Gott ..."

Danach haftet mein Blick aufs neue an der russischen Trikolore, die bis zur Hälfte seine Beine und seinen Tscherkessenrock bedeckt, und ich nehme seine versteinerte Hand mit dem in ihr zusammengepreßten schwarzen Kreuz und all diese, in angespannter Bereitschaft verharrenden Gesichter der Totenwache wahr – ihre Mützen, ihre Klingen und Schulterstücke, die ich zehn Jahre lang nicht zu Gesicht bekommen hatte.

„Ich bin ein Gleichnis deiner unausdrückbaren Herrlichkeit – sei gnädig, o Herr, deinem Geschöpf und gewähre mir deine von mir so begehrte Heimstatt ..."

Als wir alle hinaustreten, ist es bereits Abend. Die Sonne ist soeben untergegangen, dort, hinter den schwarzen Palmen, hat sich das Abendrot dunkelrosa verfärbt. Vor mir aber, in der Ferne, das gewaltige Bild dieser ewigen, zeitlosen Mittelmeerufer. Hinter ihnen ragen vor dem trüben und kalten, rosigblauen östlichen Himmel leblos die verschneiten Gebirgsketten der Hochalpen, die bereits düsterhimbeerrot verlöschen, allem, was lebt, unendlich fremd, in ihre einsame Winternacht versinkend und unten schon zur Hälfte in dichtes Graublau gehüllt. Auch das Meer zu ihren Füßen nimmt zur Nacht einen rauhen, ja kalten blauen Ton an ...

22

In der Nacht geht auf meinem Berg alles im Rauschen, Brüllen und Stürmen des Mistrals unter. Ich werde plötzlich wach. Mir hatte gerade davon geträumt, oder ich hatte vor mir gesehen, wie während des Abschieds von dem Verewigten als letzte all derer, die *ihm* nahegestanden hatten, ein schmächtiges, großgewachsenes junges Mädchen, ganz in Schwarz und mit einem langen Trauerschleier, auf ihn zutrat. Sie kam so schlicht herein, neigte sich so liebevoll-weiblich über ihn, daß das Ende ihres leichten Schleiers für einen Augenblick den Rand des Sarkophags und die greisenhaft-kindliche Schulter im Tscherkessenrock verdeckte. Der Mistral jagt irgendwohin weiter, die Palmenzweige rauschen und wirbeln durcheinander, als wollten sie es ihm gleichtun. Ich erhebe mich vom Bett und öffne mit Mühe die Tür zum Balkon. Scharfe Kälte schlägt mir ins Gesicht, über meinem Kopf gähnt der rabenschwarze, von weißen, bläulichen oder rötlichen Sternen funkelnde Himmel. Alles jagt irgendwohin – voran, immer voran . . .

Ich bekreuzige mich langsam und schaue auf all das Drohende, Trauererfüllte, das über mir flammt.

Fünftes Buch

I

Mit jenen Frühlingstagen meiner ersten Reisen oder Streifzüge ging meine Jugendeinsamkeit zu Ende.

Am ersten Tage in Orjol erwachte ich noch als der, der ich unterwegs war – einsam, ungebunden und ruhig, ein Fremder im Hotel wie in der Stadt –, und zu einer für den Städter ungewohnten Stunde: kaum daß es dämmerte. Doch schon am Tage darauf viel später – wie alle anderen. Ich zog mich sorgfältig an und besah mich im Spiegel ... Schon am Vortag, in der Redaktion, hatte ich mit einiger Verlegenheit meine zigeunerhafte Sonnenbräune, die in Wind und Wetter erworbene Schmalheit des Gesichts, mein vernachlässigtes Haar gespürt. Ich mußte mir ein anständiges Äußeres geben, zumal sich meine Umstände überraschend gebessert hatten: Man schlug mir nicht nur vor, Mitarbeiter zu werden, sondern bot mir sogar einen Vorschuß an, den ich auch annahm, zwar errötend, aber immerhin annahm. So begab ich mich denn in die Hauptstraße, suchte einen Tabakladen auf, in dem ich eine Packung teurer Zigaretten erwarb, danach einen Friseur, den ich mit kleidsam verkleinertem, duftendem Kopf und jenem männlichen Selbstbewußtsein verließ, mit dem man nun einmal aus einem Frisiersalon kommt. Am liebsten wäre ich sogleich wieder in die Redaktion gegangen, um all das Feiertägliche der neuen Eindrücke zu verlängern, mit dem mich das Schicksal tags zuvor so üppig bedacht hatte. Aber gleich hingehen ging einfach nicht an. „Was denn, er ist schon wieder da? Und wieder am frühen Morgen?" Ich schlenderte also durch die Stadt. Zunächst wieder die Bolchowskaja entlang, danach durch die Moskowskaja, eine lange Geschäftsstraße, die zum Bahnhof führte, hinter einem verstaubten Triumphbogen aber dann einsam und ärmlich wurde; hier bog ich in die noch ärmlichere Puschkarnaja-Vorstadt ab, aus der ich wieder in die Moskowskaja zurückkehrte. Als ich von der Moskowskaja zum Orlik hinabstieg, passierte ich eine alte Holzbrücke, die von allem, was über sie hinfuhr, bebte und dröhnte, und stieg zu den dahinter untergebrachten Dienststellen hinauf; in sämtlichen Kirchen wurde geläutet, und längs des Boulevards fuhr in einem geschlossenen schwarzen Wagen, der von zwei kräftigen Rappen zwar rasch, aber in würdigem Gegensatz zu dem Gebimmel ringsum gezogen wurde, der Bischof an mir vorüber, mit segnender Handbewegung alles bedenkend, was links oder rechts an ihm vorbeikam.

In der Redaktion herrschte wieder ein ziemliches Menschengewimmel, die kleine Awilowa arbeitete eifrig an ihrem großen Schreibtisch, lächelte mir nur freundlich zu und beugte sich gleich wieder über die Manuskripte. Das Frühstück zog sich aufs neue eine ziemliche Weile hin und war fröhlich, danach aber hörte ich Likas stürmischem Klavierspielen zu und wiegte mich hinterher mit ihr und der Obolenskaja in den Schaukeln im Garten. Nach dem Tee aber führte mich die Awilowa durch das ganze Haus und zeigte mir alle Räume. In ihrem Schlafzimmer erblickte ich an der Wand ein Porträt – aus seinem Rahmen sah mich mürrisch jemand an, der stark behaart war, eine Brille trug und knochige, breite Schultern hatte. „Mein verstorbener Mann", bemerkte die Awilowa nebenher, und ich geriet ein wenig aus dem Konzept: so betroffen war ich von der Unsinnigkeit der Verbindung dieses Schwindsüchtigen mit einer hübschen, lebhaften jungen

Frau, die ihn plötzlich als ihren verstorbenen Mann vorstellte. Danach setzte sie sich wieder an ihre Arbeit. Lika hatte sich fein gemacht, sagte uns in ihrer Sprechweise, deren Besonderheiten ich schon mit einigem Mißbehagen bemerkt hatte: „Nun, Kinder, ich haue ab!" und verschwand, während die Obolenskaja und ich uns in ihren, der Obolenskaja, Angelegenheiten auf den Weg machten. Sie schlug mir vor, sie in die Karatschewskaja-Straße zu begleiten, wo sie bei einer Weißnähterin hereinschauen müsse, und mir gefiel die Intimität, die sich mit ihrem Vorschlag plötzlich zwischen uns hergestellt hatte. Mit demselben angenehmen Gefühl begleitete ich sie auch weiterhin durch die Stadt und lauschte ihrer präzisen Stimme; bei der Weißnähterin stand ich mit besonderem Vergnügen da und wartete, bis sie die Beratung beendet hatten. Als wir in die Karatschewskaja-Straße hinaustraten, dämmerte es bereits. „Lieben Sie Turgenjew?" erkundigte sie sich. Ich schwieg verwirrt, weil man mir, dem auf dem Lande Geborenen und Aufgewachsenen, immer wieder diese Frage stellte und die Liebe zu Turgenjew einfach voraussetzte. „Einerlei", sagte sie, „es wird Sie vielleicht doch interessieren. Es gibt hier in der Nähe ein Gutsgehöft, das angeblich als Modell des ‚Adelsnestes' gedient hat. Wollen Sie es sich ansehen?" Und wir begaben uns irgendwohin an den Stadtrand, in eine einsame, in lauter Gärten versinkende Straße, wo am Steilhang über dem Orlik in einem alten, mit spärlichem Aprillaub übertupften Garten ein graues, längst nicht mehr bewohntes Haus mit halb zerfallenen Schornsteinen stand, in denen nun die Dohlen ihre Nester bauten. Wir verharrten ein Weilchen und sahen es uns über die niedrige Umzäunung hinweg durch den erst dürftig belaubten Garten an, der sich gleich einem Muster vor dem klaren Abendhimmel abhob. Lisa, Lawrezki, Lemm ... Und ich sehnte mich leidenschaftlich nach Liebe.

Abends waren wir alle vor dem Sommertheater im

Stadtgarten versammelt; ich saß in der Dämmerung neben Lika und ergötzte mich gemeinsam mit ihr an all den geräuschvollen Albernheiten, die sowohl im Orchester als auch auf der Bühne verzapft wurden, einer von unten her beleuchteten Fläche, wo, der dröhnenden Tanzmusik folgend, hübsche Städterinnen und königliche Geharnischte mit leeren Zinnkrügen anstießen; danach aßen wir gleich hier, im Stadtgarten, zu Abend, und ich saß auf der gut besuchten, weitläufigen Terrasse mit meinen Damen bei einer Flasche eisgekühlten Weins beisammen. Auf die Damen traten alle Augenblicke Bekannte zu; ich wurde ihnen vorgestellt, sie verhielten sich sehr aufmerksam zu mir – bis auf einen, der sich nur oberflächlich in meine Richtung verneigte, mir aber sonst keine Beachtung schenkte; es war jemand, der mir auch weiterhin nicht die geringste Aufmerksamkeit zollte und allerlei Seelenqual bereitete: ein Offizier von äußerst hohem Wuchs, mit länglichem, mattbraunem Gesicht, starren schwarzen Augen und schwarzem Backenbärtchen, in einem gut geschneiderten Rock, der bis unter die Knie reichte, und in engen Beinkleidern mit Strippen. Sie schwatzte alles mögliche daher und lachte, ließ ihre schönen Zähne blitzen, wohl wissend, daß man sie bewunderte, und ich vermochte nicht mehr ruhig zuzusehen und wurde eiskalt, als jener Offizier, ein wenig abseits von unserem Tisch, ihre Hand etwas länger als nötig in seiner Pranke festhielt.

Am Tage meiner Abreise erdröhnte der erste Donner. Ich erinnere mich an ihn, an den leichten Wagen, der mich und die Awilowa zum Bahnhof brachte, des Stolzes über diesen Wagen und über meine Begleiterin, zugleich aber auch an das seltsame Gefühl des ersten Abschieds von jener, die zu lieben ich bereits fest überzeugt war, und eines weiteren Gefühls, das alles andere überwog – der Gewißheit, mit Orjol einen Glückstreffer gemacht zu haben. Auf dem Bahnsteig stutzte ich über all die großen, kräftigen, geradezu parademäßig ausgesuchten Gestalten, die sich erwartungsvoll dort drängten. Wie volkstümlich wirkten dagegen – bei allem Glanz ihrer kirchlichen Gewandung – die Gesichter der Geistlichen, die mit ihren Räuchergefäßen und Kreuzen in vorderster Reihe standen! In dem gleichen Augenblick, da der großfürstliche Zug mit seinem gewaltigen Gewicht in die Bahnhofshalle einbrach und alles durch den feuerroten Husarenrock des Giganten mit dem ebenso roten Haar geblendet war, geriet man irgendwie durcheinander; ich kann mich an nichts erinnern als an den düster-drohenden Triumph der Totenmesse. Danach polterte die ölig-stählerne, an allen Ecken und Enden beflaggte riesige Lokomotive bei den unerbittlichen, gewaltigen Stößen ihres aufs neue atmenden Schornsteins wieder los, der weiße Stahl ihrer Kolbengelenke erlosch, während die blau-spiegelnden Wagenwände mit den goldenen Adlern davonstrebten ... Ich starrte auf die gegossenen, sich immer rascher drehenden Räder und auf die Federung – und sah nur noch eins: daß all das von weißem Staub bedeckt war, dem zauberhaften Staub des langen Weges vom Süden her, von der Krim. Der Zug verlor sich dröhnend in der Ferne und setzte sein majestätisches Trauergeleit durch ganz Rußland fort, irgendwohin nach ganz oben, während ich immer noch nicht von dieser märchenhaften Krim, von den bezaubernden Gursufer Tagen des legendären Puschkin loskam.

Mein bescheidener Kreisstadtzug erwartete mich fern an einem Nebengleis, und ich freute mich schon auf die Einsamkeit und die Erholung, die mich erwarteten. Die Awilowa blieb bis kurz vor der Abfahrt bei mir, plauderte lustig darauf los und sagte, sie hoffe, mich recht bald wieder in Orjol zu sehen, wobei sie durch ein Lächeln zu verstehen gab, daß sie sich des spaßigen Kummers, der mich befallen hatte, durchaus bewußt war. Beim dritten Glokkenschlag beugte ich mich über ihre Hand, und sie berührte meine Wange mit den Lippen. Ich sprang rasch auf, der Wagen ruckte an und setzte sich in Bewegung; ich beugte mich aus dem Fenster und sah zu, wie sie sich, auf dem Bahnsteig stehend, allmählich entfernte und mir unauffällig zuwinkte.

Danach erschien mir auf dem Heimweg alles rührend: der kurze Zug, der sich gerade noch dahinschleppte, plötzlich zu poltern und hin und her zu schaukeln begann, die menschenleeren Stationen oder Haltestellen, an denen der Zug, unerfindlich wozu, unendlich lange hielt, auch all das nun schon Heimatliche, Wohlbekannte, das mich aufs neue umfing: die in schrägen Wellen an den Fenstern vorüberziehenden Felder, die noch kahlen und darum besonders unansehnlich wirkenden, still auf den Frühling wartenden Birkenwäldchen und der dürftige Horizont. Auch der Abend selbst war kümmerlich, lenzlich-kühl und von einem blassen, niedrigen Himmel überwölkt.

2

Aus Orjol kehrte ich mit dem Traum zurück, das, was dort begonnen hatte, irgendwie fortzusetzen, und zwar so bald als möglich. Je weiter ich mich jedoch von der Stadt entfernte, desto häufiger vergaß ich sie, während ich durch das Fenster auf die Felder und den langen April-Sonnenuntergang schaute. Und schließlich verbreitet sich im Wagen regelrechte Dämmerung, Dämmerung auch hinter den Fenstern in dem nicht eben dichten Eichenwald, der sich links vom Zuge hinzieht – kahl, knorrig und mit dem vorjährigen rostroten Laub übersät, das eben erst unter der winterlichen Schneedecke hervorgetreten ist. Ich stehe, den Ranzen in den Händen, bereit und werde immer aufgeregter: da ist schon der Subbotiner Wald, auf den sogleich die Station Pissarewo folgt. Der Zug heult warnend und traurig ins Leere; ich eile auf die Wagenplattform: draußen ist es irgendwie urtümlich feucht und kühl, und es nieselt; vor dem Bahnhof hält einsam ein Güterwagen. Der Zug umfährt ihn, und ich springe ab, während er noch rollt. Dann strebe ich im Laufschritt über den Bahnsteig, durchquere den unendlich tristen, von den Bauern schmutziggetretenen Bahnhofssaal und erreiche den dunklen Ausgang. Im runden Vorhof – ein kläglicher und vom Winter her verschmutzter Vorgarten und das im Dämmerschein gerade noch erkennbare Pferdchen eines bäuerlichen Mietkutschers. Der stürzt, nachdem er so manches Mal wochenlang auf einen Fahrgast gewartet hat, auf mich zu, so schnell ihn die Beine tragen, geht begeistert auf jedes Wort von mir ein und ist bereit, mich bis ans Ende der Welt zu fahren, für jeden beliebigen Preis – „Sie werden mich ja wohl nicht übervorteilen!" Gleich darauf lasse ich mich gottergeben in seinem Wägelchen rütteln: erst durch das menschenleere Dorf, dann immer langsamer und langsamer, zwischen den dunklen, stummen, aller Welt unbekannten Feldern über das Meer der Schwarzerde, hinter dem in unendlicher Ferne unter den Wölkchen im Südwesten etwas Grünliches dämmert. Uns entgegen weht von den Feldern ein leichter Nachtwind, dünn und aprilmäßig regenträchtig; irgendwo weit ab und offenbar des Windes halber immerfort den Platz wechselnd, schlägt eine Wachtel. Hier und da flimmern am niedrigen russischen Himmel zwischen den Wölkchen Sterne. Aufs neue Wachteln, Frühling, Erde und meine nun schon zurückliegende, einsame und dürftige frühe Jugend. Die Fahrt dauerte unendlich lange; zehn Werst über Felder mit einem russischen Bauern sind keine Kleinigkeit. Er war stumm und rätselhaft geworden, roch nach seiner Kate und dem trockenen Schaffell seines abgetragenen Halbpelzes, gab auf die Bitte, sich zu beeilen, keine Antwort, sprang ab, sobald es eine kleine Anhöhe zu überwinden galt, und stapfte, die Strickleine in den Händen und mit abgewandtem Gesicht, neben seiner gerade noch dahinschleichenden Stute im Gleichschritt einher. Als wir in Wassiljewskoje ankamen, schien bereits späte Nacht zu sein: nirgends ein Licht und alles totenstill. Das Auge hat sich an die Dunkelheit gewöhnt und erkennt deutlich jedes Bauernhaus, jeden noch kahlen Strauch davor, an der breiten Straße, auf der man ins Dorf gelangt; dann sieht und spürt man die Abfahrt in die Aprilfeuchte der Niederung, links die Brücke über den Fluß und rechts den aufwärts führenden Weg zum unfreundlich dunkelnden Gutsgehöft. Meine Sinne erwachen wieder zu äußerster Schärfe: Wie schrecklich bekannt und zugleich neu alles erscheint – durch seine ländliche Frühjahrsschwärze, Kümmerlichkeit und Gleichgültigkeit. Der Bauer ist halbtot vom Sich-Aufwärtsschleppen. Plötzlich blinkt in einem der Fenster Licht auf. Gott sei Dank, man schläft noch nicht! Freude, Ungeduld und bengelhafte Geniertheit, als die Kutsche endlich vor dem Eingang hält und man aussteigen, die Tür zum Innenflur öffnen, eintreten und sich gefallen lassen muß, lächelnd gemustert zu werden ...

Am Morgen darauf ritt ich bei leichtem und hellem Morgenregen, der bald aufhörte, bald wieder einsetzte, zwischen aufgepflügten oder noch brachliegenden Feldern dahin. Die Bauern pflügten oder säten. Der Pflüger ging barfuß, schwankend und mit den schräg gestellten weißen Füßen ungeschickt in der weichen Furche tretend, hinter dem Pflug einher, das Pferd legte sich mit gebeugtem Nacken ins Zeug und warf die Scholle auseinander, es folgte eine dunkelblaue Saatkrähe, die alle Augenblicke himbeerrote Würmer erwischte, dahinter aber kam mit gleichmäßigen Schritten ein alter Mann, barhäuptig und den Saatbeutel über der Schulter, der üppig mit der rechten Hand die Erde in weitem, wohlgerundetem Halbkreis mit Körnern übersäte.

In Baturino wurde mir bei der Liebe, der Freude, mit der man mich aufnahm, geradezu weh ums Herz. Am meisten war ich nicht über die Freude meiner Mutter, sondern über die meiner Schwester verwundert. Einen solchen

Überschwang an Liebe und Freude wie den, mit dem sie nach einem Blick aus dem Fenster auf die Freitreppe mir entgegenstürzte, hatte ich nicht erwartet. Und wie bezaubernd war sie in ihrer Unberührtheit, ihrer Jugend, wie unschuldig und frisch sah sie in dem neuen Kleidchen aus, das sie mir zu Ehren an diesem Tage zum erstenmal angezogen hatte! Auch das Haus bezauberte mich durch seine altertümliche, beeindruckende Robustheit. In meinem Zimmer war alles noch so, als hätte ich es gerade erst verlassen: alles befand sich an seinem Platz, selbst das zur Hälfte heruntergebrannte Talglicht im eisernen Leuchter stand da, wie ich's am Tage meiner Abreise im Winter zurückgelassen hatte. Ich trat ein und sah mich um: geschwärzte Heiligenbilder in der einen Ecke, hinter den altertümlichen Fenstern mit den bunten (violetten oder granatroten) Oberlichtern die Bäume und der Himmel – der wirkt hier und da blau, berieselt indessen die grünenden Zweige und Äste mit einem feinen Sprühregen; das Zimmer erscheint ein wenig düster, aber geräumig und tief ... Die Decke ist aus Holz gefügt, dunkel und glatt, aus ebenso dunklen, glatten Balken bestehen die Wände ... glatt und schwer sind auch die gerundeten Kopf- und Fußenden des eichenen Bettes ...

3

Für eine neue Reise nach Orjol fand sich ein geschäftlicher Vorwand: die Abführung der Zinsen an die Bank. Ich fuhr also hin, bezahlte jedoch nur einen Teil und verausgabte den Rest für mich. Das war leichtfertig, aber mit mir war irgendwas geschehn – ich maß meiner Handlungsweise keine größere Bedeutung bei. Ich ging in einem fort mit einer irgendwie unsinnig-unglücklichen Entschlossenheit vor. Als ich nach Orjol aufbrach, verspätete ich mich zum Personenzug, richtete mich aber, ohne zu zögern, auf der

Lokomotive eines Güterzuges ein. Ich erinnere mich, daß ich ein steiles Eisentreppchen hinaufstieg in etwas Rauhes und Schmutziges, dastand und mich umschaute. Die Maschinisten steckten in etwas unwahrscheinlich Speckigem und wie Eisen Schimmerndem; ebenso speckig wirkten auch ihre Gesichter; das Augenweiß trat leuchtend hervor wie bei Negern, während die Lider geschminkt erschienen wie bei Schauspielern. Der Gehilfe wühlte unter Gedröhn mit der eisernen Schaufel im Steinkohlenhaufen, der sich auf dem Fußboden türmte, riß polternd das Blech vor dem Feuerloch auf, aus dem eine höllische rote Flamme hervorbrach, und dämpfte sie mit wuchtigen Schaufelwürfen durch die Schwärze der Kohle, während sein Vorgesetzter die Finger an einem erschreckend speckig wirkenden Lappen abrieb, ihn beiseite warf und da und dort an etwas zerrte oder drehte ... Ein ohrenbetäubender Pfiff ertönt, man wird irgendwoher von heißem, der Sicht beraubendem Dampf eingehüllt, von etwas plötzlich Lospolterndem, das betäubt und sich langsam in Bewegung setzt. Wie irrsinnig sich dieses Gepolter dann steigert, wie unsere Kraft und Schnelligkeit immer mehr zunimmt, wie alles ringsum auf einmal rattert, hin und her schwankt und ins Rumpeln gerät! Die Zeit steht still, gerinnt zu Stein, rechts und links flirrt unser flammender Drachenlauf über die Hügel hin. Und wie rasch ist die abzufahrende Strecke zurückgelegt! Und bei jeder Atempause danach riecht es in der friedlichen Stille der Nacht und der Station nach Waldluft und dringt aus allen Ecken und Enden in der Umgebung triumphierender, seliger Nachtigallengesang auf uns ein ... In Orjol putzte ich mich unangebracht heraus – schicke leichte Stiefel, eleganter ärmelloser Rock, seidenes rotes Russenhemd, schwarze Adeligenmütze mit rotem Schirm –, erwarb einen teuren Kavallerieoffizierssattel, der mich durch sein knarrendes, wohlriechendes Leder in solches Entzücken versetzte, daß ich nachts, als ich nach Hause fuhr, vor lauter Freude nicht einschlafen konnte. Ich machte mich wieder nach Pissarewo auf – in der Absicht, auch noch einen Gaul zu kaufen; dort fand gerade ein Pferdejahrmarkt statt. Auf diesem Pferdejahrmarkt freundete ich mich mit einigen Altersgefährten und ständigen Besuchern des Jahrmarkts an, auch sie allesamt in ärmellosen Röcken und mit Adeligenmützen auf dem Kopf, und erwarb mit ihrer Hilfe eine junge rassige Stute (obwohl mir der Zigeuner verzweifelt einen alten, dämpfigen Wallach aus der Donezgegend andrehen wollte – „Kauf, Herr, den Mischa, du wirst mich Mischas wegen dein Leben lang lieben!"). Der Sommer wurde danach zu einem ununterbrochenen Fest für mich – ich verbrachte keine drei Tage hintereinander in Baturino, sondern hielt mich ständig bei meinen neuen Freunden auf; als sie aber nach Orjol zurückkehrte, verschwand ich immerfort in der Stadt; kaum hielt ich einen kurzen Zettel von ihr in der Hand – „bin wieder da und lechze nach einem Wiedersehen" –, jagte ich, ungeachtet des albernen, sich geistreich gebenden Textes und obwohl es schon Abend war und Wolken heraufzogen, zum Bahnhof; im Wagen frohlockte ich wie ein Trunkener über die Schnelligkeit des Zuges, die mir um so größer erschien, als draußen bereits ein Gewitter tobte und das Poltern des Wagens mit dem Dröhnen des Donners zusammenfloß, mit dem Rauschen des Regengusses auf dem Wagendach – inmitten von blauen Flammen, die alle Augenblicke über die schwarzen Fensterscheiben hinzuckten, auf die schäumend das frisch duftende Regenwasser einpeitschte.

Es schien weiter nichts zu geben als die Freuden fröhlicher Begegnungen. Aber dann – es war bereits gegen Ende des Sommers – lud uns einer unserer Freunde, der mit seiner Schwester und dem betagten Vater unweit der Stadt auf einem kleinen Gut über dem Steilhang der Ista lebte, zu einem Mittagessen ein in ziemlich großer Gesellschaft anläßlich eines Namenstages in der Familie. Sie holte er persönlich in einem Wägelchen ab, während ich ihnen hoch zu Roß folgte. Ich freute mich über die besonnte, trockene Weite der Felder, die – gleichsam nackt und sandfarben – von endlosen Garbenhaufen bedeckt waren. Alles in mir verlangte nach etwas Halsbrecherischem, Kühnem, Gewandtem. Ich erhitzte unbarmherzig mein Pferd, hielt es aber zunächst zurück, um es schließlich gewähren zu lassen und in vollem Galopp über die Getreidehaufen hinwegzusetzen, wobei es sich die Knöchel an den scharfen Hufeisen blutig schlug. Das Namenstagsessen auf der durch und durch morschen Veranda zog sich bis zum Abend hin, der Abend ging unmerklich in die Nacht über, mit Lampenlicht, Wein, Liedern und Gitarrenklang. Ich saß neben ihr und hielt, nun bereits ohne mich im geringsten zu genieren, ihre Hand in der meinen, und sie entzog sie mir nicht. In später Nachtstunde erhoben wir uns, als wäre es so abgesprochen, vom Tisch und stiegen die Stufen der Veranda hinunter in den dunklen Garten; sie stand in seiner warmen Düsternis still und streckte mir, den Rücken an einen Baum gelehnt, die Arme entgegen – sehen konnte ich es nicht, erriet jedoch sogleich ihre Bewegung. Bald darauf begann es im Garten zu dämmern, heiser und irgendwie hilflos vor Seligkeit krähten im Gutshof die jungen Hähnchen, und eine weitere Minute danach erhellte sich der ganze Garten vom riesigen goldenen Osten her, der sich hinter ihm über den gelben Feldern jenseits der Flußniederung auftat ... Danach verharrten wir am Hang über ihr, und sie sang, zum sonnig aufflammenden Horizont gewandt und mich kaum noch beachtend, Tschaikowskis „Morgen“. Vor einer für sie zu hohen Note brach sie ab, raffte den eleganten Faltenbesatz ihres rebhuhnfarbenen Batistrocks und eilte zum Haus. Ich stand ratlos da, unfähig, auch nur das geringste zu begreifen, ja, ich hielt mich kaum noch auf den Beinen. Da trat ich unter eine alte Birke, die im trockenen Gras auf der Neigung zum Steilhang stand, und streckte mich aus. Es war bereits Tag, die Sonne schon aufgegangen, und wie immer bei gutem Wetter gegen Ende des Sommers zog alsbald ein heller und heißer Morgen herauf. Ich ließ den Kopf auf die Birkenwurzeln sinken und schlief sogleich ein. Aber die Sonne brannte immer unbarmherziger – ich erwachte bald darauf bei solcher Hitze und solchem Glanz, daß ich mich aufrichtete und davonwankte, um nach Schatten zu suchen. Das ganze Haus schlief noch, obwohl es in trockenem, blendendem Licht dastand! Nur der betagte Herr des Hauses war schon wach. Durch das offene Fenster seines Arbeitszimmers, vor dem verwilderter Flieder wuchs, hörte man sein Husten, aus dem der Alte-Männer-Genuß am ersten Morgenpfeifchen und einem Glase starken Tees mit Sahne herausklang. Meine Schritte und das Lärmen der aus den im Sonnenlicht schillernden Fliederbüschen aufschwärmenden Spatzen veranlaßten ihn, aus dem Fenster zu lugen; er schlug dabei den alten Morgenrock aus gemusterter türkischer Seide über der Brust zusammen, steckte das infolge der verschwollenen Augen und des riesigen grauen Bartes erschreckende Gesicht heraus und lächelte mir ungewöhnlich freundlich zu. Ich verneigte mich schuldbewußt, ging über die Veranda durch die offene Tür in das Empfangszimmer, das dank seiner morgendlichen Stille und Einsamkeit, den in ihm flatternden Schmetterlingen, den altmodischen blauen Tapeten, den Sesseln und kleinen Sofas so anheimelnd wirkte, daß ich mich auf eines von ihnen kuschelte, obwohl es ziemlich verbogen und erstaunlich unbequem war, und sank aufs neue in tiefen Schlaf. Hier jedoch trat – ich hatte lange genug geschlafen –, wie mir schien, sogleich wieder jemand auf mich zu, redete lachend auf mich ein und wühlte in meinem Haar. Ich schlug die Augen auf, und vor mir standen die jungen Gastgeber, Bruder und Schwester, beide schwarzhaarig, mit funkelnden Augen und auf tatarische Art schön, er in einem seidenen gelben Russenhemd, sie in einem ebensolchen Jäckchen. Ich richtete mich rasch auf und setzte mich zurecht, sie redeten schrecklich lieb auf mich ein, es sei doch wohl an der Zeit, aufzustehen und zu frühstücken, sie sei schon abgereist, und nicht allein, sondern mit Kusmin, und überreichten mir einen Zettel von ihr. Ich sah sogleich die Augen dieses Kusmin vor mir – munter, frech und von undefinierbarer Farbe wie die von Bienen –, nahm das Zettelchen an mich und begab mich in das einstige Mägdezimmer: dort wartete gottergeben vor einem Hocker nebst Waschschüssel ein altes, dunkel gekleidetes Frauchen auf mich, eine Wasserkanne in der braun gesprenkelten, mageren Hand; ich las im Gehen: „Geben Sie sich keine Mühe, mich wiederzusehen“, und machte mich ans Waschen. Das Wasser war eiskalt, es brannte geradezu. „Wir haben doch Brunnenwasser aus einem unterirdischen Quell“, sagte die Alte und hielt mir ein endlos langes Leinenhandtuch hin. Ich verschwand rasch ins Vorzimmer, griff nach der Mütze und der Riemenpeitsche und eilte über den heißen Hof zum Pferdestall. Meine Stute begrüßte mich aus dem Halbdunkel mit leisem und traurigem Wiehern – man hatte sie abgestellt, wie sie war, gesattelt, ohne Futter in der Krippe und mit leerem Magen; ich griff nach dem Zügel, schwang mich in den Sattel und jagte davon, immer noch irgendwie berauscht und mich zugleich gewaltsam beherrschend. Gleich hinter dem Gutshof bog ich in die Felder ab, galoppierte über die raschelnden Stoppeln, brachte das Pferd vor der ersten besten Getreidepuppe zum Stehen, sprang ab und ließ mich neben dem Garbenberg nieder. Das Pferd griff mit den Zähnen zu und zog die Garben raschelnd an den sich zerstreuenden, wie gläsernen Ähren hervor; gleich Tausenden von tickenden Uhren zirpten, wie angetrieben durch die Hitze, Grillen in den Stoppeln und Garben; ringsum erstreckten sich die hellen, an eine Sandwüste erinnernden Felder – ich hörte nichts, sah nichts davon und sagte mir immerfort nur eins: Entweder sie kehrt zu mir zurück und gibt mir diese Nacht, diesen Morgen, diese Batistfältchen wieder, die an ihren im trockenen

Gras flüchtig aufschimmernden Beinen raschelten, oder es ist mit uns beiden aus!

Mit diesen irrsinnigen Gefühlen, dieser wahnwitzigen Überzeugtheit, galoppierte ich zu ihr.

4

Ich blieb danach lange in der Stadt und hielt mich ganze Tage im verstaubten Gärtchen ihres verwitweten Vaters mit ihr auf; der war ein sorgloser Mann und liberal denkender Arzt und engte sie in keiner Weise ein. Von dem Augenblick an, da ich von der Ista zu ihr angesprengt kam und sie, als sie mein Gesicht erblickte, beide Hände an die Brust drückte, vermochte man nicht mehr herauszufinden, wessen Liebe nun stärker, glücklicher und unsinniger geworden war – meine oder ihre (auch ihre war irgendwie ganz plötzlich und unerfindlich woher zum Vorschein gekommen). Wir beschlossen schließlich, um einander wenigstens einigermaßen zur Ruhe kommen zu lassen, uns für eine Weile zu trennen. Das war desto notwendiger, weil ich im „Adelshof" Schulden gemacht hatte, die ich einfach nicht zu begleichen vermochte. Außerdem setzte eine Regenperiode ein. Ich schob die Trennung auf jegliche Art hinaus, riß mich aber schließlich zusammen und brach bei strömendem Regen nach Hause auf. Dort verbrachte ich meine Zeit zunächst nur mit Schlafen und irrte still aus einem Zimmer ins andere, ohne etwas zu tun oder über etwas nachzudenken. Dann begann ich mir zu überlegen, was eigentlich mit mir vorging und womit das alles enden solle. Eines Tages kam mein Bruder Nikolai herüber, trat in mein Zimmer, setzte sich, ohne die Mütze abzunehmen, und sagte: „Dein romantischer Lebenswandel, mein Bester, setzt sich also ungetrübt fort. Alles bleibt, wie es war. ‚Der Fuchs lockt mich in dunkle Wälder, Berge und Felder', was sich aber hinter diesen Wäldern, Bergen und Feldern verbirgt, bleibt unerfindlich. Dabei bin ich mir über alles im klaren, habe genug davon gehört und kann das Weitere erraten – nehmen doch diese Geschichten alle denselben Verlauf. Ich verstehe auch, daß du zur Zeit für vernünftige Überlegungen nicht zu haben bist. Gut, aber immerhin: wie steht es mit deinen weiteren Absichten?“

Ich entgegnete halb im Scherz: „Jedermann wird von irgendeinem Fuchs verlockt. Aber wohin und wozu, weiß man natürlich nicht. Steht doch selbst in der Heiligen Schrift zu lesen: ‚So freue dich, Jüngling, in deiner Jugend und laß dein Herz guter Dinge sein in deiner Jugend!‘ “

Mein Bruder schwieg eine Weile, starrte auf den Fußboden und schien dem Getröpfel des Regens über dem herbstlich traurigen Garten zu lauschen; dann sagte er bekümmert: „Na schön, freu dich nur immer . . .“

Ich fragte mich immerfort: was tun? Worum es sich handelte, war klar. Je hartnäckiger ich mir jedoch einzureden suchte, ich müsse gleich morgen den entscheidenden Abschiedsbrief schreiben – das war noch möglich, denn die letzte Intimität zwischen uns gab es noch nicht –, desto mehr umfing mich Zärtlichkeit zu ihr, Entzücken über sie, dankbare Rührung über ihre Liebe, der Zauber ihrer Augen, ihres Gesichts, ihres Lachens, ihrer Stimme . . . Wenige Tage danach tauchte im Gutsgehöft ein berittener, von Kopf bis Fuß durchnäßter Bote auf und überreichte mir ein ebenso durchnäßtes Telegramm: „Ich kann nicht mehr, warte auf dich.“ Ich fand bei dem erschreckenden Gedanken, ich würde sie in wenigen Stunden wiedersehen und ihre Stimme hören, bis zum Morgengrauen keinen Schlaf.

So verbrachte ich denn auch den ganzen Herbst bald zu Hause, bald in der Stadt. Ich verkaufte den Sattel und das Pferd, logierte in der Stadt nun nicht mehr im „Adelshof“, sondern im Gasthof der Nikulina am Stschepnaja-Platz.

Die Stadt stellte keineswegs mehr das für mich dar, was sie in meinen Jünglingsjahren gewesen war. Alles wirkte einfach und alltäglich – nur gelegentlich, wenn ich in der Uspenskaja-Straße am Garten und Haus des Gymnasiums vorbeikam, befiel mich etwas, das meinem Herzen wohl doch nahegestanden hatte und zu meinem Leben gehörte. Ich hatte mir längst angewöhnt zu rauchen und mich rasieren zu lassen in jener Frisierstube, in der ich einst mit so kindlicher Ergebenheit dagesessen und darauf hingeschielt hatte, wie mein seidiges Haar beim ununterbrochenen Klappern der Schere zu Boden fiel. Wir saßen von morgens bis abends auf einem türkischen Sofa im Speisezimmer, und fast immer allein: der Doktor fuhr gleich am Morgen davon, ihr Bruder, der Gymnasiast, verschwand ins Gymnasium, nach dem zweiten Frühstück aber legte sich der Doktor aufs Ohr, um danach erneut loszufahren, während der Gymnasiast mit einem irrsinnigen Spiel beschäftigt war – er rannte die Treppe zum Oberstock auf und ab mit seinem rotbraunen Woltschok, der wilde Wut heuchelte, kläffte und keuchte. Sie bekam dieses eintönige Herumsitzen und vielleicht auch meine ständigen maßlosen Zärtlichkeiten satt und erfand allerlei Vorwände, das Haus zu verlassen, um Freundinnen oder Bekannte zu besuchen, während ich auf dem Sofa allein blieb und dem Geschrei, Gelächter und Gestampfe des Gymnasiasten sowie dem theatralischen Bellen Woltschoks, der sich auf der Treppe austobte, zuhörte, unter Tränen durch die halbverhangenen Fenster zum grauen Himmel hinausschaute und eine Zigarette nach der anderen rauchte... Dann aber vollzog sich eine neue Wandlung in ihr: sie saß wieder zu Hause, wurde aufs neue so freundlich und lieb zu mir, daß ich mich einfach nicht mehr in ihr auskannte. „Nun ja, Liebster“, sagte sie eines Tages zu mir, „man sieht, so ist es nun einmal bestimmt!“, verzog freudig das Gesicht und brach in Tränen aus. Das geschah nach dem zweiten Frühstück, als alles auf Zehenspitzen herumging, um nicht des Doktors Ruhestündchen zu stören. „Mir tut nur Papa so schrecklich leid, keiner auf der Welt ist mir teurer als er!" fügte sie hinzu und setzte mich wie immer durch ihre maßlose Liebe zum Vater in Erstaunen. Und gleich darauf stürzte wie auf Bestellung der Gymnasiast herein und murmelte nebenher, der Doktor bäte mich zu sich. Sie erblaßte. Ich küßte ihr die Hand und ging festen Schrittes zu ihm.

Er empfing mich mit dem liebenswürdigen Behagen eines Menschen, der ausgezeichnet geschlafen und sich danach gewaschen hat, summte vor sich hin und steckte sich eine Zigarette an.

„Mein junger Freund", sagte er und bot auch mir eine Zigarette an, „ich wollte mich schon lange mit Ihnen unterhalten – Sie erraten, worüber. Sie wissen sehr gut, daß ich ein Mensch ohne Vorurteile bin. Doch das Glück meiner Tochter liegt mir am Herzen, ich fühle aber auch mit Ihnen; sprechen wir also frisch von der Leber weg, von Mann zu Mann. So sonderbar es klingt, ich kenne Sie doch noch gar nicht. Sagen Sie mir also: Wer und was sind Sie?" schloß er mit einem Lächeln.

Ich errötete und erblaßte und zog heftig den Zigarettenrauch ein. Wer ich war? Am liebsten hätte ich stolz erwidert wie Goethe (ich hatte damals gerade den Eckermann gelesen): „Man hat zu allen Zeiten gesagt und wiederholt, man solle trachten, sich selber zu kennen. Dies ist eine seltsame Forderung, der bis jetzt niemand genügt hat, und der eigentlich auch niemand genügen soll." Doch ich entgegnete bescheiden: „Sie wissen, daß ich schreibe ... Das werde ich auch weiterhin tun und an mir arbeiten ..." Worauf ich überraschend hinzufügte: „Vielleicht bereite ich mich auch auf ein Studium vor und beziehe die Universität ..."

„Universität – das wäre natürlich wunderbar", entgegnete der Doktor. „Nur ist die Vorbereitung darauf kein Pappenstil. Und auf welche Tätigkeit gedenken Sie sich vorzubereiten? Auf eine rein literarische oder auf eine dienstliche, gesellschaftliche?"

Und wiederum ging mir ein Unsinn durch den Kopf – aufs neue Goethes Gedanken: Er lebe in den Jahrhunderten, mit dem Gefühl der unerträglichen Unbeständigkeit alles Irdischen ... Die Politik sei für den Poeten kein passender Gegenstand ...

„Das Gesellschaftliche ist nicht Sache des Poeten", erwiderte ich.

Der Doktor sah mich leicht verwundert an.

„Dann wäre also zum Beispiel Nekrassow nach Ihrer Meinung kein Poet? Aber Sie beobachten doch immerhin einigermaßen das derzeitige gesellschaftliche Leben und wissen, was gegenwärtig jeden ehrlichen Russen von Kultur bewegt und wovon er lebt?"

Ich dachte nach und hielt mir vor Augen, was ich davon wußte: alle redeten von der Reaktion, von den Semstwo-Vorgesetzten, beklagten, daß „kein Stein mehr auf dem anderen von all den guten Anfängen aus der Epoche der großen Reformen übriggeblieben sei" ... daß Tolstoi die Leute „in die Zelle, fort aus der Helle" locke ... daß wir wahrhaftig in Tschechows „Dämmerung" dahinlebten ... Ich erinnerte mich eines Büchleins mit Aussprüchen von Mark Aurel, das von den Tolstojanern verbreitet wurde: „Gleich die Seite vor dem Titelblatt belehrte mich, wie fühllos die Seelen der Menschen sind, die als Aristokraten gelten ..." Dann rief ich mir einen traurigen alten Ukrainer ins Gedächtnis, mit dem ich im Frühjahr auf dem Dnepr gereist war, irgendeinen Sektierer, der mir immerfort die Worte des Apostels Paulus auf seine Art auszulegen versuchte: „So wie Gott der Herr Christus im Himmel zu seiner Rechten neben sich sitzen hieß, höher als alle Obrigkeit, höher auch als die, deren Name nicht nur in diesem, sondern auch in künftigen Jahrhunderten fortklingen wird, richtet sich unser Schelten nicht gegen das Fleisch und Blut, sondern gegen die Obrigkeit, gegen die

Machthaber über die Finsternis dieses Jahrhunderts ..." Ich verspürte meine keineswegs mehr neue Neigung zum Tolstojanertum, das einen von allerlei gesellschaftlichen Banden befreite und zugleich gegen die auch mir verhaßten „Machthaber über die Finsternis dieses Jahrhunderts" wappnete; und ich ließ mich auf eine Predigt des Tolstojanertums ein.

„Nach Ihrer Meinung besteht also die einzige Rettung von allem Übel und Unglück in diesem vielberedeten Nicht-Auflehnen, Nichts-dagegen-Tun?" fragte der Doktor betont gleichgültig.

Ich beeilte mich, zu entgegnen, ich sei durchaus für die Aktivität, für das Auflehnen, wenn auch eines von ganz besonderer Art. Mein Tolstojanertum setze sich aus den starken, widersprüchlichen Gefühlen zusammen, die Pierre Besuchow und Anatoli Kurakin, Fürst Serpuchowskoi aus dem „Leinwandmesser", Iwan Iljitsch, „Was also tun?" und „Wieviel Erde braucht der Mensch?" in mir weckten, aus den entsetzlichen Bildern des städtischen Schmutzes und Elends, die in einem Artikel anläßlich der Volkszählung in Moskau aufgezeichnet wurden, und dem poetischen Traum vom Leben in der Natur, unter dem Volk, den die „Kosaken" und meine eigenen Eindrücke von Kleinrußland in mir weckten: welch ein Glück es doch wäre, den Staub unseres unredlichen Daseins abzuschütteln und es durch ein sauberes Arbeitsleben in irgendeinem Steppenweiler zu ersetzen, in einer weißen Lehmhütte am Ufer des Dnepr! Dies und das in der Art erzählte ich denn auch dem Doktor, wobei ich die Lehmhütte allerdings fortließ.

Er hörte mir, wie mir schien, zwar aufmerksam, aber doch recht herablassend zu. Seine von Schläfrigkeit getrübten Augen wollten schon erneut zufallen, die aufeinandergepreßten Kiefer zitterten von einem Gähnanfall, aber er überwand sich, gähnte sozusagen nur mit den Nasenflügeln und sagte: „Aber ja doch, ich bin ganz Ohr. Sie sind also auf keinerlei persönliche Vorteile hinsichtlich der üblichen Güter dieser Welt bedacht? Aber es gibt doch schließlich nicht nur das Persönliche. Ich zum Beispiel bin vom Volk keineswegs begeistert, kenne es leider sehr gut und vermag keineswegs zu glauben, daß es der Brunn und Quell aller Weisheit ist, mit dem gemeinsam ich die Welt auf den drei Walfischen zu festigen verpflichtet bin; aber sind wir ihm gegenüber wirklich zu nichts verpflichtet und ihm nichts schuldig? Im übrigen fühle ich mich nicht berechtigt, Sie in dieser Hinsicht zu belehren. Ich freue mich jedenfalls sehr, daß wir endlich einmal miteinander geplaudert haben, kehre jetzt jedoch zu dem zurück, womit ich angefangen hatte. Ich will mich kurz, aber, entschuldigen Sie, absolut entschieden dazu äußern. Wie die gegenseitigen Gefühle – Ihre und die meiner Tochter – auch sein mögen und in welchem Stadium sie sich befinden, ich sage von vornherein: sie genießt selbstverständlich unbedingte Freiheit, sollte sie sich aber fest an Sie zu binden wünschen und mich um meinen Segen dazu bitten, dann würde ich ihn ihr strikt verweigern. Sie sind mir sehr sympathisch, ich wünsche Ihnen alles Gutes, aber es ist nun mal nicht anders. Warum? Ich will wie ein richtiger Kleinbürger antworten: ich wünsche euch beide nicht unglücklich, in Not dahinvegetieren zu sehen, bei einer ungewissen Existenz. Außerdem – gestatten Sie mir, ganz offen zu sein: was haben Sie und Glikerija Gemeinsames? Sie ist ein hübsches Mädchen, aber – wozu das verbergen – auch ziemlich wetterwendisch; heute ein Schwarm, morgen ein anderer; jedenfalls träumt sie natürlich nicht von der Tolstoischen Zelle, fort aus der Helle. Schauen Sie sie sich doch an, wie sie sich in unserem Krähwinkel zu kleiden weiß! Ich will damit durchaus nicht sagen, sie sei verdorben, ich glaube nur, daß sie einfach nicht zu Ihnen paßt, wie man so sagt."

Sie erwartete mich am unteren Ende der Treppe und empfing mich mit fragenden und auf das Schlimmste gefaßten Augen. Ich beeilte mich, ihr die letzten Worte des Doktors mitzuteilen. Sie ließ den Kopf hängen.

„Nun ja, gegen seinen Willen werde ich niemals handeln", sagte sie.

5

Während ich im Gasthof der Nikulina hauste, unternahm ich gelegentlich einen ziellosen Streifzug über den Stschepnaja-Platz, danach über die leeren Felder hinter dem Kloster, wo ein großer, von alten Mauern umgebener Friedhof lag. Dort hörte man nur noch den Wind pfeifen – Trauer und Einsamkeit, die ewige Stille der von allen vergessenen und vernachlässigten Kreuze und Grabplatten, eine Art Leere, die einem einsamen, verschwommenen Gedanken glich. Über dem Friedhofstor war eine grenzenlose, violett-graue Ebene dargestellt, mit zahllosen aufgebrochenen Gräbern, umstürzenden Grabsteinen, und sich unter ihnen erhebenden, mit Zähnen und Rippen wohlversehenen Skeletten oder uralten Männern und Frauen in blaßgrünen Totengewändern. Und es flog auch noch ein riesiger Engel mit einer Posaune an den Lippen dahin und posaunte über der Ebene in teilweise auseinanderwehender mattblauer Kleidung, die nackten Mädchenbeine in den Knien gebeugt und die langen kreideweißen Fersen hochwerfend ... Auf dem Hof der Nikulina herrschte herbstlicher Kreisstadtfrieden, und auch dort war es leer – aus den Dörfern kehrte so gut wie niemand mehr ein. Ich kam zurück und betrat den Hof – mir entgegen stapfte in Männerstiefeln die Köchin, einen Hahn im Arm. „Das trage ich nun ins Haus", erläuterte sie und lachte, unerfindlich, warum, „der Alte ist nicht mehr ganz bei Verstande und hat sich neuerdings, soll er doch, bei mir einquartiert ..." Ich stieg die große steinerne Außenflurtreppe hinauf, durchschritt den dunklen Vorraum, danach die warme Küche mit den Hängepritschen und betrat die Wohnräume – unter ihnen befand sich das Schlafzimmer der Hausherrin und jene Stube, in der zwei große Sofas standen, auf denen die seltenen Gäste aus dem Kleinbürgertum oder der Geistlichkeit übernachteten, am häufigsten jedoch ich allein. Stille und in dieser Stille das mechanische Ticken des Weckers im Schlafraum der Herrin des Hauses ... „Sie sind spazierengegangen?" erkundigte sie sich, indes sie mit freundlich herablassendem Lächeln aus ihrem Schlafzimmer auftauchte. Welch bezaubernde, harmonische Stimme! Sie war füllig und hatte ein wohlgerundetes Gesicht. Ich konnte sie manchmal einfach nicht ruhig ansehen, besonders nicht an den Abenden, an denen sie, purpurrot, aus dem Badehäuschen zurückkehrte und lange Tee trank, wobei sie mit noch feuchtem, dunklem Haar und mattem, wollüstigem Augenglanz in einem weißen Nachtjäckchen dasaß und den sauberen Körper bequem und ungeniert rekelte, während ihre verhätschelte seidigweiße Katze mit den rosa Augen auf ihren fülligen, leicht gespreizten Knien miaute. Man hörte draußen poltern: die Köchin schloß die nach der Straße zu gelegenen Fensterläden, rumorte, während sie die von draußen durch die runden Öffnungen neben den Fenstern führenden eisernen Stangen in die ins Zimmer gehenden Öffnungen schob – kurz und gut etwas tat, das an alte, gefährliche Zeiten erinnerte. Die Nikulina erhob sich, versah die Enden der Stangen mit eisernen Hemmungen und setzte sich aufs neue an den Tee – es wurde noch gemütlicher. Meine wirren Gefühle und Gedanken pflegten dann zu vergehen: alles beiseite schieben und für immer hierbleiben, in diesem Gasthof, in ihrem warmen Schlafzimmer, beim gleichmäßigen Ticken des Weckers! Über einem der Sofas hing ein Gemälde: ein unwahrscheinlich grüner und undurchdringlicher Wald, davor eine Blockhütte und ein gottergebener alter Mann, der die schmale Hand auf den Kopf eines braunen Bären legte; der stand ebenso zahm, gottergeben und weichtatzig vor ihm; über einem anderen Sofa etwas völlig Befremdendes für jeden, der auf ihm sitzen oder sich gar ausstrecken sollte: das fotografische Porträt eines alten Mannes im Sarge, vornehm, weißgesichtig und in schwarzem Rock – des verstorbenen Ehemannes der Nikulina. Aus der Küche klang in Übereinstimmung mit dem langen Herbstabend rasches Klopfen und das gedehnte „Vor der Kirche hielt eine Kutsche, eine prächtige Trauung fand statt“ – so sangen die angeheuerten Mädchen aus der Vorstadt, während sie mit scharfen Hackmessern die knackfrischen Weißkohlköpfe für den Winter zerkleinerten. Und in alledem – dem kleinbürgerlichen Liedchen, dem gleichmäßigen hauswirtschaftlichen Gehacke, selbst in dem alten primitiven Porträt des Verstorbenen, dessen Leben sich in dem sinnlos-behaglichen Dasein des Gastgehöfts gleichsam noch fortsetzte, herrschte wohlige, zugleich aber bittere Schwermut . . .

6

Im November kehrte ich nach Hause zurück. Wir vereinbarten, als wir uns trennten, uns in Orjol zu treffen: sie sollte am ersten Dezember aufbrechen, ich – anstandshalber eine Woche später. Am ersten Dezember aber jagte ich in einer frostharten Mondnacht nach Pissarewo, um in eben den Nachtzug einzusteigen, mit dem sie die Stadt verlassen sollte. Wie ich diese märchenhaft weit zurückliegende Nacht vor mir sehe, wie ich sie noch fühle! Ich erblicke mich auf halbem Wege von Baturino nach Wassiljewskoje zwischen ebenmäßigen verschneiten Feldern. Das Zweiergespann fliegt dahin, das Deichselpferd trabt gleichmäßig fort und scheint das Krummholz, auf der Stelle stehend, zu schütteln, das Beipferd wirft in einem fort die Kruppe hoch und schleudert unter den weiß aufblitzenden Hinterhufen Schneeballen um Schneeballen hervor . . . Es kommt gelegentlich von der Fahrstraße ab, gerät in tiefen Schnee, hastet, greift immer kürzer aus und bleibt zusammen mit den schleifenden Strängen in ihm stecken, macht sich dann aber wieder frei, trabt aufs neue los und zieht kräftig mit am Strangholz. Alles fliegt dahin und scheint zugleich stillzustehen und zu warten: unbeweglich glänzt in der Ferne unter dem Mond silbern der schuppige, verharschte Schnee, ebenso unbeweglich und weiß wie der niedrige, durch den Frost getrübte Mond, den ein weiter, mystisch-trauriger und neblig-regenbogenfarbener Hof umgibt, am unbeweglichsten aber bin ich, ich selbst, der in diesem wilden Galopp Erstarrte und sich vorerst Fügende, vor Erwartung wie Gelähmte, der aber gleichzeitig still auf eine Erinnerung zurückblickt: auf genauso eine Nacht und auf denselben Weg nach Wassiljewskoje, nur daß es damals mein erster Winter in Baturino und ich noch rein, unschuldig und lebensfroh war – erfüllt von der Freude der frühen Jugend, der ersten poetischen Verzückung, die mir aus der Welt all der altertümlichen Bändchen zufloß, die ich aus Wassiljewskoje mitbrachte, aus ihren Stanzen, Sendschreiben, Elegien oder Balladen:

Man jagt dahin. Leere ringsum.
In den Augen Swetlanas die Steppe . . .

Wo ist das alles geblieben? frage ich mich, vergesse dabei aber keinen Augenblick meine Grundstimmung: die des Gebannten, Wartenden. Man jagt dahin. Leere ringsum, wiederhole ich mir im Rhythmus unseres Dahingaloppierens (dem Rhythmus der Fortbewegung, der stets eine so behexende Gewalt über mich besessen hat), und bilde mir ein, ein kühner Held aus alten Tagen zu sein, der irgendwohin eilt, im Bärenpelz, eine Art Tschako auf dem Kopf, während an die Wirklichkeit nur noch der verschneite Knecht erinnert, der, einen Bauernrock über dem Halbpelz, vorne aufrecht steht, dazu das mit Pulverschnee überschüttete, überfrorene und wohlriechende Haferstroh, das zu meinen eiskalten Füßen aufgehäuft ist. Hinter Wasiljewskoje zerbrach das stürzende Deichselpferd in einer abschüssigen, ausgefahrenen Kehre die eine Deichselstange, und ich verging, während der Gutsknecht sie zusammenflickte, vor Angst, ich könnte mich zu dem Zug verspäten. Kaum angekommen, löste ich schleunigst eine Fahrkarte erster Klasse – sie fuhr meist erster Klasse – und stürzte zum Bahnsteig. Ich erinnere mich an den vom Frostnebel getrübten Mondschein, in dem sich das gelbliche Licht seiner Laternen und der Fenster des Telegrafenamtes verlor. Der Zug näherte sich bereits, ich blickte in die verschleierte, verschneite Ferne und fühlte mich infolge des Frostes und der eisigen inneren Erregung wie zu Glas erstarrt. Überraschend und laut erklang die Bahnsteigglocke, Türen kreischten aufreizend und klappten auf und zu, laut und scharf knirschten die raschen Schritte derjenigen, die den Bahnhofssaal verließen; dann zeichnete sich in der Ferne plump und düster eine Lokomotive ab, bei deren schwerem Atem langsam ein furchterregendes Dreieck von mattroten Lichtern einherlief. Der Zug fuhr mühselig ein, tief verschneit und vom Frost durchdrungen, kreischend, winselnd und stöhnend. Ich sprang auf die Plattform eines Wagens und öffnete die Tür – sie saß, ein Pelzjäckchen um die Schultern, unter einer durch einen kirschroten Vorhang gedämpften Laterne mutterseelenallein im Wagen und starrte mich an ...

Der Wagen war altertümlich, hoch und dreiachsig; unterwegs, im Frost, dröhnte er und schien irgendwohin zu versinken; Türen und Wände knarrten, die vereisten Fensterscheiben flimmerten wie graue Diamanten ... Wir waren bereits eine ziemliche Strecke gefahren, und es war späte Nacht ... Alles geschah gleichsam von selbst und unabhängig von unserem Willen, unserem Bewußtsein ... Sie erhob sich mit flammendem, nichts mehr erkennendem Gesicht, ordnete ihr Haar und zog sich mit geschlossenen Augen unansprechbar in ihre Ecke zurück.

7

Den Winter verbrachten wir in Orjol.

Wie soll ich die Gefühle schildern, mit denen wir morgens den Wagen verließen und die Redaktion betraten, insgeheim durch unsere neue, unheimliche Nähe verbunden!

Ich ließ mich in einem kleinen Gasthof nieder, wie sie zuvor bei der Awilowa. Dort verbrachten wir so ziemlich den ganzen Tag, die ersehnten Stunden zu zweit dagegen in jenem Gasthof.

Es war ein Glück, das uns nicht in den Schoß fiel, das uns körperlich und seelisch erschöpfte.

Ich erinnere mich: eines Abends verschwand sie auf die Schlittschuhbahn, während ich mich in der Redaktion mühte – dort vertraute man mir bereits diese oder jene Arbeit an und verschaffte mir damit einen kleinen Verdienst; das Haus stand menschenleer und still, die Awilowa war zu irgendeiner Versammlung gefahren, der Abend wollte kein Ende nehmen; die Straßenlaterne vor dem Fenster verbreitete ein trübseliges, völlig unnützes Licht, die sich nähernden und wieder entfernenden Schritte von Passanten, ihr Knirschen im Schnee trugen, ja nahmen mir gewissermaßen etwas fort; mein Herz war bedrückt von Sehnsucht, Gekränktheit und Eifersucht; da saß ich, einsam über eine alberne, meiner unwürdige Arbeit gebeugt, zu der ich mich um ihretwillen erniedrigt hatte, während sie sich auf irgendeinem vereisten Teich vergnügte, der von weißen, mit schwarzen Tannen geschmückten Hängen umgeben, von dröhnender Militärmusik überflutet, von fliederfarbenem Gaslicht erhellt und von dahingleitenden schwarzen Gestalten übersät war – sie hatte ihr Vergnügen ... Plötzlich klingelte es, und sie trat rasch ein. Sie trug ein graues Kostüm, dazu ein Mützchen aus grauem Eichhörnchenfell, und hielt die funkelnden Schlittschuhe in der Hand; alles im Zimmer war sogleich von ihrer jugendlichen Frostfrische und der Schönheit des von der Kälte und der Bewegung geröteten Gesichts erfüllt. „Ach“, sagte sie, „bin ich müde!“ und ging in ihr Zimmer. Ich folgte ihr, sie sank auf das Sofa und streckte sich aus, die Schlittschuhe noch in der Hand. Ich blickte mit quälendem und schon gewohntem Gefühl auf ihren hochgeschnürten Busen, auf das unter dem kurzen grauen Rock sichtbare grau bestrumpfte Bein – allein dieser feste Wollstoff erregte meine Sinnlichkeit –, und wollte ihr schon Vorwürfe machen – hatten wir uns doch den ganzen Tag nicht gesehen! Da erkannte ich plötzlich mit tiefem Mitleid und voll Zärtlichkeit, daß sie schlief ... Als sie erwachte, gab sie mir freundlich und traurig zur Antwort: „Ich habe noch fast alles mitbekommen. Sei mir nicht böse, ich bin von alledem sehr müde. In diesem Jahr habe ich einfach zuviel erlebt!“

8

Um einen Vorwand für den Aufenthalt in Orjol zu haben, nahm sie Musikunterricht. Auch ich fand einen Vorwand – die Mitarbeit in der „Stimme“. Anfangs hatte ich sogar Gefallen daran; ich freute mich über eine gewisse Regelmäßigkeit, die auf diese Weise in mein Leben einzog, und fühlte mich durch einige Verpflichtungen beruhigt, die in mein bislang von allen Pflichten unbeschwertes Dasein getreten waren. Eine Weile danach ging mir immer häufiger die Frage durch den Kopf, ob ich denn von einem solchen Leben geträumt hatte? Da stand ich vielleicht in meinem besten Alter, wo mir die ganze Welt gehören müßte, und besaß nicht einmal ein Paar Gummigaloschen! War das alles nur vorläufig so? Was stand mir denn überhaupt bevor? Mir schien allmählich, daß auch zwischen uns keineswegs alles in Ordnung war: weder hinsichtlich des Einklangs unserer Gefühle und Gedanken noch unseres

Geschmacks, will sagen ihrer Treue; diesen „ewigen Widerstreit zwischen Traum und Wirklichkeit“, diese ständige Unmöglichkeit, die Fülle und Reinheit der Liebe zu erleben, erfuhr auch ich in diesem Winter mit der Kraft der Neuheit, all der erschreckenden, scheinbar illegitimen Gewalt, die sie über mich besaß.

Am meisten litt ich, wenn wir zu einem Hausball eingeladen wurden und sie mit jemandem tanzte, der schön und gewandt war; ich sah ihre Freude, sah, wie sie auflebte, wie ihre Beine und Röcke im Takt schwangen; die Musik bedrückte durch ihre Munterkeit schmerzlich mein Herz, die Walzer trieben mir Tränen in die Augen. Alle bewunderten sie, wenn sie mit Turtschaninow tanzte, jenem übernatürlich hoch gewachsenen Offizier mit kurzem schwarzem Backenbärtchen und länglichem mattbraunem Gesicht nebst unbeweglichen dunklen Augen. Auch sie war ziemlich groß; dennoch überragte er sie um zwei Kopflängen und blickte, während er sie fest umfangen hielt und lange im Rhythmus um sich herumschwenkte, irgendwie beharrlich auf sie herab, wobei sich auf ihrem zu ihm erhobenen Gesicht etwas wie Glück, zugleich aber auch Kummer malten, etwas sehr Schönes zwar, mir aber zutiefst Verhaßtes. Wie flehte ich damals zu Gott, er möge etwas Unwahrscheinliches geschehen lassen – er (der Offizier) solle sich etwa plötzlich vorbeugen und sie küssen, womit er all meine bedrückenden Ahnungen bestätigt und meiner Herzenspein ein Ende bereitet hätte!

„Du denkst immer nur an dich selbst, willst, daß alles nach deinem Willen geht“, sagte sie eines Tages zu mir. „Du würdest mich vermutlich mit Freuden aller persönlichen Freiheit, jedes gesellschaftlichen Umgangs berauben und mich von allem fernhalten, wie du selber es tust...“

In der Tat: auf Grund eines geheimnisvollen Gesetzes, welches verlangte, daß zu jeder Liebe, insbesondere der zu einem weiblichen Wesen, das Gefühl des Mitleids, der mitempfindenden Zärtlichkeit gehöre, konnte ich durchaus nicht leiden, wenn sie – besonders in Gesellschaft – plötzlich fröhlich und lebhaft wurde, zu gefallen und zu brillieren suchte; desto mehr aber mochte ich ihre Schlichtheit, ihre Sanftmut und Stille, ihre Hilflosigkeit und ihre Tränen, die sogleich – wie bei Kindern – ein Anschwellen der Lippen bewirkten. In Gesellschaft dagegen hielt ich mich tatsächlich wie ein unbeteiligter, keineswegs sehr wohlwollender Kritiker zurück und freute mich sogar insgeheim über die Entfremdung, über mein mangelndes Wohlwollen ihr gegenüber, das meine Empfindsamkeit, die Genauigkeit der Beobachtung und den Scharfblick hinsichtlich allerlei menschlicher Mängel an ihr nur noch vertieften. Wie sehr sehnte ich mich dafür nach ihrer Nähe, und wie litt ich darunter, sie nicht zu erreichen!

Ich las ihr öfter Gedichte vor.

„Hör zu, das ist erstaunlich!" rief ich aus. „Entführ meine Seele ins klingende Land / an den im Mondschein trauernden Hainesrand!"

Sie zeigte jedoch keinerlei Erstaunen.

„Nun ja, das ist recht hübsch", meinte sie, behaglich auf dem Sofa ausgestreckt und beide Hände unter die Wange geschoben, wobei sie unbeeindruckt und regungslos schräg vor sich hin blickte. „Aber was soll dieser ‚im Mondschein trauernde Hainesrand'? Ist das von Fet? Bei dem gibt es überhaupt zuviel Naturschilderungen."

Ich war empört: zuviel Naturschilderungen! Und ich ließ mich darauf ein, ihr klarzumachen, daß es keinerlei von uns getrennte Natur gäbe und jeder, selbst der geringste Lufthauch, zugleich eine gewisse Bewegung in unserem Inneren bedeute. Sie lachte mich nur aus.

„Das, Liebster, gilt allenfalls für das Leben der Spinnen!"

Ich rezitierte:

„Oh, welches Weh! Vom Morgen an
versinkt das Ende der Allee

wieder im Nichts, und Silberschlangen
kriechen dahin über den Schnee ..."

Sie erkundigte sich: „Was denn für Schlangen?"

Und ich war genötigt, ihr zu erklären, damit seien Schneegestöber, Schneeverwehungen gemeint.

Dann fuhr ich erblassend fort:

„Die frostharte Nacht lugt trüb
unter das Bastverdeck meines Schlittens,
hinter Bergen und Wäldern hervor,
hinter des Mondes gespenstischen Blicken ..."

„Liebster", entgegnete sie, „von alledem habe ich doch nie etwas gesehen." Ich deklamierte nun schon mit unterdrücktem Vorwurf:

„Der Sonne Strahl über dem Wolkental
  blieb heiß und blank,
und du kritzeltest in dem glitzernden
  Sand vor der Bank ..."

Sie hörte mir beifällig zu, aber das wohl nur darum, weil sie sich vorstellte, sie selber säße im Garten und zeichnete mit einem hübschen Schirmchen allerlei Ornamente in den Sand.

„Das ist tatsächlich recht hübsch", meinte sie. „Doch genug der Verse, rück endlich näher ... Du bist immerfort unzufrieden mit mir!"

Ich erzählte ihr gelegentlich von meiner Kindheit und meiner frühen Jugend, vom poetischen Zauber unseres Guthofs, von Vater, Mutter und Schwester: sie hörte mir mit erbarmungsloser Teilnahmslosigkeit zu. Ich erwartete Niedergeschlagenheit und Rührung, wenn ich von der Armut erzählte, die unsere Familie gelegentlich heimsuchte, so zum Beispiel, daß wir eines Tages die alten Metallverkleidungen von allen unseren Heiligenbildern entfernten und sie in die Stadt zu der Mestscherina brachten, einer einsamen Alten von schreckenerregendem orientalischem Typ, mit gebogener Nase, Schnurrbärtchen und vorgewölbtem Augenweiß, in Seide und Schals gehüllt und mit Ringen an den Fingern; in ihrem einsamen Hause, das mit allerlei Museumskram vollgestopft war, kreischte den ganzen Tag mit lebloser Stimme ein Papagei; aber was erlebte ich anstelle von Betrübnis und Rührung?

„Ja, das ist schrecklich", meinte sie geistesabwesend.

Je länger ich in der Stadt lebte, desto mehr fühlte ich mich fehl am Platz; selbst die Awilowa hatte sich aus irgendeinem Grunde mir gegenüber völlig verändert und wurde trocken und spöttisch; desto trister und langweiliger wurde mein Leben in der Stadt, desto häufiger sehnte ich mich danach, mit ihr allein zu sein, ihr etwas vorzulesen, zu erzählen, mich mit ihr auszusprechen. In meinem Gasthofzimmer fühlte ich mich beengt, ja bedrückt, und mir wurde schrecklich traurig zumute – weil ein armseliges Köfferchen und ein paar Bücher meinen ganzen Reichtum darstellten, aber auch der einsamen Nächte wegen, die ich dort weniger schlief als ärmlich und frierend durchhielt, wobei ich im Halbschlaf auf das Morgengrauen lauerte, auf den ersten frosthart-winterlichen Glockenschlag vom benachbarten Kirchengeläut. In ihrem Zimmer fühlte man sich ebenfalls beengt; es lag am Ende eines Korridors neben der Treppe, die in ein Halbgeschoß führte, ging dafür aber auf den Garten hinaus, war still, warm und hübsch ausgestattet; zur Dämmerstunde wurde aufs neue geheizt, sie hatte es schon gelernt, sich erstaunlich anziehend auf den Sofakissen hinzukauern und ihre ausnehmend hübschen Pantöffelchen hervorblicken zu lassen. Ich rezitierte:

„Es rauschte der nächtliche Schneesturm
im einsamen Waldgemäuer,
wir saßen uns gegenüber,
das Bruchholz pfiff überm Feuer . . ."

Ihr blieben all diese Schneestürme, Wälder und Felder mitsamt den poetisch-wildnishaften Freuden der Behaglichkeit des Lebens am Lagerfeuer jedoch fremd.

Mir schien lange, man brauche sie nur zu fragen: „Kennst du diese herbstlich ausgefahrenen Landstraßen, die von den Nägeln der Pferdehufeisen zertreten sind und sich unter der niedrigen Sonne als blendender Goldstreifen abzeichnen?“ – und sie wäre sogleich begeistert. Ich erzählte ihr, wie wir, mein Bruder Georgi und ich, eines Tages im Spätherbst losfuhren, um Birkenholz vom Stamm zu kaufen: bei uns war plötzlich die Decke über der Kochstube eingestürzt und hätte beinahe unseren uralten Koch erschlagen, der dort ewig auf dem Ofen lag; wir fuhren also in einen Hain, um Birkenholz für Tragbalken zu erstehen. Es regnete immerfort (im Sonnenschein prasselten kleine Tropfen herab), wir rollten zusammen mit den Bauern in einem Leiterwagen zunächst auf der Landstraße, dann durch den Hain dahin, der im flimmernden Regenperlen- und Sonnenglanz auf seinen noch grünen, aber schon leblosen und vom Wasser überfluteten Lichtungen erstaunlich unbeschwert, malerisch und dennoch gottergeben dreinblickte ... Ich erzählte ihr, wie unsäglich leid es mir um diese weit ausgreifenden, von oben bis unten von rostrotem Laub übersäten Birken tat, als die Bauern sie schweren Schritts und seelisch unberührt abmaßen, sie sich genauer ansahen, um danach in die rauhen, animalischen Tatzen zu spucken, zu den Äxten zu greifen und einmütig auf die schwarzweiß gescheckten Stämme einzuhauen ... „Du kannst dir nicht vorstellen, wie alles funkelte und glitzerte!“ sagte ich und schloß mit dem Bekenntnis, ich habe vor, eine Erzählung darüber zu schreiben. Sie zuckte mit den Schultern.

„Hach, mein Bester, was läßt sich schon darüber schreiben! Wozu in einem fort das Wetter schildern?“

Einer meiner kompliziertesten und qualvollsten Genüsse war die Musik. Wie liebte ich sie, wenn sie mir etwas

Wunderschönes vorspielte! Ich verging vor Seligkeit, vor hingerissen-aufopfernder Zärtlichkeit zu ihr! Oft genug dachte ich mir, wenn ich ihr zuhörte: Wie werde ich, wenn wir uns einmal trennen, all das ohne sie aufnehmen! Wie werde ich überhaupt noch etwas lieben, mich über etwas freuen können, ohne diese meine Liebe, meine Freude mit ihr zu teilen! Dennoch urteilte ich über das, was ich an ihr nicht mochte, so scharf, daß sie außer sich geriet.

„Nadja!" rief sie der Awilowa zu, ließ die Tasten Tasten sein und wandte sich schroff ins Nachbarzimmer. „Nadja, hör dir an, was er da alles verzapft!"

„Das werde ich auch weiter tun!" beharrte ich. „Drei Viertel all dieser Sonaten sind weiter nichts als Kitsch, Lärm und Unfug! Ach nein – hier hört man das Stuckern der Grabesschaufel? Und hier drehen sich Feen im Reigen auf einer Wiese? Während da Wasserfälle dröhnen? Feen – das ist eines der mir verhaßtesten Wörter! Die sind schlimmer als das ‚unheilschwanger' in den Zeitungen!"

Sie redete sich ein, das Theater leidenschaftlich zu lieben, während ich es haßte und mich immer mehr davon überzeugte, daß das Talent der meisten Schauspieler und Schauspielerinnen einzig und allein darin besteht, noch fader zu sein als ihre Rivalen und sich nach trivialstem Muster als schöpferisch, als Künstler aufzuspielen. All diese ewigen Heiratsvermittlerinnen mit ihren um den Kopf gewundenen zwiebelgrünen Seidentüchern und den türkischen Schals, die sich mit liebedienerischen Gebärden und süßlichem Geflüster vor irgendwelchen Tit Titytschs krümmten, während diese sich mit unveränderlichem, betontem Stolz in die Brust warfen und selbstverständlich die gespreizte Linke ans Herz, will sagen an die linke Brusttasche des langschößigen Gehrocks drückten; all diese schweineschnäuzigen Stadtkommandanten und wendigen Chlestakows, die im Innersten düster grollenden Ossips oder kriecherischen Repetilows, die sich schneidig empörenden Tschazkis, diese mit den Fingern spielenden

Famussow-Darsteller mit ihren gleich Pflaumen aufgeblasenen dicken Lippen; all diese Hamlets in Fackelträgerumhängen, mit krausen Federn am Hut, mit unsittlich schmachtenden, untermalten Augen, schwarzsamtenen Waden und plebejischen Plattfüßen; all das versetzte mich geradezu in Schaudern. Und erst die Oper! Der unwahrscheinlich gekrümmte Rigoletto mit den entgegen allen Naturgesetzen auseinanderstrebenden und sich nur in den Knien berührenden Beinen! Der wie am Grabesrand die Augen selig zum Himmel verdrehende Sussanin, der mit ständig wechselnden Läufen singt: „Du wirst aufgehen, mein Morgenrot"; dazu der Müller aus der „Russalka", der mit seinen gleich Ästen mageren, wild gespreizten und drohend geschüttelten Armen singt, wobei er aber den Ehering am Finger behält und mit solchen Lumpen, mit so zerfransten Hosen bekleidet ist, als habe ihn ein ganzes Rudel tollwütiger Hunde angefallen. In unseren Auseinandersetzungen über das Theater konnten wir uns nie einigen: wir verloren jede Nachgiebigkeit, jegliches Verständnis füreinander. Da trat in Orjol ein in der Provinz berühmter Schauspieler mit einer Lesung der „Aufzeichnungen eines Wahnsinnigen" auf, und alle folgten ihm gierig und waren hingerissen, während er, auf einem Krankenbett, im Krankenhauskittel und mit einem weibischen, verboten unrasierten Gesicht dasaß, lange, quälend lange schwieg, in eine Art idiotisch-freudigen und immer mehr wachsenden Staunens versank, um danach sehr, sehr langsam den Finger zu erheben und schließlich unwahrscheinlich gedehnt, unerträglich überbetont und mit bestialisch vorgeschobenem Unterkiefer Silbe um Silbe hervorzustoßen: „Am heu-ti-gen Ta-ge . . ." Gleich am Tage darauf spielte er sich noch großartiger als Ljubim Torzow auf, um sich schließlich als violettnäsigen, speckigen Marmeladow zu präsentieren: „Darf ich Sie, mein Herr, um eine vernünftige Unterhaltung bitten?" Oder es schreibt da eine berühmte Schauspielerin auf der Bühne einen

Brief – sie hat sich plötzlich zu etwas Schicksalhaftem entschlossen, setzt sich rasch an den Tisch, taucht die trockene Feder in das leere Tintenfaß, hat im Nu drei lange Krakelzeichen auf dem Papier gezogen, es in einen Umschlag gesteckt, rasch geklingelt und dem eintretenden hübschen Stubenmädchen mit weißem Schürzchen kurz und bündig befohlen: „Schicken Sie das unverzüglich durch einen Boten ab!" Jedesmal nach einem solchen Abend im Theater schrien wir uns bis drei Uhr morgens an und brachten die Awilowa um den Schlaf, wobei ich mich nicht nur auf Gogols Verrückten, auf Torzow und Marmeladow berief, sondern auch auf Gogol, Ostrowski und Dostojewski selbst.

„Alles gut, nehmen wir an, Sie haben recht", rief sie, nun schon erblassend, mit dunklen Augen und darum besonders schön, „aber wieso geraten Sie dabei in solche Wut? Nadja, so frag doch du ihn danach!"

„Weil ich", schrie ich sie meinerseits an, „schon deswegen, wie ein Schauspieler das Wort Aroma ausspricht – A-ro-ma –, ihn am liebsten erwürgen würde!"

Solch ein Geschrei erhob sich bei uns auch nach jeder Begegnung mit Angehörigen der verschiedensten Orjoler Gesellschaftskreise. Ich war leidenschaftlich darauf aus, den Genuß meiner Beobachtungsgabe und ihrer Schärfe mit ihr zu teilen, wollte sie mit meinem schonungslosen Verhalten gegenüber der Umgebung anstecken und mußte voll Verzweiflung erkennen, daß ich sie nicht als Bundesgenossin meiner Gefühle und Gedanken zu gewinnen vermochte – ganz im Gegenteil. Eines Tages sagte ich: „Wenn du wüßtest, wieviel Feinde ich habe!"

„Was für Feinde? Wo?" fragte sie.

„Nun, die verschiedensten und überall: im Gasthof, in den Läden, auf der Straße, auf dem Bahnhof ..."

„Ja, wer sind denn diese Feinde?"

„Ach – alle, alle! Welche Unzahl von widerwärtigen Körpern und Gesichtern! Hat doch selbst der Apostel

Paulus schon gesagt: ‚Nicht ist alles Fleisch einerlei Fleisch; sondern ein anderes Fleisch ist des Menschen, ein anderes des Viehs.' Manche Menschen wirken geradezu erschrekkend! Sie treten beim Gehen so auf und halten sich so vorgeneigt, als hätten sie sich erst gestern aufgerichtet und von den Vierfüßlern geschieden. Da ging ich gestern auf der Bolchowskaja-Straße lange hinter einem breitschultrigen, vierschrötigen Polizeiaufseher her, ohne ein Auge von seinem wohlgepolsterten, uniformierten Rücken, von seinen kräftig gewölbten, in blitzblanken Stiefelschäften stekkenden Waden zu wenden: ach, wie ich diese Waden und ihren Stiefelgeruch, das Tuch dieses wohligen grauen Uniformmantels nebst den Knöpfen an den Schößen und überhaupt das ganze kraftvolle, vierzigjährige Viech in seinem militärischen Pferdegeschirr mit den Augen verschlang!"

„Ja, schämst du dich denn nicht?" fragte sie mit widerwilligem Bedauern. „Bist du wirklich so boshaft, so niederträchtig? Ich verstehe dich einfach nicht mehr. Du bestehst aus lauter erstaunlichen Gegensätzen!"

9

Und dennoch begrüßte ich, wenn ich morgens in die Redaktion kam, immer freudiger, immer vertrauter ihr graues Pelzjäckchen am Garderobenständer, in dem gleichsam sie selbst oder ein äußerst weibliches Teil von ihr enthalten war, unter dem Ständer aber ihre netten grauen Überschuhchen, die mich am meisten rührten. Vor Ungeduld, sie wiederzusehen, stellte ich mich meist als erster ein und machte mich an die Arbeit – ich sah die Korrespondenz aus der Provinz durch und redigierte sie, las die hauptstädtischen Zeitungen, setzte nach ihnen „exklusive Telegramme" zusammen, schrieb nahezu wörtlich ein paar Erzählungen provinzieller Belletristik ab, wobei ich aber immerfort wartete und lauschte, um schließlich rasche

Schritte und das Rascheln ihres Rocks zu hören! Sie eilte – sozusagen völlig auf neu poliert – mit kühlen, duftenden Händen, jugendlichen und nach dem festen Schlaf besonders strahlenden Augen herein, blickte sich rasch um und gab mir einen Kuß. Genauso tauchte sie dann und wann auch bei mir im Gasthofzimmer auf, mit ihrem nach Frost, nach winterlicher Luft duftendem Pelzchen. Ich überschüttete ihr apfelgleich-kaltes Gesicht mit Küssen und umfing all das Warme und Zarte, das ihren Körper und ihr Kleid darstellte, während sie sich mir lachend entwand – „Laß mich los, ich komme aus sachlichem Anlaß!" –, worauf sie dem Etagenkellner klingelte, das Zimmer in ihrer Gegenwart aufzuräumen befahl und ihn dabei sogar unterstützte.

Eines Tages hörte ich ungewollt ein Gespräch zwischen ihr und der Awilowa – sie saßen abends im Speisezimmer und sprachen sich offenherzig über mich aus, in der Meinung, ich sei in der Druckerei.

Die Awilowa fragte: „Lika, meine Liebe, wie soll es denn nun weitergehen? Du kennst meine Einstellung zu ihm, er ist natürlich sehr nett, ich verstehe, daß du dich in ihn verliebt hast. Aber was soll weiter daraus werden?"

Ich glaubte in einen Abgrund zu stürzen. Ich sollte „sehr nett" sein, nicht mehr? Sie hatte sich nur „verliebt"!

Die Antwort schmetterte mich nur noch mehr nieder: „Ja, was soll ich denn machen? Ich kenne keinen Ausweg ..."

Bei diesen Worten geriet ich in solche Wut, daß ich schon drauf und dran war, ins Sprechzimmer zu stürzen und zu rufen, es gäbe einen Ausweg, ich würde mich innerhalb einer Stunde auf- und davonmachen, um nie wieder meinen Fuß nach Orjol zu setzen, als sie plötzlich aufs neue zu sprechen anfing: „Siehst du denn nicht, Nadja, daß ich ihn aufrichtig liebe? Außerdem kennst du dich doch gar nicht in ihm aus – er ist tausendmal besser, als du meinst."

Nun, ich mochte viel schlimmer wirken, als ich war! Ich lebte angespannt und unruhig, verhielt mich anderen gegenüber oft genug unzugänglich, ja hochmütig und verfiel leicht in Schwermut, in Verzweiflung, konnte mich aber auch rasch ändern – sobald ich sah, daß unsere Einmütigkeit durch nichts gefährdet war, daß niemand sie mir abspenstig machen wollte: dann kehrte meine angeborene Bereitschaft zurück, gutwillig, offenherzig und fröhlich zu sein. Wenn ich wußte, daß wir zu einem Abend eingeladen waren, der mir weder Kränkung noch Schmerz bereiten würde, wie feiertäglich warf ich mich dann in Gala, wie zufrieden besah ich mich im Spiegel, wie sehr gefielen mir meine Augen, die dunklen Flecke der jugendlichen Wangenröte und das schneeweiße Hemd, dessen leicht gestärkte Falten so angenehm knisternd auseinandergingen und sich teilten! Wie glücklich war ich über die Bälle, soweit ich nicht unter Eifersucht litt! Allerdings hatte ich vor einem solchen Ball qualvolle Minuten zu überstehen – ich mußte den Frack des verstorbenen Mannes der Awilowa anlegen, der zwar ganz neu und, wie es schien, kein einziges Mal getragen war, mich aber dennoch zutiefst demütigte. Doch diese Minuten gerieten rasch in Vergessenheit – ich brauchte nur aus dem Hause zu treten, die Frostluft einzuatmen, den bunten Sternenhimmel zu sehen und rasch in einem Mietschlitten Platz zu nehmen. Die hell erleuchteten Eingänge vor den Ballsälen waren, Gott weiß wozu, durch irgendwelche rot gestreifte Verdecke geschmückt, und die Anfahrt zu ihnen wurde ganz besonders schneidig von den dazu bereitgestellten Quartalspolizisten reguliert. Aber einerlei – all das gehörte eben zu einem richtigen Ball: sowohl der seltsame Eingang, der den kümmerlichen, zuckrigen Schnee im glutroten Licht besonders weiß und grell erscheinen ließ, als auch diese ganze vorgetäuschte Raschheit und Präzision der Polizisten, ihrer exakten Kommandos, der überfrorenen, abstehenden Schnurrbärte, der blitzblanken, im Schnee umherstapfenden Stiefel, der irgendwie eigentümlich herausgebogenen und in den Taschen verborgenen Hände in weißen Strickhandschuhen. Nahezu alle vorfahrenden Männer waren in Uniform – es gab dereinst in Rußland reichlich viel Uniformen –, und alle taten mit ihren Uniformen und Rängen groß; ich bemerkte schon damals, daß selbst Leute, die ihr Leben lang hohe Stellungen bekleidet hatten und allerlei Titel besaßen, sich nicht daran zu gewöhnen vermochten. Diese Ankömmlinge brachten mich denn auch in Harnisch und wurden zum Gegenstand meiner geschärften, feindseligen Beobachtung. Dafür erschienen mir die Frauen fast alle reizend und begehrenswert. Sie befreiten sich im Vestibül auf bezaubernde Art von ihren Pelzen und Kapuzen und verwandelten sich im Nu in jene, denen es auch zukam, in so berückenden, von den Spiegeln vervielfachten Scharen über die roten Läufer die Treppenstufen hinaufzusteigen. Danach aber kam jene großartige Leere des Saals, die einem Ball vorangeht, seine erfrischende Kälte, die schwere Traube des wie von Diamanten glitzernden Kronleuchters, die unverhangenen riesigen Fenster, der Glanz und die noch freie Weite des Parketts, der Duft der frischen Blumen, des Puders, der Parfüms, der weißen Glacéhandschuhe für den Ball – zu alledem auch noch die Erregung beim Anblick des herbeiströmenden Publikums, die Erwartung der ersten rauschenden Klänge von der Galerie und des ersten Paares, das plötzlich in der Weite des noch unberührten Parketts auftaucht – eines Paares, das seiner stets besonders sicher und am gewandtesten ist.

Ich fuhr immer früher zum Ball als sie. Wenn ich kam, dauerte die Auffahrt noch an, die Garderobenwärter unten waren mit duftenden Pelzen, Pelzjacken oder Uniformen überbürdet, die Luft war überall für einen dünnen Frack zu frisch. Hier fühlte ich mich in diesem fremden Frack, mit meiner glatten Frisur, schlank, wie ich war, ja wohl noch magerer als vorher und zu einem Leichtgewicht geworden, allen fremd und einsam – ein sonderbar stolzer junger Mann, der eine undurchsichtige Rolle in irgendeiner Redaktion spielte –, hier also fühlte ich mich zunächst so nüchtern, klar und abgesondert von den anderen, als wäre ich eine Spiegelung im Eis. Dann wurde es immer belebter und lauter, das Dröhnen der Musik erschien gewohnter, in den Türen zum Saal drängte man sich bereits, es stellten sich immer mehr weibliche Wesen ein, die Luft wurde dichter, wärmer, und mich überkam eine Art Rausch; ich musterte die weiblichen Wesen immer kühner, die männlichen immer herausfordernder, glitt immer rhythmischer durch die Menge, entschuldigte mich, wenn ich jemandes Frack oder Uniformrock gestreift hatte, immer höflicher und überheblicher. Dann plötzlich erblickte ich sie – da arbeiteten sie sich behutsam, mit einem halben Lächeln durch die Menge –, und mein Herz stand vor Vertrautheit irgendwie bedrückt und erstarrt still: sie waren es, waren es aber auch nicht, nicht dieselben wie sonst! Besonders sie erschien völlig verändert. Mich verblüffte in einem solchen Augenblick jedesmal ihre Jugendlichkeit, ihre Schlankheit, der vom Korsett betonte Wuchs, das leichte und so unschuldig-feiertägliche Kleidchen, die von den Handschuhen bis zu den Schultern entblößten, frierenden, jungmädchenhaft fliederfarbenen Arme, der noch unsichere Ausdruck ihres Gesichts ... dem entgegen stand nur die wie bei einer Dame von Welt hochgetürmte Frisur und all dieses so besonders Verlockende, zugleich aber schon Bereite, sich von mir frei zu machen, mir untreu zu werden und sich womöglich einem heimlichen Laster hinzugeben. Es dauerte nicht lange, und jemand eilte auf sie zu und verneigte sich mit dem auf Bällen üblichen Überschwang vor ihr; sie gab ihren Fächer der Awilowa, legte ihm, scheinbar ein wenig abwesend, graziös die Hand auf die Schulter und verschwand, auf den Schuhspitzen dahingleitend, in der sich drehenden Menge, dem Lärm und der Musik. Und ich sah ihr, mich gleichsam schon verabschiedend, mit kalter Feindseligkeit nach.

Die lebhafte, stets fest und fröhlich gesammelte kleine Awilowa setzte mich auf dem Ball gleichfalls durch ihre Jugendlichkeit, durch ihren strahlenden Liebreiz in Erstaunen. Und ich wurde mir eines Tages, ebenfalls auf einem Ball, plötzlich bewußt, daß auch sie erst sechsundzwanzig Lenze zählte, und erriet zum erstenmal, ohne selber so recht daran zu glauben, die Ursache der seltsamen Veränderung, die in ihrem Verhalten zu mir in diesem Winter vor sich gegangen war, kurz – daß auch sie mich lieben und eifersüchtig geworden sein mochte.

10

Danach trennten wir uns für lange Zeit.

Es begann damit, daß überraschend der Doktor eintraf.

Als ich an einem sonnigen, frostklaren Morgen die Garderobe der Redaktion betrat, verspürte ich plötzlich den kräftigen Wohlgeruch irgendwelcher mir wohlbekannter Zigaretten und hörte lebhafte Stimmen und Lachen aus dem Speisezimmer. Ich stand still – was hatte das zu sagen? Wie sich herausstellte, war es der Doktor, der das ganze Haus so vollgeraucht hatte und so laut und mit der Lebhaftigkeit jener Menschen sprach, die, nachdem sie ein gewisses Alter erreicht haben, sich jahrelang nicht im geringsten verändern und ihr ausgezeichnetes Befinden, das unentwegte Rauchen und die unentwegte Gesprächigkeit genießen. Ich stand da wie gebannt – was bedeutete dieser plötzliche Besuch? Irgendeine Forderung an sie? Und wie sollte ich eintreten und mich verhalten? Zunächst ereignete sich jedoch nichts Schreckliches. Ich bekam mich rasch wieder in den Griff, trat ein und tat angenehm überrascht ... Der Doktor mit seinem weichen Herzen geriet geradezu in Verlegenheit, beeilte sich, lachend und sich gleichsam entschuldigend, zu behaupten, er sei nur gekommen, „um sich eine knappe Woche von der Provinz zu erholen“. Ich bemerkte sofort, daß auch sie aufgeregt war. Aus irgendeinem Grunde auch die Awilowa. Dennoch konnte man hoffen, daß die Ursache all dessen der Doktor war – als unerwarteter Gast, als jemand, der soeben aus einer Kreisstadt in der Gouvernementshauptstadt eingetroffen war und nach der in einem Eisenbahnwagen verbrachten Nacht besonders angeregt den heißen Tee in einem fremden Speisezimmer genoß. Ich beruhigte mich bereits allmählich. Aber da brach das Unheil über mich herein: Aus alledem, was der Doktor daherredete, ersah ich plötzlich, daß er nicht allein gekommen war, sondern in Begleitung Bogomolows, eines jungen, reichen und in unserer Kreisstadt geradezu berühmten Ledergerbers, der schon seit langem ein Auge auf sie geworfen hatte. Danach hörte ich den Doktor lachen.

„Man behauptet, Lika, er sei geradezu toll nach dir und mit den ernsthaftesten Absichten hergekommen! Das Schicksal dieses Ärmsten liegt jetzt also in deiner Hand: du kannst ihn erhören oder auch für alle Zeit unglücklich machen . . .“

Bogomolow war indessen nicht nur reich: er war auch klug, lebhaft und sympathisch, hatte die Universität absolviert, sich eine Weile im Ausland aufgehalten und sprach zwei Fremdsprachen; äußerlich konnte er einen im ersten Augenblick beinahe erschrecken: feuerrotes, glatt und schnurgerade zurückgekämmtes Haar und zart gerundetes Gesicht, obendrein ungeheuerlich, ja unmenschlich dick – man wußte nicht recht, hatte man einen zu übernatürlicher Größe gediehenen und sagenhaft ernährten Säugling vor sich oder nur ein riesiges, durch und durch von Fett und Blut leuchtendes junges Yorkshireschwein; immerhin war alles an diesem Yorkshireschwein so großartig, so sauber und gesund, daß man sich geradezu an ihm erfreute: die Augen blau wie der azurne Himmel, die Gesichtsfarbe von unbeschreiblicher jüngferlicher Reinheit, in seinem ganzen Benehmen aber, im Lachen, im Klang der Stimme, im

Spielen der Augen und dem Bewegen der Lippen etwas Schüchternes und Anziehendes; er hatte rührend kleine Füße und Hände, die Kleidung war aus englischen Stoffen gefertigt, Socken, Hemd, Krawatte waren aus reiner Seide. Ich blickte rasch zu ihr hin und sah ihr geniertes Lächeln ... Und alles ringsum wurde mir plötzlich fremd und fern, ich selbst erschien mir in diesem Hause beschämend überflüssig und zu nichts brauchbar; sie aber haßte ich auf einmal ...

Danach hatten wir keinerlei Möglichkeit mehr, auch nur eine Stunde am Tag unter vier Augen zu verbringen – sie kam entweder nicht vom Vater los oder nicht von Bogomolow. Die Awilowa bewahrte den ganzen Tag ein rätselhaft-fröhliches, spöttisches Lächeln und zeigte sich Bogomolow gegenüber so liebenswürdig und gastfrei, daß er sich vom ersten Tage an wie zu Hause fühlte, schon morgens auftauchte und bis zum späten Abend blieb; im Hotel übernachtete er nur. Außerdem begannen damals die Proben des Laientheaters, dessen Mitglied auch Lika war; der Zirkel bereitete sich auf eine Vorstellung in der Fastnachtswoche vor und zog, dank Lika, nicht nur Bogomolow, sondern auch den Doktor heran. Sie behauptete, sie lasse sich Bogomolows Courschneiderei nur ihres Vaters wegen gefallen, um ihn durch unfreundliches Verhalten gegenüber diesem Bogomolow nicht zu kränken, und ich nahm mich in jeder Hinsicht zusammen und tat, als glaube ich ihr, ja, ich zwang mich sogar, bei den Proben dabeizusein, bemüht, auf diese Weise meine bohrende Eifersucht und all die anderen Qualen zu verbergen, die ich empfand: ich wußte nicht, wo ich hinschauen sollte, aus Scham über sie, über ihre kläglichen Bemühungen, „etwas zu spielen“. Was gab es da überhaupt für ein erschreckendes Schauspiel menschlicher Talentlosigkeit! Die Proben wurden von einem stellungslosen Berufsschauspieler geleitet, der sich selbstverständlich als große Begabung betrachtete und an seiner kläglichen Bühnenerfahrung festhielt, einem

Mann undefinierbaren Alters, mit einem Gesicht in der Farbe von Fensterkitt und dermaßen tiefen Falten, daß sie wie nachgezogen erschienen. Er geriet alle Augenblicke außer sich, wenn er Hinweise gab, wie man diese oder jene Rolle anpacken müsse, schimpfte so grob und unbeherrscht, daß die sklerotischen Adern an seinen Schläfen gleich Bindfäden anschwollen, und spielte bald eine männliche, bald eine weibliche Rolle vor; alle bemühten sich nach Kräften, es ihm gleichzutun, wobei sie mich mit jedem Laut ihrer Stimme, mit jeder Körperbewegung marterten: so unerträglich der Schauspieler auch war, seine Nachahmer waren noch unerträglicher. Warum, wozu spielten sie eigentlich? Es gab unter ihnen, wie es sich für eine Provinzstadt gehörte, eine knochige, selbstbewußte, ja überhebliche Regimentsdame, ein sich in knalligen Farben gefallendes, stets aufgeregtes, stets auf etwas wartendes Mädchen, das die Gewohnheit hatte, sich die Lippen wund zu beißen, dazu zwei Schwestern, die in der ganzen Stadt wegen ihrer Unzertrennlichkeit und verblüffenden Ähnlichkeit bekannt waren, beide von hohem Wuchs, mit pechschwarzem Haar und zusammengewachsenen schwarzen Augenbrauen, beide von herber Schweigsamkeit – sie wirkten wie ein Paar Rappen von Deichselbeipferden; dazu gehörten auch der Beamte für Sonderaufträge beim Gouverneur, ein blutjunger, aber bereits zur Glatzköpfigkeit neigender Blondschopf mit himmelblauen Glotzaugen und geröteten Lidern, sehr hoch von Wuchs und in sehr hohem Stehkragen, von ermüdender Höflichkeit und ermüdendem Takt, und ein berühmter hiesiger Advokat, füllig, riesenhaft, vollbrüstig, dickschultrig und mit klobigen Füßen ausgestattet – wenn ich ihm auf einem Ball im Frack begegnete, glaubte ich zunächst immer den Oberkellner vor mir zu haben –, dazu ein junger Maler in schwarzer Sammetbluse, mit langem, hinduhaftem schwarzem Haar, Ziegenbockprofil nebst Ziegenbockbärtchen, feminin verderbten halbgeschlossenen Augen, schmachtenden grellroten Lippen, denen man mit einiger Verlegenheit begegnete, mit weibischem Becken . . .

Schließlich kam dann die Aufführung. Ich wagte mich, bevor der Vorhang hochgezogen wurde, hinter die Kulissen: dort ging alles drunter und drüber, während man sich kostümierte, schminkte, einander anschrie und sich zankte, aus den Toiletten zum Vorschein kommend, aufeinanderprallte und sich gegenseitig nicht wiedererkannte, so seltsam war man angetan – jemand trug sogar einen braunen Frack mit violetten Hosen –, so leblos wirkten die Perükken und Bärte, so starr die geschminkten Gesichter mit pflasterartig-rosigen Aufklebern an Nase und Stirn, mit den untermalten, funkelnden Augen und den kräftig, ja grob wie bei Mannequins nachgezogenen, auf- und niederklappenden Wimpern. Ich stieß zufällig mit ihr zusammen und erkannte auch sie nicht, so verblüfft war ich über ihre Puppenhaftigkeit – das graziös-altmodische rosa Kleidchen, die hellblonde, dichte Perücke, das primitiv schöne und kindliche Bonbongesicht . . . Bogomolow spielte einen gelbbärtigen Hausknecht – ihn hatte man mit besonderer Sorgfalt ausstaffiert, wie sich das bei einem „Alltagstyp" eben gehörte –, während der Doktor einen alten Onkel darstellte, einen General im Ruhestand; er hatte denn auch die Vorstellung zu eröffnen, in der Sommerfrische in einem Korbsessel unter einem grünenden Bretterbaum sitzend, der auf dem nackten Bühnenboden stand, in einem nagelneuen rohseidenen Anzug, auch er rosa geschminkt, mit riesigem milchweißem Schnurrbart nebst Lippenbärtchen, im Sessel zurückgelehnt und mürrisch in die entfaltete Zeitung blickend, trotz des wunderschönen Sommermorgens auf den Kulissen, dazu grell beleuchtet vom Rampenlicht aus der Tiefe und im Gegensatz zu seinem grauen Haar erstaunlich jugendlich; er sollte, nachdem er in der Zeitung gelesen hatte, etwas Kräftig-Brummiges äußern, starrte jedoch nur vor sich hin und brachte trotz des verzweifelten Tuschelns der Souffleuse kein Wort über die

Lippen; erst als sie schließlich (mit kindlich fröhlichem, bezaubernd lustigem Lachen) aus den Kulissen hervorschnellte, von hinten auf ihn zutrat, ihm die Augen zuhielt und rief: „Rat mal, wer ich bin?“, kam auch er zu sich und schrie, jedes Wort betonend: „Laß mich los, laß mich los, du Zicke, ich weiß sehr gut, wer du bist!“

Im Zuschauerraum herrschte Halbdunkel, auf der Bühne war es hell und sonnig. Ich saß in der vordersten Reihe und schaute mich bald auf der Bühne, bald in meiner Nähe um; diese ganze Reihe bestand aus den reichsten, an ihrer Fülle erstickenden Zivilisten und den nach Rang und Erscheinung bedeutendsten Polizeibeamten oder Militärs, und alle waren gebannt von dem, was sich auf der Bühne tat – den affektierten Posen, dem nicht durchgehaltenen Lächeln ... Ich hielt es nicht einmal bis zum Ende des ersten Aktes aus. Kaum hörte man auf der Bühne etwas klopfen – ein Zeichen, daß sich der Vorhang in Kürze schließen würde –, suchte ich schleunigst das Weite. Auf der Bühne war man richtig in Fahrt gekommen – auf dem hellen, realen Flur, wo mir ein alles gewöhnter Alter in den Mantel half, klangen die übertrieben munteren Repliken der Darsteller besonders unnatürlich. Ich stürzte endlich auf die Straße. Das Gefühl einer verhängnisvollen Einsamkeit steigerte sich bis zur Exaltation. Draußen war es menschenleer und sauber, das Laternenlicht hatte einen unbeweglichen Glanz. Ich ging nicht nach Hause – in meinem engen Gasthofzimmer war es zu schaurig –, sondern in die Redaktion. Ich kam an den vielen Verwaltungsstellen vorbei, bog zu einem menschenleeren Platz ab, in dessen Mitte eine Kathedrale ragte, die sich mit dem matt blinkenden Gold ihrer Kuppel im bestirnten Himmel verlor. Selbst das Knirschen meiner Schritte im Schnee hatte etwas Erhabenes, Bedrohliches. Im Hause dort war es warm, man hörte nur das friedliche, langsame Ticken der Uhr im erhellten Speisezimmer. Das Knäblein der Awilowa schlief, die Kinderwärterin öffnete mir, sah mich schläfrig an und ging. Ich zog mich in das mir nun schon wohlbekannte Zimmer unter der Treppe zurück und setzte mich im Dunkeln auf das vertraute, ja irgendwie schicksalhafte Sofa. Und ich wartete, und mir graute schon im voraus vor dem Augenblick, da sie plötzlich vorfahren, geräuschvoll eintreten, sich gegenseitig unterbrechend erzählen, lachen und sich um den Samowar niederlassen würden, um die Eindrücke zu teilen; am meisten jedoch fürchtete ich den Augenblick, da ihr Lachen, ihre Stimme erklingen würde ... Das Zimmer war völlig von ihr, von ihrer Abwesenheit oder auch ihrer Gegenwart erfüllt, von all ihren Gerüchen – ihr selbst, ihren Kleidern, den Parfüms, dem weichen Schlafrock, der neben mir auf der Sofarolle lag. Draußen blaute drohend die Winternacht, zwischen den schwarzen Ästen der Bäume funkelten im Garten die Sterne ...

In der ersten Fastenwoche reiste sie mit ihrem Vater und Bogomolow (sie hatte seine Werbung abgewiesen) nach Hause. Ich sprach seit langem kein Wort mehr mit ihr. Sie machte sich, in einem fort weinend, reisefertig, ständig hoffend, ich würde sie plötzlich davon abbringen und nicht fortlassen.

II

Wir hatten die Tage der provinziellen Großen Fasten. Die Mietkutscher hielten beschäftigungslos an den Ecken, froren, schlugen sich hier und da kreuzweise verzweifelt auf die Schultern und riefen nicht eben zuversichtlich einem vorüberkommenden Offizier zu: „Euer Wohlgeboren! Ein feuriges Pferdchen gefällig?“ Die Dohlen, die wohl spürten, daß der Frühling nicht allzu fern war, plapperten nervös und lebhaft durcheinander, während die Krähen immer noch hart und böse krächzten.

Besonders schrecklich erschien mir die Trennung nachts.

Wenn ich zu tiefster Schlafenszeit erwachte, fragte ich mich ratlos: Wie soll ich jetzt weiterleben und wozu? Bin es tatsächlich ich, der aus unerfindlichem Grunde in der Finsternis dieser sinnlosen Nacht daliegt, in irgendeiner von Tausenden fremder Menschen bevölkerten Gouvernementshauptstadt, in diesem Gasthofzimmer, dessen schmales Fenster die ganze Nacht hindurch gleich einem langen grauen Teufel stumm vor mir ragt! Der einzige mir nahestehende Mensch in der ganzen Stadt ist die Awilowa. Aber steht sie mir wirklich nahe? Eine zweideutige und irgendwie peinliche Nähe ...

In der Redaktion erschien ich jetzt immer spät. Wenn die Awilowa mich aus dem Empfangsraum ins Vorzimmer treten sah, lächelte sie mir freudig zu – sie war wieder lieb und freundlich, unterließ es, über mich zu spötteln, ich sah, daß sie mich unverändert liebte, erkannte ihre ständige Aufmerksamkeit, ja Sorge um mich, und verbrachte öfter ganze Abende unter vier Augen mit ihr: sie spielte lange für mich auf dem Klavier, während ich halb ausgestreckt auf dem Sofa lag und immerfort die Lider senkte – der Tränen wegen, die die beglückende Musik und der sich zugleich vertiefende Liebesschmerz und die alles verzeihende Zärtlichkeit bei mir hervorriefen. Ich betrat den Empfangsraum, küßte ihr die kleine, aber kräftige Hand und verzog mich in das Zimmer für die ständigen Mitarbeier. Dort rauchte der Leitartikler, ein nachdenklicher, stupider Mensch, der nach Orjol verbannt und unter Polizeiaufsicht gestellt worden war, Zigarette um Zigarette; sein Äußeres wirkte recht seltsam: volkstümlicher Vollbart, dunkelbrauner, naturfarbener ärmelloser Rock nebst geschmierten Stiefeln, die äußerst stark, aber angenehm stanken; obendrein war er auch noch Linkshänder: die Hälfte der rechten Hand fehlte ihm, mit ihrem im Ärmel verborgenen Stummel drückte er das Papier an den Tisch und schrieb mit der Linken; da saß er lange still, dachte nach und stieß dichte Rauchwolken aus, drückte das Papier plötzlich noch fester an die Tischplatte und legte los – rasch, energisch und mit affenartiger Gewandtheit. Danach pflegte sich ein kurzbeiniger Alter mit erstaunten Äuglein einzustellen – der Redakteur der Auslandsrundschau; er legte im Vorzimmer den halblangen, mit Hasenfell gefütterten Mantel und die Finnenmütze mit den Ohrenklappen ab und entpuppte sich in seinen Stiefelchen, den Pluderhosen und der mit einem Riemchen gegürteten Flanellbluse als so klein wie ein Zehnjähriger; sein dichtes, weißgraues Haar starrte drohend hoch und nach allen Richtungen auseinander wie bei einem Stachelschwein; bedrohlich wirkten auch seine erstaunten Äuglein; er erschien immer mit zwei Schachteln zum Dienst, einer mit Zigarettenhülsen und einer zweiten mit Tabak, und stopfte sich während der Arbeit in einem fort eine Zigarette: da ging er routinemäßig eine hauptstädtische Zeitung durch, stopfte dabei in das aufklappbare kupferne Röhrchen des Füllgeräts einen hellen, feinfaserigen Tabak, tastete zerstreut nach der Zigarettenhülse, drückte den Griff des Instruments an die Brust, an seine weiche Bluse, das Röhrchen aber in die Zigarettenhülse, worauf er die fertige Zigarette geschickt auf den Tisch schnellen ließ. Danach pflegten sich der Metteur und der Korrektor einzustellen. Der Metteur sehr ruhig und selbstbewußt; man staunte über seine Höflichkeit, seine Schweigsamkeit und Undurchdringlichkeit; er war ungewöhnlich mager und dürr, schwarzhaarig wie ein Zigeuner und olivgrün von Gesicht, hatte dazu auch noch ein schwarzes Schnurrbärtchen und aschgraue Grabeslippen, präsentierte sich aber stets äußerst sorgfältig und sauber gekleidet: schwarze Beinkleider, blaue Bluse mit großem gestärktem Kragen – alles funkelte vor Neuheit und Reinlichkeit; ich unterhielt mich gelegentlich in der Druckerei mit ihm: dann unterbrach er seine Schweigsamkeit, sah mich mit seinen dunklen Augen fest und aufmerksam an und redete wie aufgezogen und ohne die Stimme zu erheben, immer von ein- und demselben: von der Ungerechtigkeit, die auf der Welt herrsche – überall und in allem. Der Korrektor kam alle Augenblicke herein – mal verstand oder billigte er dies oder jenes in einem Artikel nicht, den er gerade vor sich hatte, und erbat vom Autor bald eine Erklärung, bald eine Änderung: „Hier ist, wenn Sie gestatten, dies und jenes nicht so ganz geschickt ausgedrückt." Er war dick und ungefüge, hatte kleingelocktes, gleichsam ein wenig feuchtes Haar, hielt sich geduckt vor Nervosität und Angst, man könnte merken, daß er schwer angetrunken war, neigte sich zu demjenigen, von dem er eine Erklärung wünschte, mit verhaltenem alkoholischem Atem vor und zeigte mit zitternder geschwollener Hand von weitem auf die ihm unverständliche oder nach seiner Meinung ungeschickt formulierte Zeile. Ich saß in diesem Zimmer, redigierte zerstreut allerlei fremde Manuskripte, starrte aber meist zum Fenster hinaus und überlegte, wie und was ich selber schreiben solle.

Mich befiel ein weiteres heimliches Leid, eine weitere bittere „Unrealisierbarkeit". Ich begann wieder zu schreiben – neuerdings meist in Prosa – und das Geschriebene in Druck zu geben. Ich dachte jedoch nicht darüber nach, wovon ich schrieb und was ich drucken ließ. Ich quälte mich mit dem Gedanken ab, etwas ganz anderes zu schreiben, keineswegs das, was ich schreiben konnte und auch schrieb: etwas, was ich nicht zu schreiben vermochte. Aus dem, was das Leben mir gab, etwas des Schreibens Würdiges in mir zu speichern – welch seltenes Glück wäre das und welche seelische Mühe würde es mich kosten! Doch schließlich wurde mein Leben mehr und mehr zu diesem neuen Ringen um die „Unrealisierbarkeit", zum Suchen und Tasten nach jenem anderen, ebenfalls kaum greifbaren Glück, seiner Verfolgung, dem ständigen Nachdenken darüber.

Gegen Mittag kam die Post. Ich ging ins Empfangszimmer, erblickte aufs neue den hübschen und sorgsam frisierten, wie stets über die Arbeit geneigten Kopf der Awilowa und all das Liebe und Nette, das sich im matten Glanz eines ihrer genarbten Lederpantöffelchen unter dem Tisch kundtat, in der Pelzmantille über ihren Schultern, auf der ebenfalls ein Abglanz des grauen Wintertages, des winterlichen Fensters lag, hinter dem sich der schneeverhangene Krähenhimmel abzeichnete. Ich suchte mir das neueste Heft einer hauptstädtischen Zeitschrift heraus und schnitt es rasch auf ... Eine neue Erzählung von Tschechow! Ein Blick auf diesen Namen bewirkte, daß ich weiter nichts vor mir sah als diese Erzählung – ich vermochte vor neidischem Schmerz über den bevorstehenden Genuß nicht einmal den Anfang zu lesen. Im Empfangsraum tauchten unterdessen immer mehr Besucher auf, die einander ablösten: da stellten sich Besteller von Inseraten und eine Unzahl der verschiedensten Leute ein, die es ebenfalls gelüstete zu schreiben: darunter erblickte man einen wohlgestalten alten Mann mit Schal und Fausthandschuhen aus Angorawolle, der einen ganzen Packen billigen Papiers von großem Format mitbrachte, auf dem als Überschrift zu lesen stand: „Lieder und Gedanken" – diese war mit allem Kanzleiglanz aus den Tagen der Gänsefedern hingezirkelt; dann einen vor Verlegenheit feuerroten jungen Offizier, der sein Manuskript mit der knappen und höflich-bestimmten Bitte übergab, es sich anzusehen, falls es aber gedruckt werden sollte, auf keinen Fall seinen Familiennamen anzugeben, „sondern nur die Initialen, sofern das nach den Regeln der Redaktion zulässig ist"; nach dem Offizier einen vor Aufregung und infolge seines Pelzes schwitzenden älteren Geistlichen, der seine „Bilder aus dem Dorfleben" unter dem Pseudonym Spektator gedruckt sehen wollte, nach ihm aber jemanden, der beim Kreisgericht tätig war. Der erwies sich als ungewöhnlich akkurat, entledigte sich im Vorzimmer mit geradezu seltsamer Langsamkeit der neuen Galoschen, der neuen pelzgefütterten Handschuhe, des neuen iltisgefütterten Mantels nebst der neuen Bojarenmütze und entpuppte sich als außerordentlich mager, hoch von Wuchs und sauber, wischte sich wohl eine halbe Stunde lang den Schnurrbart mit einem schneeweißen Taschentuch, während ich begierig jeder seiner Bewegungen folgte und mich an meiner schriftstellerischen Beobachtungsgabe weidete.

Ja doch, er muß unbedingt so sauber, so akkurat, so bedächtig und besorgt um sich sein, da er nun einmal Zahnlücken hat und einen dichten Schnurrbart trägt... da seine gleich einem Apfel gerundete Stirn bereits Geheimratsecken aufweist, die Augen allzuhell funkeln, Schwindsuchtsflecken auf seinen Backenknochen glühen und er so große und platte Füße, so breite und flache Hände mit großen, gerundeten Nägeln hat!

Zur Frühstücksstunde kehrte die Wärterin mit dem Jungen vom Spaziergang zurück. Die Awilowa eilte ins Vorzimmer, hockte sich gewandt nieder, nahm ihm die weiße Schaffellmütze ab, knöpfte das ebenfalls mit weißem Lammfell gefütterte blaue Jäckchen auf und küßte ihn auf das frische, gerötete Gesichtchen, während er zerstreut beiseite blickte, an etwas ganz anderes und Fernes dachte und teilnahmslos zuließ, daß man ihn auszog und abküßte – und ich erwischte mich dabei, auf all das neidisch zu sein: auf die selige Verständnislosigkeit des Jungen, das Mutterglück der Awilowa, die Gelassenheit der alten Kinderwärterin. Ich beneidete alle, deren Leben mit alltäglichen Geschäften und Sorgen erfüllt war und nicht mit der Erwartung, dem Ausklügeln von irgend etwas für das wohl Seltsamste aller menschlichen Unternehmungen, genannt Schriftstellerei; alle, die eine einfache, genau bestimmbare Aufgabe haben, nach deren Erfüllung an einem Tag sie bis zum nächsten völlig beruhigt und frei sein können.

Nach dem Frühstück verschwand ich. Auf die Stadt ging in dichten, schläfrigen Flocken jener Schnee der vorösterlichen Großen Fasten nieder, der durch sein zartes, besonders reines Weiß immer vortäuscht, der Frühling sei schon ganz nah. Über den Schnee jagte geräuschlos ein sorgloser Mietkutscher an mir vorbei, der offenbar irgendwo rasch ein paar Gläschen genehmigt hatte und zu allem Braven und Gescheiten bereit war. Was, sollte man meinen, könnte alltäglicher sein? Mich traf und verwundete jedoch zu jener Zeit alles – so gut wie jeder flüchtige Eindruck – und weckte sofort das Bestreben in mir, ihn nicht ungenutzt, nicht umsonst, nicht spurlos verschwinden zu lassen, den Blitz des eigensüchtigen Bestrebens sogleich für mich nutzbar zu machen, um dies und jenes für mich herauszuholen. Da war er, dieser Mietkutscher, an mir vorbeigeglitten und hatte, indem er diesen Eindruck des Vorübergleitens in meiner Seele weckte und ihr scharf einprägte, ein seltsames Gleichnis alles Vorübergehenden geboten, mit dem ich mich dann noch lange, aber vergebens abquälte und auseinandersetzte. Danach – eine Paradeanfahrt neben dem Bürgersteig, davor eine durch die Flocken hindurch schwarz schimmernde gelackte Kutsche; man erkennt die gleichsam speckigen Reifen der großen Hinterräder, die im verharschten alten, nun aber von neuem weich überpuderten Schnee versinken; ich trete näher, werfe einen Blick auf den Rücken des auf dem Bock ragenden breitschultrigen, wie ein Kleinkind unter den Achseln gegürteten Kutschers mit einer gepolstert wirkenden, samtenen polnischen Nationalmütze auf dem Kopf und sehe plötzlich, hinter der verglasten Wagentür, in der Atlasbonbonniere der Kutsche sitzt, zittert und sieht einen so unverwandt an, als wolle es jeden Augenblick etwas sagen, ein reizendes Hündchen, dessen Ohren genau wie Bandschleifen aussehen. Und wieder durchzuckt mich blitzartig die Freude: ja, regelrechte Bandschleifen – ach, wenn ich das nur nicht vergesse!

Ich besuchte die Bibliothek. Sie war alt und von seltenem Reichtum. Aber wie trostlos sie wirkte, wie entbehrlich für jedermann! Ein altes, vernachlässigtes Haus, ein riesiger kahler Vorraum, eine kalte Treppe in den ersten Oberstock und eine mit Filz und darüber mit halbzerfetztem Wachstuch bezogene Tür. Drei Säle, von oben bis unten mit zerlesenen, abgenutzten Büchern vollgestellt. Ein langer, thekenartiger Tisch mit Schreibpult, eine kleine, flachbrüstige, unfreundlich schweigsame Vorsteherin, in irgend etwas Schwarzes, Fastenmäßiges gekleidet, mit mageren, blassen Händen und einem Tintenfleck auf dem Mittelfinger, dazu ein ungepflegter Halbwüchsiger in grauer Bluse und mit lange nicht mehr geschorenem Mäusekopf, der ihre Befehle ausführte. Ich verzog mich in den Leseraum, ein rundes, nach Ofendunst riechendes Zimmer mit einem runden Tisch in der Mitte, auf dem die „Eparchie-Nachrichten" und „Der russische Wallfahrer" ausgelegt waren. An diesem Tisch saß, vorgebeugt und irgendwie verstohlen in einem dicken Buch blätternd, ein ständiger Leser – ein magerer Jüngling, Gymnasialschüler in kurzem, abgetragenem Uniformmantel, der sich in einem fort mit einem dürftigen Taschentuch vorsichtig die Nase wischte. Wer sollte hier auch außer uns beiden sitzen, die wir gleichermaßen einsam waren – in der Stadt und wohl auch in dem, was wir lasen? Der Gymnasiast las etwas für seinesgleichen Unwahrscheinliches: „Die gute Schreibweise". Aber auch mich schaute die Bibliotheksleiterin hier und da verblüfft an, wenn ich die „Biene des Nordens", den „Stern über den Feldern", die „Blumen des Nordens" oder Puschkins „Zeitgenossen" bestellte. Ich ließ mir im übrigen auch manches Neue geben: so allerlei „Biographien bedeutender Männer"; all das nur zu dem Zweck, eine gewisse Unterstützung für mich darin zu finden, mich neidvoll mit diesen bedeutenden Männern zu vergleichen. „Bedeutende Männer!" Welch unübersehbare Zahl von Dichtern, Romanciers und Novellisten hatte es auf Erden gegeben, und wie wenige waren übriggeblieben! Immer dieselben Namen für alle Ewigkeit! Homer, Horaz, Vergil, Dante, Petrarca ... Shakespeare, Byron, Shelley,

Goethe ... Racine und Molière ... Immer derselbe „Don Quichote“, dieselbe „Manon Lescaut“ ... In diesem Zimmer las ich, wie ich mich erinnere, zum erstenmal Radistschew – und war begeistert. „Ich blickte mich überall um, und meine Seele war betroffen über die Leiden der Menschheit!“

Nachdem ich die Bibliothek gegen Abend verlassen hatte, schritt ich ohne Eile durch die dunkelnden Straßen. Hier und da sank ein langsames Läuten auf mich herab. Ich betrat, bedrückt vom Leid um mich selbst wie um sie und um das ferne Elternhaus, eine Kirche. Auch hier gab es etwas, das niemand brauchte. Leere, Halbdunkel, die Flämmchen der wenigen Kerzen, ein paar alte Frauen und alte Männer. Hinter der Verkaufskasse für Kerzen steht regungslos und unberührt der Kirchenälteste mit rund um den Kopf auf Bauernart geschnittenem grauem Haar und schaut sich mit strenger Händlermiene um. Der Kirchendiener schleppt sich gerade noch mit steifen Beinen dahin, richtet hier eine geneigte und allzu rasch schmelzende Kerze, bläst da eine erlöschende aus, wobei er den Geruch von etwas Verbranntem und Wachs verbreitet, um sie danach in seiner Greisenfaust mit anderen Kerzenresten zu einem Wachsknäuel zusammenzupressen; und man merkt ihm an, wie sehr er unseres ihm unverständlichen irdischen Lebens nebst all seinen Sakramenten überdrüssig ist: Taufe, Abendmahl, Trauung, Begräbnis und all die sich Jahr für Jahr in ewiger Folge wiederholenden Feiertage und Fasten. Der Geistliche, der in bloßer Kutte und ohne Priesterornat ungewohnt schlank erscheint und – wie zu Haus und auf Frauenart barhäuptig – mit dem Gesicht zur geschlossenen Zarenpforte steht und sich so tief verneigt, daß das Epitrachilion sich von seiner Brust löst und hinunterhängt, während er seufzend die Stimme erhebt und sie im traurigen, bußgerechten Halbdunkel, in der traurigen Leere hallen läßt: „Herrgott, Gebieter über mein Leben ...“ Ich verschwand leise aus der Kirche, atmete aufs neue die vorfrühlingshafte winterliche Kälte ein und sah die violettgraue Dämmerung. Tief, mit geheuchelter Demut neigte ein Bettler den dicht behaarten grauen Kopf vor mir, die Hand gleich einer Kelle gehöhlt, schaute, nachdem er mein Fünfkopekenstück aufgefangen hatte und in der Hand hielt, zu mir auf und machte mich plötzlich stutzig: die matt-türkisblauen Augen eines Gewohnheitssäufers und eine riesige Erdbeernase, ja eine, die aus drei großen, mit tiefen Poren und kräftigen Buckeln versehenen Erdbeeren bestand. Ach, wie quälend-freudig wurde mir wieder zumute: eine Nase aus drei Erdbeeren!

Ich ging die Bolchowskaja-Straße hinab und schaute zu dem immer dunkler werdenden Himmel – mich quälten die Umrisse der alten Hausdächer vor ihm, die unbegreiflich beruhigende Schönheit ihrer Umrisse. Ein altes menschliches Heim, ein Dach über dem Kopf – wer hatte schon darüber geschrieben? Man zündete die Laternen an, die Fenster der Läden erhellte ein warmes Licht, die auf den Bürgersteigen Vorüberkommenden zeichneten sich schwarz ab, der Abend blaute, als wäre er mit Waschblau behandelt worden; in der Stadt wurde es behaglich, man fühlte sich ausgesprochen wohl ... Ich verfolgte wie ein Detektiv bald den, bald jenen Vorüberkommenden, achtete auf seinen Rücken, auf seine Galoschen, bestrebt, dies und das an ihm zu erhaschen, zu verstehen und zu deuten ... Schreiben! Ja doch – über Dächer, Galoschen, menschliche Rücken muß man schreiben, und keineswegs, um „gegen Willkür und Unterdrückung zu kämpfen, für die Erniedrigten und Beleidigten einzutreten, überzeugende Typen vorzuführen, umfassende Bilder des zeitgenössischen gesellschaftlichen Lebens und seiner Stimmungen und Strömungen wiederzugeben!“ Ich beschleunigte meine Schritte und stieg zum Orlik hinunter. Der Abend wurde zur Nacht, die Gaslaterne auf der Brücke leuchtete bereits recht hell, und unter ihr beugte sich jemand, die Hände unter den Achseln und mich hündisch anblickend, hündisch an allen Gliedern zitternd, und murmelte hölzern „Euer Erlaucht!" Er stand mit bloßen roten Füßen im Schnee, allein mit einem zerfetzten Baumwollhemd und kurzen rosa Unterhosen bekleidet, mit gedunsenem, finnigem Gesicht und bettelnden, eistrüben Äuglein. Ich griff rasch wie ein Dieb zu, barg ihn in meinem Gedächtnis und drückte ihm dafür ein Zehnkopekenstück in die Hand ... Das Leben war schrecklich! Aber war es das wirklich? Vielleicht stellte es sich ihm ganz anders und keineswegs so schrecklich dar? Da hatte ich dieser Tage genauso einem Barfüßigen ein Fünfkopekenstück zugesteckt und naiv ausgerufen: „Ist doch schrecklich, wie Sie leben!" Man hätte hören sollen, mit welch unerwarteter Frechheit, Sicherheit und Bosheit er mir auf meine dumme Bemerkung zur Antwort gab: „Reinweg nichts ist daran schrecklich, junger Mann!" – Hinter der Brücke aber, im Erdgeschoß eines großen Hauses, funkelte blendend das Spiegelglasfenster eines Wurstladens, das von oben bis unten mit einer solchen Vielfalt, einer solchen Fülle von Würsten und Schinken vollgehängt war, daß man das weiße und helle Innere des Ladens selbst, der ebenfalls von oben bis unten vollgehängt zu sein schien, fast nicht erkannte. Die sozialen Kontraste! dachte ich giftig, Gott weiß wem zum Vorwurf, während ich am Licht und Glanz des Schaufensters vorüberging. In der Moskowskaja-Straße kehrte ich in einer Kutscher-Teestube ein, saß in ihrem Gemurmel, ihrer Enge und dumpfigen Wärme, beobachtete die fleischigen roten Gesichter, merkte mir die roten Bärte, das abblätternde rostige Servierbrett, auf dem zwei weiße Teekannen mit nassen Schnürchen vor mir standen, die an Deckeln und Griffen festgemacht waren. Beobachtung der Volksbräuche? Irrtum – nur dieses Servierbretts, dieser nassen Schnürchen!

12

Gelegentlich machte ich mich auch zum Bahnhof auf. Hinter dem Triumphbogen begann die Dunkelheit, die nächtliche Finsternis der Kreisstadtumgebung. Und hier nun stellte ich mir ein niemandem bekanntes, nicht existierendes Kreisstädtchen vor, das ich erfunden hatte, aber so deutlich vor mir sah, als hätte ich mein ganzes Leben in ihm zugebracht. Ich sah die breiten, schneeverwehten Straßen, die sich im Schnee dunkel abzeichnenden Häuschen, das rote Lämpchen in einem von ihnen. Und ich sagte mir immer wieder begeistert: Ja, genau so muß man es festhalten mit den paar Worten – Schneemassen, Häuschen, ein Öllämpchen in einer Ecke mit Heiligenbildern ... und weiter nichts! Der winterliche Wind von den Feldern wehte bereits die Pfiffe der Lokomotive, ihr Zischen und den Steinkohlengeruch herbei, der einen bis ins Innerste der Seele durch das Gefühl der Ferne und Weite erregte. Mir entgegen jagten schwärzlich sich abzeichnende Mietschlitten mit Fahrgästen – sollte der Postzug aus Moskau schon angekommen sein? Und tatsächlich – der Speisesaal war heiß von den vielen Menschen, den Lichtern, den Küchen- und Samowargerüchen, tatarische Kellner eilten mit wehenden Frackschößen hin und her, alle krummbeinig, dunkelgesichtig, mit breiten Backenknochen und kurzgeschorenen bläulichen Köpfen. An einem gemeinsamen Tisch saß eine ganze Gesellschaft von Kaufleuten, an einem anderen aßen Kastraten kalten Stör mit Meerrettich: große, pralle, safrangelbe Weibergesichter, Schlitzaugen und Fuchspelze ... Der Bücherstand im Bahnhof stellte für mich immer eine große Verlockung dar – ich umkreiste ihn wie ein hungriger Wolf, reckte und streckte mich, um die Titel auf den gelben oder grauen Rücken der von Suworin herausgegebenen Bücher zu entziffern. All das weckte so heftiges Verlangen nach Reisen, nach Eisenbahnwagen und verwandelte sich in eine solche

Sehnsucht nach ihr, nach jener, mit der gemeinsam zu reisen ich so unendlich glücklich wäre, daß ich davoneilte, auf den ersten besten Mietkutscher zustürzte und mich Hals über Kopf in die Stadt, zur Redaktion bringen ließ. Wie gut doch diese Mischung immer tut – Herzensqual und schnelles Reiten oder Fahren! Ich tauche, im Schlitten sitzend, aus einer Schneegrube in die andere, stoße mich und werfe den Kopf zurück: die Nacht ist mondhell, hinter den winterlich trüben Wolken lugt gelegentlich hell und leuchtend weiß ein blasses Antlitz hervor. Wie hoch, wie fremd es allem ist! Die Wolken ziehen dahin, geben es frei und verdecken es aufs neue – ihm ist das einerlei, es hat nicht das geringste mit ihnen zu tun! Ich halte den Kopf hintenüber geneigt, daß es schmerzt, wende kein Auge von ihm und versuche zu ergründen, wenn es hier und da plötzlich strahlend hinter den Wolken hervortritt, was es denn nun darstellt? Die weiße Maske eines Toten? Etwas von innen her Leuchtendes? Gut, aber wodurch? Durch Stearin? Ja, ja doch, durch Stearin! So werde ich es auch irgendwo sagen! Im Vorzimmer stoße ich auf die verwunderte Awilowa. „Ach, wie gut sich das trifft! Kommen Sie, fahren wir zum Konzert!" Sie ist in schwarze Spitze gehüllt, die ihr wunderbar zu Gesicht steht, sie noch kleiner, noch schlanker erscheinen läßt, Schultern, Arme, den zarten Ansatz der Brüste freigibt; sie ist beim Friseur gewesen und leicht gepudert, was ihre Augen dunkler und funkelnder erscheinen läßt. Ich helfe ihr in das Pelzjäckchen, muß mich zusammennehmen, um sie nicht plötzlich auf den mir so nahen, halb entblößten Körper, das leicht gelockte duftende Haar zu küssen ... Auf der Estrade vom Saal des Adelsverbandes im Schein seiner Lüster – lauter hauptstädtische Berühmtheiten: eine bildschöne Sängerin und ein riesiger brünetter Sänger, der wie alle Sänger durch erstaunliche Kondition, durch die imponierende grobe Kraft eines jungen Hengstes besticht. Alles an ihm glänzt – die Lackschuhe an den großen Füßen, der bewundernswert geschnittene Frack, die weiße Hemdbrust und die weiße Krawatte, dröhnt herausfordernd und heroisch vor Wagemut, Tapferkeit und bedrohlicher Herausforderung. Sie gibt ihm, indem sie sich bald von ihm entfernt, bald wieder mit ihm vereint, sogleich Antwort, unterbricht ihn mit zärtlichen Vorwürfen, Klagen, leidenschaftlicher Betrübtheit oder begeisterter Freude, hier nun schon durch hastig-selige, gleichsam lachende Koloraturen ...

13

Oft genug schnellte ich, kaum daß es dämmerte, aus dem Bett. Ein Blick auf die Uhr zeigte mir, daß es noch keine sieben war. Ich empfand den leidenschaftlichen Wunsch, aufs neue unter die Decke zu schlüpfen, noch ein Weilchen im Warmen zu liegen; das Zimmer verharrte in einem kalten Grau, in der Stille des noch schlafenden Gasthofs hörte man nur dies und jenes sehr Morgendliche: so, wie der Etagenkellner am Ende des Ganges mit der Kleiderbürste hantierte und gelegentlich über Knöpfe hinklapperte. Doch mich befiel eine solche Angst, den Tag aufs neue zu vertun, eine solche Ungeduld, mich so rasch wie möglich – und nun schon richtig – an die Arbeit zu machen, daß ich zur Klingel stürzte und beharrlich ihr forderndes Scheppern über den Korridor hallen ließ. Wie fremd, wie widerwärtig all das war – dieser Gasthof, dieser schmuddlige Etagenkellner, der irgendwo weit weg mit der Kleiderbürste raschelte, das dürftige Blech des Waschbeckens, aus dem einem schräg ein eisiger Wasserstrahl ins Gesicht schlug! Wie kläglich wirkte meine jugendliche Magerkeit im dünnen Nachthemd, wie starr die zu einem Klümpchen erstarrte Taube im körnigen Schnee hinter den Scheiben auf dem Fensterbrett! Mein Herz entflammte plötzlich in freudiger, kühner Entschlossenheit: nein, gleich heute zurück nach Baturino, in das schöne Heim! Dennoch versenkte ich mich, nachdem ich hastig meinen Morgentee getrunken und einige Bücher geordnet hatte, die auf einem ärmlichen Tischchen zwischen dem Waschbecken und der Tür zum Nachbarzimmer lagen – dort, im Zimmer nebenan, hauste eine leicht verwelkte, traurig-schöne Frau mit ihrem achtjährigen Kind –, dennoch versenkte ich mich also völlig in meine übliche Morgenbeschäftigung: die Vorbereitung auf das Schreiben; die angespannte Untersuchung all dessen, was sich in mir angesammelt hatte, das Hervorsuchen all dessen in meinem Inneren, das sich, wie mir schien, jeden Augenblick formen und Gestalt annehmen müsse... Ich wartete darauf, fürchtete aber zugleich, daß alles wieder einmal mit der bloßen Erwartung, der ständig wachsenden Erregung und dem Erkalten der Hände enden werde, worauf ich voller Verzweiflung in die Stadt oder in die Redaktion flüchten würde. In meinem Kopf geriet alles wieder durcheinander, mich quälten die Willkür, die mangelnde Ordnung, die Vielzahl der verschiedensten Gefühle, Gedanken und Vorstellungen. Entscheidend blieb für mich immer mein Ich, das ganz Persönliche; beschäftigten mich denn damals in der Tat irgendwelche anderen Leute, auch wenn ich sie noch so angespannt beobachtete? Also gut, sagte ich mir, vielleicht sollte ich einfach mit einer Erzählung über mich selbst beginnen. Doch wie? In der Art von „Kindheit und Knabenjahre“? Oder noch einfacher? „Ich bin da und da, dann und dann zur Welt gekommen...“ Mein Gott, wie trokken und banal das klingt – und wie falsch! Ich fühle doch etwas ganz anderes! Es mag unverschämt, ja anmaßend klingen, aber es ist nun einmal so: ich bin im Weltall, in der Unendlichkeit von Zeit und Raum geboren, in der sich angeblich einst das sogenannte Sonnensystem bildete, dann das, was man die Sonne nennt, danach die Erde... Aber was stellte das alles dar? Was wußte ich von alledem, von leeren Worten abgesehen? Die Erde hatte ursprünglich aus einer gasartigen Substanz bestanden...

Danach, Millionen von Jahren später, verwandelte sich dieses Gas in Flüssigkeit, worauf die Flüssigkeit feste Form annahm und nach angeblich weiteren zwei Millionen Jahren die ersten einzelligen Lebewesen auf der Erde auftauchten: Algen und Infusorien ... Danach die Wirbellosen: Würmer oder Mollusken ... Nach ihnen die Amphibien ... Nach den Amphibien aber tauchten gigantische Kriechtiere auf ... Und schließlich waren der sogenannte Höhlenmensch und dessen Entdeckung des Feuers an der Reihe ... Es folgten irgendein Chaldäa, Assyrien und Ägypten, das offenbar nichts anderes zu tun hatte, als Pyramiden zu errichten und Mumien zu balsamieren. Dann gab es einen Artaxerxes, der den Hellespont zu peitschen befahl, Perikles und Aspasia, die Schlacht an den Thermopylen und die bei Marathon ... Ansonsten hatte es lange davor auch jene legendären Tage gegeben, da Abraham mit seinen Herden aufbrach, um sich in das Gelobte Land zu begeben, hatte er, Abraham, sich doch im Glauben daran entschlossen, in dieses ihm zum Erbe verheißene Land auf den Weg zu machen, ohne zu wissen, wohin er strebte ... Ja, ohne es zu wissen! Genauso wie ich! „Es ward gehorsam Abraham, als er berufen ward, auszugehen ..." Im Glauben woran? An das liebevolle Geheiß des Gottesbefehls. „Und er ging aus und wußte nicht, wo er hinkäme." Ebensowenig wie ich ... Nein, er wußte es: zu einer Art Glück, das heißt zu etwas, was ihm lieb und willkommen sein und Freude bereiten würde, ihm das Gefühl der Liebe geben – das Leben. Aber auch ich lebte doch ständig nur von dem, was Liebe, was Freude erweckte ...

Hinter der Tür neben dem Tischchen hörte man bereits Stimmen, die einer Frau und die eines Kindes, dazu das Drücken des Pedals unter dem Waschbecken und das Plätschern von Wasser; man brühte Tee auf, und damit begannen auch die Ermahnungen: „Kostenka, so iß doch dein Brötchen!" Ich erhob mich und ging in meinem Zimmer auf und ab. Dieser Kostenka hatte mir gerade noch gefehlt! Seine Mutter verschwand, nachdem sie ihm sein Frühstück vorgesetzt hatte, bis gegen Mittag. Dann kam sie zurück und bereitete ihm etwas zu essen auf ihrem Petroleumkocher; fütterte ihn ab und ging aufs neue. Welche Qual, mit anzusehen, wie dieser Kostenka, der ein Korridorkind geworden war, sich den ganzen Tag in den Zimmern herumtrieb, bald bei dem, bald bei jenem Mieter hereinschaute, sofern er sich gerade im Hause aufhielt, wie er manchmal versuchte, sich bei ihm einzuschmeicheln und etwas Angenehmes zu sagen; dabei hörte ihm niemand zu, gelegentlich wurde er sogar kurzerhand aus dem Zimmer gewiesen: „Schon gut, Freundchen, troll dich und laß mich gefälligst in Frieden!" In einem der Zimmer hauste eine kleine alte Dame, sehr graziös und wohlerzogen, die sich als weit über allen Mietern stehend betrachtete, auf dem Korridor niemanden eines Blickes würdigte und sich häufig, allzu häufig, in der Toilette einschloß und das Wasser rauschen ließ. Diese Dame besaß einen großen Mops mit breitem Rücken, der dermaßen überfüttert war, daß er dicke Falten im Genick besaß, dazu glasige Stachelbeeraugen, eine widerwärtig plattgedrückte Schnauze, einen verächtlich, ja hochmütig vorgeschobenen Unterkiefer mit zwischen zwei Stoßzähnen heraushängender Krötenzunge. Der Ausdruck seiner Schnauze blieb fast immer derselbe und ließ nichts als aufmerksame Brutalität erkennen, nur war er äußerst nervös. Wenn also Kostenka, den jemand aus dem Zimmer abgeschoben hatte, diesem Mops auf dem Korridor begegnete, hörte man, wie der Mops sogleich von einem boshaften Würgen nebst heiserem, wütendem Knurren befallen wurde, das rasch in empörte Raserei überging und mit lautem, wütendem Bellen endete, bei dem Kostenka in hysterisches Schluchzen ausbrach.

Ich setzte mich aufs neue an den Schreibtisch und quälte mich mit der Dürftigkeit des Lebens und seiner – trotz der Alltäglichkeit – so immensen Kompliziertheit herum. Jetzt drängte es mich auf einmal, etwas über Kostenka und anderes in dieser Art auszusagen. Da hatte zum Beispiel in der Herberge der Nikulina eine Woche lang eine Nähterin gelebt und für sie gearbeitet, eine nicht mehr junge Kleinbürgerin, die in einem fort irgend etwas auf dem mit Stoffschnitzeln überhäuften Tisch zuschnitt, danach das Zugeschnittene in die Nähmaschine steckte und zu steppen, zu nähen anhub. Was war allein die Art und Weise wert, in der sie beim Zuschneiden den großen, trokkenen Mund verzog, während sie den Richtungen oder Richtungsänderungen der Schere folgte, wie sie beim Samowar den Tee genoß, in einem fort bemüht, der Nikulina etwas Angenehmes zu sagen, mit geheuchelter Lebhaftigkeit auf sie einredete und die große Arbeitshand – scheinbar unbewußt – zum Körbchen mit den Weißbrotschnitten ausstreckte und zum kristallenen Schälchen mit dem eingemachten Beerenobst hinschielte! Und die Hinkende mit ihren Krücken, der ich dieser Tage auf der Karatschewskaja begegnet war? Alle Lahmen, alle Buckligen verhalten sich beim Gehen herausfordernd, ja hochmütig. Diese kam, die schwarzen Krücken in beiden Händen, bescheiden auf mich zugehinkt, stützte sich beim Niedertauchen gleichmäßig auf sie, wobei sie die Schultern mit den schwarzen Polstern darunter hochzog und mich aufmerksam musterte ... Kurzes Pelzjäckchen wie bei einem kleinen Mädchen, kluge, klare, unschuldige dunkelbraune Augen, auch die wie bei einem kleinen Mädchen, wenn sie sich auch längst im Leben auskannte, in seinen Nöten und seiner Rätselhaftigkeit ... Wie schön doch manche unglücklichen Menschen, ihre Gesichter, ihre Augen wirken, in denen sich die ganze Seele spiegelt!

Danach versuchte ich mich aufs neue in Überlegungen zu versenken, womit ich denn nun die Beschreibung meines Lebens beginnen solle. Ja, womit? Immerhin mußte man sich vor allem, wenn auch nicht gleich über das Weltall, in dem ich in einem bestimmten Augenblick seiner Existenz auftauchte, so wenigstens über Rußland äußern: dem Leser zu verstehen geben, welchem Lande ich angehörte, im Ergebnis welcher Lebensweise ich zur Welt gekommen war. Aber was wußte ich schon davon? Die althergebrachte Lebensart der Slawen, die Streitigkeiten unter den Stämmen ... Die Slawen zeichneten sich durch hohen Wuchs, blondes Haar, Tapferkeit und Gastfreundlichkeit aus, waren Sonnenanbeter, Anbeter von Donner und Blitz gewesen, verehrten aber auch Waldschrate, Nymphen und Wassergeister, „überhaupt die Kräfte und Erscheinungen der Natur". Was war sonst noch über sie zu berichten? Die Berufung der Fürsten, die Zargrader Abgesandten beim Fürsten Wladimir und die Versenkung Peruns im Dnepr, unter dem allgemeinen Schluchzen der Bevölkerung ... Jaroslaw der Weise, die Zwietracht unter seinen Söhnen und Enkeln ... dann irgendein Wsewolod, „das Große Nest" ... Doch nicht genug damit – ich wußte selbst vom gegenwärtigen Rußland so gut wie nichts! Nun ja, die sich ruinierenden Gutsbesitzer, die darbenden Bauern, die Semstwo-Vorgesetzten, die Gendarmen und Polizisten, die nach Aussage der Schriftsteller stets mit einer vielköpfigen Familie belasteten Dorfgeistlichen ... Und was sonst? Nehmen wir Orjol, eine der urrussischen Städte – könnte ich doch wenigstens sein Leben, seine Menschen kennenlernen! Aber was für Eindrücke habe ich davon schon bewahrt? Straßen, Mietkutscher, zerfahrener Schnee, Geschäfte, Aushängeschilder – Aushängeschilder, nichts als Aushängeschilder ... Gut, ich hatte den Bischof, den Gouverneur und den schönen, bestialischen, riesigen Polizeikommandanten Raschewski gesehen ... Dazu Palizyn, den Stolz Orjols, einen seiner Pfeiler, einen jener störrischen Sonderlinge, durch die Rußland von jeher bekannt war: betagt, aus vornehmem Geschlecht, ein Freund Aksakows und Leskows, hauste er in einer Art altrussischem Palast, dessen Balkenwände mit selten gewordenen alten Ikonen bedeckt waren, trug einen weiten Hausrock, der mit buntem Saffian besetzt war, und einen auf gut russisch rundherum geschorenen Kopf, hatte ein unbewegliches Gesicht und schmale Augen, war äußerst gescheit und, wie man sich erzählte, erstaunlich belesen. Was weiß ich sonst noch von diesem Palizyn? Nicht das geringste!

Hier befiel mich am Ende Empörung: wieso war ich verpflichtet, irgendwen oder irgend etwas mit lückenloser Vollständigkeit zu kennen, und durfte nicht schildern, wie ich es wußte und empfand? Ich sprang auf und begann wieder auf und ab zu gehen, befriedigt über meine Entrüstung – ich klammerte mich an sie wie an einen Rettungsanker. Und plötzlich tauchte das Swjatogorsker Kloster vor mir auf, wo ich im vorigen Frühjahr gewesen war, das Lager der vielstämmigen Wallfahrermenge vor seinen Mauern am Ufer des Donez gesehen und einen Klosternovizen vergeblich mit der Bitte verfolgt hatte, mich für die Nacht irgendwo unterzubringen; die Art und Weise, in der er mit den Achseln zuckte, mir davonlief und dabei regelrecht auseinanderwehte – mit den Armen, mit den Beinen, dem Haar, den Säumen des Leibrocks unter dem Meßgewand, mit seiner schlanken, biegsamen Taille, dem jugendlichen, von Sommersprossen übersäten Gesicht, der ungewöhnlichen Fülle und Dichte des feinen, sich Haar für Haar ringelnden Schopfes. Danach erlebte ich jene Frühlingstage, an denen ich, wie mir schien, unendlich lange auf dem Dnepr dahinfuhr ... Dann ein Morgengrauen irgendwo in der Steppe ... die Tatsache, daß ich auf einer harten Bank in einem Eisenbahnwagen erwachte, wie gelähmt durch ihre Unbequemlichkeit und die morgendliche Kälte, dadurch, daß hinter den schwitzenden weißen Scheiben nicht das geringste zu erkennen war – einfach nicht festzustellen, wo sich der Zug befand! –, und fühlte, daß gerade das, diese Ungewißheit, mich so entzückte ... Ich sprang mit morgendlichem Elan auf, öffnete das Fenster und lehnte mich, auf die Ellenbogen gestützt, hinaus: ein weißer Morgen, dichter weißer Nebel, es roch nach Frühlingsmorgen und eben nach Nebel, er klatschte einem dank der raschen Fortbewegung des Wagens wie nasse Wäsche auf Hände und Gesicht.

14

Und dann geschah es eines Tages, daß ich die Zeit verschlief, die ich mir gesetzt hatte. Als ich wieder erwachte, blieb ich einfach liegen, schaute durchs Fenster mir gegenüber in das gleichmäßig weiße Licht des winterlichen Tages und empfand eine seltsame Gelassenheit, eine seltene Nüchternheit von Verstand und Seele, zugleich eine gewisse Dürftigkeit und Primitivität all dessen, was mich umgab. Ich lag lange da, fühlte, wie wenig mir mein Zimmer bedeutete, wie weit es unter meinen Ansprüchen lag, durch nichts und auf keine Weise mit mir verbunden war. Schließlich stand ich auf, wusch mich und zog mich an, bekreuzigte mich gewohnheitsgemäß vor dem Heiligenbildchen über dem Kopfende des billigen eisernen Betts, demselben Heiligenbildchen, das, so merkwürdig es auch klingen mag, noch heute in meinem Schlafzimmer hängt: ein dunkelolivgrünes, glattes, vor Alter versteinertes Brettchen mit grober Silberverkleidung, die die drei an Abrahams Tafel sitzenden Engel plastisch heraushebt und deren orientalisch-wilde, sonnenverbrannte Gesichter braun aus den rundlichen Löchern des Silbers hervorschauen läßt – ein Erbe aus der Familie meiner Mutter, der Segen, den sie mir auf den Lebensweg gab, damit ich aus jener mönchischen Vereinsamung herausfinde, die meine Kindheit, mein Knabenalter und meine frühe Jugend bestimmt hatte, aus jener dumpfen, verborgenen Zeit meines irdischen Daseins, die mir heute als ein besonderer Lebensabschnitt erscheint, als etwas Unantastbares, Märchenhaftes, das sich mit der Zeit gleichsam in etwas Abgetrenntes, ja mir selber Fremdes verwandelt hat ... Nachdem ich mich also vor dem Heiligenbildchen bekreuzigt hatte, machte ich mich auf, um etwas zu erstehen, auf das ich, noch während ich im Bett lag, verfallen war. Unterwegs erinnerte ich mich eines Traums, den ich in der vergangenen Nacht geträumt hatte: es war in der Woche vor den Großen Fasten, ich hauste wieder bei den Rostowzews, saß mit Vater im Zirkus und starrte auf die Arena, in die ein kleines Rudel schwarzer Ponys einlief, ein halbes Dutzend an der Zahl; sie waren prächtig mit kupfernen Sattelgurten nebst kleinen Schellen ausgestattet und straff gezäumt – die roten Samtzügel zum Sattel waren so kurz gehalten, daß sie die dicken, kurzen Hälse mit den bürstenartig geschorenen Mähnen tief beugen mußten, während über ihren Stirnen rote Federbüsche ragten ... Sie kamen einmütig und wohlausgerichtet in leichtem Trab in die Arena gelaufen, bimmelten mit den Schellen, böse und eigensinnig die schwarzen Köpfe gesenkt – alle von gleicher Farbe und gleichem Wuchs, alle wohlgerundet und kurzbeinig –, standen plötzlich still, knabberten am Mundstück und schüttelten die Federbüsche ... Der befrackte Direktor schrie sie lange an, knallte lange mit der Peitsche, bis er es schließlich erreichte, daß sie in die Knie gingen und sich vor dem Publikum verneigten, worauf die Musik, die plötzlich in einen fröhlichen Galopp verfiel, die Meute rings um die Arena jagte, als ob sie sie verfolge ... Ich suchte einen Schreibwarenladen auf und kaufte mir ein dickes Heft in schwarzem Wachstuchumschlag. Nach Hause zurückgekehrt, trank ich meinen Tee und sagte mir: Genug von alledem! Ich werde nur noch lesen und hier und da, ohne Ansprüche zu stellen, dies und das kurz niederschreiben – allerlei Gedanken, Gefühle, Beobachtungen ... Und ich tauchte die Feder in das Tintenglas und trug sorgsam und gut leserlich ein:

„Alexej Arsenjew. Aufzeichnungen."

Danach saß ich lange da, dachte nach, was ich denn nun

notieren solle, verräucherte das ganze Zimmer, ließ aber nicht ab, sondern war nur traurig und still. Schließlich begann ich mit meinen Eintragungen:

„In die Redaktion kam ein bekannter Tolstoianhänger, Fürst N., und bat, seine Abrechnung von der Sammlung und deren Verausgabung für die Hungernden im Gouvernement Tula abzudrucken. Klein von Wuchs und ziemlich füllig. Weiche, kaukasisch anmutende Schaftstiefel, Persianermütze, Mantel mit Persianerkragen, alles alt und abgetragen, aber teuer und sauber, eine weiche graue Bluse, mit schmalem Riemchen gegürtet, unter der sich der Bauch rundete; dazu ein in Gold gefaßter Kneifer. Er gab sich äußerst bescheiden; dennoch berührten mich sein wohlgeformtes, gepflegtes, milchigweißes Gesicht und die kalten Augen recht unangenehm. Mich befiel sogleich Haß gegen ihn. Ich bin natürlich kein Tolstojaner. Aber auch nicht, was man von mir glaubt. Ich will, daß das Leben und die Menschen schön sind, daß sie Liebe und Freude erwecken, und hasse nur, was sie daran hindert."

„Neulich streunte ich die Bolchowskaja-Straße bergan und erblickte folgendes Bild: Sonnenuntergang, leichter Frost, der Himmel im Westen klart auf, und die ganze Stadt wird von dort durch diesen durchsichtigen und kalten grünen Himmel und durch ein helles Abendlicht erhellt, dessen Schwermut unbeschreiblich ist; auf dem Bürgersteig aber steht ein zerlumpter, blaugefrorener alter Leierkastenmann und taucht den frostigen Abend in die Klänge seines ziemlich ausgedienten Leierkastens, in das Pfeifen seiner Flöten und die aus ihm herauszuhörenden, zwar heiseren, aber gerade noch erkennbaren romantischen Melodien aus fremdartigen, weit zurückliegenden Zeiten, die die Seele bedrücken – durch irgendwelche Träume, durch das Bedauern um dies oder jenes . . ."

„Ich empfinde überall Wehmut oder gar Angst. Mir steht bis heute vor Augen, was ich vor vierzehn Tagen gesehen habe. Auch das geschah abends, aber bei düsterem und unfreundlichem Wetter. Ich betrat eine kleine Kirche und erblickte Kerzenflämmchen dicht über dem Boden auf dem erhöhten Platz vor dem Altar, trat auf sie zu und erstarrte: drei an das Kopfende eines Kindersarges gehef-tete Kerzen, die traurig und dürftig dessen rosafarbenen Rand mit den Papierspitzen und die bräunliche, stark gewölbte Stirn des Kindes beleuchteten. Man hätte durchaus meinen können, es schlafe, wäre sein Gesichtchen nicht von etwas Porzellanartigem überzogen gewesen, wäre nicht etwas Fliederfarbenes an seinen gewölbten, geschlossenen Lidern und im Dreieck des Mündchens gewesen, nicht diese unendliche Stille, diese ewige Entfremdung von allem in dieser Welt, in der es noch lag."

„Ich schrieb zwei Erzählungen, die ich auch drucken ließ, in denen mir aber alles falsch und unangebracht vorkam – die eine handelte von hungernden Bauern, die ich nie gesehen hatte und im Grunde auch gar nicht bedauerte, die andere behandelte das abgedroschene Thema vom Ruin der Gutsbesitzer und enthielt ebenfalls allerlei Erfundenes; dabei hätte ich am liebsten nur über eine riesige Silberpappel geschrieben, die vor dem Haus des verarmten Gutsbesitzers R. ragte, aber auch über den ausgestopften Habicht, der mit buntgetupften, weit gespreizten braunen Flügeln in seinem Herrenzimmer auf einem Schrank stand und seit ewigen Zeiten mit funkelnden gelben Glasaugen zu ihm herunterschaute. Wenn ich schon über unseren Ruin schrieb, dann hätte ich am liebsten nur das Poetische daran ausgedrückt. Dürftige Felder, ärmliche Überbleibsel von Gutsgehöften, Gärten und Gesinde, von Pferden und Jagdhunden, von alten Knastern und alten Frauen, will sagen ‚den alten Herrschaften', die irgendwo in den nach hinten zu gelegenen Räumen hausen, während sie die vorderen der jüngeren Generation abgetreten haben; all das wirkt traurig, ja rührend. Und hier nun hätte ich noch gerne ausgeführt, wie sich diese jüngeren Herrschaften denn ausnahmen; sie hatten nichts gelernt, waren Taugenichtse und Habenichtse, ja Bettler, die aber immer noch an ihr blaues Blut glaubten, überzeugt waren, dem höchsten und edelsten Stand anzugehören. Edelmannsmützen, Russenhemden, Pluderhosen und Schaftstiefel ... Trinken Wodka aus alten Champagnergläsern, laden lachend die Gewehre mit nichts als Pulver, schießen auf die brennenden Kerzen und löschen sie aus. Ein gewisser P., der zu diesen Herrensöhnen gehörte, war aus dem nahezu zerfallenen Gutshaus in seine Wassermühle übergesiedelt, die natürlich längst stillstand, und lebte dort mit einem Bauernweib, seiner Liebsten, die eine kaum noch sichtbare Nase hatte. Sie schliefen auf einer Pritsche, auf Stroh oder auch im „Garten", will sagen unter einem Apfelbäumchen neben der Kate. An einem Ast dieses Apfelbäumchens hing eine Spiegelscherbe, in der man die weißen Wolken erkannte. Er saß am Ufer des Mühldeichs und warf vor Langerweile mit Steinen nach den Enten, die auf dem gestauten Fluß schwammen und bei jedem Steinwurf schreiend und unter gewaltigem Lärm auf dem Wasser auseinanderstoben."

„Unser einstiger Gutsknecht, der erblindete alte Gerassim, stapfte wie alle Blinden mit zurückgeworfenem Kopf und gleichsam horchend einher, wobei er auf gut Glück mit dem Stock nach dem Weg tastete. Er lebte als Hagestolz in einem Häuschen am Rande des Dorfs, allein mit einer Wachtel, die in einem Bastkäfig saß und immerzu hinausstrebte, gegen das Leinendach hochflog und – da sie Tag für Tag dagegen anrannte – allmählich glatzköpfig geworden war. Gerassim begab sich trotz seiner Blindheit im Sommer jede Nacht auf die Felder, um Wachteln zu fangen und ihr Schlagen zu genießen, das der warme Wind, der auf sein blindes Gesicht einwehte, herantrug. Er behauptete, es gäbe nichts Schöneres auf der Welt als das Herzstocken in den entscheidenden Minuten, da die Wachtel immer näher auf das Fangnetz zukommt, in gewissen Abständen immer aufgeregter, immer lauter und für den Vogelfänger immer qualvoller schlägt. Er war eben ein wahrhafter, ein uneigennütziger Poet!"

15

Das Frühstück in der Redaktion einzunehmen, verspürte ich keine Lust. Ich suchte eine Schankwirtschaft in der Moskowskaja-Straße auf. Dort trank ich einige Gläschen Wodka und aß einen Salzhering dazu; sein plattgedrücktes Köpfchen lag auf meinem Teller, und ich schaute darauf und dachte mir: Auch das muß festgehalten werden – ein Hering hat perlmutterartige Kiemen. Danach nahm ich eine Seljanka, ein Bauernfrühstück in der Pfanne, zu mir. An Gästen fehlte es nicht, es roch nach Pfannkuchen und gebratenen kleinen Stinten, der niedrige Raum war dunstig, die weißen Kellner eilten tänzelnd mit gekrümmten Rücken und zurückgeworfenen Köpfen umher, der Wirt, ebenfalls in allem ein Muster russischen Geistes, schielte aufmerksam zu ihnen hin, während er malerisch aufgebaut hinter dem Schanktisch stand und die längst erlernte Rolle des strengen und ehrlichen Wirtes spielte; zwischen den von Kleinbürgern besetzten Tischchen gingen leise in derben Schnürschuhen kleine schwarze Nonnen umher, die an Dohlen erinnerten, verneigten sich ergeben und boten schwarze Büchlein mit einem Silberkranz auf dem Einband feil, indes die Kleinbürger das Gesicht verzogen und möglichst abgegriffene Kopekenstücke aus dem Geldbeutel hervorsuchten ... All das stellte gleichsam die Fortsetzung eines Traumes dar, ich war leicht benebelt vom Wodka, den ich zur Seljanka getrunken hatte; Erinnerungen an meine Kindheit befielen mich, und ich fühlte, wie mir die Tränen kamen ... Nach Hause zurückgekehrt, streckte ich mich aus und schlief ein. Als ich, traurig und irgend etwas bereuend, in der Abenddämmerung wach wurde, besah ich mich beim Kämmen im Spiegel, vermerkte mißmutig meine übertrieben lange Künstlermähne und ging zum Friseur. In der Frisierstube saß unter einem weißen Umhang jemand, der klein von Wuchs war und einen kahlen Schädel mit abstehenden Ohren hatte, eine Art Fledermaus, der der Friseur erstaunlich kräftig und üppig Oberlippe und Wangen einseifte. Nachdem er das milchige Zeug geschickt mit dem Rasiermesser entfernt hatte, seifte er den Kunden aufs neue leicht ein und strich den Schaum wieder ab, nun schon von unten her und mit lässigem kurzem Rucken; die Fledermaus stand breitbeinig auf, wobei sie den weißen Umhang hinter sich herschleifte, neigte sich vor, um ihn anzuheben, lief dunkelrot an und wusch sich, mit der einen Hand den Kittel an die Brust drückend, mit der anderen das Gesicht.

„Befehlen Sie eine Auffrischung?“ fragte der Friseur.

„Mach schon“, entgegnete die Fledermaus.

Und der Friseur ließ die duftende Sprühdose zischen und klatschte die Fledermaus mit dem Rasiertuch auf die noch nassen Wangen.

„Bitte schön“, sagte er betont deutlich und schlug den Frisierumhang auseinander. Und die Fledermaus stand auf und erwies sich als einigermaßen furchtgebietend: großer Schädel mit ziemlichen Ohren, mageres, aber breites, wie mit rotem Saffian überzogenes Gesicht, die Augen nach der Rasur glänzend wie bei einem Wickelkind, der Mund ein schwarzes Loch, er selbst klein von Wuchs, aber breitschultrig, mit kurzem Rumpf, der an eine Spinne erinnerte, die Beine dürr und wie bei Tataren krumm. Er drückte dem Friseur ein Trinkgeld in die Hand, zog einen wunderbaren schwarzen Paletot an, setzte die „Melone“ auf, steckte sich eine Zigarette an und ging. Der Friseur erkundigte sich: „Wissen Sie, wer das war? Ein steinreicher Kaufmann, Jermakow. Und wissen Sie, was er mir jedesmal für ein Trinkgeld gibt? Hier bitte!“ Er öffnete die Hand und zeigte mir, lachend: „Zwei Kopeken!“

Danach streifte ich wie üblich in den Straßen umher. Als ich an einem Kirchenvorhof vorüberkam, ging ich hinein und betrat die Kirche – diese Gewohnheit hatte sich bei mir durch meine Einsamkeit, durch meine Niedergeschlagenheit entwickelt. Es war dort warm und feiertäglich-traurig dank dem Flimmern der Kerzen, die bündelweise und wärmespendend auf den hohen Leuchtern rings um den Altarraum brannten, auf dem Lesepult lag ein kupfernes Kreuz mit unechten Rubinen, vor dem die Geistlichen standen und gerührt-traurig sangen: „Wir neigen uns vor deinem Kreuz, o Herr . . .“ Am Eingang ragte in der Dämmerung ein großgewachsener alter Mann in langem Tuchrock und Lederüberschuhen, grobschlächtig und kräftig von Wuchs gleich einem alten Gaul, und sang oder summte rauh (irgend jemandem zur Belehrung) mit. In der Menge vor dem Altarraum aber stand ein Wallfahrer, vorn in das warme goldene Wachskerzenlicht getaucht. Er war so mager, als käme er aus einem Höhlenkloster, man konnte die ikonenhaft feinen Züge des geneigten Gesichts kaum noch unter dem dichten Haar erkennen, das ihm mönchisch und zugleich feminin bis an die Wangen hinunterhing; in seiner Linken hielt er unerschütterlich den langen, in den vielen Jahren seiner Wallfahrten blankgescheuerten Pilgerstab, auf den Schultern trug er einen schwarzen Lederbeutel; er stand einsam, regungslos und abgesondert von allen da. Ich schaute zu ihm hin, und wieder wollten mir die Tränen in die Augen treten – wegen der unaufhaltsam in meinem Herzen aufsteigenden zärtlichen und zugleich schwermütigen Liebe zu meiner Heimat, zu Rußland und all seinen alten, in Dunkel gehüllten Zeiten. Irgend jemand berührte mich vorsichtig mit einer Kerze an der Schulter; ich wandte mich um – hinter mir beugte sich in dürftigem Umhang, aber mit langem, breitem Schal ein altes Frauchen zu mir vor, dem ein einziger noch wohlerhaltener Zahn im Munde ragte. „Für den Gekreuzigten, Väterchen!“ Ich nahm die Kerze mit freudigem Gehorsam aus ihrem kalten, leblosen Händchen mit den bläulichen Fingernägeln in Empfang, schritt auf den flimmernden Leuchter zu, brachte sie, ungeschickt und beschämt über meine Ungeschicklichkeit, neben all den anderen unter und sagte mir plötzlich: Schluß, ich muß von hier fort! Und ich trat zurück, neigte mich vor dem Altar, strebte rasch, aber vorsichtig auf das Halbdunkel des Ausgangs zu und verließ das freundliche, behagliche Licht und die in der Kirche herrschende Wärme. Auf dem Kirchenvorplatz empfingen mich unwirtliches Dunkel und ein irgendwo hoch droben tosender Wind ... Fort von hier! sagte ich mir und setzte die Mütze auf, entschlossen, nach Smolensk zu reisen.

Wieso nach Smolensk? Nun, in meinen Träumen geisterten die Brjansker oder „Brynsker" Wälder mitsamt den „Brynsker" Räubern ... Ich kehrte in irgendeiner Querstraße in einer Kneipe ein. Dort lamentierte an einem Tischchen, mit gesenktem Kopf und den Betrunkenen spielend, zugleich die so beliebte russische Rührung über das verfehlte Schicksal mimend, irgendein widerwärtiger Bursche: „Sie sperrten mich nach einem schicksalhaften Fehler, / weiß nicht wieso, im Zuchthaus ein!" Hinter einem anderen Tischchen hervor musterte ihn verächtlich jemand mit zurückgeworfenem Kopf; er hatte ein dünnes schwarzes Schnurrbärtchen und war, nach seinem langen Hals, dem hervortretenden großen und sehr beweglichen Adamsapfel zu urteilen, der unter der dünnen Haut auf und ab ging, ein Dieb. Am Schanktisch stand, wenn auch nicht allzu sicher mehr auf den Beinen, ein angeheitertes langaufgeschossenes Frauenzimmer in einem dünnen, an den mageren Beinen klebenden Kleid, offenbar eine Wäscherin. Sie bemühte sich, dem Mann an der Theke irgend jemandes Niedertracht zu beweisen, und hieb mit den glänzenden, wundgescheuerten Fingern auf den Schanktisch; ein geschliffenes Gläschen mit Wodka vor sich, nahm sie es hier und da in die Hand, hielt es hoch, trank aber nicht, sondern stellte es wieder hin, redete unentwegt und trommelte unentwegt mit den Fingern. Ich hätte gern ein Glas Bier getrunken; doch die dumpfe Luft in der Kneipe war mir zu übelriechend, das Lämpchen brannte allzu dürftig, und von den auf den schmalen Fensterbrettern ausgelegten faulenden Lappen tropfte es . . .

Bei der Awilowa hielten sich zu meinem Unglück Gäste auf. „Aha!" sagte sie. „Unser lieber Poet! Sie kennen sich noch nicht?" Ich begrüßte erst einmal sie selbst und machte danach auch den Gästen meine Reverenz. Neben der Awilowa saß ein alter Herr mit faltigem Gesicht, kurz geschnittenem, braun gefärbtem Schnurrbart und ebensolcher Halbperücke, im schwarzen Besuchsrock nebst weißer Seidenweste; er stand rasch auf und erwiderte meine Verbeugung mit äußerster Höflichkeit; die Ränder seines Besuchsrocks oder Schwalbenschwanzes waren mit schwarzen Borten besetzt, was mir schon immer sehr gefallen, ja mich neidisch gemacht und den Traum von einem solchen „Schwalbenschwanz" in mir erweckt hatte. Die Mitte der Tafelrunde nahm eine unaufhörlich und äußerst gewandt plaudernde Dame ein, die mir wie einem Seehund die Flosse drückte mit ihrem fülligen Händchen, auf dem sich wie auf einem schimmernden Kissen noch die zackigen Streifen abzeichneten, die die Handschuhnähte auf ihm hinterlassen hatten. Sie plapperte rasch und gewandt, wenn auch mit hier und da versagendem Atem: sie hatte so gut wie keinen Hals, war ziemlich dick, besonders hinten, unterhalb der Achsel, von steinerner Festigkeit und rundlich in der vom Korsett zusammengeschnürten Taille; ihre Schultern umgab ein rauchgrauer Pelzüberwurf, dessen Geruch im Verein mit dem des süßlichen Parfüms, des wollenen Kleides und des warmen Körpers geradezu stickig wirkte.

Um zehn Uhr erhoben sich die Gäste, überschütteten die Hausherrin mit Komplimenten und gingen.

Die Awilowa brach in Lachen aus.

„Na endlich!" sagte sie. „Kommen Sie, gehen wir zu mir! Hier muß man die Lüftungsklappe aufreißen ... Aber warum sind Sie, mein Bester, heute so seltsam?" fügte sie mit freundlichem Vorwurf hinzu und streckte mir beide Hände entgegen.

Ich drückte sie und entgegnete: „Ich reise morgen ab ..."

Sie sah mich erschrocken an.

„Und wohin?"

„Nach Smolensk."

„Wozu?"

„Weil ich es hier nicht länger aushalte ..."

„Und was erwartet Sie in Smolensk? Aber setzen wir uns ... Ich verstehe nicht das geringste ..."

Wir setzten uns auf ein Sofa, das für den Sommer mit einem Schutzüberzug aus gestreiftem Zwillich bedeckt war.

„Hier, sehen Sie diesen Zwillich?" fragte ich. „Genau derselbe wie in den Eisenbahnwagen. Ich kann ihn einfach nicht ruhig ansehen, so packt mich die Reiselust."

Sie setzte sich bequemer zurecht, ihre Beine kamen unmittelbar vor mir zu liegen.

„Aber warum gerade nach Smolensk?" erkundigte sie sich und sah mich verständnislos an.

„Dann weiter nach Witebsk ... nach Polozk ..."

„Wozu?"

„Weiß ich nicht. Vor allem gefallen mir die Namen: Smolensk, Witebsk, Polozk ..."

„Nein, Spaß beiseite!"

„Ich spaße nicht. Wissen Sie denn nicht, wie schön manche Wörter klingen? Smolensk ist in alten Zeiten ewig belagert und ewig niedergebrannt worden. Ich fühle mich ihm geradezu verwandtschaftlich verbunden – dort sind einst, bei einem schrecklichen Schadenfeuer, uralte Dokumente unseres Geschlechts verbrannt, wodurch wir gewisser bedeutender Erbrechte und Stammesprivilegien verlustig gingen."

„Das wird ja immer schöner! Haben Sie solche Sehnsucht nach ihr? Schreibt sie Ihnen denn nicht?"

„Nein. Aber das ist es nicht. Mir sagt einfach das ganze Leben in Orjol nicht mehr zu. ‚Kennt doch der wandernde Hirsch seine Weiden ...' Auch die literarischen Arbeiten kommen nicht vom Fleck. Da sitze ich den ganzen Morgen herum, und in meinem Kopf herrscht ein Durcheinander, als hätte ich den Verstand verloren. Was führe ich denn für ein Leben? Es gibt bei uns in Baturino die Tochter eines Ladenbesitzers, die die Hoffnung, sich zu verheiraten, längst aufgegeben hat und nur noch von ihrer giftigen und boshaften Beobachtungsgabe lebt. So geht es auch mir."

„Was sind Sie doch für ein Kind!" sagte sie freundlich und strich mir übers Haar.

„Rasch entwickeln sich nur die niederen Organismen", gab ich zur Antwort. „Außerdem – wer bleibt nicht ewig ein Kind? Da fuhr ich einmal nach Orjol, und neben mir saß ein Mitglied des Jelezker Kreisgerichts, ein ehrenwerter, seriöser Mann, der einem Pique-König ähnelte. Er saß lange da und las die Zeitung ‚Neue Zeit', erhob sich schließlich, ging hinaus und war verschwunden. Mich befiel sogar Unruhe, ich folgte ihm und öffnete die Tür zur Wagenplattform. Er hörte mich bei dem Gedröhn des Zuges nicht kommen und bemerkte mich auch nicht; und was erblickte ich? Er tänzelte übermütig umher und vollführte mit den Füßen im Rhythmus des Räderrollens die verrücktesten Kunststücke."

Sie sah zu mir auf und fragte plötzlich leise, aber vielsagend: „Wollen wir nicht lieber nach Moskau fahren?"

Irgend etwas in mir zuckte betroffen zusammen. Ich wurde rot, murmelte Dankesworte, lehnte aber ab. Dieses Augenblicks erinnere ich mich mit dem schmerzlichen Gefühl eines großen Verlustes bis auf den heutigen Tag.

16

Gleich die nächste Nacht verbrachte ich in einem Eisenbahnwagen, in einem kahlen Abteil dritter Klasse. Ich war allein, mir war geradezu ängstlich zumute. Das schwache Licht in der Laterne schimmerte traurig und schaukelte über den hölzernen Bänken. Ich stand am schwarzen Fenster, aus dessen unsichtbaren Ritzen es heftig und kalt zog, und starrte, das Gesicht mit den Händen gegen das Licht verdeckend, angestrengt in die Nacht und auf die Wälder hinaus. Tausende von roten Bienen jagten oder flimmerten draußen vorüber, und manchmal roch es nicht nur nach winterlicher Frische, sondern auch wie Weihrauch nach dem in der Lokomotive verbrennenden Holz ... Oh, wie sagenhaft düster, herb und majestätisch diese Waldnacht war! Die schmale und tiefe Schneise eines Waldweges zog sich endlos hin, und die dunklen Gespenster der hundertjährigen Fichten begleiteten sie in düsteren Reihen. Die hellen Vierecke der Fenster liefen schräg über die weißen Schneewehen am Waldesrand, hier und da glitt eine Telegrafenstange vorüber; weiter oben und entfernter versank alles in Dunkel und Geheimnis.

Am Morgen darauf ein plötzliches und munteres Erwachen: alles hell und still, der Zug hält in einem großen Bahnhof, wir sind bereits in Smolensk. Ich springe ab und schlucke gierig die frische Luft. An der Tür zum Bahnhofsgebäude drängt sich allerlei Volk; ich stürze hin; dort liegt eine Jagdbeute, ein erlegter Wildeber, rauh, riesig, ja gewaltig, aber erstarrt und hartgefroren, schrecklich hart sogar anzusehen und starrend vor langen grauen Borsten, von dem noch nicht aufgeweichten harschen Schnee, mit Schweinsäuglein und zwei weißen Stoßzähnen. Soll ich hierbleiben? frage ich mich. Nein, weiter, nach Witebsk!

In Witebsk kam ich gegen Abend an. Es herrschte Frostwetter und war hell. Überall lag noch jungfräulich unberührter Schnee, überall war es sauber und ging es gedämpft zu. Die Stadt erschien mir altertümlich, aber keineswegs russisch: hohe Häuserreihen mit steilen Dächern, kleinen Fenstern und rohen, niedrigen, halbrunden Toren im Erdgeschoß. Man begegnete in einem fort alten Hebräern in langen schwarzen Gehröcken, weißen Socken und flachen Schuhen, mit Schläfenlocken, die an röhrenartige, sich ringelnde Hammelhörner erinnerten, blutarm, mit traurig fragenden, durchweg dunklen Augen. In der Hauptstraße wurde promeniert – auf den Bürgersteigen bewegte sich langsam eine dichte Schar fülliger Mädchen, provinziell jüdisch aufgetakelt, in dick mit Pelzwerk gefütterten lila, himmelblauen oder granatroten Samtjäckchen. Ihnen folgten, wenn auch bescheiden und abseits von ihnen, junge Leute, alle mit sogenannten Melonen auf dem Kopf, aber auch sie mit Schläfenlocken, mädchenhaft zart und rundlich die orientalisch-süßlichen Gesichter, seidig jünglingshaften Flaum auf den Wangen und mit schmachtenden Antilopenblicken ... Ich schloß mich wie behext dieser Menge an, in dieser, wie mir schien, so uralten Stadt, in all dem wunderbar Neuen, das sie mir bot.

Es dunkelte, als ich auf einen Platz geriet, auf dem eine gelbe katholische Kirche mit zwei Glockentürmen ragte. Ich trat ein und erblickte eine Art Dämmerlicht. Im selben Augenblick erklang nachdenklich irgendwo über mir die Orgel, zunächst noch zurückhaltend und sanft, um sich danach metallisch zu steigern und anzuschwellen – sie begann regelrecht zu zittern und zu kreischen, als löse sie sich von etwas, das sie bis dahin bedrückt hatte, und ergösse sich plötzlich befreit in himmlischen Lobpreisungen. Vor mir, inmitten der Kerzenflämmchen, erhob sich oder sank das von näselnden lateinischen Ausrufen unterbrochene Gemurmel ab. Zu beiden Seiten der im Halblicht nach vorn strebenden, hoch oben im Dunkel sich verlierenden dicken steinernen Pfeiler standen auf Sockeln irgendwelche gepanzerten Streiter. Über dem Altar verglomm düster das große vielfarbige Fenster ...

17

Ich fuhr noch in derselben Nacht nach Petersburg. Aus der katholischen Kirche ging ich sogleich wieder zum Bahnhof, zu einem Zug nach Polozk; dort wollte ich mich in irgendeinem alten Gasthof einquartieren und einige Zeit in völliger Einsamkeit verbringen. Doch der Zug nach Polozk fuhr reichlich spät ab. Der Bahnhof lag dunkel und menschenleer da. Der Büfettraum war durch eine schläfrige Lampe auf dem Schanktisch erhellt, die Wanduhr tickte so langsam, als sei die Zeit selber am Vergehen. Ich saß eine ganze Ewigkeit in der Totenstille mutterseelenallein. Als ich schließlich den Geruch eines Samowars verspürte und der Bahnhof allmählich zum Leben erwachte und immer heller wurde, löste ich rasch und ohne selber recht zu verstehen, was ich da tat, eine Fahrkarte nach Petersburg.

Dort, auf dem Bahnhof von Witebsk, bei dem endlosen Warten auf den Zug nach Polozk, überkam mich das Gefühl meiner erschreckenden Isoliertheit von allem, was mich umgab, das Erstaunen darüber, das Nichtverstehenkönnen; was stellte all das dar, und wieso befand ich mich inmitten all dessen? Der stille, halbdunkle Büfettraum mit dem Schanktisch und der schläfrig brennenden Lampe, der knapp erhellte Raum des Wartesaales, seine Weite und Höhe, der Tisch, der die gesamte Mitte einnahm und mit der für Bahnhofssäle so typischen Gleichförmigkeit gedeckt war, der alte, noch dösende Kellner, der mit gekrümmtem Rücken und einknickenden Beinen, mit abstehenden Frackschößen hinter dem Schanktisch zum Vorschein kam, sobald es im Büfettraum nach diesem so anheimelnden nächtlichen Bahnhofssamowar roch, und mit mürrischem, greisenhaftem Ungeschick die längs der Wände aufgestellten Stühle bestieg, um mit zitternder Hand die Wandlampen in den mattierten Kugeln anzuzünden ... dann der großgewachsene Gendarm, der unter lässigem Sporenklirren durch den Büfettraum zum Bahnsteig ging, in seinem bis an die Fersen reichenden Uniformmantel, dessen Rückenschlitz an den Schweif eines teuren jungen Hengstes erinnerte – was stellte das alles dar? Was ging mich das alles an? Und wie wenig alledem die Frische der Winternacht und des Schnees glich, nach der der Gendarm roch, während er, von draußen kommend, zum Bahnsteig ging! Und gerade da erwachte ich aus meiner Erstarrung und beschloß aus irgendeinem Grunde plötzlich, nach Petersburg zu fahren.

In Polozk ging ein winterlicher Regen nieder, die Straßen waren naß und wirkten unansehnlich. Ich hatte nur zwischen den Zügen in die Stadt hineingeschaut und freute mich über meine Enttäuschung. Im weiteren Verlauf meiner Reise notierte ich: „Ein endloser Tag. Endlose Schneeflächen und Wälder. Draußen vor den Fenstern ständig nur die matte Blässe des Himmels und der verschneiten Ebenen. Der Zug kommt bald durch einen Wald, der ihn durch sein Dickicht verdunkelt, oder gelangt wieder in die trostlose Weite der Schneeflächen hinaus, über deren fernem Horizont hinter den wie hingetuschten Wäldern ein fahl-bleierner Streifen am niedrigen Himmel hängt. Die Bahnhöfe sind alle aus Holz ... Nun ja, der Norden, der Norden!"

Petersburg erschien mir bereits als äußerster Norden. Der Mietkutscher jagte mit mir in einem düsteren Schneesturm durch Straßen, die mich durch ihre strenge Gradlinigkeit, die Höhe der Häuser und deren Gleichförmigkeit in Staunen versetzten, nach Ligowka, zum Nikolai-Bahnhof. Es war erst drei Uhr nachmittags, aber die runde Uhr über dem schablonenhaften Bahnhofsgebäude war schon erleuchtet und trotz des Schneegestöbers halbwegs zu erkennen. Ich ließ wenige Schritte davon entfernt auf jener Seite der Ligowka halten, die am Kanal entlangführt. Hier war es schauderhaft – Brennholzstapel, Mietkutscher – Abstellplätze, Teestuben, billige Wirtschaften und Porterkneipen. In einem der Fremdenzimmer, die mir der Mietkutscher empfohlen hatte, saß ich lange und ohne abzulegen da und blickte aus dem fünften Stock durch das unendlich traurige Fenster in den trüb verschneiten frühen Abend hinaus, noch völlig benommen von Müdigkeit und dem Geschaukel im Eisenbahnwagen. Petersburg! Ich fühlte deutlich genug: ich befand mich in ihm, ich war gebannt von seiner dunklen und komplizierten, unheildrohenden Großartigkeit. Die Zimmer waren gut geheizt, aber stickig infolge des Geruchs der alten Wolldraperien und wollenen Sofabezüge, dazu durch den Gestank von etwas Rötlichem, mit dem man in billigen Fremdenzimmern den Fußboden bohnerte. Ich stürzte hinaus und eilte die steile Treppe hinunter. Draußen, auf der Straße, schlug mir erneut eiskalt das undurchdringliche Schneetreiben entgegen, ich erwischte einen vorübereilenden Mietkutscher und jagte mit ihm zum Finnländischen Bahnhof, um einen Hauch vom Ausland zu spüren. Dort betrank ich mich im Handumdrehen und gab plötzlich ein Telegramm an sie auf: „Bin übermorgen bei dir."

Das riesige, volkreiche alte Moskau empfing mich mit dem Glitzern sonnigen Tauwetters und schmelzender Schneeberge, mit Wasserbächen und Pfützen, dem Dröhnen und Klirren der Pferdebahnen, dem lärmenden Durcheinander der Fußgänger oder der Fahrenden, der erstaunlichen Anzahl von schwer beladenen Lastschlitten, der schmutzigen Enge der Straßen, der holzschnittartigen Bildhaftigkeit der Kremlmauern, seiner Bauten und Paläste, der geballt darin funkelnden goldenen Kirchenkuppeln. Ich bewunderte den Wissili Blashenni, streifte in den Kremlkathedralen umher und frühstückte in der berühmten Jegorowschen Kneipe im Ochotni-rjad. Dort fühlte man sich wunderbar geborgen: unten sah es zwar ziemlich grau aus und war es auch reichlich laut unter allerlei primitivem, Handel treibendem Volk, dafür ging es oben, in zwei nicht eben großen und auch nicht allzu hohen Sälen sauber, still und anständig zu – es durfte nicht einmal geraucht werden, dafür war es dort auch äußerst behaglich dank der Sonne, die durch die erwärmten Fenster aus dem Hinterhof hereinschaute, und dem Kanarienvogel, der ununterbrochen in seinem Käfig jubilierte; in einer Ecke flimmerte weißlich vor einem Heiligenbild eine Öllampe, die ganze obere Hälfte der einen Wand nahm ein von bräunlichem Firnis dunkel glänzendes Gemälde ein: ein schuppiges, spitz zulaufendes Dach, eine lange Terrasse, auf der unverhältnismäßig große, gelbgesichtige Chinesen Tee trinken, in goldgestickten Gewändern, mit grünen Kappen – wie auf billigen Lampen ... Ich verließ Moskau noch am selben Abend ...

In unserer Stadt fuhr man bereits im Wagen, über den Bahnhof brauste der steife Wind vom Asowschen Meer. Sie erwartete mich auf dem schon trockenen Bahnsteig. Der Wind zauste an ihrem Frühjahrshütchen und ließ mich sie nicht sogleich erkennen. Dabei hatte ich sie schon von weitem entdeckt: Sie suchte die vorüberrollenden Wagen mit den Augen nach mir ab, ratlos, das Gesicht vom Wind verkniffen. Sie hatte jenes Rührende, Bemitleidenswerte, das uns an einem nahestehenden Menschen nach langer Trennung jedesmal so überrascht. Sie war abgemagert und bescheiden gekleidet. Als ich absprang, wollte sie den Schleier von den Lippen zurückschlagen, schaffte es aber nicht und küßte mich ungeschickt durch ihn hindurch – sie wurde dabei totenblaß.

In der Mietdroschke neigte sie schweigend den Kopf, dem Wind entgegen, und wiederholte nur mehrmals hintereinander bitter und trocken: „Was hast du mir angetan, wie konntest du mir das antun!"

Dann fragte sie mich, alles mit demselben Ernst: „Ich nehme an, du willst in den Adelshof? Ich komme mit."

Im Hotelzimmer – es lag im ersten Stock, war geräumig und hatte sogar einen Vorraum –, setzte sie sich auf das Sofa und sah zu, wie der Etagenkellner meinen Koffer törichterweise mitten auf den Teppich stellte. Danach erkundigte er sich, ob ich noch weitere Befehle hätte.

„Nein, nichts", entgegnete sie statt meiner. „Gehen Sie!" Und sie setzte das Hütchen ab.

„Warum schweigst du denn immerfort, hast du mir nichts zu sagen?" fragte sie scheinbar nebenher, bemüht, das Zittern ihrer Lippen zu unterdrücken.

Ich sank auf die Knie, umschlang ihre Beine, küßte sie durch den Rock hindurch und weinte. Sie richtete meinen Kopf auf – und ich erfuhr, spürte aufs neue ihre mir so bekannten, unsagbar süßen Lippen und das beseligende Ersterben unserer Herzen. Da sprang ich auf, drehte den Türschlüssel um und ließ mit eiskalten Händen die gerafften weißen Fenstergardinen herunter – der Wind schaukelte draußen einen noch vorfrühlingshaft schwarzen Baum, auf dem eine Saatkrähe wie berauscht hin und her schoß und aufgeregt kreischte.

„Vater bittet nur noch um eins", sagte sie später leise, als sie starr vor Übermüdung dalag. „Wir möchten mit der Trauung wenigstens noch ein halbes Jahr warten. Also warte schon, mein Leben gehört ohnehin dir allein, mach mit mir, was du willst."

Auf dem Spiegeltischchen standen noch unbenutzte weiße Kerzen, die unbeweglich herunterhängenden Fenstervorhänge zeichneten sich mattweiß ab, von der geweißten Zimmerdecke schauten seltsame Stuckornamente auf uns herunter.

18

Wir brachen in jene kleinrussische Stadt auf, in die mein Bruder Georgi aus Charkow übergesiedelt war, beide zur Mitarbeit im Semstwo-Amt für Statistik, dessen Leiter er war. Die Karwoche und Ostern verbrachten wir in Baturino. Meine Mutter und meine Schwester gewannen sie alsbald von Herzen lieb, mein Vater sagte schon „du" zu ihr und hielt ihr morgens wie selbstverständlich die Hand zum Kusse hin; nur mein Bruder Nikolai verhielt sich ihr gegenüber zurückhaltend, aber höflich und liebenswürdig. Sie war im stillen geradezu verstört vor Glück – über das Neue ihrer Zugehörigkeit zu unserer Familie, zum Gehöft, zum Hause, zum Zimmer, in dem meine frühe Jugend dahingegangen war, die ihr jetzt wunderschön und rührend erschien, zu meinen Büchern, die sie sich mit einigermaßen zager Freude ansah ... Schließlich reisten wir wieder ab.

Mit dem Nachtzug nach Orjol. Im Morgengrauen das Umsteigen in den Zug nach Charkow.

Wir stehen am sonnigen Morgen auf dem Gang vor einem heißen Fenster.

„Wie sonderbar, ich bin nie woanders gewesen als in Orjol und in Lipezk!" sagte sie. „Wir kommen gleich nach Kursk? Das ist für mich schon der Süden."

„Auch für mich."

„Wollen wir nicht in Kursk frühstücken? Weißt du, ich habe noch nie in einem Bahnhofsrestaurant gefrühstückt."

Hinter Kursk wurde es immer wärmer und freundlicher. An den Hängen längs der Gleise stand schon dichtes Gras, es gab Blumen und weiße Schmetterlinge, und Schmetterlinge bedeuten nun einmal den Sommer.

„Es wird dort im Sommer wohl reichlich heiß werden!" meint sie mit einem Lächeln.

„Mein Bruder schreibt, die ganze Stadt besteht aus Gärten."

„Ja, Kleinrußland! So hätte ich's mir nicht vorgestellt. Schau her, schau her, was für riesige Pappeln! Und schon ganz grün! Was sollen die vielen Mühlen?"

„Das sind keine Mühlen, sondern eine Art Getreidedarren. Gleich kommen die Kreideberge, dann Belgorod."

„Jetzt verstehe ich dich, auch ich könnte niemals im Norden leben – ohne diesen Überfluß an Licht."

Ich lasse die Fensterscheiben herunter. Ein von der

Sonne erwärmter Wind weht herein, der Rauch der Lokomotive riecht südländisch nach Steinkohle. Sie senkt die Augenlider, die Sonne geht mit heißen Streifen über ihr Gesicht, das sich an der Stirn ringelnde dunkle Haar und das schlichte Baumwollkleidchen hin, erwärmt es, macht es blendend hell.

In den Tälern um Belgorod die rührende Bescheidenheit der schon feiertäglich blühenden Kirschgärten und der kreideweißen Hütten. Auf dem Belgoroder Bahnhof die so freundliche, rasche Redeweise der Einheimischen, die eine Art Kuchenbrezeln feilbieten.

Sie kauft welche, feilscht dabei und freut sich über ihre Sparsamkeit und die Beherrschung gewisser kleinrussischer Ausdrücke.

In Charkow steigen wir abends aufs neue um.

Wir nähern uns im Morgengrauen unserem Ziel.

Sie schläft. Die Kerzen im Wagen sind am Verlöschen, über der Steppe liegt noch Nacht oder düsteres Halbdunkel, dahinter aber der ferne, niedrige und geheimnisvoll grüne Osten. Wie anders das Land hier doch ist – diese endlose nackte Ebene mit den steilen graugrünen Kurganen oder Grabhügeln! Eine verschlafene Haltestelle zieht vorüber – kein Strauch, kein Bäumchen weit und breit; die Station selbst nichts als Stein, kahl und bläulich-weiß in dieser geheimnisumwitterten Wiedergeburt des Lichts. Wie menschenleer hier doch die Bahnhöfe sind!

Schließlich dringt das Tageslicht auch in den Wagen. Unten am Fußboden ist es noch dunkel, während weiter oben bereits eine Art Halblicht herrscht. Sie hält den Kopf beim Schlafen unter dem Kissen verborgen und zieht die Beine an. Ich decke sie behutsam mit dem alten Seidenschal zu, den meine Mutter ihr geschenkt hat.

19

Die Station lag in einer breiten Niederung weitab von der Stadt. Der Bahnhof war klein, aber angenehm. Im Bahnhofssaal freundliche Bedienung, draußen aufmerksame Gepäckträger und entgegenkommende Mietkutscher auf den Böcken der gut-häuslichen, mit zwei Pferden bespannten Kaleschen.

Die Stadt, völlig in dichten Gärten versunken und mit einer Hetmanskathedrale auf einem steilen Berghang, schaute von da aus nach Süden und Osten. In der nach Osten zu gelegenen Niederung ragte einsam ein steiler Hügel mit einem alten Kloster auf seinem Gipfel, dahinter war alles grün und leer, die Ebene ging in Steppenniederungen über. In ihrem südlichen Teil jenseits des Flusses verlor sich der Blick hinter den heiteren, im Sonnenglanz schimmernden Wiesen.

In der Stadt selbst erschienen viele Straßen durch die Gärten und die Pappeln beengt, die sich in langen Reihen neben den hölzernen Fußgängersteigen hinzogen, auf denen man oft genug einem vollbusigen Mädel mit einem bis über die Hüften eng zusammengeschlungenen Tuch begegnete, mit schweren Wassereimern, die von ihren starken Schultern herabhingen. Die Pappeln waren ungewöhnlich hoch und stämmig und versetzten uns in Entzücken; es war Mai, es gab viele Gewitter und Regengüsse, aber wie grün glänzten sie dafür mit ihrem festen Laub, wie frisch und harzig sie dufteten! – Der Frühling hier war immer hell und fröhlich, der Sommer sehr heiß, der Herbst klar und beständig, der lange Winter weich und von feuchten Winden durchweht; die Mietschlittenkutscher fuhren unter Schellengebimmel umher, bei deren hübschem, dumpfem Gemurmel.

Der großgewachsene, braungebrannte alte Kowanko mit seinem rundum geschorenen grauen Kopf, bei dem wir uns in einer solchen Straße niederließen, nannte fast einen ganzen Gutshof sein eigen: ein Haus nebst Flügel und hinter dem Haus einen Garten. Er selber bewohnte den Flügel, während er das mit Kreide geweißte, auf der Gartenseite schattige und vorn mit einer langen Glasgalerie versehene Haus an uns vermietete. Er ging noch irgendwo seinem Dienst nach, nahm, nach Hause zurückgekehrt, ein kräftiges Mittagessen ein, streckte sich eine Weile aus, um danach, halb ausgezogen, am offenen Fenster zu sitzen, sein Pfeifchen zu rauchen und immerfort dasselbe Liedchen zu singen: „Hach, da schneiden auf dem Berg die Schnitter . . ."

Die Zimmer bei uns im Haus waren niedrig und einfach; im Vorraum stand eine alte, mit einer groben bunten Stickerei bedeckte Truhe. Bedient wurden wir von einer jungen Kosakin, deren Schönheit etwas Tatarisches oder Nogaisches hatte.

Mein Bruder wurde immer freundlicher und entgegenkommender. Meine Hoffnungen hatten sich erfüllt. Zwischen ihm und ihr bildeten sich bald verwandtschaftliche und freundliche Beziehungen heraus: bei allen kleinen Auseinandersetzungen zwischen mir und ihm oder ihr ergriffen sie jedesmal füreinander Partei.

Der Kreis unserer Kollegen und Bekannten (Ärzten, Advokaten, Semstwo-Angehörigen) erinnerte an den früheren Charkower Kreis meines Bruders – ich fand mich ohne Schwierigkeiten in ihm zurecht und begegnete mit Vergnügen Leontowitsch und Wagin, die ebenfalls aus Charkow hierher übergesiedelt waren. Von dem Charkower Kreis unterschied sich der hiesige allenfalls dadurch, daß er aus gemäßigteren Mitgliedern bestand, die sich der Lebensweise der Stadt und ihres Mirgoroder Wohlergehens nahezu restlos anpaßten und nicht nur Leuten aus jedem anderen städtischen Stand, sondern sogar dem Polizeimeister freundschaftlich begegneten.

Am häufigsten kamen wir im Hause eines der Mitglieder unserer Verwaltung zusammen: Er war Eigentümer von fünftausend Deßjatinen Land und einer zehntausend Schafe zählenden Herde und unterhielt – der Familie zuliebe – ein üppiges, aller Welt offenes Haus, während er selber, klein von Wuchs, bescheiden und ärmlich gekleidet, wie er war, nachdem er seinerzeit eine Weile in Jakutsk verbracht hatte, wie ein bemitleidenswerter Gast im eigenen Heim wirkte.

20

Im Hof gab es einen alten steinernen Brunnen, vor dem Hausflügel wuchsen zwei weiße Akazien, vor dem Außenflur des Hauses ragte, die rechte Seite der Glasgalerie beschattend, die dunkle Krone einer Kastanie. All das war im Sommer schon gegen sieben Uhr morgens reichlich heiß, hell und von Sonne überflutet und wurde monoton durch das fragend-verwirrte Gackern der Hühner in ihrem Stall begleitet; doch im Hause, besonders in den hinteren Räumen, deren Fenster auf den Garten gingen, blieb es noch einigermaßen kühl, so im Schlafzimmer, wo sie fröstelnd und bibbernd in winzigen tatarischen Pantoffeln dastand und herumplantschte und wo es erfrischend nach Wasser und Toilettenseife roch; sie wandte mir verschämt das nasse Gesicht oder den unterhalb des Haars eingeseiften Nacken zu und stampfte mit dem kleinen Absatz. „Mach, daß du fortkommst!“ Danach roch es aus einem Zimmer, dessen Fenster auf die Glasgalerie gingen, nach frisch gebrühtem Tee – dort stapfte in eisenbeschlagenen Schuhen die Kosakin umher; sie trug keine Strümpfe, und ihre nackten, wie bei einer jungen Rassestute schmalen Knöchel schimmerten gut-orientalisch unter dem Rock hervor; es schimmerte auch ihr wohlgerundetes Hälschen mit seinem Bernsteinhalsband, das schwarze Köpfchen war immer lebendig und hellwach, die leicht schielenden Augen funkelten nur so; sie wiegte das Gesäß bei jeder Bewegung.

Mein Bruder pflegte sich zum Morgentee mit einer Zigarette in der Hand, lächelnd und mit den Allüren unseres Vaters einzustellen; er war ihm, klein von Wuchs und füllig geworden, keineswegs ähnlich, hatte aber dies und das von seinen herrschaftlichen Manieren an sich; er zog sich neuerdings gut an, schlug weltmännisch ein Bein über das andere und hielt auch die Zigarette so in der Hand; einst waren alle überzeugt gewesen, ihm stehe eine glänzende Zukunft bevor, und auch er selber glaubte daran, nun aber begnügte er sich durchaus mit der Rolle, die er in diesem kleinrussischen Provinznest spielte, und stellte sich mit funkelnden Augen zum Morgentee ein: er fühlte sich gesund und munter, wir bildeten seine liebe Familie, mit der jeden Tag gemeinsam zum Dienst zu gehen ein Vergnügen für ihn war, zu einem Dienst, der – wie schon in Charkow – zur Hälfte aus Zigarettenrauchen und Unterhaltungen bestand. Wenn schließlich auch sie sich einfand, schon ausgehfertig und sommerlich-heiter gekleidet, strahlte er über das ganze Gesicht und küßte ihr die Hand.

Unser Weg führte an wunderbaren Pappeln entlang, die ölig in der Sonne glänzten, auf den heißen Bretterstegen für die Fußgänger, an glühenden Häuserwänden und erwärmten Gärten vorbei; ihr aufgespannter seidener Sonnenschirm wölbte sich hell vor dem dichten Azur. Danach überquerten wir einen glühendheißen Platz und betraten unser gelbes Verwaltungsgebäude. Dort roch es unten nach den Stiefeln der Wächter und nach Tjutjun, der billigsten Tabaksorte, die sie rauchten. Papiere in den Händen, besorgt und den Kopf auf kleinrussische Art geneigt, gingen allerlei Schriftführer oder Sekretäre in schwarzen Lüsterjäckchen treppauf oder treppab, eine bei all ihrer scheinbaren Einfalt gerissene und vielerfahrene Gilde. Wir strebten unter der Treppe hindurch in die Tiefe des Erdgeschosses, in die niedrigen Zimmer unserer Abteilung, äußerst angetan von den auf Intelligenzlermanier ungepflegten, dafür aber lebhaften Gesichtern, die man dort antraf. Es mutete mich seltsam an, sie in diesen Räumen zu sehen, über allerlei Fragebogen gebeugt, die sie in Umschläge tat, um sie in die Kreise zu versenden.

Gegen Mittag reichten uns die Wächter und Hausgehilfen Tee in billigen Gläsern und Untertassen mit Zitronenscheiben, und das abgedroschen Vorschriftsmäßige daran bereitete mir anfangs sogar ein gewisses Vergnügen. Zu dieser Stunde fanden sich allerlei Freunde aus den anderen Abteilungen bei uns ein, um eine Zigarette mit uns zu rauchen und zu plaudern. So Sulima, der Verwaltungssekretär. Er war ein schöner, sich ein wenig geduckt haltender Mann mit goldener Brille und prächtigem, samtig glänzendem schwarzem Haar und ebensolchem Bart; er trat weich und irgendwie einschmeichelnd auf und hatte eine ebensolche Art zu lächeln und zu sprechen; er lächelte in einem fort und spielte sich denn auch mit seiner Liebenswürdigkeit und Eleganz ein wenig auf; er war ein großer Ästhet und nannte das Kloster, das auf einem Hügel in der Ebene stand, einen erstorbenen Akkord. Er kam recht oft und blickte sie immer seliger und geheimnisvoller an; wenn er an ihren Schreibtisch trat, neigte er sich tief über ihre Hände, schob die Brille hoch und erkundigte sich mit süßlichem Lächeln: „Und was versenden Sie jetzt?" Sie nahm sich zusammen und bemühte sich, seine Frage möglichst liebenswürdig, aber auch möglichst kurz zu beantworten. Ich blieb dabei völlig ruhig; ich war auf niemanden mehr eifersüchtig.

Im Dienst gelangte ich wie in der Redaktion der „Stimme" in Orjol unwillkürlich zu einer Sonderstellung: man sah mich als Mitarbeiter freundlich, aber spöttisch an. Da saß ich herum und prüfte gemächlich irgendwelche Rechnungen, die ich danach zu einem Schlußergebnis zusammenstellte: wieviel Tabak, wieviel Zuckerrüben denn nun in dem oder jenem Amtsbezirk ausgesät oder angepflanzt und welche Maßnahmen ergriffen worden waren, um die Zuckerrüben vor den Käfern, die sie schädigten, zu bewahren, oder ich las einfach etwas, ohne den Unterhaltungen ringsum Beachtung zu schenken. Ich freute mich, einen eigenen Schreibtisch zu besitzen und von der Kanzlei in beliebiger Menge Schreibfedern, Bleistifte und ausgezeichnetes Schreibpapier anfordern zu können.

Um zwei Uhr war der Dienst beendet; mein Bruder erhob sich lächelnd von seinem Platz – „Heimwärts, ihr Heerscharen!" –, und alle suchten lebhaft nach ihren Sommermützen oder leichten Hüten, traten in munterer Schar auf den hellen Platz hinaus, schüttelten einander die Hand und zerstreuten sich, mit den rohseidenen Jäckchen und den Spazierstöcken glitzernd.

21

Bis gegen fünf Uhr nachmittags war die Stadt menschenleer; die Gärten brieten in der Sonne. Mein Bruder schlief, wir wälzten uns auf ihrem breiten Bett. Die Sonne umkreiste das Haus, funkelte bereits in unseren Schlafzimmerfenstern, lugte aus dem Garten herein, der Garten mit seinem hellen Grün wurde vom Spiegel über dem Waschtisch zurückgeworfen. In dieser Stadt hatte Gogol die Schule besucht, die ganze Gegend ringsum gehörte ihm – Mirgorod, die Jakowstschina, Schischaki, Jareski – und wir erinnerten uns oft genug lachend seiner Worte: „Wie bezaubernd, wie großartig ist doch ein Sommertag in Kleinrußland."

„Immerhin reichlich heiß!" seufzte sie vergnügt und reckte sich wohlig. „Und wieviel Fliegen wir haben! Aber wie geht es weiter mit den Gemüsebeeten?"

„Smaragde, Topase, Saphire von ätherischen Insekten rieseln auf die bunten Beete nieder . . ."

„Das ist zauberhaft gesagt. Ich möchte schrecklich gern nach Mirgorod. Da sollte man unbedingt mal hinfahren. Nicht wahr? Bitte, richten wir es irgendwann ein! Aber wie wunderlich und sogar unangenehm er im Leben war! Er ist nie, selbst in der Jugend nicht, in jemand verliebt gewesen."

„Ja, es hat in seiner Jugend nur eine einzige Torheit gegeben – die Reise nach Lübeck."

„So etwas Ähnliches wie deine Reise nach Petersburg . . . Wieso reist du so gern?"

„Und warum freust du dich über Briefe?"

„Von wem bekomme ich schon noch Briefe?"

„Einerlei, jedenfalls freust du dich darüber. Die Menschen warten immerfort auf etwas Glückhaftes, Interessantes, träumen von einer Freude, von einem Ereignis. Eben dadurch verlockt uns auch das Reisen. Dazu die Freizügigkeit, die Weite, das Neue, das immer mehr Feiertägliches an sich hat und unser Lebensgefühl steigert; und eben das ersehnen wir doch alle, eben danach suchen wir in jedem starken Gefühl."

„Ja, ja, das stimmt."

„Da nennst du Petersburg. Wenn du wüßtest, was für ein Entsetzen es in mir hervorgerufen hat und wie ich dort ein für allemal begriff, daß ich Südländer war – bis ins Mark. Gogol schrieb aus Italien: ‚Petersburg, die Schneemassen, die Halunken, das Departement – all das war nur ein Alptraum gewesen: ich erwachte wieder in der Heimat.' So erging es hier auch mir. Ich kann Namen wie Tschigirien, Tscherkassy, Chorol, Lubny, Tschertomlyk oder Dikoje Pole nicht gleichgültig hören, nicht ohne Erregung die schilfgedeckten Dächer, die geschorenen Köpfe der Bauern, die Weiber in ihren gelben oder roten Stiefeln sehen, nicht mal die Bastkörbe, in denen sie Kirschen oder Pflaumen auf Schultertragen mit sich herumschleppen. ‚Um die Kleinen sich sorgend, / fliegt in der Kosakensteppe, / die Wärme von der Sonne borgend, / eine Möwe dahin . . .' Das ist Schewtschenko – ein genialer Poet. Es gibt kein schöneres Land auf der Welt als Kleinrußland. Vor allem hat es keine eigene Geschichte mehr, sein historisches Leben ist längst und ein für allemal beendet. Es gibt nur noch die Vergangenheit, die Lieder, die Legenden von ihm – etwas Zeitloses. Und eben das entzückt mich ganz besonders."

„Du sagst so oft – das entzückt mich, erscheint mir so liebenswert ..."

„Das Leben sollte auch liebenswert sein ..."

Die Sonne neigte sich, ergoß sich durch die offenen Fenster in dichtem Strom über den gestrichenen Fußboden und flimmerte, von ihm widergespiegelt, an der Zimmerdecke. Die Fensterbretter flammten immer heller, es wimmelte auf ihnen von fröhlichen Fliegenschwärmen. Die Fliegen bissen sie in die kühlen nackten Schultern. Auf dem Fensterbrett ließ sich plötzlich ein Spatz nieder, blickte sich munter und aufmerksam nach allen Seiten um, flatterte wieder davon und verschwand im hellen Grün des Gartens, das sich, nun schon durchscheinend, in der Abendsonne abzeichnete.

„Nun, noch etwas", bat sie. „Wollen wir nicht irgendwann auf die Krim fahren? Wenn du wüßtest, wie ich davon träume! Du könntest eine längere Erzählung schreiben – mir ahnt, du würdest das ausgezeichnet bewältigen –, wir hätten also Geld und würden uns beurlauben lassen. Weshalb schreibst du nichts mehr? Du bist eigentlich ein Verschwender, vergeudest deine Fähigkeiten!"

„Es hat einmal Kosaken gegeben, die man ‚Umherschweifende' nannte. Etwas Ähnliches bin wohl auch ich. ‚Dem einen gibt der Herrgott ein Haus, dem anderen Brücken und Wege.' Das Schönste ist bei Gogol sein Notizbuch: ‚Eine Steppenmöwe mit ihrem an eine Klammer erinnernden Schopf fliegt von meinem Wege auf ... Ein breiter Pfad, grün, mit sprießenden Disteln, dahinter aber nichts als eine grenzenlose Ebene ... Sonnenblumen hinter den Flechtzäunen und den Gräben und ein Wetterdach aus Stroh vor der sauber getünchten Hütte, dazu ein freundliches, rot umrandetes Fenster ... Du, Kleinrußland, bist die uralte Wurzel Rußlands, in der das Gefühl herzlicher quillt und die slawische Natur sich gefälliger äußert!' "

Sie hörte aufmerksam zu. Dann erkundigte sie sich plötzlich: „Sag mir, warum du mir diese Stelle aus Goethe vorgelesen hast? Jene, wo er Friederike verläßt und in Gedanken plötzlich einem Reiter begegnet, der in einem grauen, goldbesetzten Kamisol irgendwohin strebt. Wie hieß es dort doch gleich?"

„Dieser Reiter war ich selber. Ich trug ein graues Kamisol mit goldenem Besatz, wie ich noch nie eins besessen hatte."

„Ja, ja, nur wirkt das irgendwie seltsam und schauerlich. Außerdem meintest du damals, jeder träume in seiner Jugend von einem Kamisol ... Warum hat er sie eigentlich verlassen?"

„Er behauptete, er sei immer von seinem ‚Dämon' geleitet worden."

„Nun ja, auch du wirst dich bald von mir abwenden. So, und jetzt sage mir ehrlich, was du am sehnlichsten erträumst!"

„Was ich erträume? Am liebsten wäre ich ein altzeitlicher Chan auf der Krim und würde mit dir im Bachtschissarajer Palast leben. Bachtschissarai liegt in einer steinigen, entsetzlich heißen Schlucht, der Palast aber ist ständig beschattet und bleibt kühl, weil draußen vor den Fenster Fontänen sprühen und die für die Seidenzucht so wichtigen Maulbeerbäume wachsen ..."

„Nein, im Ernst?"

„Das ist mein Ernst. Mein Leben wird doch ständig bestimmt von allerlei schrecklichem Unsinn. So etwa von dieser Steppenmöwe, die mir als Verbindung von Steppe und Meer erscheint. Mein Bruder Nikolai sagte gelegentlich lachend zu mir, ich sei eben von Natur ein wenig närrisch, worunter ich ziemlich litt, bis ich eines Tages zufällig las, selbst Descartes habe gesagt, klare und vernünftige Gedanken hätten in seinem Seelenleben immer an letzter Stelle gestanden."

„Nun gut, und im Palast wohl ein Harem? Auch das ist für mich eine seriöse Frage. Hast du mir doch selber auseinandergesetzt – erinnerst du dich? –, daß es in der Liebe des Mannes allerlei vermischte Gefühle gibt, daß auch du sie gegenüber der Nikulina, danach für Nadja empfunden hättest. Manchmal bist du erbarmungslos offen zu mir! Du hast dich neulich in ähnlichem Sinn über unsere Kosakin geäußert."

„Ich wollte damit nur sagen, daß ich, wenn ich sie anschaue, schrecklich gern irgendwohin in die Salzsteppe gehn und in einem Nomadenzelt leben würde."

„Da haben wir's, du gibst selber zu, daß du mit ihr in einem Nomadenzelt hausen möchtest!"

„Ich habe nicht gesagt – mit ihr."

„Mit wem denn sonst? Ach, schon wieder ein Spatz! Ich habe immer schreckliche Angst, wenn sie hereinflattern und gegen den Spiegel stoßen!"

Sie sprang auf und klatschte rasch und ungeschickt in die Hände. Ich griff nach ihren nackten Schultern und Beinen und überschüttete sie mit Küssen. Der Unterschied zwischen den heißen und den kühlen Stellen ihres Körpers erregte mich mehr als alles andere.

22

Gegen Abend ließ die Hitze nach. Die Sonne stand hinter dem Haus, wir tranken in der Glasgalerie Tee, die Fenster waren nach dem Hof zu geöffnet. Sie las jetzt viel und erkundigte sich zu dieser Stunde immerfort nach dem und jenem bei meinem Bruder, der ihr mit Vergnügen Auskunft gab. Der Abend pflegte unendlich still und regungslos zu sein. Nur die Schwalben schossen im Hof hin und her, schraubten sich hoch und versanken in der Himmelstiefe. Sie unterhielten sich, und ich hörte ihnen zu. „Hach, auf jenem Hügel ernten Schnitter ..." Das Lied erzählte davon, daß die Bauern auf dieser Anhöhe Getreide anbauten, es floß lange und gleichmäßig dahin, von der Trauer des Abschieds bewegt, erstarkte schließlich und klang nun schon fest und kriegerisch, sang von Freiheit, Ferne und Wagnis:

„Und die Kosaken streben,
den Berg, den steilen,
hinauf, immer hinauf."

Das Lied weidete sich ausgiebig, wenn auch ein wenig traurig, am Anblick des Kosakenheeres, das über die Steppe dahinzog und an dessen Spitze der ruhmreiche Doroschenko ritt. Ihm aber folgte, so besagte das Lied, Sagaidatschny:

„Der seine Frau vertauschte
gegen Tabak und eine Pfeife,
der Übergeschnappte ..."

Es verlangsamte sich, stolz auf einen so seltsamen Mann, hieb aber gleich darauf besonders freudig auf die Pauke:

„Mit meiner Frau
kann ich mich nicht abgeben!
Während Tabak und eine Pfeife
dem Kosaken unterwegs
gute Dienste leisten!"

Ich hörte zu, von traurigem, aber zugleich wohlig Neid geplagt.

Bei Sonnenuntergang machten wir einen Spaziergang, mal in die Stadt, mal in die Anlagen am Steilhang hinter der Kathedrale, gelegentlich auch vor die Stadt, auf die Felder. In der Stadt gab es einige gepflasterte Straßen mit einer Unmenge von jüdischen Uhrmacher- und Tabakläden oder Apotheken; diese Straßen bestanden aus lauter Stein, waren weiß, strahlten nach der Tageshitze immer noch Wärme aus, an ihren Kreuzungen standen Kioske, vor denen Passanten verschiedenfarbige Sirupe mit Selterwasser tranken, und all das erinnerte an den Süden und lockte immer weiter nach Süden; ich erinnere mich, daß ich damals aus irgendeinem Grunde ständig an Kertsch dachte. Wenn ich von der Kathedrale zur Ebene blickte, sah ich mich in Gedanken unterwegs nach Krementschug, nach Nikolajew. Auf die Felder in der Umgebung gelangten wir durch einen nach Westen zu gelegenen, ausgesprochen dörflichen Vorort. Seine Katen, seine Kirschgärten, Melonen-, Wassermelonen- oder Kürbisfelder zogen sich bis in die Ebene hin, auf die schnurgerade Landstraße nach Mirgorod zu. In weiter Ferne schleppte sich, an den Telegrafenmasten vorbei, ein mit zwei Ochsen bespannter kleinrussischer Bauernwagen dahin – bald verschwand er, bald tauchte er wieder auf –; die Ochsen senkten die Köpfe, die letzten, gerade noch erkennbaren Telegrafenmasten erschienen dünn wie Stangen. Es war die Landstraße nach der Janowstschina, nach Jareski und Schischaki.

Den Abend verbrachten wir öfter im Stadtgarten. Dort spielte eine Kapelle, die beleuchtete Terrasse des Restaurants wirkte von weitem wie eine Theaterbühne. Mein Bruder strebte geradewegs ins Restaurant, während wir uns manchmal nach jener Seite des Gartens wandten, wo er an einem Steilhang endete. Die Nacht war tief dunkel und warm. In der Finsternis unter uns blinkten hier und da Lichter und erklang oder erstarb kirchlicher, harmonischer Gesang – es sangen Burschen aus der Umgebung. Die Lieder flossen mit der Dunkelheit und der Stille zusammen. Dröhnend eilte ein an allen Kupplungen hell beleuchteter Zug vorüber – dann fühlte man besonders gut, wie tief und schwarz die Ebene da unten war –, verhallte allmählich und erlosch, als wäre er unter der Erdoberfläche verschwunden. Danach hörte man wieder singen, und der ganze Horizont, ringsum erklang vom unaufhörlichen Gequak der Frösche, die diese Stille und Finsternis heraufbeschworen hatten und sie, so schien es, für eine unendlich lange Zeit bannen wollten.

Wenn wir zur vielbesuchten Restaurantterrasse hinaufstiegen, waren wir nach der Dunkelheit angenehm überrascht, ja geblendet. Mein Bruder, der bereits einige Gläschen gekippt hatte und sich im Stadium einer gewissen Rührung befand, winkte uns hinter dem Tisch hervor zu, an dem er mit Wagin, Leontowitsch und Sulima saß. Man rückte lärmend zusammen, bestellte eine weitere Flasche Weißwein, Gläser und Eis. Die Musik verstummte schließlich, der Garten war, abgesehen von der Terrasse, dunkel und menschenleer, hier und da erreichte irgendwoher ein Windhauch die Kerzen unter den von nächtlichen Insekten umschwärmten kleinen Glasschirmen, aber alle meinten, es sei noch lange nicht Schlafenszeit. Schließlich einigte man sich, es sei wohl doch soweit. Dennoch konnte man sich nicht gleich trennen, sondern die ganze Schar stapfte laut durcheinanderredend die Bürgersteige entlang. Die Gärten schliefen, geheimnisvoll dunkelnd, aber warm beleuchtet von dem nun schon niedrig stehenden Mond. Wenn wir, nunmehr allein, unseren Hof betraten, schaute er herein und glitzerte in den schwarzen Glasscheiben der Galerie; irgendwo zirpte leise eine Grille, jedes Blättchen der Akazie vor dem Hausflügel, jedes Zweiglein an ihr warf mit erstaunlicher Genauigkeit, ja Finesse seinen regungslosen Schatten an die weiße Wand.

Am liebsten waren mir die Minuten vor dem Einschlafen. Auf dem Nachttischchen brannte bescheiden eine Kerze. Durch die offenen Fenster drang Frische, beglückend für unsere Jugendlichkeit und Gesundheit. Sie saß in ihrem Nachtkittelchen auf dem Bettrand, blickte mit dunklen Augen zur Kerze und flocht das weich schimmernde Haar zum Zopf.

„Da wunderst du dich in einem fort, wie sehr ich mich verändert habe", sagte sie. „Wenn du wüßtest, wie sehr auch du dich gewandelt hast! Nur nimmst du irgendwie immer weniger Notiz von mir! Besonders, wenn wir nicht allein sind. Ich befürchte, ich werde für dich allmählich zu Luft: man kann ohne sie zwar nicht leben, will das aber nicht zur Kenntnis nehmen. Stimmt das vielleicht nicht? Du behauptest, eben das bedeute die große Liebe. Mir dagegen scheint, daß ich allein dir nicht mehr genüge."

„Ja doch, ja", entgegnete ich lachend. „Ich kann einfach nicht mehr genug von allem bekommen."

„Das sage ich ja – es lockt dich irgendwohin. Georgi Alexandrowitsch hat mir bereits verraten, daß du dich um Versetzung zu den ‚reisenden' Statistikern bemühst. Wozu? Um dich in Hitze und Staub in einem Wägelchen durchrütteln zu lassen, danach in einer heißen Bezirksverwaltung herumzusitzen und die Kleinrussen endlos nach denselben Fragebogen auszuhorchen, die ich versende . . ."

Sie warf den Zopf auf die Schulter und sah hoch.

„Was reizt dich daran?"

„Nur der Umstand, daß ich glücklich bin, daß mir jetzt tatsächlich nichts mehr genügt."

Sie griff nach meiner Hand.

„Bist du wirklich glücklich?"

23

Zunächst fuhr ich gerade dorthin, wohin sie mich so gern begleitet hätte – auf der Landstraße in Richtung Mirgorod. Ich wurde von Wagin mitgenommen, der aus irgendeinem Grunde nach Schischaki mußte.

Ich erinnere mich, wie wir die festgesetzte Stunde zu verschlafen fürchteten – man mußte möglichst früh, noch vor der Hitze aufbrechen –, wie sie mich behutsam weckte, nachdem sie selber schon vor Sonnenaufgang aufgestanden war, den Tee für mich zubereitet hatte und die Betrübnis darüber unterdrückte, daß ich ohne sie fahren mußte. Der Tag war grau und kühl, sie lugte in einem fort zu den Fenstern hin: Sollte mir Regen den Ausflug verderben? Ich spüre bis auf den heutigen Tag die zärtliche und besorgte Erregung, mit der wir aufsprangen, als wir das Glöckchen der Postkutsche vor unserem Tor hörten, hastig Abschied nahmen und vor die Pforte hinaus eilten, zu einem Wagen, in dem bereits in einem langen Segeltuchmantel nebst grauer Sommermütze Wagin saß.

Danach verlor sich das Glöckchengeklingel im riesigen Luftraum, der aufklarende Tag wurde trocken und heiß, unser Wägelchen rollte in immer dem gleichen Tempo im tiefen Staub der Landstraße dahin, und alles ringsum war so eintönig, daß man einfach nicht länger zum schläfrighellen, fernen Himmelsrand blicken mochte, um angestrengt nach etwas Besonderem zu suchen. Gegen Mittag zog in dieser heißen Getreidewüste etwas Nomadenhaftes an uns vorüber: die unübersehbaren Schafherden Kotschubejs. „Mittag, Schafherden", notierte ich beim Stuckern des Wagens. „Ein vor Hitze grauer Himmel, Habichte und Lerchen ... Bin restlos glücklich." In Janowstschina vermerkte ich über die dortige Gaststätte: „Janowstschina; eine alte Schenke, geschwärzt und verräuchert, kühles Halbdunkel; der Jude sagte, Bier habe er nicht, er führe nur ein ‚Getränk'. – ‚Was für eins denn?' – ‚Nu, ein Getränk! Nennt sich Veilchen.' Er war hager und trug einen langen Gehrock, das Getränk holte indessen aus einem benachbarten Raum nicht er selbst, sondern ein ungewöhnlich fülliger halbwüchsiger Gymnasiast, dessen hellgraue Jacke hoch oben mit einem funkelnagelneuen Riemen gegürtet war, der etwas Persisches an sich hatte und ausgesprochen schön wirkte: sein Sohn." Als wir an Schischaki vorbeikamen, erinnerte ich mich sogleich an Gogols Tagebuch: „Und plötzlich, auf der ebenen Landstraße, ein Absturz; in der Tiefe aber Wälder und hinter den Wäldern

Wälder – vorn die nahen grünen, dann die fernen blauen, dahinter aber etwas wie ein Streifen von silbrig-strohfarbenem Sand . . . Darüber schwingt am Steilhang eine knarrende Windmühle ihre Flügel . . .“ Auf dem Grund dieses Tales wand sich am Rande des Abhangs im Bogen der Psjol dahin und grünte mit seinen Gärten ein großes Dorf. Wir suchten darin lange nach einem gewissen Wassilenko, mit dem Wagin etwas zu erledigen hatte, trafen ihn aber, nachdem wir endlich herausgefunden hatten, wo er hauste, nicht an und saßen lange unter einer Linde vor seiner Kate, umgeben von der Feuchte der Korbweiden auf der Wiese und dem Gequak der Frösche ringsum. Dort verbrachten wir den ganzen Rest des Tages mit Wassilenko, aßen bei ihm zu Abend und tranken einen Beerenschnaps, indes die Lampe das Grün des Laubs von unten her erhellte, ringsum jedoch das undurchdringliche Dunkel der Sommernacht herrschte. Plötzlich klappte in der Finsternis die Pforte, und an unserem Tisch erschien ein herausgeputztes, weiß geschminktes junges Mädchen, die Semstwo-Feldscherin an diesem Ort und Wassilenkos Freundin: sie hatte natürlich sofort herausgefunden, daß Gäste aus der Gouvernementshauptstadt bei ihm waren. Zunächst wußte sie vor Verlegenheit nicht das geringste mit sich anzufangen und redete allerlei durcheinander, trank aber dann Gläschen um Gläschen mit und ergötzte sich immer lautstärker über allerlei Geistreicheleien von mir. Sie war schrecklich nervös, hatte breite Backenknochen, stechend schwarze Augen, sehnige, kräftige, nach Chypre duftende Arme und knochige Schlüsselbeine; man erkannte unter dem dünnen Blüschen die schweren Brüste, sie war schlank von Wuchs, hatte aber breite Hüften. Ich begleitete sie nachts nach Hause. Wir schritten in der pechschwarzen Dunkelheit die eingetrockneten Radspuren einer Quergasse entlang. Sie blieb an irgendeinem Flechtzaun stehen und ließ den Kopf an meine Brust sinken. Ich hatte Mühe, mich zu beherrschen . . .

Wagin und ich kehrten tags darauf und ziemlich spät zurück. Sie lag schon im Bett und las; als sie mich erblickte, sprang sie freudig und erstaunt auf. „Was denn, schon daheim?" Als ich dann aber hastig von meinem Ausflug berichtete und dabei lachend auch die Feldscherin erwähnte, unterbrach sie mich: „Warum erzählst du mir das?" Und Tränen stiegen in ihre Augen. „Wie grausam du bist!" fügte sie hinzu und suchte eilig nach dem Taschentüchlein unter ihrem Kopfkissen. „Nicht genug, daß du mich einsam zurückläßt . . ."

Wie oft habe ich mich in meinem Leben dieser Tränen erinnert! So eines Tages, als ich wohl zwanzig Jahre nach dieser Nacht an sie dachte. Es geschah in einem bessarabischen Landhaus am Meer. Ich war vom Bade zurückgekehrt und streckte mich in meinem Arbeitszimmer aus. Wir hatten einen heißen, windigen Mittag: stark und seidig mal abflauendes, mal stürmisch anschwellendes Rauschen des Gartens, der das Haus umgab; bald Schatten, bald Sonnengeglitzer in den Bäumen, dazu das Gewoge der sich nachgiebig fügenden Zweige . . . Wenn der Wind kräftiger zu rauschen anfing, erstarkte und näherkam, riß er plötzlich das Grün der Bäume auseinander, das die Fenster des schattigen Herrenzimmers umgab, und ließ das heiße Emailleblau des Himmels erkennen; sogleich breitete sich ein Abglanz davon auch über der weißen Zimmerdecke aus – sie erhellte sich und nahm eine violette Tönung an. Dann wurde es wieder stiller, der Wind verlor sich weit weg hinter dem Garten, über dem Steilhang am Meer. Ich sah mir all das an, horchte hinaus und dachte plötzlich: Einen solchen Mittag haben wir schon vor zwanzig Jahren erlebt, irgendwo da unten, in jenem längst vergessenen kleinrussischen Städtchen, in dem wir gerade erst unser gemeinsames Leben begannen; ich erwachte spät – sie war bereits zum Dienst gegangen –, die Fenster nach dem Garten zu standen offen, und dahinter rauschte, schaukelte und flimmerte es bunt durcheinander, während im Zimmer ungehindert der vielverheißende Duft des nahen Frühstücks und der Geruch gerösteter Zwiebeln wogte; ich öffnete die Augen, atmete den Wind ein und blickte, den Ellenbogen auf mein Kopfkissen gestützt, zu jenem anderen hinüber, das neben meinem lag und den gerade noch wahrnehmbaren Veilchenduft ihres wunderschönen dunklen Haares und des Taschentuches bewahrte, das sie, nachdem wir uns wieder versöhnt hatten, noch lange in der Hand hielt; als ich mich aber all dessen erinnerte, kam mir zum Bewußtsein, daß ich inzwischen mein halbes Leben ohne sie verbracht, die ganze Welt gesehen hatte und immer noch lebte, während sie schon eine Ewigkeit nicht mehr auf Erden weilte, sprang mit kühl gewordenem Kopf vom Sofa, trat hinaus und ging, als schwebe ich im Wind dahin, durch eine Allee von Essigbäumen zum Steilhang, von dem aus ich zum kupfergrünen Meeresabschnitt hinabschaute, der mir plötzlich erschreckend und zugleich bewundernswert erschien, als sei er eben erst erschaffen worden.

In einer Nacht wie dieser hatte ich ihr geschworen, nie wieder zu verreisen. Wenige Tage darauf war ich aufs neue unterwegs.

24

Als wir uns in Baturino aufhielten, sagte mein Bruder Nikolai zu mir: „Du tust mir von Herzen leid! Du hast zu früh einen Schlußpunkt unter dein Leben gesetzt!"

Ich fühlte keinerlei Schlußpunkt unter meinem Leben.

Meinen Dienst sah ich wiederum als Zufall an, und als verheiratet vermochte ich mich nicht zu betrachten. Zwar hätte mich damals allein der Gedanke, ohne sie leben zu müssen, in Schrecken versetzt, indessen machte mich auch stutzig, daß wir uns unser Leben lang nicht mehr trennen sollten: Hatten wir uns tatsächlich für immer vereint, und würden wir so bis ins Alter weiterleben, um, wie jedermann, Haus und Kinder zu haben? Letzteres – das Haus und die Kinder – hielt ich für besonders unerträglich.

„Da werden wir uns eines Tages trauen lassen", sagte sie, von der Zukunft träumend. „Immerhin wünsche ich mir das sehr, und außerdem – was gibt es Schöneres als eine Trauung! Wir werden vielleicht ein Kind haben ... Würdest du denn keins wollen?"

Irgend etwas preßte mir wohlig und geheimnisvoll das Herz zusammen. Doch ich versuchte, mit einem Scherz davonzukommen: „Die Unsterblichen sind schöpferisch und schaffen, die Sterblichen produzieren ihresgleichen."

„Und ich?" fragte sie. „Wie soll mein Leben aussehen, wenn unsere Liebe und Jugend vorüber sind und du mich nicht mehr brauchst?"

Das hörte sich sehr traurig an, und ich versicherte ihr leidenschaftlich: „Das wird nie vergehen – ich werde dich nie im Leben missen wollen!"

Jetzt wollte schon ich (wie vorher sie in Orjol) nur lieben und geliebt werden, dabei aber frei bleiben und über alles zu bestimmen haben.

Am meisten rührte sie mich zu jener Stunde, da sie, nachdem sie den Zopf für die Nacht geflochten hatte, auf mich zutrat, um mir den Gutenachtkuß zu geben, und ich sah, wieviel kleiner als ich sie ohne Absätze war und wie sie mir von unten in die Augen blickte.

Am stärksten liebte ich sie, wenn sie mir gegenüber äußerste Ergebenheit bekundete, sich selbst verleugnete und an meine Rechte auf besondere Gefühle und Handlungen glaubte.

Wir erinnerten uns oft unseres Winters in Orjol, erinnerten uns daran, wie wir dort Abschied nahmen, als ich nach Witebsk abreiste und sagte: „Ja, dieses Polozk, was zieht mich so dorthin? Mit dem Namen Polozk – oder altertümlicher Polotsk – verbindet sich für mich die Legende vom altkiewer Fürsten Wseslaw, die ich noch im

Knabenalter irgendwo gelesen hatte. Er war durch seinen Bruder vom Herrscherthron gestoßen worden, flüchtete in ‚das dunkle Land der Polotschaner', wo er denn auch den Rest seines Lebens verbrachte, ‚in armseliger Dürftigkeit', in Buße, Gebeten, Mühen und den ‚Verlockungen der Erinnerung'. Er erwachte angeblich ständig noch vor Morgengrauen mit ‚bittersüßen Tränen', mit dem trügerischen Traum, er befinde sich wieder in Kiew, ‚herrsche gottesfürchtig auf seinem Fürstenthron' und man läute nicht in Polozk, sondern in der Kiewer Sophienkathedrale zum Mitternachtsgottesdienst. Seither war mir das Polozk jener Tage ständig als etwas wunderbar Altes, ja noch Rohes oder gar Grobes erschienen: ein dunkler, befremdender Wintertag, ein aus Balken gefügter Kreml nebst hölzernen Kirchen, geschwärzten Holzhäusern und von Berittenen oder Fußgängern in Schafleder- oder Bastschuhen zertretenen Schneeverwehungen ... Als ich schließlich in das wirkliche Polozk kam, fand ich natürlich keinerlei Ähnlichkeit mit dem von mir erfundenen heraus. Und dennoch leben bis auf den heutigen Tag zwei Polozke in mir fort – das Erfundene und das Reale. Doch auch das Reale sehe ich nun schon poetisch: In der Stadt herrschen Langeweile, Nässe, Kälte und Düsterkeit, während im großen und warmen Bahnhofssaal mit seinen riesigen, oben gerundeten Fenstern bereits die Kronleuchter brennen, obwohl es draußen gerade erst dämmert; der Saal ist von zahlreichen Besuchern sowohl zivilen als auch militärischen Standes bevölkert, die vor der Ankunft des Zuges nach Petersburg noch rasch etwas zu sich nehmen; überall lebhafte Unterhaltungen, Messerklirren auf den Tellern, der Geruch von Soßen und russischer Kohlsuppe, den die hin und her eilenden Kellner verbreiten."

Sie lauschte mir wie immer in solchen Augenblicken mit besonderer, ja angespannter Aufmerksamkeit und gab mir, nachdem sie mir zugehört hatte, zutiefst überzeugt recht: „Ja, ja, ich verstehe dich!" Und ich nahm die Gelegenheit wahr und rief eindringlich: „Goethe hat gesagt: ‚Am Ende hängen wir doch ab von Kreaturen, die wir machten!' Es gibt Gefühle, denen ich einfach nicht widerstehen kann: Gelegentlich ruft meine Vorstellung von dem oder jenem ein dermaßen quälendes Streben dorthin hervor, wo ich mir das Vorgestellte denke, besser gesagt, das, was sich dahinter verbirgt – verstehst du mich, dahinter? –, daß ich das einfach nicht ausdrücken kann!"

Eines Tages fuhren Wagin und ich nach Kasatschji-Brody, einem alten Dorf am unteren Dnepr, um den Siedlern das Geleit zu geben, die nach Ussurien auswanderten. Wir kehrten morgens mit der Eisenbahn zurück. Als ich vom Bahnhof eintraf, waren sie und mein Bruder bereits im Amt. Männlich sonnengebräunt und munter, äußerst zufrieden mit mir selbst und aufgepulvert von dem Wunsch, ihr und meinem Bruder möglichst rasch zu erzählen, welch einzigartigem Schauspiel ich beigewohnt hatte – dem Aufbruch einer ganzen Horde Menschen in jenes sagenhafte, zehntausende Werst von Kasatschji-Brody entfernte Gebiet – durchmaß ich rasch das menschenleere und aufgeräumte Haus, ging in das Schlafzimmer, um mich zu waschen und die Kleidung zu wechseln, und warf mit freudigem Weh einen Blick auf allerlei Toilettengegenstände von ihr und auf die in ihrem Kissenbezug eingestickten Verse; all das erschien mir unendlich teuer, zeugte aber auch von Vereinsamung und erfüllte mein Herz mit dem versöhnenden Gefühl meiner Schuld; danach jedoch entdeckte ich auf ihrem Nachttischchen ein aufgeschlagenes Buch und stand eine kleine Weile still; es handelte sich um Tolstois „Familienglück", in dem auf der aufgeschlagenen Seite folgende Zeilen angestrichen waren: „Alle meine damaligen Gedanken, all meine damaligen Gefühle stammten gar nicht von mir, sondern stellten Gedanken und Gefühle von ihm dar, die ich mir plötzlich zu eigen gemacht hatte . . ." Ich überschlug einige Seiten und entdeckte weitere angestrichene Stellen: „Ich kam in diesem Sommer öfter in mein Schlafzimmer und wurde – statt von der bisherigen Sehnsucht nach der Erfüllung meiner Zukunftswünsche und Zukunftshoffnungen – von Unruhe um mein gegenwärtiges Glück befallen ... So verging der Sommer, und ich fühlte mich allmählich vereinsamt. Er war in einem fort unterwegs, bedauerte es aber nicht und machte sich nichts daraus, mich allein zu lassen ..."

Ich stand minutenlang regungslos. Mir war einfach nicht zu Bewußtsein gekommen, daß sie heimlichen, mir unbekannten und vor allem traurigen Gefühlen und Gedanken nachhängen könnte, und das auch noch in der Vergangenheitsform! „All meine *damaligen* Gedanken und *damaligen* Gefühle ... Ich *kam* in jenem Sommer öfter ..." Das Überraschendste für mich aber war dieser Schluß: „So verging der Sommer, und ich fühlte mich allmählich vereinsamt ..." Dann waren also ihre Tränen in jener Nacht, in der ich aus Schichaki zurückkehrte, kein Zufall gewesen!

Ich betrat unser Amt betont munter, gab ihr und meinem Bruder einen Kuß und redete oder scherzte ohne Unterlaß. Nachdem ich unter heimlichen Qualen abgewartet hatte, bis wir endlich allein waren, erkundigte ich mich sofort schroff: „Du hast also während meiner Abwesenheit das ‚Familienglück' gelesen?"

Sie errötete.

„Ja, wieso?"

„Ich bin über deine Bemerkungen verblüfft!"

„Warum?"

„Weil aus ihnen mit aller Deutlichkeit hervorgeht, daß das Zusammenleben mit mir dir bereits weh tut, daß du dich einsam und enttäuscht fühlst."

„Wie sehr du doch immer übertreibst!" entgegnete sie. „Wieso enttäuscht? Mir war einfach ein bißchen traurig zumute, und ich fand da tatsächlich eine gewisse Ähnlichkeit heraus ... Ich versichere dir, du bildest dir das alles nur ein."

Wen wollte sie überzeugen? Mich oder sich selbst? Ich

war immerhin sehr erfreut, das zu hören – ich wollte ihr so gerne glauben; es war einfach vorteilhaft für mich. „Die Steppenmöwe mit ihrem Federbusch auf dem Kopf fliegt auf vom Wege ... Sie aber läuft, die blaue Schürze um die Hüften geschlungen, und ihre Brüste wogen unter dem Linnen, und ihre bloßen Füße und bis an die Knie nackten Beine strotzen nur so vor Gesundheit ...“ Lauter Superlative! Wie hätte ich auf all das verzichten können! Außerdem glaubte ich, das sei mit dem Verhältnis zu ihr durchaus vereinbar. Ich flößte ihr unter allerlei Vorwänden immer wieder dasselbe ein: Leb nur für mich und durch mich, aber beschränke mich nicht in meiner Freiheit, meiner Willkür – ich liebe dich und werde dich dafür nur desto mehr lieben. Mir schien, ich liebte sie so sehr, daß mir alles erlaubt, alles zu verzeihen war.

25

„Du hast dich sehr verändert“, sagte sie gelegentlich. „Du bist männlicher, nachgiebiger, liebenswerter geworden. Du hast mehr Freude am Leben.“

„Ja, und dabei haben mein Bruder Nikolai und auch dein Vater immerfort prophezeit, wir würden todunglücklich miteinander werden.“

„Das liegt daran, daß Nikolai mich von Anfang an nicht leiden mochte. Du kannst dir nicht vorstellen, was ich in Baturino infolge seiner kalten Liebenswürdigkeit ausgestanden habe!“

„Er hat im Gegenteil mit viel Zartgefühl von dir gesprochen. Auch sie tut mir schrecklich leid, so sagte er wiederholt, auch sie – fast noch ein kleines Mädchen; was erwartet euch? Überleg doch, wird sich deine Zukunft in wenigen Jahren von der Existenz irgendeines Akzisebeamten in einer Kreisstadt unterscheiden? Erinnerst du dich, wie ich seinerzeit, wenn auch im Scherz, meine Zukunft ausmalte? Eine dürftige Dreizimmerwohnung und fünfzig Rubel Gehalt . . ."

„Ihm tatest nur du leid."

„Auf bedauerliche Art; er sagte, seine einzige Hoffnung setze er darauf, daß uns beide meine ‚mangelnde Zielstrebigkeit' retten werde, daß ich mich selbst einer solchen Karriere unfähig erweisen werde und wir uns bald trennen würden. Entweder du läßt sie erbarmungslos sitzen, sagte er, oder sie dich, nachdem sie eine Weile mit dieser liebenswerten Statistik verbracht und begriffen hat, welches Schicksal du ihr bereitest."

„Auf mich hat er vergebens gehofft – ich werde dich nie verlassen! Es sei denn, ich müßte einsehen, daß du mich nicht mehr brauchst, daß ich deiner Freiheit, deiner Berufung im Wege stehe."

Wenn ein Mensch von Unglück betroffen wird, quält ihn ständig dieselbe nutzlose Frage: Wie und wann hat das angefangen? Woraus ist all das entstanden, und wieso habe ich dem, was mich hätte warnen müssen, keine Bedeutung beigemessen? „Ich werde dich nie verlassen, es sei denn . . ." Wieso hatte ich diese Worte nicht beachtet, nicht beachtet, daß sie dieses „es sei denn" nicht ausschloß?

Ich schätzte meine „Berufung" allzu hoch ein und machte mir meine Freiheit immer bedenkenloser zunutze – mein Bruder Nikolai hatte recht gehabt: Ich hielt es immer weniger zu Hause aus. Sobald es einen dienstfreien Tag gab, fuhr ich fort oder machte mich zu Fuß irgendwohin auf den Weg.

„Wo hat dich der Sonnenbrand so erwischt?" fragte mein Bruder Georgi beim Essen. „Wo hast du dich wieder herumgetrieben?"

„Ich war im Kloster, am Fluß, auf dem Bahnhof . . ."

„Und wie immer allein", bemerkte sie vorwurfsvoll. „Wie oft hast du mir versprochen, wir würden gemeinsam das Kloster besuchen, dabei bin ich während der ganzen Zeit ein einziges Mal dagewesen, obwohl es dort wunderschön ist, so dicke Mauern, Schwalben und Mönche gibt ..."

Ich schämte mich, traute mich nicht, zu ihr aufzublicken. Dennoch zuckte ich aus Angst um meine Freiheit nur mit den Schultern.

„Was hast du schon von diesen Mönchen?"

„Und du?"

Ich versuchte abzulenken: „Ich habe da neulich auf dem Friedhof etwas recht Merkwürdiges entdeckt: eine leere, obschon vorbereitete Gruft – die hatte bereits vor Jahren ein Mönch für sich graben und sogar ein Kreuz am Kopfende aufstellen lassen; auf dem Kreuz stand zu lesen, wer hier beerdigt, wann er zur Welt gekommen, ja wann er verstorben sei ... – nur der Platz für das Todesdatum war ausgespart. Überall Sauberkeit, Ordnung, Fußwege und Blumen – und mitten darin diese wartende Gruft ..."

„Nun ja, da siehst du's!"

„Was soll ich daraus ersehen?"

„Du willst mich einfach nicht verstehen. Gott helfe dir! Wie richtig heißt es doch bei Turgenjew ..."

Ich unterbrach sie: „Du scheinst zur Zeit nur das zu lesen, was an dich selbst und an mich erinnert. So wie alle Frauen."

„Also gut, ich bin eben nur eine Frau, dafür aber nicht so egoistisch ..."

Hier mischte sich zartfühlend mein Bruder ein: „So hört schon auf, Herrschaften!"

26

Ende des Sommers verbesserte sich meine Stellung in unserem Amt noch mehr. Ich war bisher nur „beschäftigt" gewesen, wurde aber nunmehr als „regulärer Mitarbeiter" eingegliedert und mit einer neuen Aufgabe betraut, wie es keine passendere für mich gab: Ich wurde Kustos der

Semstwo-Bibliothek, in deren Keller sich allerlei einschlägige Publikationen angesammelt hatten. Diesen Posten hatte Sulima für mich erfunden, und er schrieb mir folgendes vor: die Gewinnung einer Übersicht und die Einordnung dieser Publikationen, ihre Aufstellung in einem eigens zu diesem Zweck zur Verfügung gestellten, langen, gewölbeartigen Raum im Erdgeschoß oder fast schon im Keller, der mit der erforderlichen Anzahl von Regalen und Schränken ausgestattet war; danach aber hatte ich die Überwachung dieser Veröffentlichungen beziehungsweise die Ausleihe der Schriften, die die eine oder andere Verwaltungsabteilung zeitweilig benötigen würden, zu übernehmen. Ich untersuchte und ordnete also die Bestände; danach gedachte ich sie zu überwachen und wartete auf Bestellungen. Da man jedoch nichts bei mir auslieh – dies und das wurde allenfalls im Herbst, vor der Semstwo-Tagung, von der oder jener Abteilung benötigt –, blieb mir nur noch die Überwachung, will sagen das Herumsitzen in diesem Kellerraum, der es mir dank der ungewöhnlichen, festungsartigen Dicke seiner Mauern und Gewölbe sowie der undurchdringlichen Stille angetan hatte – es drang nicht der geringste Laut von draußen herein –, aber auch durch sein kleines, hoch über dem Fußboden angebrachtes Fenster, durch das Sonnenlicht eindrang und man die Wurzelstöcke von allerlei wild wachsenden Sträuchern und Gräsern sah, die auf dem Platz hinter dem Verwaltungsgebäude gediehen. Mein Leben war seither noch unbeschwerter geworden: ich saß tagelang mutterseelenallein in diesem Grabgewölbe, schrieb oder las und brauchte, wenn ich nicht wollte, mich eine volle Woche nicht sehen zu lassen, konnte die Eichentür abschließen und fortgehen oder fahren, wohin es mir beliebte.

Ich fuhr aus irgendeinem Grunde dann und wann nach Nikolajew, besuchte dort öfter eine kleine Landwirtschaft, in der sich zwei Brüder und Tolstojaner zwecks rechtschaffener Lebensführung angesiedelt hatten, verbrachte eine Zeitlang jeden Sonntagabend in einem kleinrussischen Dorf gleich hinter der ersten Eisenbahnstation nach der Stadt und kehrte mit einem späten Nachtzug nach Hause zurück. Warum fuhr ich hin, warum trieb ich mich dort herum? Sie ahnte das Verborgene, das unter anderem das Ziel meines Umherschweifens war. Meine Erzählung von der Feldscherin in Schischaki nahm sie viel heftiger mit, als ich gedacht hatte. Von da an verstärkte sich ihre Eifersucht, die sie zwar zu verbergen suchte, aber nicht immer verbergen konnte. So benahm sie sich etwa vierzehn Tage nach dieser Erzählung über Schischaki ganz im Gegensatz zu ihrem weichen, edelmütigen, noch mädchenhaften Charakter auf einmal wie eine ganz gewöhnliche „Hausfrau", fand irgendeinen Vorwand und war fest entschlossen, die Kosakin, die uns bediente, zu entlassen.

„Ich weiß sehr wohl", sagte sie in unangenehmem Ton, „daß dich das kränkt: Kunststück, wo diese junge Stute, wie du dich ausdrückst, so wunderbar in den Zimmern mit den Schuhen klappert, wo sie so wohlgeformte Knöchel und funkelnde, schräg stehende Augen hat! Du vergißt nur, wie frech und eigenwillig diese junge Stute ist und daß meine Geduld irgendwo ein Ende hat . . ."

Ich entgegnete ehrlichen Herzens und aufrichtig: „Wie kannst du eifersüchtig auf sie sein? Ich blicke auf deine unvergleichliche Hand und denke mir: allein um dieser Hand willen verzichte ich auf alle Schönen der Welt! Aber ich bin eben Poet und Künstler, und alle Kunst geht nach den Worten Goethes von den Sinnen aus."

27

Eines Tages im August machte ich mich gegen Abend zu den Tolstojanern in deren kleine Landwirtschaft auf. In der Stadt war es zu dieser noch glühendheißen Stunde menschenleer, obendrein war es Sonnabend. Ich kam an geschlossenen jüdischen Geschäften und alten Marktbuden vorbei. Man läutete geruhsam zum Abendgottesdienst, auf den Straßen lagen bereits lange Schatten von den Gärten und Häusern, aber es herrschte noch immer jene vorabendliche Hitze, die man in südlichen Städten gegen Ende des Sommers gewöhnt ist, da sowohl in der Stadt als auch in der Steppe und auf den Melonenfeldern alles wohlig erschöpft vom langen Sommer daliegt.

Auf dem Stadtplatz stand am Brunnen gleich einer Göttin eine stattliche Kleinrussin in eisenbeschlagenen Schuhen an den nackten Füßen; sie hatte braune Augen und jene klare breite Stirn, die den Kleinrussinnen und Polinnen eigen ist. In die Straße, die vom Platz bergab in eine Senke führte, schauten die vorabendliche Ferne des südlichen Horizonts und die gerade noch erkennbaren Steppenhügel herein. Nachdem ich diese Straße abwärts gegangen war, bog ich in eine enge Quergasse zwischen kleinbürgerlichen Stadtrandsiedlungen ein und erreichte ein ansteigendes Gelände, um mich danach bergan in die Steppe zu bemühen. Auf jenem ansteigenden Gelände blinkten auf den Tennen inmitten der bald himmelblauen, bald weißen Lehmhütten die Dreschflegel: dort droschen dieselben Halbwüchsigen, die in den Sommernächten so wunderbar gejauchzt oder kirchliche Lieder gesungen hatten. Von oben her gesehen, war die Steppe, so weit das Auge reichte, vom Gold der abgeernteten Stoppelfelder bestimmt. Auf der breiten Landstraße lag so tiefer und weicher Staub, daß man in Sammetstiefeln zu gehen glaubte. Und alles ringsum – die ganze Steppe und die Luft – funkelte unerträglich von der niedrig stehenden Sonne. Links der Fahrstraße stand am Talhang eine Hütte mit geweißten, aber ziemlich abgeblätterten Wänden; das war der Landsitz der Tolstojaner. Ich bog von der Straße quer über die Stoppelfelder zu ihr ab. Aber niemand war zu sehen – weder in der Hütte noch ringsum. Ich spähte durchs offene

Fensterchen – drinnen erhob sich das laute Gesumm einer Unmenge von schwarzen Fliegen an den Wänden, an der Zimmerdecke und um die Töpfe auf den Regalen. Ich lugte durch das offene Tor in den Viehhof – da lag nur die Abendsonne rot über dem trockenen Mist. Danach ging ich auf das Melonenfeld und erblickte die Frau des jüngeren Tolstojaners – sie saß am äußersten Rande des Feldes. Ich trat auf sie zu; sie bemerkte mich nicht oder tat, als ob sie mich nicht bemerke, saß regungslos und seitlich zu mir gewandt da, klein, einsam, die nackten Beine ausgestreckt, stützte sich mit der einen Hand auf die Erde und hielt mit der anderen einen Strohhalm im Mund.

„Guten Abend“, sagte ich und trat näher. „Warum sind Sie so traurig?“

„Willkommen, nehmen Sie Platz“, entgegnete sie spöttisch, warf den Strohhalm fort und streckte mir die sonnengebräunte Hand entgegen.

Ich ließ mich nieder und sah sie an: ein halbwüchsiges Mädel, das Melonenfelder bewacht! Sonnengebleichtes Haar, Bäuerinnenhemd mit weitem Ausschnitt, ein altes schwarzes Tuch um die weiblich fülligen Hüften. Die kleinen bloßen Füße staubbedeckt und ebenfalls dunkel und von der Sonne verbrannt; wie bringt sie es fertig, fragte ich mich, barfuß über Mist und auf stachligem Gras herumzugehen! Da sie aus unseren Kreisen stammte, in denen man seine bloßen Füße nicht zu zeigen pflegt, war es mir peinlich, zugleich aber auch verlockend hinzuschauen. Sie fühlte meinen Blick und versteckte sie unterm Rock.

„Aber wo sind denn Ihre Leute?“

Sie lächelte wieder spöttisch.

„Die sind unterwegs, der eine dahin, der andere dorthin. Der eine heilige Bruder ist bergauf gegangen, um zu dreschen und irgendeiner armen Witwe zu helfen, der andere ist in der Stadt, um Briefe an den großen Lehrmeister abzusenden: den fälligen wöchentlichen Bericht über all unsere Verfehlungen, Versuchungen und unser fleischliches Versagen. Außerdem über die jeweilige „Prüfung", von der man ebenfalls Mitteilung zu machen hat: in Charkow ist ‚Bruder' Pawlowski wegen Verbreitung von Flugblättern verhaftet worden – gegen den Militärdienst natürlich."

„Sie sind irgendwie recht schlechter Laune."

„Ich habe es satt", sagte sie, schüttelte den Kopf und warf ihn in den Nacken. „Ich kann nicht mehr", fügte sie leise hinzu.

„Was heißt – ich kann nicht mehr?"

„Ich halte das alles nicht länger aus. Geben Sie mir eine Zigarette!"

„Eine Zigarette?"

„Ja doch, eine Zigarette!"

Ich gab sie ihr, riß ein Zündholz an, und sie begann rasch und ungeschickt zu rauchen, wobei sie den Rauch stoßweise einzog und auf Frauenart gleich wieder zwischen den Lippen ausstieß, stillschwieg und in die Ferne hinter der Senke blickte. Die niedrig stehende Sonne wärmte noch unsere Schultern und die schweren, länglichen Wassermelonen, die neben uns lagen, inmitten ihrer verdorrten, schlangengleich ineinander verschlungenen Ranken und mit der einen Seite in die trockene Erde gedrückt ... Plötzlich warf sie die Zigarette fort, ließ den Kopf auf meine Knie sinken und brach in haltloses Schluchzen aus. Und an der Art, wie ich sie zu trösten versuchte, ihr nach Sonne duftendes Haar küßte, wie ich ihre Schultern preßte und auf ihre nackten Füße blickte, erkannte ich sehr wohl, warum ich immer wieder zu den Tolstojanern kam.

Und Nikolajew? Wozu brauchte ich Nikolajew? Ich machte unterwegs einige Notizen: „Soeben von Krementschug abgefahren; es ist Abend. Im Bahnhof von Krementschug, auf dem Bahnsteig, im Büfett viel Volk, südliche Schwüle, südländisches Gedränge. In den Wagen dasselbe. Besonders dank den vielen Kleinrussinnen, die, alle jung, braungebrannt, munter und angeregt durch die

Reise und die Hitze, irgendwohin nach ‚da unten' unterwegs sind, um dort zu arbeiten. Sie erregen mich durch den heißen Geruch ihrer Körper und ihrer ländlichen Kleidung, plappern so durcheinander, trinken, essen und kokettieren dermaßen mit ihrem Geschnatter und ihren nußbraunen Augen, daß es mir geradezu lästig ist . . .

Eine lange, sehr lange Brücke über den Dnepr, die rote, blendende Sonne hinter den Fenstern rechts, unten und in der Ferne eine Fülle von trübgelbem Wasser. Auf einer Sandbank eine Vielzahl von sich ungeniert ausziehenden und nackt badenden Frauen. Da streift eine das Hemd ab, läuft zum Ufer, läßt sich ungeschickt, mit der Brust voran ins Wasser fallen und plätschert mit den Beinen . . .

Wir sind nun bereits weit hinter dem Dnepr. Abendschatten über den einsamen, mit gemähtem Gras oder Stoppelfeldern bedeckten Anhöhen. Ich muß aus irgendeinem Grunde an Swjatopolk den Unglückseligen denken: Da reitet er an einem ebensolchen Abend an der Spitze eines kleinen bewaffneten Haufens durch diese Senke – wohin, mit welchen Gedanken? Doch das liegt tausend Jahre zurück, und auf Erden ist es immer noch schön. Nein, es ist nicht Swjatopolk, sondern irgendein sturer Bauer, der auf seinem schweißbedeckten Gaul im Schatten der Anhöhe und im Schritt dahinstrebt, während hinter ihm eine Frau mit zerzaustem Haar und entblößten jugendlichen Knien hockt, die Arme auf dem Rücken gebunden, und mit zusammengebissenen Zähnen auf seinen Nacken starrt; er blickt aufmerksam nach vorn.

Eine mondhelle, aber regnerische Nacht. Draußen, vor den Fenstern, die ebene Steppe und der schwarze Schlamm der Wege. Alles im Wagen schläft; Halbdunkel, in der staubigen Laterne glimmt nur noch der Rest einer niedergebrannten dicken Kerze. Durch das heruntergelassene Fenster weht die Feuchte der Felder, die sich seltsam mit der stickigen, stinkenden Luft im Wagen vermischt. Manche Kleinrussinnen schlafen ausgestreckt, alle Glieder von sich gestreckt. Geöffnete Lippen, die Brüste unter dem bloßen Hemd, füllige, unter einem Umschlagtuch oder einem Rock verborgene Hüften . . . Eine von ihnen ist eben wach geworden und starrt mich lange an. Alles schläft – mir ist, als würde sie mich jeden Augenblick mit geheimnisvollem Flüstern zu sich locken . . ."

Das Dorf, in dem ich mich sonntags aufzuhalten pflegte, lag in einer weiträumigen und ebenen Niederung. Ich war eines Tages ohne bestimmte Absicht bis zu dieser Station gefahren, ausgestiegen und losmarschiert. Es dunkelte bereits, vor mir schimmerten von Gärten umgebene weiße Katen, näher zu mir zeichnete sich auf der Allmende eine altersschwache Windmühle ab. Davor stand eine Schar Menschen, hinter denen aufreizend eine Geige kreischte und tanzende Beine stapften . . . Ich drückte mich danach mehrere Sonntagabende in der Menge herum, lauschte bis Mitternacht bald der Geige und dem Stapfen der Tanzenden, bald dem gedehnten Chorgesang; ich näherte mich einem hochbusigen Bauernmädel mit vollen Lippen und sonderbar funkelndem Blick der gelben Augen, blieb neben ihr stehen, und wir nutzten sogleich das Gedränge und faßten einander unauffällig bei der Hand. Wir rührten uns kaum und bemühten uns, einander nicht anzusehen, verstanden wir doch sehr wohl, daß es mir schlecht erginge, wenn die Burschen aus dem Dorf bemerkten, weswegen sich irgendein städtisches Herrchen immerfort vor der Windmühle einstellte. Das erstemal kamen wir zufällig nebeneinander zu stehen, danach sah sie sich, wenn ich mich näherte, sogleich für einen Augenblick nach mir um und nahm, sobald sie fühlte, daß ich neben ihr war, meine Finger in ihre Hand, nun schon für den ganzen Abend. Je dunkler es wurde, desto kräftiger drückte und schmiegte sie sich mit der Schulter an mich. Nachts, wenn die Menge sich nach und nach zerstreute, verschwand sie unauffällig hinter der Windmühle, verbarg sich rasch hinter ihr, während ich mich langsam auf den Weg zum Bahnhof machte, abwartete, bis sich niemand mehr in der Umgebung der Windmühle aufhielt, und geduckt zurückeilte. Wir hatten uns wortlos geeinigt, so zu verfahren, standen, auch da noch wortlos, am Fuß der Windmühle und quälten uns schweigend und selig ab. Eines Nachts entschloß sie sich, mich zu begleiten. Bis zur Abfahrt des Zuges blieb uns noch eine halbe Stunde, auf dem Bahnhof herrschten Dunkelheit und Stille – nur die Grillen zirpten beruhigend ringsum, und fern, wo das Dorf lag, erhob sich über den schwarzen Gärten purpurrot der Mond. Auf einem Nebengleis hielt ein Güterzug mit offenen Türen. Ich zog sie, selber über mein Tun entsetzt, zu einem der Wagen und kletterte hinein, worauf sie mir folgte und mir um den Hals fiel. Ich steckte indessen ein Zündholz an, um mich umzusehen, und prallte entsetzt zurück: Das Zündholz erhellte einen billigen langen Sarg in der Wagenmitte. Sie nahm wie eine Ziege Reißaus, ich folgte ihr ... Unten, vor dem Wagen, stolperte sie in einem fort, lachte Tränen und küßte mich mit wilder Fröhlichkeit, während ich nicht wußte, wie ich alledem entrinnen sollte. Von da an ließ ich mich im Dorf nicht wieder sehen.

28

Im Herbst erlebten wir die festlichen Tage, die sich Ende jeden Jahres in der Stadt wiederholten – den Kongreß der Semstwo-Delegierten aus dem ganzen Gouvernement. Auch der Winter zog feiertäglich an uns vorüber: Es gab Gastspiele des kleinrussischen Theaters mit der Sankowezkaja und Saksaganski, Konzerte von hauptstädtischen Berühmtheiten wie der Tschernowa, der Jakowlewa, der Mrawina, es fanden auch ziemlich viele Bälle oder Maskenbälle statt, und wir wurden oft eingeladen. Nach dem Semstwo-Kongreß war ich in Moskau bei Tolstoi gewesen und gab, von da zurückgekehrt, mit besonderem Vergnügen den weltlichen Versuchungen nach. Und diese Versuchungen veränderten unser Leben äußerlich sehr stark – ich glaube, wir verbrachten keinen Abend mehr zu Hause. Damit veränderten und verschlechterten sich unmerklich auch unsere Beziehungen.

„Du bist wieder anders", sagte sie eines Tages. „So richtig Mann. Trägst aus irgendeinem Grunde dieses französische Bärtchen."

„Es gefällt dir wohl nicht?"

„Doch, doch, weshalb sollte es mir nicht gefallen? Aber wie alles vorübergeht!"

„Nun ja. Auch du erinnerst allmählich an eine junge Ehefrau. Bist schlanker und noch hübscher geworden."

„Und du fängst wieder an, eifersüchtig zu werden. Ich trau mich schon nicht, dir etwas zu gestehen."

„Und das wäre?"

„Daß ich auf dem nächsten Maskenball kostümiert erscheinen möchte. Ich will nur etwas nicht allzu Teures und ganz Einfaches. Schwarze Maske und irgendein schwarzes, leichtes und langes Gewand . . ."

„Und was soll das darstellen?"

„Die Nacht."

„Dann beginnt also wieder etwas Ähnliches wie damals in Orjol? Die Nacht! Das ist recht trivial."

„Ich finde daran nichts aus den Orjoler Tagen und auch nichts Triviales", entgegnete sie trocken und selbstbewußt, und ich empfand in dieser Trockenheit und diesem Selbstbewußtsein tatsächlich etwas von jenen vergangenen Zeiten. „Dich packt einfach wieder die Eifersucht."

„Warum sollte sie das?"

„Weiß ich nicht."

„Doch, du weißt es. Weil du dich wieder von mir entfernst, wieder anderen gefallen und die Bewunderung der Männer auskosten willst."

Sie lächelte feindselig.

„Darüber solltest du wohl am wenigsten mit mir rechten. Du selber bist diesen ganzen Winter nicht von der Seite der Tscherkassowa gewichen."

Ich wurde rot.

„Das geht zu weit! Bin ich vielleicht schuld, daß sie eben dort verkehrt wie wir beiden, du und ich? Am meisten schmerzt mich, daß du weniger offen zu mir bist, als hättest du neuerdings ein Geheimnis vor mir. Sag geradeheraus – welches?"

„Was habe ich schon zu verbergen?" entgegnete sie. „Allenfalls die Wehmut darüber, daß es unsere einstige Liebe nicht mehr gibt. Aber wozu davon reden ..."

Sie hielt eine kleine Weile inne und fügte hinzu: „Was aber den Maskenball betrifft, bin ich bereit, auch ganz auf ihn zu verzichten, wenn er dir so unangenehm ist. Nur bist du wohl allzu streng gegen mich, nennst jeden meiner Träume abgeschmackt und nimmst mir alles, während du dir selber nichts versagst ..."

Im Frühjahr und im Sommer war ich wieder viel unterwegs. Anfang des Herbstes traf ich aufs neue mit der Tscherkassowa zusammen (zwischen ihr und mir war bis dahin tatsächlich nichts vorgefallen) und erfuhr, daß sie nach Kiew überzusiedeln gedenke.

„Ich verlasse Sie für immer, lieber Freund", sagte sie und starrte mich mit ihren Habichtaugen an. „Mein Mann wartet dort seit langem auf mich. Haben Sie Lust, mich bis Krementschug zu begleiten? Aber selbstverständlich unter dem Siegel der Verschwiegenheit. Ich muß dort eine ganze Nacht in Erwartung des Dampfers zubringen ..."

29

Es war November, ich sehe oder spüre bis auf den heutigen Tag die stillstehenden, dunklen Alltage in der gottverlassenen kleinrussischen Stadt, ihre menschenleeren Straßen mit den holzgedeckten, schmalen Bürgersteigen und den schwarzen Gärten hinter den Zäunen, die hohen, kahlen Pappeln auf den Boulevards, den vereinsamten Stadtpark mit den vernagelten Fenstern des Sommerrestaurants, die feuchte Luft dieser Jahreszeit, den Friedhofsgeruch des faulenden Laubs. Dazu mein stumpfsinniges, zielloses Herumirren in diesen Straßen, diesem Sommergarten, meine immer wiederkehrenden Gedanken und Erinnerungen ... Erinnerungen sind etwas derart Belastendes, ja Schreckliches, daß es sogar ein besonderes Gebet zur Rettung vor ihnen gibt.

In einer verhängnisvollen Stunde befielen sie ihre heimlichen Qualen, von denen sie nur dann und wann ungewollt etwas verriet, und ihr Verstand wurde getrübt. Bruder Georgi kehrte an jenem Tage spät vom Dienst zurück, ich noch später, und sie wußte auch, daß wir spät nach Hause kommen würden, denn unser Amt bereitete sich erneut auf die jährliche Semstwo-Tagung vor: sie saß allein zu Hause, ging – wie jeden Monat – mehrere Tage hintereinander nicht an die Luft, und war, wie immer um diese Jahreszeit, nicht ganz dieselbe wie sonst. Vermutlich saß oder lag sie auf dem Sofa in unserem Schlafzimmer, die Beine nach ihrer Gewohnheit angezogen, und rauchte unentwegt – sie hatte sich seit einiger Zeit das Rauchen angewöhnt, ohne auf meine Bitten, ja Forderungen zu hören, diese so wenig zu ihr passende Beschäftigung aufzugeben –, starrte wahrscheinlich immerfort vor sich hin, raffte sich plötzlich auf und schrieb einige Worte ohne irgendwelche Berichtigungen auf einen an mich gerichteten Zettel, den mein Bruder, nach Hause zurückgekehrt, auf dem Toilettentisch unseres vereinsamten Schlafzimmers vorfand; sie mochte danach einiges von ihren Sachen zusammengerafft haben; das übrige ließ sie zurück, und dieses übrige, Durcheinandergeworfene konnte ich mich lange nicht entschließen, beisammenzulassen oder irgendwohin wegzuräumen. Jetzt, nachts, war sie längst auf dem Wege nach Hause, zu ihrem Vater ... Wieso bin ich ihr nicht sofort nachgeeilt? Vielleicht aus Scham, aber möglicherweise auch darum, weil ich ihre Unbeugsamkeit in manchen Augenblicken kannte. Ich erhielt jedoch auf alle meine Telegramme und einen Brief zu guter Letzt nur die paar Worte als Erwiderung: „Meine Tochter ist verreist und hat mir verboten, wem auch immer ihren Aufenthaltsort zu verraten."

Ich weiß nicht, was zu Beginn dieses Lebensabschnitts aus mir geworden wäre, hätte ich (trotz all seiner Hilflosigkeit, ja Ratlosigkeit) nicht meinen Bruder neben mir gehabt. Die wenigen Zeilen, die sie mir schrieb, um mir den Grund ihrer Flucht zu erklären, hatte er mir nicht gleich übergeben, sondern mich – und das recht ungeschickt – zunächst darauf vorbereitet, bis er schließlich einige karge Tränen verlor und sich entschloß, mir den Zettel auszuhändigen. Darauf stand mit fester Hand geschrieben: „Ich kann nicht länger ansehen, wie du dich immer mehr von mir entfernst, bin nicht imstande, die Beleidigungen zu ertragen, die du unaufhörlich und immer häufiger meiner Liebe zufügst, vermag sie indessen nicht in mir zu ersticken, kann aber auch nicht übersehen, daß ich an der äußersten Grenze der Erniedrigung, der Enttäuschung hinsichtlich all meiner törichten Hoffnungen und Träume angelangt bin, und bete zu Gott, er möge dir die Kraft geben, unseren Bruch zu überwinden, mich zu vergessen und in deinem neuen, nun schon völlig freien Leben glücklich zu werden ..." Ich überflog all das mit einem Blick und bemerkte, obwohl ich fühlte, daß der Boden unter mir einbrach, daß meine Kopf- und Gesichtshaut eiskalt wurde und sich zusammenzog, reichlich unverschämt: „Nun ja, das war zu erwarten; die übliche Geschichte – all diese ‚Enttäuschungen'!"

Danach fand ich die Kraft, ins Schlafzimmer zu gehen und mich mit gleichgültiger Miene auf dem Sofa auszustrecken. In der Abenddämmerung schaute vorsichtig mein Bruder bei mir herein – ich stellte mich schlafend. Er, der bei allen Unannehmlichkeiten den Kopf verlor und, gleich unserem Vater, nicht mit ihnen zurechtkam, wollte nicht bezweifeln, daß ich wirklich schlafe, und nutzte die Gelegenheit, an diesem Abend einer Sitzung im Amt beizuwohnen, zog sich leise an und ging ... Ich glaube, daß ich mich nur darum nicht gleich in dieser Nacht erschoß, weil ich fest entschlossen war, es trotzdem zu tun, wenn nicht heute, dann morgen. Als sich das Zimmer dank dem milchigen Mondlicht im Garten vor dem Fenster erhellte, ging ich ins Speisezimmer, machte Licht und trank ein Teeglas Wodka, darauf ein zweites ... Dann verließ ich das Haus und schlenderte durch die Straßen – sie wirkten furchterregend: stumm, warm, feucht, ringsum in den kahlen Gärten und um die Pappeln der Boulevards herum dichter, weißer, vom Mondschein durchdrungener Nebel ... Doch nach Hause zurückzukehren, die Kerze im Schlafzimmer anzustecken und bei deren schwachem Schein all diese durcheinandergeworfenen Strümpfe, Pantoffeln, Sommerkleidchen und jenen bunten Nachtmantel wiederzusehen, in dem sie mich meist vor dem Schlafengehen mit aufgeschlossenem, willfährigem Gesicht geküßt hatte, wobei ich ihren warmen Atem spürte, war noch schlimmer. Von diesem Entsetzen hätte ich mich nur durch haltlose gemeinsame Tränen und in ihrer Anwesenheit retten können, und eben sie war nicht mehr da.

Danach kam eine weitere Nacht. Dasselbe dürftige Kerzenlicht im regungslosen Schweigen des Schlafzimmers. Hinter den schwarzen Fenstern pladdert gleichmäßig in der nächtlichen Dunkelheit der Spätherbstregen. Ich liege da und blicke in eine der vorderen Ecken – in einer hängt eine alte Ikone, vor der sie vor dem Schlafengehen zu beten pflegte; das wie gegossene Holz war auf der Vorderseite zinnoberrot bemalt, und von seinem lackroten Hintergrund hob sich streng und traurig die Gestalt der Muttergottes in goldenem Gewande ab – mit großen, schwarzen, jenseitigen, dunkel umflorten, erschreckenden Augen! Dazu die schlimme, gotteslästerliche Gedankenverbindung: die Muttergottes und sie, diese Ikone und all die Frauensachen, die sie in der unsinnigen Eile ihrer Flucht durcheinandergeworfen hatte.

Eine Woche verging, dann eine weitere, ja ein ganzer Monat. Ich hatte meinen Dienst längst gekündigt und zeigte mich nicht mehr unter Menschen. Ich überwand Erinnerung um Erinnerung, Tag um Tag, Nacht um Nacht, und mir ging aus irgendeinem Grunde der Gedanke durch den Kopf: So schleiften einstmals slawische Bauern auf Waldwegen ihre schwer beladenen Kähne an Seilen hinter sich her, von einer Senke zur anderen.

30

Ich quälte mich einen weiteren Monat mit ihrer überall – zu Hause wie in der Stadt – noch spürbaren Anwesenheit herum. Dann fühlte ich, daß ich diese Qual nicht länger zu ertragen vermochte, und beschloß, nach Baturino zu fahren und dort einige Zeit zu bleiben, ohne mir Gedanken über meine Zukunft zu machen.

Mich überkam ein äußerst sonderbares Gefühl, als ich in den schon rollenden Eisenbahnwagen einstieg, nachdem ich meinen Bruder hastig ein letztes Mal umarmt hatte, und ich sagte mir: Na also, jetzt bist du wieder frei wie ein Vogel! Es war an einem dunklen Winterabend ohne Schneefall, der Eisenbahnwagen polterte in der trokkenen Luft dahin. Ich richtete mich mit meinem Köfferchen in einer Ecke gleich neben der Tür ein, saß da und erinnerte mich des polnischen Sprichworts, das ich so gern in ihrer Gegenwart zitiert hatte: „Der Mensch ist zum Glück geschaffen wie der Vogel zum Fliegen", starrte dabei aber hartnäckig zum schwarzen Fenster des polternden Wagens, damit niemand meine Tränen sah. Die Nacht auf dem Wege nach Charkow ... Und jene andere, zwei Jahre zuvor, von Charkow südwärts: Frühling, Morgengrauen, ihr tiefer Schlaf in dem sich allmählich erhellenden Wagen ... Ich saß angespannt im Halblicht der Laterne, inmitten der bedrückenden und schwer zu ertragenden Enge im Wagen und wartete nur noch auf eins: auf den Morgen, auf Menschen, die sich bewegten, auf ein Glas heißen Kaffee auf dem Charkower Bahnhof ...

Danach kam Kursk, das ich ebenfalls im Gedächtnis bewahrte: ein Mittag im Frühling, das Frühstück mit ihr im Speisesaal des Bahnhofs und ihr Jubel: „Mein erstes Frühstück in einem Bahnhofsrestaurant!" Jetzt, gegen Abend eines grauen und grausam kalten Wintertages, stand ein unwahrscheinlich langer und ausgesprochen alltäglicher Personenzug für uns bereit – eine endlose Wand von großen und schweren Wagen dritter Klasse, typisch für die Strecke Kursk–Charkow–Asow. Ich ging hinaus und sah ihn mir an. Die Lokomotive zeichnete sich so weit vorn und so schwarz ab, daß sie gerade noch zu erkennen war. Von den Wagenstufen sprangen – alle gleichermaßen widerwärtig – Leute mit Teekannen in den Händen und eilten zum Bahnhofsbüfett, um siedendes Wasser zum Aufbrühen von Tee zu holen. Das taten auch meine Nachbarn im Eisenbahnwagen, ein gleichgültiger, von ungesunder Fülle geplagter Kaufmann und ein schrecklich lebhafter und neugieriger Bursche, dessen gewöhnliche, trockene Gesichtszüge und Lippen den ganzen Tag meinen Abscheu erregten. Er sah mich mißtrauisch an – auch ich hatte seine Aufmerksamkeit erweckt: da hockt er, so dachte er wohl, immerfort auf seinem Platz und schweigt, dieses Herrensöhnchen oder was er sonst sein mag, wies mich aber freundschaftlich und rasch darauf hin: „Denken Sie dran, hier verkauft man ständig gebratene Gänse, und zwar zu märchenhaft billigem Preis!"

Ich stehe da und denke an das Büfett, das zu betreten ich mich nicht entschließen kann: dort gibt es einen Tisch, an dem wir beisammengesessen haben, sie und ich. Man spürt bereits den harten russischen Winter, obwohl es auch hier noch keinen Schnee gibt. Welch traurige Umgebung erwartet mich in Baturino! Vaters und Mutters fortgeschrittenes Alter, das Dahinwelken meiner unglückseligen Schwester, das verarmte Gehöft und Gutshaus, der kahle, niedrige Garten, ein eisiger Wind und das winterliche Hundegebell – im Winter, wenn ein solcher Wind weht, hört er sich anders an, unnütz und wie aus einsamer Ferne kommend ... Auch das Ende des Zuges ist in der Ferne kaum noch zu erkennen. Uns gegenüber, hinter den Bahnsteigschranken, ragen die Besenstiele der kahlen Pappeln, auf dem überfrorenen Kopfsteinpflaster des Fahrdamms lauern kleinstädtische Mietkutscher auf Fahrgäste – ihre Miene spricht von der Langeweile, von der Trostlosigkeit dessen, was sich Kursk nennt. Auf dem Bahnsteig stehen unter den Pappeln in Schals gehüllte, mit den Schalenden umgürtete Weiber; sie haben blaugefrorene Gesichter und preisen lautstark ihre Ware – ebenjene sagenhaften, riesigen, gefrorenen Gänse mit der von Knötchen übersäten Haut. Wer sich bereits mit siedendem Wasser versorgt hat, eilt vom Bahnhof zurück in die warmen Wagen, schüttelt sich vergnügt in der Kälte und feilscht im Laufschritt spitzbübisch lustig unterwegs mit den Weibern. Schließlich heult in der Ferne mit höllischer Düsterkeit die Lokomotive auf und droht mit der Fortsetzung der Reise ... Das Schlimmste an allem war, daß ich nicht wußte, wo sie sich verborgen hielt. Anderenfalls hätte ich alle Scham überwunden, sie längst aufgesucht und um jeden Preis zu mir zurückgeholt – ihre wahnwitzige Handlungsweise war ohne Zweifel ein Anfall von Geistesverwirrung gewesen, den zu bereuen auch sie nur die Scham hinderte.

Meine neuerliche Rückkehr ins Elternhaus war nun schon in keiner Weise mit derjenigen von vor drei Jahren vergleichbar. Ich sah jetzt alles mit anderen Augen. Und alles in Baturino war noch schlimmer, als ich es mir unterwegs vorgestellt hatte: die armseligen Bauernhäuser, die halb verwilderten, zottigen Hunde und die vernachlässigten, vereisten, im eisernen Schlamm festgewachsenen Wasserfahrschlitten vor den Hausschwellen, die ebenso eisharten Schlammklumpen auf dem Wege zum Gutsgehöft, zum leeren Hof vor dem düsteren Haus mit seinen traurigen Fenstern, dem unsinnig steilen und schweren Dach aus Groß- oder Urväterzeiten und zwei durch Wetterdächer verdunkelten Außenfluren, deren Holz vor Alter grauviolett erschien; alles alt, vernachlässigt und sinnlos geworden; auch der kalte Wind beugt sinnlos die Krone unserer Lieblingstanne, die hinter dem Hausdach über dem trübseligen, winterlich kahlen Garten ragt... In der häuslichen Lebensweise glaubte ich den Übergang zu einer nun schon unverschleierten Armut zu erkennen – lehmverschmierte Risse an den Öfen, die Fußböden der Wärme halber mit bäuerlichen Pferdedecken belegt. Nur Vater war bemüht, sich trotz allem einigermaßen zu halten: er war abgemagert, zusammengeschrumpft und schon völlig ergraut, dafür aber neuerdings immer sauber rasiert, glatt gekämmt und nicht so lässig angezogen wie früher – es wirkte bedrückend, dieses Sichzusammenreißen des Alterns und der Verarmung zu sehen; er zeigte sich (offenbar meinetwegen) tapferer und heiterer als alle anderen. Eines Tages sagte er, die Zigarette in der zitternden, ausgemergelten Hand, mit einem Blick auf mich und voll zartfühlender Schwermut: „Nun ja, mein Bester, das ist alles ganz gesetzmäßig: sowohl die Aufregungen, die Bitternisse und Freuden der Jugend als auch die Ruhe und der Friede des Alters... Was denn?“ fuhr er mit lachenden Augen fort. „Die ‚weltlichen Genüsse‘? Hol sie alle der Teufel!

Um uns des weiten Himmels Stille
und reiner Duft von Feld und Flur,
der kleine Frieden unsrer Hütte,
der große Frieden der Natur...“

Wenn ich an Vater zurückdenke, empfinde ich jedesmal Reue – mir scheint, ich habe ihn nicht genug geschätzt und geliebt. Ich fühle mich dann immer schuldig vor ihm, weil ich sein Leben, besonders seine Jugend, nicht gut genug kannte – ich habe mich nicht ausreichend bemüht, ihn danach auszufragen, solange es anging! Ich suche immerfort zu begreifen, was für ein Mensch er war, und vermag es nicht recht zu ergründen – er, der einem ganz besonderen Zeitalter und einem ganz besonderen Menschenschlag angehört hatte und mich durch seine erstaunliche, irgendwie unfruchtbare, in ihrer Unbeschwertheit und Vielseitigkeit jedoch bewundernswürdigen Begabung, des ganzen Naturells, des fühlenden Herzens und des raschen, alles im Nu erfassenden Verstandes in Erstaunen setzte, er, dem ein Wink genügte, um alles zu begreifen; mit einem Wort – er war ein Mensch, der eine seltene Offenheit des Herzens mit einer einigermaßen komplizierten Unberührtheit, dem nüchternen Scharfblick des Auges und der Melodik seines romantischen Herzens verband. Ich war in jenem Winter zwanzig, er sechzig Jahre alt. Ich vermag es nicht recht zu glauben, daß ich damals gerade erst zwanzig Jahre alt war und – trotz allem – gerade erst das Aufblühen meiner jugendlichen Kräfte erlebte! Während er sein Leben bereits hinter sich hatte. Und dennoch verstand in jenem Winter niemand so gut wie er, was mir auf der Seele lastete, niemand so wie er die Zusammengehörigkeit meiner Jugend und meines Schmerzes. Wir saßen an jenem Tage in seinem Herrenzimmer beisammen. Draußen lag bereits Schnee, wir hatten einen stillen und einigermaßen sonnigen Tag, der verschneite, sonnenerhellte Hof schaute freundlich durch das niedrige Fenster von Vaters Herrenzimmer herein; es war warm, vollgeraucht, vernachlässigt, mir aber von Kindheit an gerade durch diese Vernachlässigung und Behaglichkeit ans Herz gewachsen, durch das Unveränderliche seiner bescheidenen Ausstattung, die für mich so untrennbar von Vaters Gewohnheiten und seinem

Geschmack war und mit all meinen so weit zurückliegenden Erinnerungen an ihn und an mich selber zusammenhing. Und er legte, nachdem er das von den „friedlichen Genüssen" gesagt hatte, die Zigarette beiseite, nahm die alte Gitarre von der Wand und spielte etwas Volkstümliches, was er so liebte; sein Blick wurde fest und fröhlich, zugleich verbarg er etwas – im Einklang mit der zartfühlenden Fröhlichkeit der Gitarre, die voll traurigen Spotts von etwas Liebem und Verlorengegangenem kündete, zugleich aber auch davon, daß alles im Leben vergeht und nicht wert ist, beweint zu werden . . .

Bald nach meiner Ankunft hielt ich es nicht länger aus, riß mich plötzlich los und stürzte Hals über Kopf in die Stadt, kehrte aber noch am selben Tag unverrichteterdinge zurück: man ließ mich ins Haus des Doktors einfach nicht ein. Ich sprang mit dem Mut der Verzweiflung vor dem wohlbekannten, nun schon so schrecklichen Eingang aus dem Mietschlitten, warf entsetzt einen Blick auf die halb zugezogenen Gardinen an den Fenstern des Speisezimmers, in dem ich einst so viele Stunden auf dem Sofa mit ihr gesessen hatte – in jenen unseren ersten, herbstlichen Tagen, und zog rasch an der Klingelschnur . . . Die Tür wurde geöffnet, und ich stand Auge in Auge vor ihrem Bruder, der erblassend mit betonter Deutlichkeit zu mir sagte: „Vater wünscht Sie nicht zu sehen. Sie aber hält sich, wie Ihnen bekannt ist, nicht im Hause auf."

Es war der einstige Gymnasiast, der in jenem Herbst mit seinem Hund Woltschok wie ein Wilder treppauf, treppab gerast war. Jetzt stand ein finsterer, sehr brauner Jüngling in weißem, nach Offiziersmuster geschnittenem Russenhemd und Langschäftern vor mir, mit gerade erst sprießendem schwarzem Schnurrbart und unerbittlichem, blassem Gesicht.

„Bitte gehen Sie", fügte er leise hinzu, und man sah, wie unter dem seitlich geschlitzten Hemd sein Herz klopfte.

Und dennoch wartete ich den ganzen Winter hindurch

jeden Tag beharrlich auf einen Brief von ihr – ich konnte mir nicht vorstellen, sie würde sich als so steinern und grausam erweisen.

31

Im Frühling desselben Jahres erfuhr ich, sie sei mit einer Lungenentzündung nach Hause zurückgekehrt und innerhalb einer Woche gestorben. Zugleich auch, es sei ihr Wille gewesen, daß man ihren Tod so lange wie möglich vor mir verheimliche.

Ich bewahre bis auf den heutigen Tag jenes Notizheft in braunem Saffian auf, das sie von ihrem ersten Monatsgehalt als Geschenk für mich erwarb: wohl an dem rührendsten Tag ihres Lebens ... Auf dem Titelblatt dieses Heftes kann man noch die wenigen Worte lesen, die sie, als sie es mir schenkte, hineinschrieb – mit zwei kleinen Fehlern, die ihr infolge der Aufregung, der Eile, der Befangenheit unterlaufen sein mochten ...

Vor kurzem erblickte ich sie im Traum – das einzige Mal in meinem langen Leben ohne sie. Sie stand im selben Alter wie damals, zur Zeit unseres Zusammenlebens und unserer gemeinsamen Jugend vor mir, in ihrem Gesicht aber zeichnete sich bereits der Zauber der welkenden Schönheit ab. Sie war mager und mit einer Art Trauergewand bekleidet. Ich sah sie nur undeutlich vor mir, aber mit einer solchen Macht der Liebe und Freude, der körperlichen und seelischen Nähe, wie ich sie nie jemandem anderem gegenüber empfunden habe.

Meeralpen 1927–1929, 1933

PRODUKTION
EDITO-SERVICE S.A., GENF

PRINTED IN ITALY